マーシャル、父の戦場

ある日本兵の日記をめぐる歴史実践

The Marshall Islands,
My Father's Battlefield

A journey of historical practice
around a Japanese soldier's diary

家族写真

昭和 18 年（1943）最後の家族写真。
左から妻シズエ、長男勉、二女信子、長女孝子、後列冨五郎。

手帳 1 冊目表紙（原寸大）

日記を綴った手帳一冊目表紙。全 186 ページ。

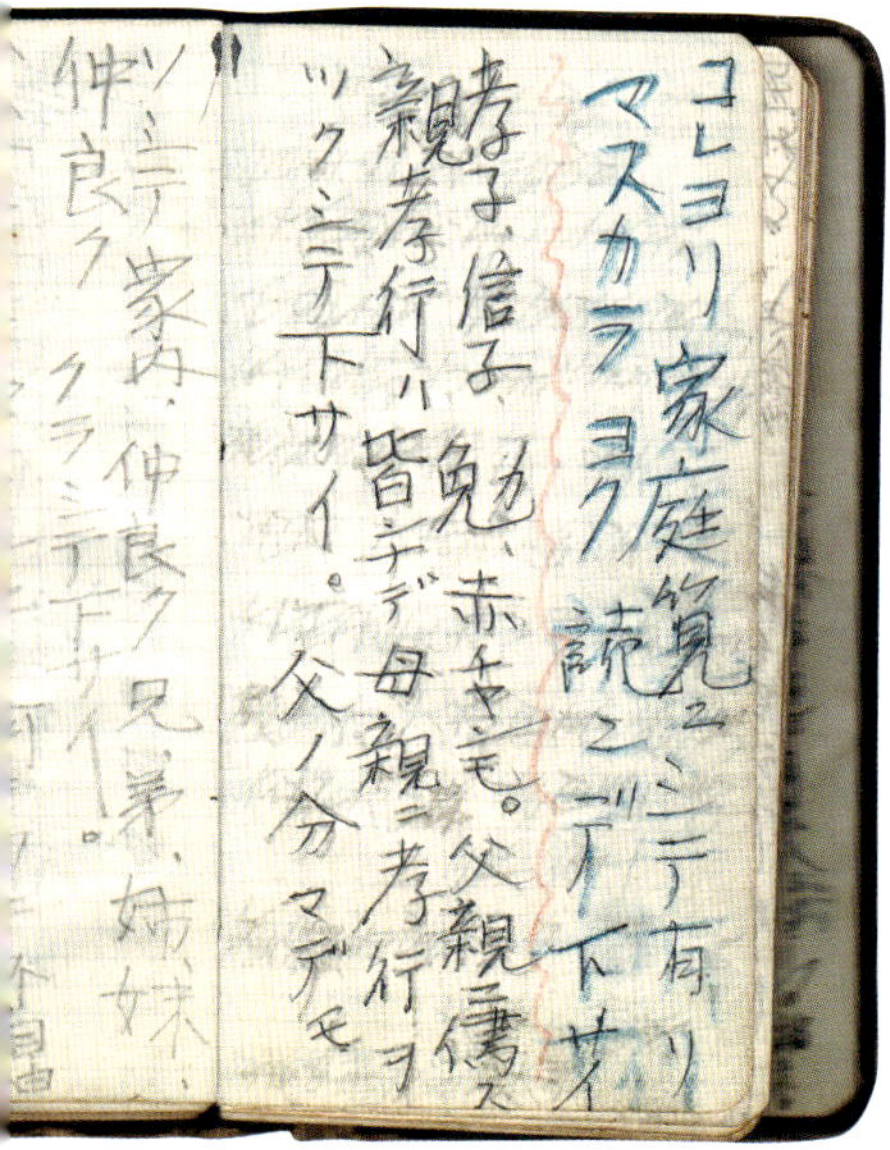

1 冊目遺書

1 冊目に記された家族宛遺書（家庭欄）。絶筆の 4、5 日前に記す。

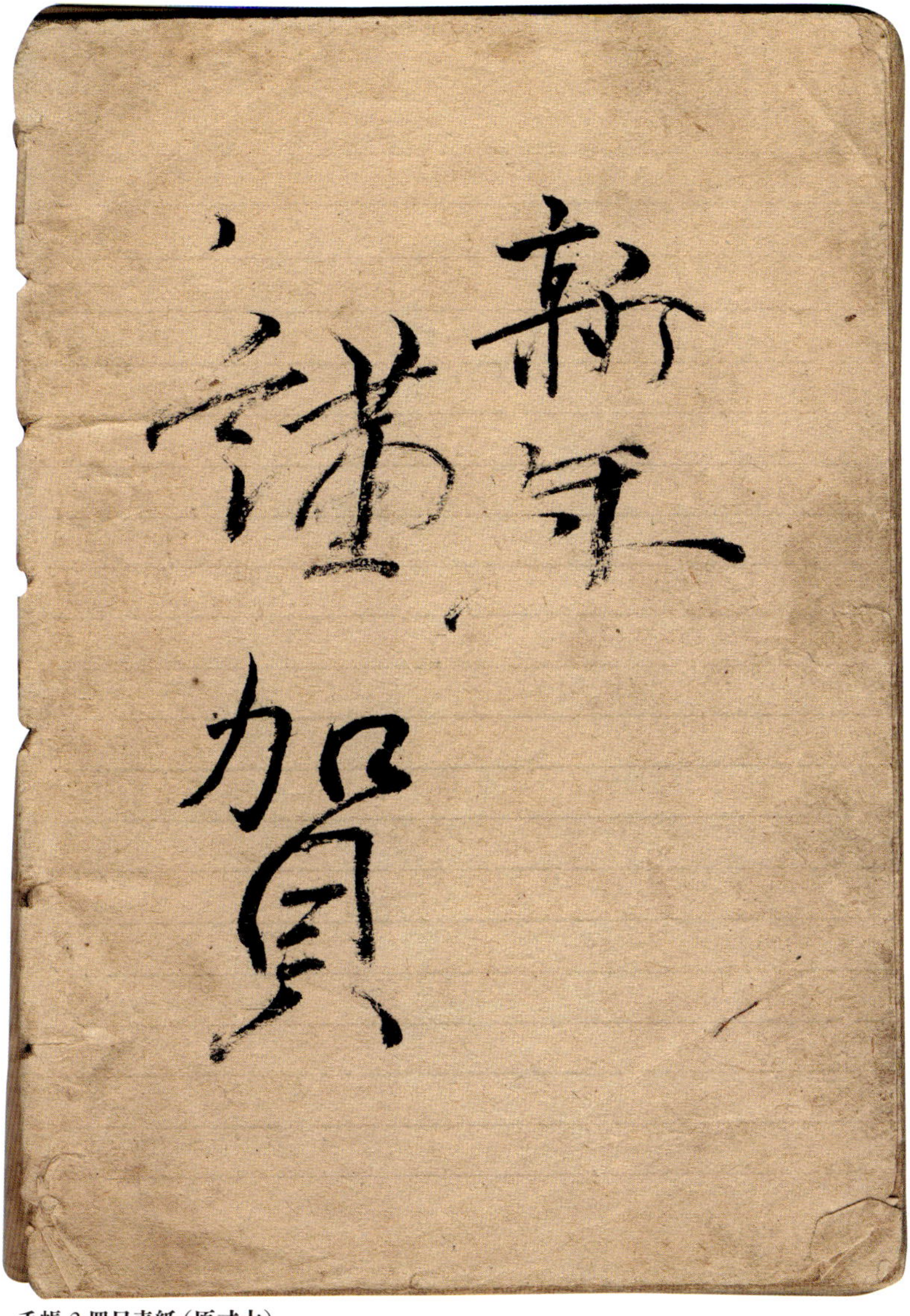

手帳 2 冊目表紙（原寸大）

日記を綴った手帳二冊目表紙。全 56 ページ。

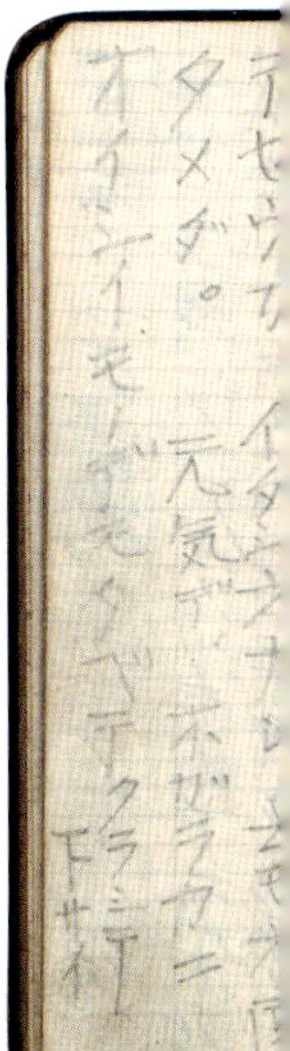

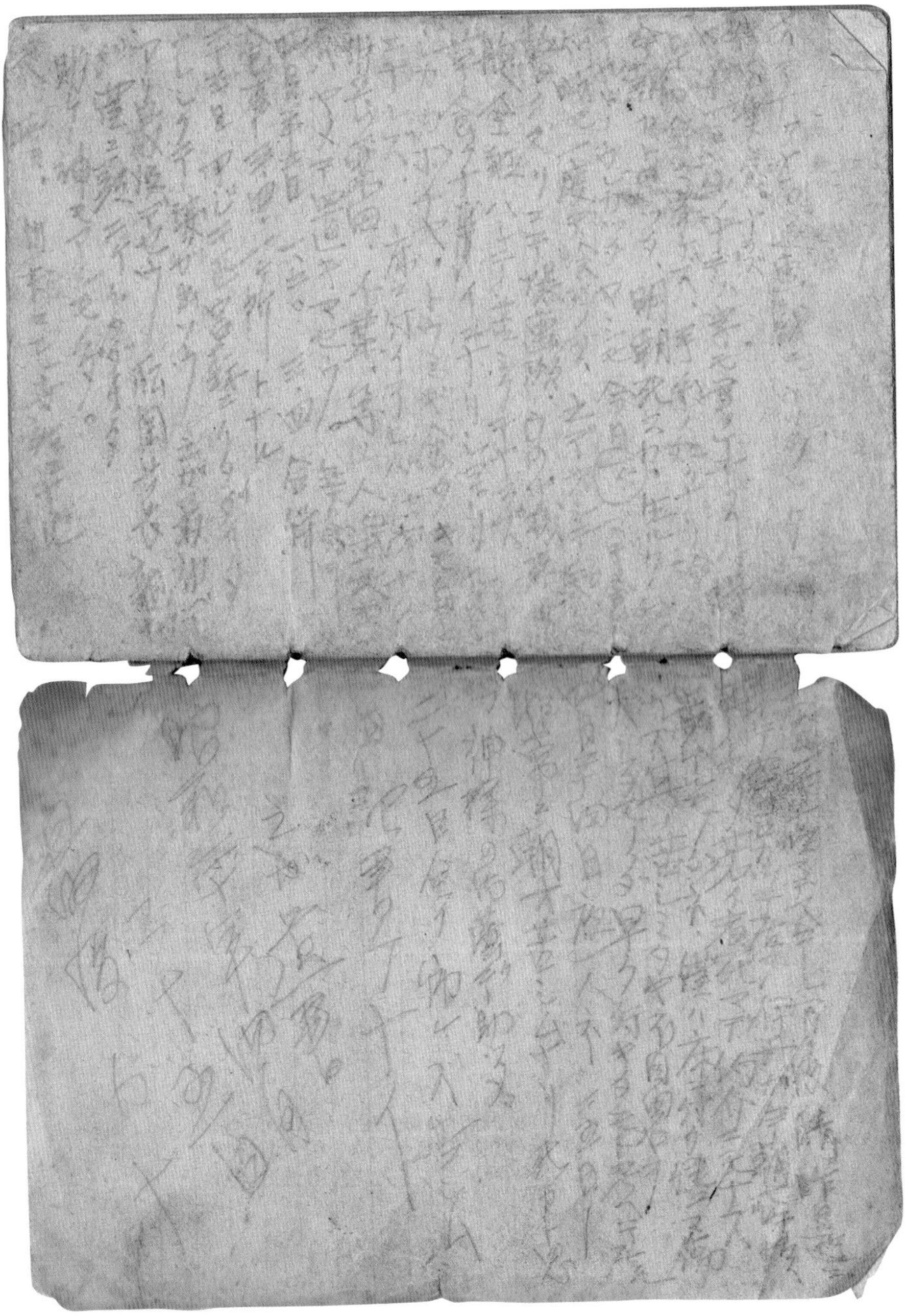

2冊目絶筆

2冊目最後のページ余白を埋めるように記された絶筆。
左端の「最後カナ」が絶筆となった。

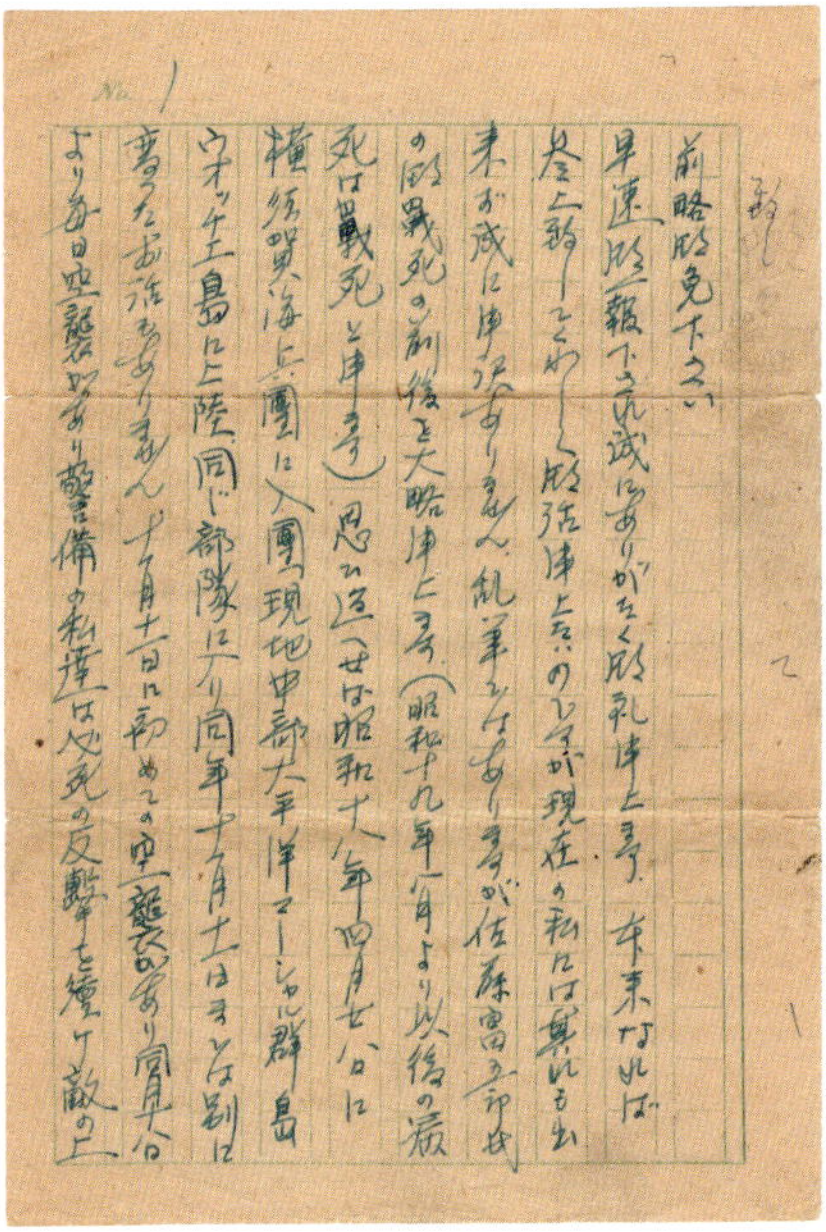

No.1

前略御免下さい
早速御報下され誠にありがたく御礼申上ます 本来ならば
参上致しまして詳しく御話申上べきところ現在の私には其れも出
来ず誠に申訳ありません 乱筆ではありますが佐藤富五郎殿
の戦死の前後を大略申上ます（昭和十九年八月より以後の戦
死は戦死と申ます）思ひ返へせば昭和十八年四月廿八日に
横須賀海兵団に入団 現地中部太平洋マーシャル群島
ウオッゼ島に上陸 同じ部隊に入り同年十月十二日はまさに別に
書く事もありません 十月十六日に初めての空襲があり同年八月
より毎日空襲があり警備の私達は必死の反撃を続け敵の上

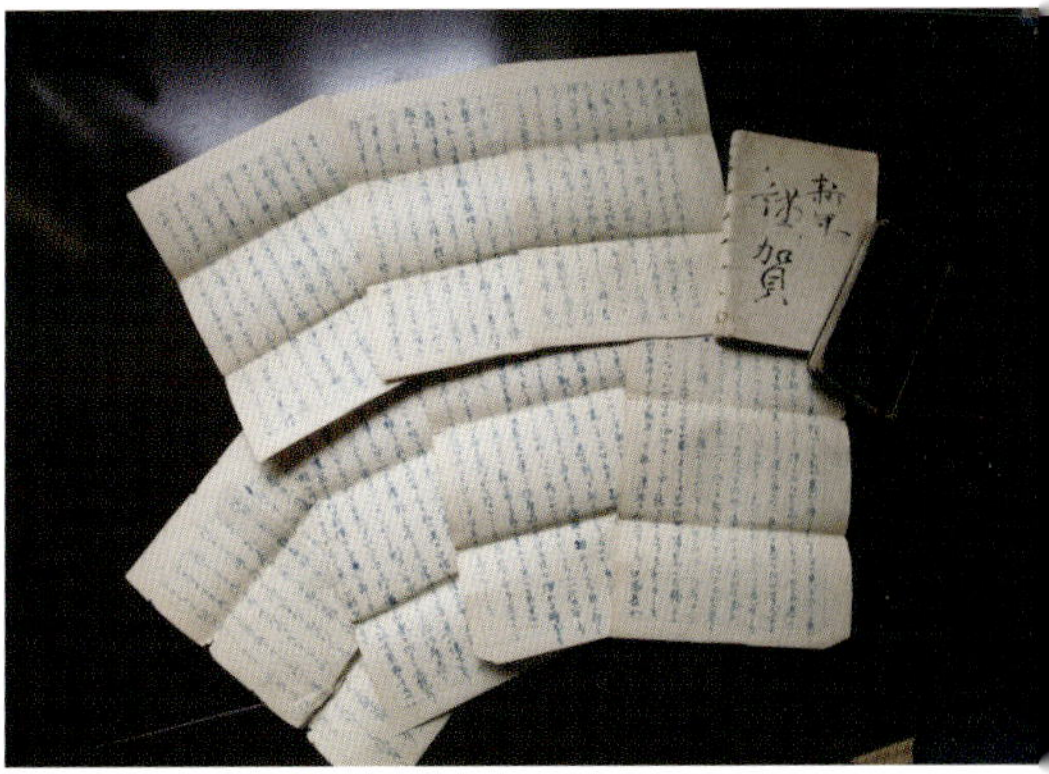

原田氏の手紙と 2 冊の手帳

戦友原田豊秋氏の手紙と日記を綴った 2 冊の手帳。

No.3

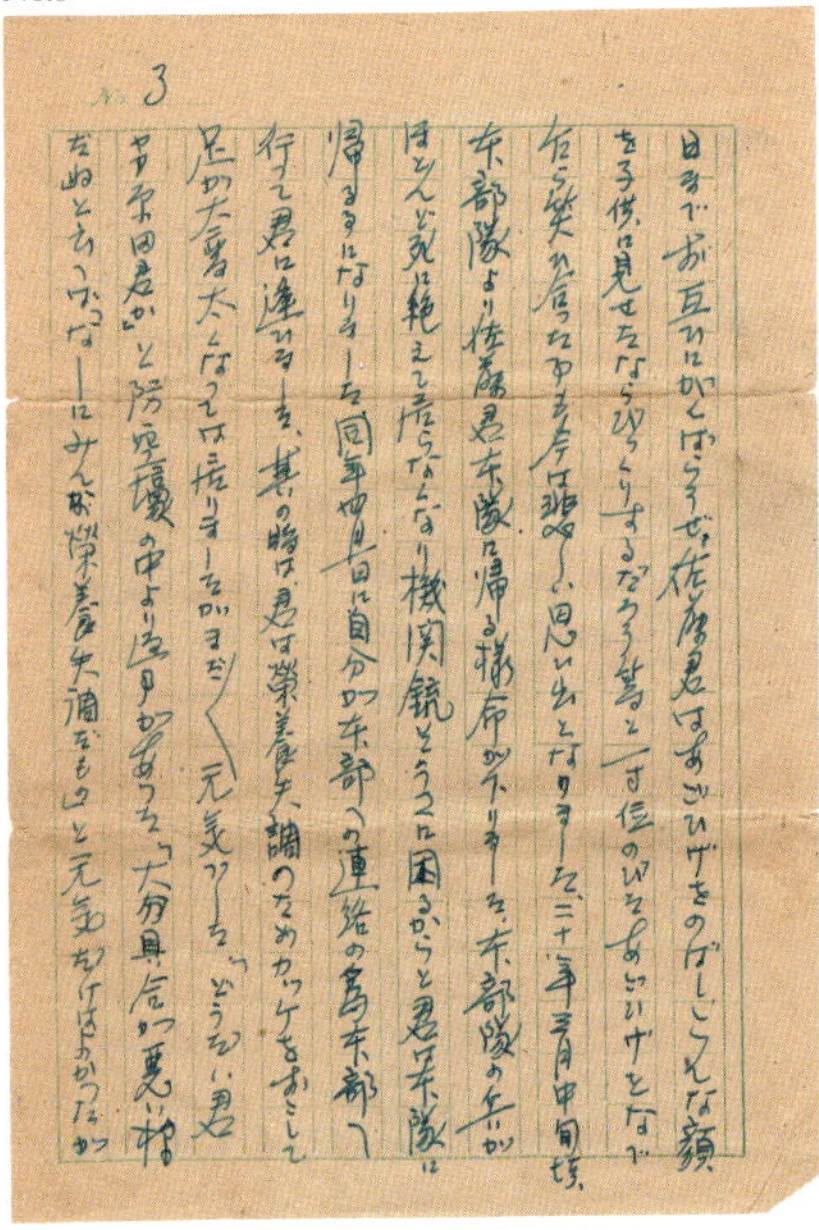

日まで お互ひにがんばろうぜ 佐藤君は すごひげをのばして立派な顔
を子供に見せたならびっくりするだろう等と一寸位のひげをはやしていたなど
今で笑い合った事等は誠に懐しい思い出となりました 二十年三月中旬頃
本部隊より佐藤君本隊に帰る様命令がありました 本部隊の兵が
ほとんど死に絶えて居らなくなり機関銃をうつに困るからと君は本隊に
帰る事になりました 同年四月一日 自分が本部への連絡の為本部へ
行って君に逢いました 其の時は君は栄養失調のためか少しやせて
足が大変太くなっては居りましたがまだまだ元気だった どうだい君
も原田君か と防空壕の中より出て来て 大分具合が悪い様
だねと云うか なーにみんな栄養失調だもの と元気そうには見えなかったが

No.2

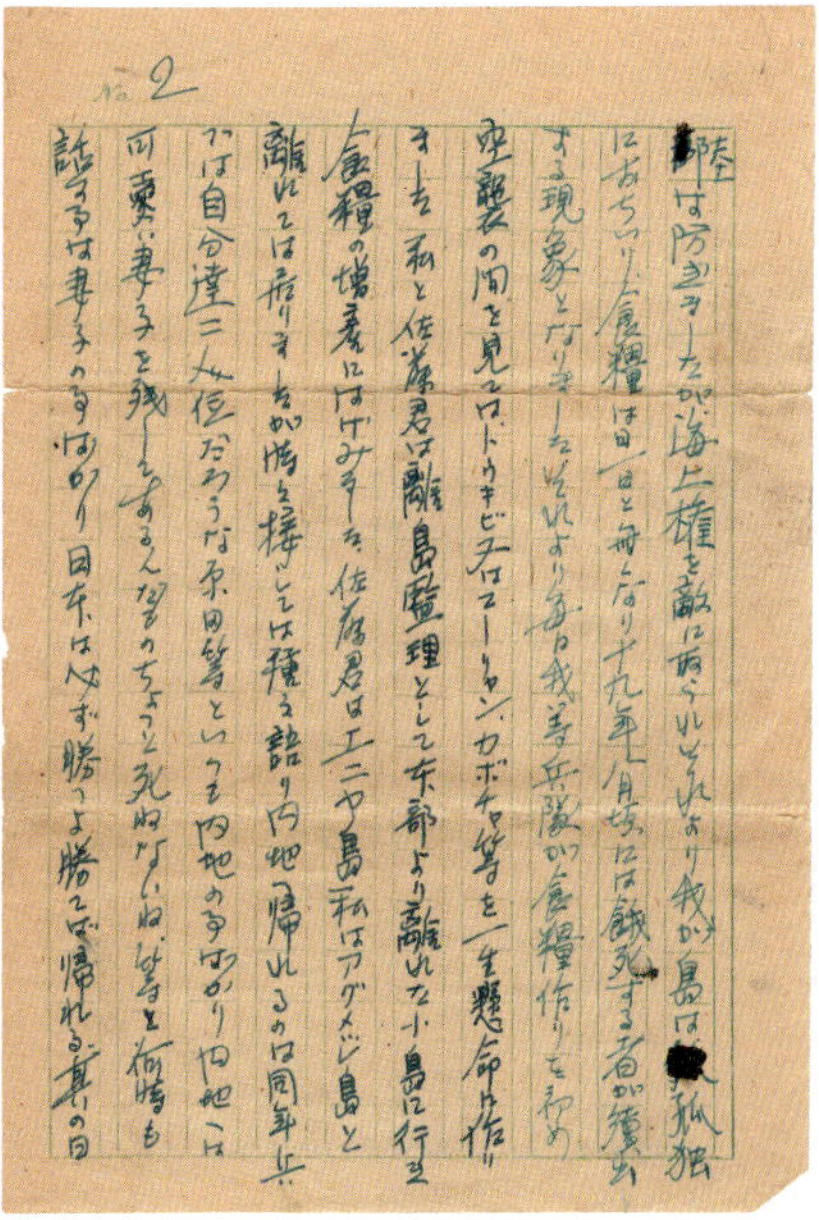

陸は防ぎましたが海上権を敵に取られそれより我が島は孤独
におちいり食糧は日一日と無くなり十九年八月頃には餓死する者が續出
する現象となりましたそれより毎日我等兵隊が食糧作りを初め
空襲の間を見てはトウキビ カボチャ等を一生懸命作り
ました 私と佐藤君は離島監理として本部より離れた小島に行き
食糧の増産にはげみました 佐藤君はエニヤ島 私はアゲメジ島と
離れては居りましたが暇を探しては種々語り内地へ帰れるのは何年先
かは自分達二人位だろうな 原田等といつも内地の事ばかり 内地には
可愛い妻子を残しておるんだからちょっと死ねないね等と何時も
話す事は妻子の事ばかり 日本は必ず勝つよ 勝てば帰れる 其の日

戦友原田豊秋氏から佐藤家宛の手紙

昭和 21 年（1946） 12 月頃、
日記と一緒に届いた戦友原田豊秋氏からの手紙（4 ～ 6 頁に翻刻文あり）。

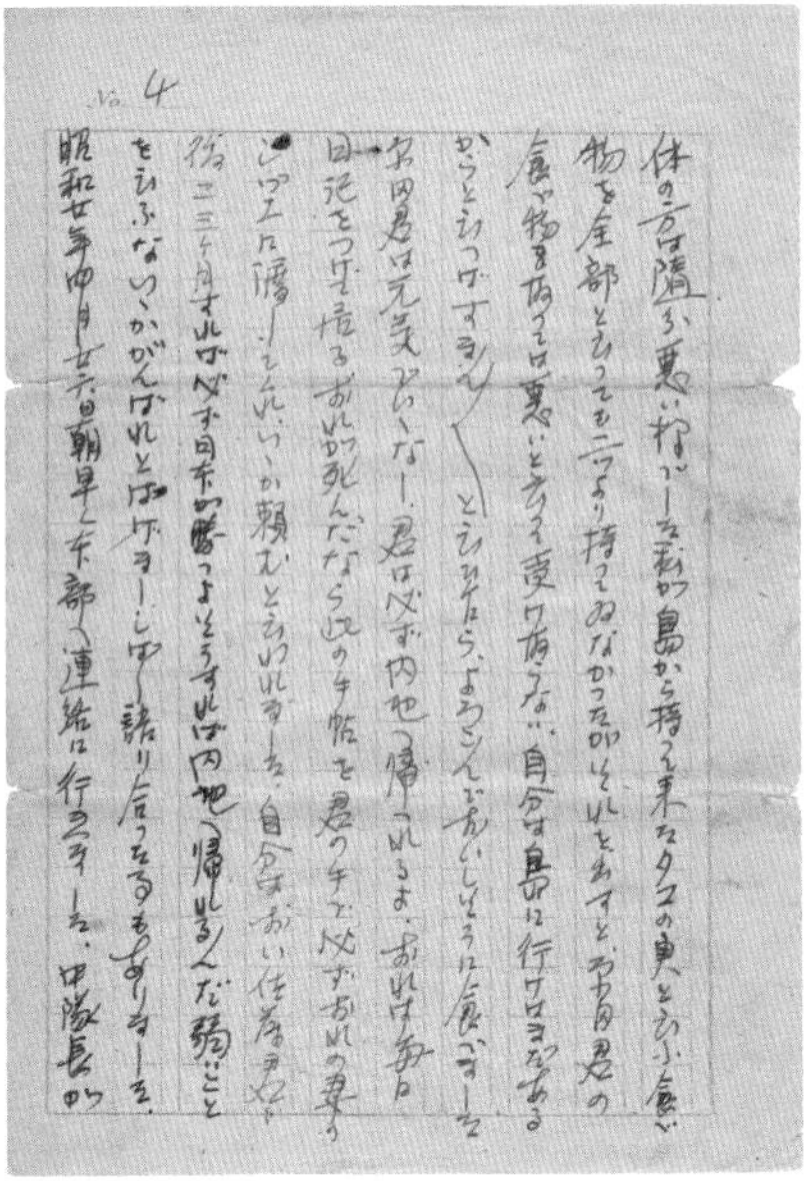

No.4
体の方は随分悪い様でした。私が島から持って来たタコの実とかいふ食べ
物を全部といっても二つより持ってゐなかったがそれを出すと、前田君の
食べ物まで取っては悪いと云って更に食べない。自分は島に行けば又ある
からといってもすまん――とおもったら、よろこんでおいしさうに食べてゐました
前田君は元気らしいなー。君は必ず内地へ帰れるよ。おれは毎日
日記をつけて居る。おれが死んだなら此の手帖を君の手で必ずおれの妻の
ところに渡してくれないか頼むといはれました。自分はおい佐藤君何を
云ふ、二三ヶ月すれば必ず日本が勝つようすれば内地へ帰れるんだ。弱いことを
をいふな、いくらがんばれとはげましし語り合ったこともありました。
昭和廿年四月廿六日朝早く本部へ連絡に行きました。中隊長が

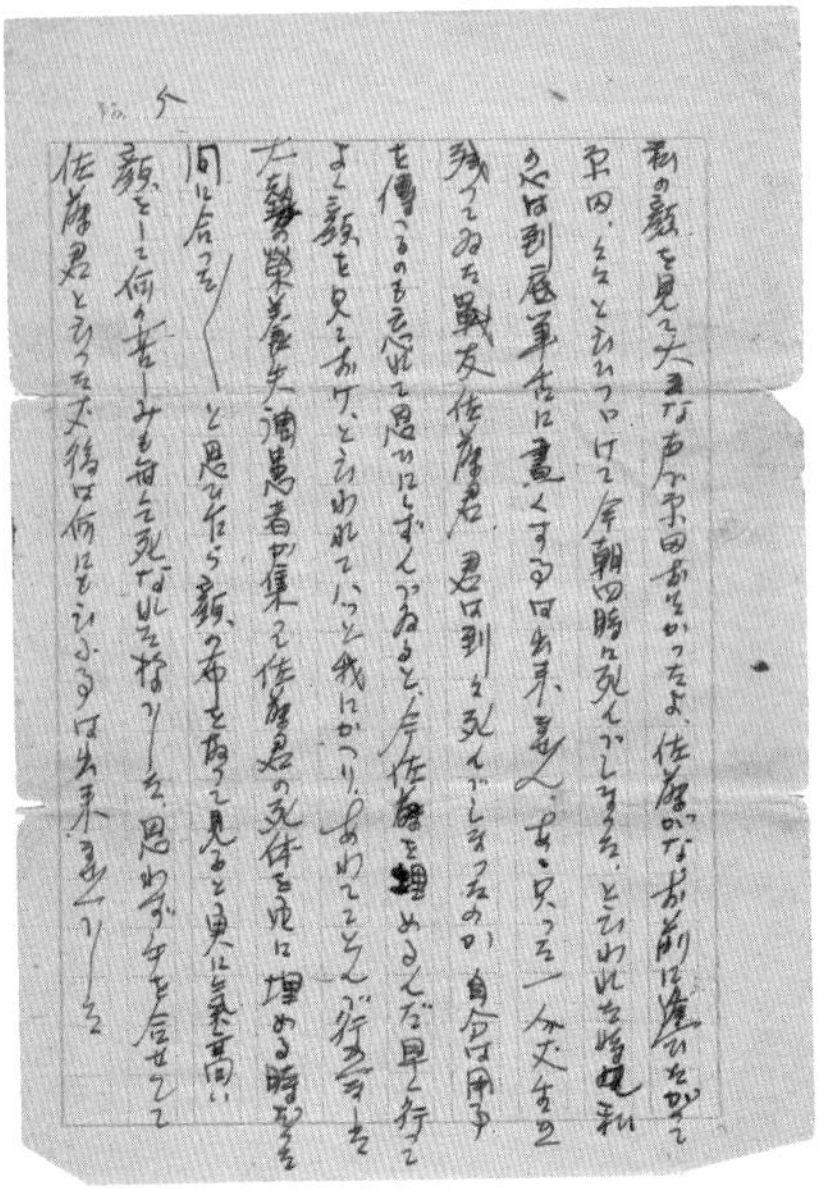

No.5
私の顔を見て大きな声で前田君がやったよ。佐藤がなお前に逢いたがって
居った。とかいってけさ今朝四時頃死んでしまった。といはれた時私
の心は到底筆舌には尽くす事は出来ません。あゝ只一人残って一分丈生き
残ってゐた戦友佐藤君。君は到々死んでしまったのか。自分は用事
を傳へるのも忘れて思はず泣いてゐると、今佐藤を埋めるんだ早く行って
よく顔を見ておけ、といはれてハッと我にかへり、あわてゝとんで行きました
大勢の栄養失調患者が集って佐藤君の死体を土に埋める時でした
間に合ってよかった――と思ひたら顔の布を取って見ると実に気高い
顔をして何の苦しみも無く死んでゐました。思はず手を合せて
佐藤君といった丈後は何にもいふ事は出来ませんでした

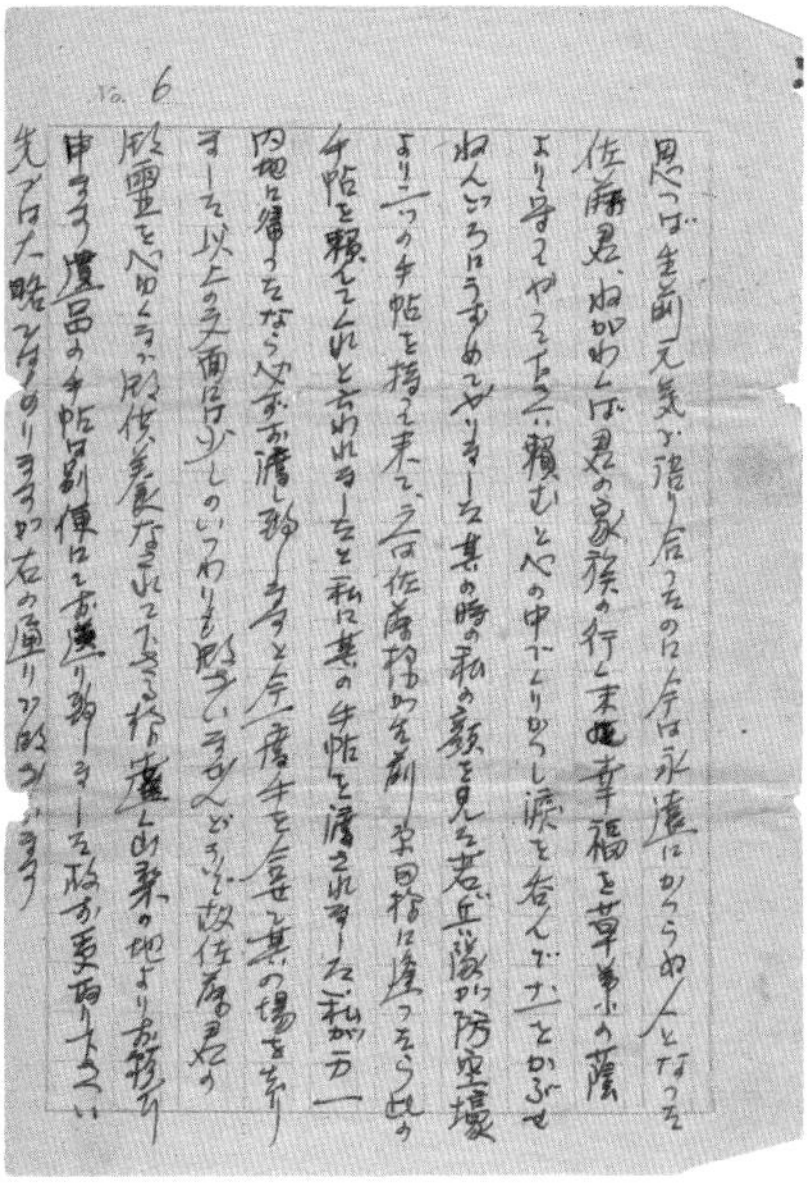

No.6
思へば生前元気で語り合ったのに今は永遠にかへらぬ人となってしまった
佐藤君、ねがはくば君の家族の行く末幸福を草葉の蔭
より守ってやって下さい。頼むと心の中でくりかへし涙を呑んで土をかぶせ
ねんごろにうずめてやりました。其の時の私の顔を見た若い兵隊が防空壕
より二つの手帖を持って来て、この佐藤様が生前前田様に逢ったら此の
手帖を頼んでくれと云はれました、と私に其の手帖を渡されました。私が万一
内地に帰ったなら必ずお渡し致しますと今一度手を合せて其の場を去り
ました。以上の文面は少しのいつはりも無い事実です。どうぞ故佐藤君の
御霊をなぐさめ下さい。故佐藤君喜ばれて下さる様遠く此の地よりお祈り
申します。遺品の手帖は別便にてお送り致しますから御受取り下さい
先づは大略乍ら右の通りお知らせ申します

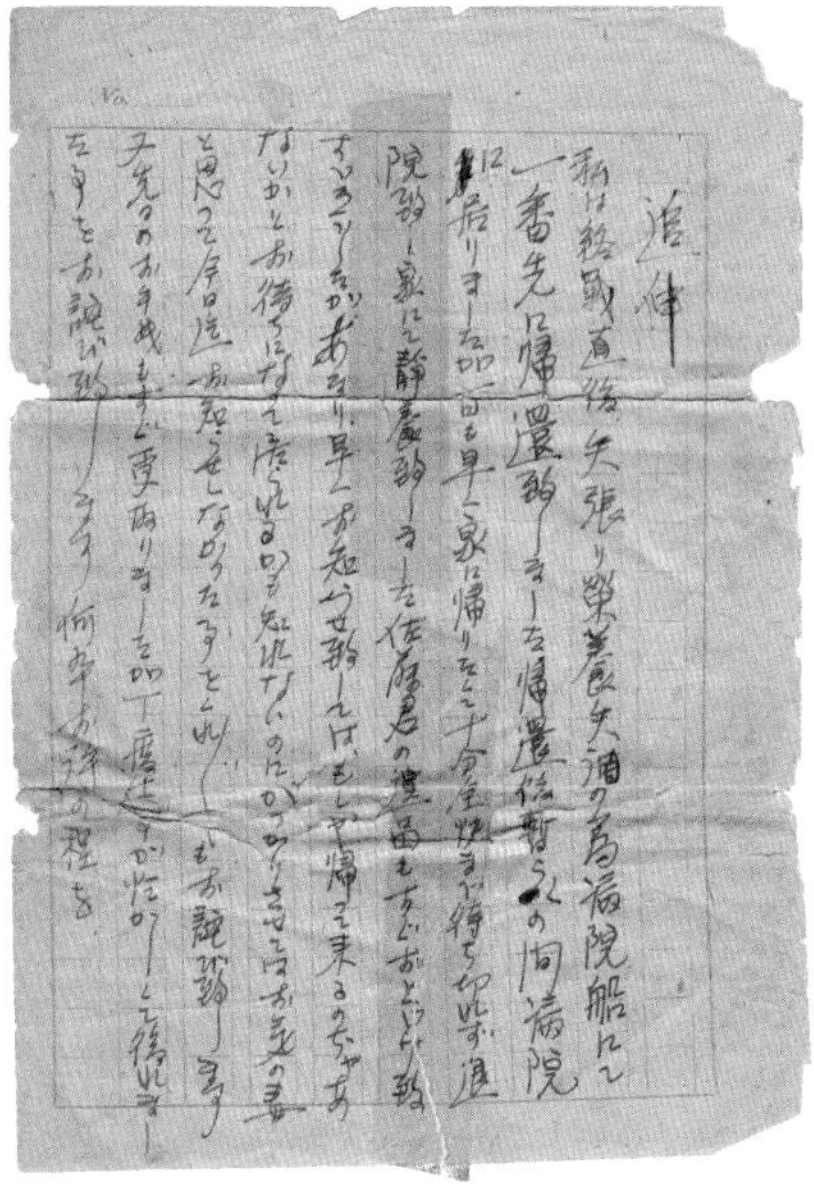

追伸
追伸
私は終戦直後矢張り栄養失調の為病院船にて
一番先に帰還致しました。帰還後暫らくの間病院
に居りましたが一日も早く家に帰りたくて全快まで待ち切れず退
院致し家にて静養致しました。佐藤君の遺品もすぐおとどけ致
すつもりでしたがあまり早くお知らせ致しては、もしや帰って来るのではあ
ないかとお待ちになって居られるかも知れないのにがっかりさせてはお気の毒
と思って今日迄お知らせしなかった事をともどもお詫び致します
子供さんのお手紙もすぐ受取りました。何卒広くお許し下さい
左手をお許し下さい。何卒御自愛の程を

ウォッチェ島上空

昭和 16 年（1941） 3 月 28 日のウォッチェ島上空（写真=靖國偕行文庫所蔵「大東亜戦争・島嶼写真」）。

ウォッチェ島内海と兵士

撮影時期不明。奥に桟橋、手前にマーシャルのアウトリガーカヌーが見える
（写真=靖國偕行文庫所蔵「大東亜戦争・島嶼写真」）。

慰霊祭集合写真

平成 28 年（2016）4 月 19 日ウォッチェ島 64 警備隊本部付近で慰霊祭を行った。
前列左から末松洋介氏、佐藤勉氏、
後列右は森山史子氏。
長老 Jide（チレ）氏と孫とともに。

床の間の「マーシャル・コーナー」

宮城県亘理郡亘理町の佐藤勉氏自宅の床の間。

はじめに

——コイシイワ　アナタワ

太平洋のとある南の島で、コイシイワとはじまる歌を耳にしたのは、一一年前のことです。たまたま耳にした歌でしたが、それからはどこにいても、その島を近くに感じています。この歌の話を家族、友人、願わくばもっと多くの人としたい——。歌の背景をたずね回りながら、カメラを回し始めました。そうして気づいたら、三年のあいだ私は島で働きながら暮らしていました。

その島は、かつて大日本帝国のマーシャル群島とよばれていました。

現在はマーシャル諸島共和国とよばれる珊瑚礁の島々です。いったいどこにあるの、とまず訊かれます。グアムとハワイのあいだといっても、地図で見つけるのもひと苦労です。ゴジラやスポンジ・ボブの島といえば、大半の人が驚きます。ビキニの由来を知って、ショックを受ける人のほうが多いかもしれません。

たった七〇年前「南洋は満洲より近い」といわれていました。八〇年前には島民の人口より多くの人が日本から南洋へ移住しました。赤道に近い南の島々を近くに感じた時代があったのです。コイシイワと歌われるアナタも、海をわたり南のマーシャルを目指したひとりでした。

約一〇〇年前、日本からやってきたアナタとマーシャルの女性は恋に落ちました。ところが突然、アナタは日本へ帰ってしまいます。戦争がはじまったからです。この歌は、そのふたりの出会いと別れの歌でした。戦争がはじまるまで国語として日本語を学んだマーシャル人の女性が、戦争で引き裂かれ、アナタを恋しく想う女性の気持ちを汲んで歌にしたのでした。戦争が終わっても、遠く離れて二度と会えなくなってしまったアナタに気持ちが届くことはなかったでしょう。それでも――それゆえか、今日もマーシャルでは、だれかが陽気にこの歌を口ずさんでいます。陽気にというところが、きっとだいじです。

本書で紹介する宮城県出身の佐藤冨五郎さんの日記は、アナタが日本へ帰った頃、敗色が濃くなったマーシャルのウォッチェ環礁で書かれました。冨五郎さんは三七歳で召集されるまで、東京の街を走るバスの運転手として働きながら妻と三人の子どもと暮らしていました。遠い遠いウォッチェで飢えとの闘いを強いられた冨五郎さんは、どうか家族のもとへ届くようにと、文字を書くことも困難な状態で遺書も書きました。遺書と召集時から書き綴った二年間の日記は、戦後奇跡的に家族に届き、日記全文を解読したいという息子勉さんの強い願いがさまざまな運を手繰り寄せ、こうして本になるまで数奇な運命をたどりました。日記がたどった軌跡と一緒に、遠くなりつつある（いや近づいているかもしれません）戦争――冨五郎さんしかり、あの時代を生きた人びとの命がたやすく奪われ、生き残った人も生き方を大きく変えざるをえなかった戦争をあらためて捉えなおすこと。そして、すっかり遠くなってしまったマーシャルと日本を再び近く感じられる本にしたいと考えていたら、こんなにも多彩な方々が冨五郎さんの日記を読み解き、声を寄せてくださいました。

日記は、決して読みやすいものではありません。文字はできるかぎり読めるままに拾いました。若い方にも読んでもらえるように、旧い漢字は常用漢字になおしました。注やコラムもあわせて読むことで、少しでも冨五郎さんが生きた時代と見た景色を思い描く手がかりになればと願っています。今となっては誰ひとり知らない冨五郎さんと戦場ウォッチェを、どこまで近くに感じられるでしょうか。日記と遺書は、他者への想像力を押し広げてくれる力があると信じています。

日記のまわりには、補助線となる多様な声を配しました。インタビュー、論考、エッセイとさまざまな形式があります。それらを組み合わせ、歴史的背景、日記をつなげようとした人たちの思い、マーシャルの現在など、日記をめぐる視点ごとに章を構成しました。章を飛び越えて交わり、複数の声が響きあう瞬間を、どこから読みすすめても、あちらこちらで感じることができると思います。

日記がご家族のもとに届いたのは、戦後しばらくしてからのことでした。冨五郎さんとの約束を守り、日記を届けてくれた数少ない生き残りのひとり——無二の戦友であった原田豊秋さんから、日記をめぐる歴史の旅ははじまります。日記に添えられていた原田さんの手紙を、冨五郎さんの帰りを待ちわびる当時五歳の勉さんとともに受け取ったと想像してみてください。

大川史織

前略御免下さい
早速御一報下され誠にありがたく御礼申上ます。
本来なれば参上致してくわしく御話申上たいのですが
現在の私には其れも出来ず誠に申訳ありません。
乱筆ではありますが佐藤富五郎氏の御戦死の前後を大略申上ます。
（昭和十九年八月より以後の病死は戦死と申ます）

思ひ返せば昭和十八年四月廿八日に横須賀海兵団に入団現地中部太平洋マーシャル群島ウォッチェ島に上陸。同じ部隊に入り同年十月十一日までは別に変ったお話もありません。十一月十一日に初めての空襲があり同月十八日より毎日空襲があり　警備の私達は必死の反撃を続け敵の上陸は防ぎましたが　海上権を敵に取られそれより我が島は孤独におちいり食糧は日一日と無くなり　十九年八月頃には餓死する者が続出する現象となりました。それより毎日我等兵隊が食糧作りを初め空襲の間を見ては、トウキビ又はコーリャン、カボチャ等を一生懸命に作りました。私と佐藤君は離島管理として本部より離れた小島に行き食糧の増産にはげみました。佐藤君はエニヤ島私はアグメジ島と離れては居りましたが時々接しては種々語り内地へ帰れるのは同年兵では自分達二人位だろうな原田等といつも内地の事ばかり。内地へは可愛い妻子を残してあるんだものちょっと死ねないね。等と何時も話す事は妻子の事ばかり。日本は必ず勝つよ勝てば帰れる。其の日日までお互ひにがんばらうぜ。佐藤君はあごひげをのばし、こんな顔を子供に見せたならびっくりするだろう等と一寸位のびたあごひげをなで乍ら笑ひ合った事も今は悲しい思い出となりました。

二十年三月中旬頃本部隊より佐藤君本隊に帰る様命令が下りました。本部隊の兵がほとんど死に絶えて居らなくなり機関銃そうさに困るからと君は本隊に帰る事になりました。

同年四月一日に自分が本部への連絡の為本部へ行って君に逢ひました。其の時は、君は栄養失調のためカッケをおこして足が大変太くなっては居りましたがまだ〳〵元気でした。

「どうだい君　ヤア原田君か」と防空壕の中より返事があった。

「大分具合が悪い様だね」と云へば「なーにみんな栄養失調だもの」と元気だけはよかったが体の方は随分悪い様でした。私が島から持って来たタコの実と云ふ食べ物を全部と云っても二ツより持ってゐなかったがそれを出すと、原田君の食べ物を取っては悪いと云って受け取らない。自分は島に行けはまだあるからと云へばすまん〳〵と云ひ乍ら、よろこんでおいしそうに食べました。

原田君は元気でいいなー。君は必ず内地へ帰へれるよ。おれは毎日日記をつけて居る。おれが死んだなら此の手帖を君の手で必ずおれの妻のシヅエに渡してくれ。い、か頼むと云われました。自分は、おい佐藤君後二三ヶ月すれば必ず日本が勝つよそうすれば内地へ帰れるんだ弱いことを云ふない、かがんばれとはげまししばし語り合った事もありました。

昭和廿年四月廿六日朝早く本部へ連絡に行きました。中隊長が私の顔を見て、大きな声で原田おそかったよ。佐藤がな、お前に逢ひたがって原田、々々と云ひつゞけて今朝四時に死んで亡くなった。と云われた時私の心は到底筆舌に告くす事は出来ません。あ、只った一人丈生き残ってゐた戦友佐藤君。君は到々死んでしまったのか　自分は用事を伝へるのも忘れて思ひにしずんでゐると、今佐藤を埋めるんだ早く行ってよく顔を見ておけと云われてハッと我にかへりあわてて

とんで行きました

大勢の栄養失調患者が集って佐藤君の死体を穴に埋める時だった　間に合った〳〵と思ひ乍ら顔の布を取って見ると実に気高い顔として何の苦しみも無くて死なれた様でした。思わず手を合せてて佐藤君と云った丈後は何にも云ふ事は出来ませんでした思へば生前元気で語り合ったのに今は永遠にかえらぬ人となった佐藤君。ねがわくば君の家族の行く末幸福を草葉の蔭より守ってやって下さい頼むと心の中でくりかへし涙を呑んで土をかぶせねんごろにうずめてやりました

其の時の私の顔を見た若い兵隊が防空壕より二ツの手帖を持って来て、之は佐藤様が生前原田様に逢ったら此の手帖を頼んでくれと云われましたと私に其の手帖を渡されました。私が万一内地に帰ったなら必ずお渡し致しますと今一度手を合せて其の場を去りました。以上の文面には少しのいつわりも御ざいません　どふぞ故佐藤君の御霊を心ゆくまで御供養なされて下さる様遠く山梨の地よりお願ひ申ます　遺品の手帳は別便にてお送り致しました故お受取り下さい

先づは大略ではありますが右の通りで御ざいます

追伸

私は終戦直後矢張り栄養失調の為病院船にて一番先に帰還致しました。帰還後暫らくの間病院に居りましたが一日も早く家に帰りたくて十分全快まで待ち切れず退院致し家にて静養致しました　佐藤君の遺品もすぐおとどけ致すべきでしたが、あまり早くお知らせ致しては、もしや帰ってくるのぢゃあないかとお待ちになって居られるかも知れないのにがっかりさせてはお気の毒と思って今日迄お知らせしなかった事をくれ〳〵もお詫び致します又先日のお手紙もすぐ受取りましたが丁度仕事が忙がしくて後れました事をお詫び致します

何卒お許の程を。

マーシャル、父の戦場——ある日本兵の日記をめぐる歴史実践

目次

名もなき人びとへの想像力
——平和のための芸術

大林宣彦
OBAYASHI NOBUHIKO

二〇一八年五月八日@成城

取材・構成◯大川史織・三上喜孝

映画作家の大林宣彦さんは、二〇一三年と二〇一四年の三月一日（三月一日は、マーシャル諸島では「核犠牲者追悼記念日」にあたる）に、マーシャル諸島の首都マジュロで『この空の花——長岡花火物語』を上映した。二〇一五年には、自らマーシャルを訪問され、Skype & お手紙を通じて友情を深められたクリストファー・ロヤック大統領と念願のご対面を果たされた。マーシャルの人びとと深いつながりを育まれた大林監督に、マーシャルと日本、戦争と平和、昨日と今日と明日とをつなげるお話をうかがいたい……。祈るように願ったその想いは、二〇一八年五月八日に実現した。奇しくも大林監督のお父様のご命日にあたるこの日に、父が子に残した佐藤冨五郎日記についてお話をうかがうことになった。お話は四時間に及んだが、ここで紹介するのは、そのごく一部である。

1. 佐藤冨五郎日記、最後の四行

二十五日　全ク働ケズ苦シム
日記書ケナイ　之ガ遺書
昭和二十年四月二十五日
最後カナ

すごいね、これ。

この四行だけを、いま準備している新作映画を作り終えるまでは毎日読んでいたい。そういうものですよこれは。

僕も八〇歳になって　肺癌で余命三カ月といわれて、いろんなことがより実感できるようになってきたんだけど、冨五郎さんは最後はまったく働けず、苦しかったんでしょう。食べるものもなくて。この文字を刻むだけで、僕たちが巨大な岩を担ぎ上げるような労力を使っているはずですよ。「最後カナ」の「カナ」を書き終わったとき、この人は一生分の重みをこの文字に込めていると思う。だからこちらも一生かけて受け止めたいよね。

僕は八〇歳、冨五郎さんのご子息の勉さんは七七歳だからほとんど同世代。よくわかる。これは情報でも物語でもない、僕らはこれをひとつの逃れがたい現実だと思う。でもそれは追体験できる。

それ故に、ページを次々とめくって流し読みしていくようなものではない。そこにこの日記を本にするときの重要なフィロソフィーがあると思います。

一冊の本にするということは、ひとつの歴史を語り情報にもなるという、つまり客観的なものになるわけだけど、それはただの情報の羅列にすぎない。

やはりこれを書いた冨五郎さんの実体験を僕たちが追体験することが大切だろうね。僕たちは追体験することしかできない。それを人類の記憶として受け取って学んでいくことで、次の世代に、さらに一〇〇年先にゆだねる。

カタルシスってものがあってね。どんなにつらい悲しい苦しいことでも、泣いたり笑ったり感情移入して読んだり見たり聞いたりすれば、心が浄化されるということで、素敵なことだけどたいへん恐ろしい魔力も持っています。

映画でいえば、反戦映画も好戦映画も、面白ければ同じように泣いたり笑ったりしてしまう。反戦映画ですら簡単に好戦映画にしてしまうところがある。だからカタルシスだけは避けよう、というのが僕たちなりの戒めなのです。同じようにこの冨五郎さんの文章には、その自制心がきちんとある。

これ以上に、どれだけの言葉が必要だろう。

二十五日　全ク働ケズ苦シム
日記書ケナイ　之ガ遺書
昭和二十年四月二十五日

最後カナ

彼の全人生の総てが感じられるよね。

家族への愛、子を持つ父、愛する妻との別れ。

最初の一行からそうです。日記を書き始めたときから、彼のそういう世界がある。それもよくわかります。

戦争に行きたくて行くわけじゃない。大日本帝国のよき国民であろうとすれば、平気で相手を殺せる兵隊にならないといけない。あるいは友だちの血や肉を食ってしまう人間になれば——なれるんです。それもカタルシスがらみで表現すれば——そうなれば、戦争自体を楽に過ごせる。

しかしこの人はあくまで、厳しく自分であろうとしたんだね。

カタルシスを避けて、きちんと自分と距離を置いて見ていた。だからきわめて客観的で、なんの情景描写もないのに、それを読んだ僕たちがそこからいろんなことを自分の想像力で思い浮かべることができる。

2. 父親のこと

僕の父親は戦争中に満洲からフィリッピン、マレー辺りに行っていましたが、やはり同じだったと思います。

うちの父親も七〇〇ページの自分史を残していました。僕は全然知りませんでした。父が死んで尾道の家を片付けていると、僕が知らなかったものがいろいろと出てくるんですよ。そのなかに、つい半年前に、父が残した自分史を発見し、知らなかった父のことをそこから学ぶんです。そういう意味では、勉さんと同じ体験です。

たとえば父も戦争がいやで、だけど赤紙をもらったからしょうがなく従軍したと思っていたら、自ら志願して従軍していたんですね。それを知った時には、親父はひょっとして戦争が好きだったのかと、親父に裏切られたような気がしました。でもそれを読むと、召集されていくと、単に敵の弾除けの消耗品になるだけだと。自分は医者になろうとしている人間だから、医者として戦地に行きたい。そうすると、仲間の命を救うことができるし、ともすると、敵の命さえ救えるかもしれない。これが医者が戦争に行くことの意味であると。そういうことで、自らの意志として軍医という立場で従軍したんです。

敵の命さえ救えるかもしれないということは、当時としては言えません。そんなことを言えば非国民ですから。しかしそれを伝えるために自分史を書いているんですね。

そういうことが、「最後カナ」と書いた冨五郎さんとも通じるような気がします。

「最後カナ」。よく書けたなぁ、この文字が。

癌に侵されただけで、文字が書けなくなるんです。これは癌のせいだけじゃなくて歳のせいだとも思います。

漫画家の手塚治虫さんが晩年、円が描けなくなったと言っていました。円を描いても、最後の線をつなげて円にすることができないんです。それが老いということなんですね。

書くことが好きで、簡単に書くことができた人が、書けなくなってしまう。

しかも食べ物がなくて働けなくて、寝たきりでしょう。文字が書けたことが奇跡ですよ。

それがこういうふうに残されたということは……。

（日記を手にとり中を見る）

どういう思いが込められているんだろう。

うちの父親も、こういう手帳にこういうふうに書いていました。僕や母親が慰問袋にいれて送ったものは、全部持って帰ってくれたから、それで僕は自分の過去を知ることができるんです。

3. 小津安二郎の言葉

映画監督の小津安二郎さんに有名な言葉があります。

「なんでもないことは流行に従う、重大なことは道徳に従う、芸術のことは自分に従う」

当時はこれしか生き方がなかった。僕たちはこれが戦争中の言葉だとはあまりぴんとこなくて、小津さんのようなこだわりの人だから、こだわり方の秘訣かなというくらいに思っていました。

しかし3・11（東日本大震災）を経験してからは、小津さんのいう「目の前にあるものは受け入れざるをえないではないか」という言葉が、妙にひっかかるんですね。目の前にあるものとは、当時は戦争です。あの人の目の前にはずっと戦争がありましたから。

大日本帝国の優秀な国民であるということは、世の流れ、すなわち流行に従うということなんですね。あの時代は、軍部がシナリオからなにからすべて主導する。日本が敵を負かすという映画のシナリオをもって、小津さんはフィリピンに撮影に行きます。そこまでは国家まかせです。

しかし行った先でそれを撮るか撮らないかは自分にまかせられることである。小津さんが選んだのは、何も撮らないということでした。ワンカットも撮らなかった。

小津さんも戦争の時代に少年・青春・壮年までを生きた人だから、なによりも戦争と平和を描きたかった。しかしそういう意味での代表作はないのです。撮らないことで、小津さんは自己表現をしたのです。だから墓石に〈無〉と刻まれているんです。無にこそ俺の魂があるということです。文士的な気取りでも趣味的な厳しさでもなくて、「断念と覚悟」の表現です。


そういうふうに考えていくと、いろいろなことが見えてきます。たとえば小津さんの映画はぜんぶ戦争映画だったんだとわかってくるんです。それが僕の『花筐』に活かす力にもなったし、なによりも世の中の人がそれに気が付いてくれた。あの敗戦後の復興はモノとカネで、戦勝国アメリカの都合で高度経済成長も起き、原子力発電も平和のために役立つのだと、それを被爆国の日本でやれば一番の宣伝になる。それにスクラップ・アンド・ビルド、古いものを壊して新しいものを創れという経済政策。それに僕たち敗戦後の子どもは敏感に反応、抵抗したんです。

あの戦争で一所懸命僕たちを守って命を落とした兄ちゃんやおじさんや親たちは、あの緑の山やきれいな海を守りたいから、それを僕たちに残したいから死んだんだ。それを生き残った同じ大人たちが壊そうとするのは何事かと。それだけは許さないぞと。

大人たちがみんな平和難民になって、子どもたちがみんな平和孤児になってしまった。その平和孤児たちは、大人たちに対する異議申し立てとして、高度経済成長を批判的に見ていくことになるのです。それが僕たちの世代で、そういう毅然とした態度は、勉さんにも見えますよね。世の中の流行や道徳には従わず、父親が残してくれた自分に従う。そういう芸術的な生き方――つまり平和を願う生き方ですよ――をいまもおやりになっている。あの人の生き方の中に、小津さんの言葉も息づいています。

4. 映画の力で平和を信じる

敗戦後二年目の一九四七年、東京大空襲で家族を失った被害者の人たちが、亡くなった方たちの慰霊碑を立てようとしたそうです。しかしそれをGHQ（連合国軍最高司令官総司令部）は認めなかった。なぜなら、日本人が戦争を覚えている限り、勝った国のアメリカを憎むだろうから、占領政策もうまくいかなくなる。日本人に戦争を忘れさせようとするためには、戦争を忘れない慰霊碑を作ることは許せないと。つまり戦争を「なかったこと」にしたのが、戦後の平和教育です。

平和というのは大嘘だけど、その大嘘を心のマコトとしてみんなで信じ続ければ、いつかほんとうに世界が平和になるかもしれない。

『この空の花――長岡花火物語』という映画で描きましたが、爆弾も花火も空中で散開するということは同じなんです。これを上から落とせば爆弾になり、下の敵を殺し、経済を富ませる。下から打ち上げると、同じ散開だけども夜空に咲いて消えるだけ。しかもお金は無駄遣い。だから上から落とす爆弾がなくならない。

しかし映画というものは下から打ち上げる花火の力を信じようじゃないかというものです。山下清さんが「世界中の爆弾を花火にして打ち上げたらこの世から戦争はなくなるのに」と子どものような気持ちでおっしゃった。これこそが映画の神髄で、映画の力だった。

三年くらい前に、ある映画賞の授賞式で映画監督の高畑勲さんとお会いした時に、ふたりそろって顔合わせたとたんに「うかつでしたねえ」という言葉が出てね。僕たちが、いくら何でももう二度と戦争をする国になるなんて思いもしなかったから、うかつに流行に乗ってノンポリで生きてきたけれど、日本がまたこういう国になってしまったのは、僕たちがうかつだったからだと。

3・11でそこに気がつきました。あれは僕たちにとっては「間違った敗戦復興のやり直し」だったのだと。そのために日本の再生を映画でできたらいいなと考えました。これが敗戦後を意図的にノンポリで生きてきた僕たちが最後にできる責務かなと思ったのです。

5. 映画『タリナイ』の可能性

大川史織さんが監督したドキュメンタリー映画『タリナイ』は、キャメラがぶれないとかフォーカスが合っているとか技術的な問題を超えて、フィロソフィーが映画になっています。

面白いけど何もないな、ではダメなんです。

フィロソフィーのある映画なら、キャメラが揺れることも見ている人は気にしない。むしろカメラマンが揺れるような現場を、僕は座って見せてもらっているんだ、ありがとうという気持ちになるんだ。

非常にリアリティのある映画です。

『タリナイ』というのは何だろうと思っていたのね。素朴なタイトルからはじまって、しばらくしたらマーシャル語で「タリナイ」と出て、最後にようやく戦争のことだっていう字幕が出る。ああ、戦争がマーシャル語でタリナイかとはじめて知りました。最初は「不足している」という意味のタリナイかと思ったんです。その意味も込めたダブルミーニングなのかなと想像したりもしたけれど、そもそも「足りない」と思うから戦争って起きるんです。人間の欲望の原点であるタリナイからはじまって、その足りないという権力者の欲望のために犠牲になった弱者の庶民。しかも冨五郎さんはタリナイとは思っていなかった人なんだよね。いい息子もいるし奥さんもいるし親もいるし。十全に足りると思っていた人が、タリナイと思っていた権力者のために戦争に行って、足りてる命すら足りないものにしてしまった。戦争のもっている理不尽な矛盾や悲劇——悲劇というよりもバカバカしさですね——をすべて承知した強さが、映像の強さだね。

それはあの毅然とした勉さんの歩き方や座り方や手の合わせ方、もののいただき方、火の付け方などのすべてににじんでいるという意味では、あの人も見事な表現者。

共同制作者の藤岡さんも立派ね。いいスタンスで映画を創られたと思います。

案内してくださった森山さんも、大川さんがおやりになったことの先輩みたいな方ですよね。

そういう若い世代が育っていて、理屈ではなく行動として海外に行って活躍しているなかで、身に染みて言葉の齟齬や何でもないことで人を傷つけたり傷ついたりしたという体験を踏まえて、追体験がたくさんできるから、想像力が実態を持つんですね。

ほかの人ではなくて大川さんが撮影したから、勉さんやマーシャルの人たちも心を開いた。

通訳の末松君もいいですね。マーシャルの人びとをつらくさせるかもしれないことを恐れていることが彼の一挙手一投足に現れていて、こんなに人に対して優しくあろうとしながら生きるということは、一番つらいだろうなと。相手を傷つけることが一番つらいことを身をもって知っているから、無防備に理不尽に相手を傷つける戦争が見えてくるときに、いかに日々の暮らしのひとつひとつを礼儀正しく守るかということをわかっている。

戦争を体験した国は世界中に無数にあるけれども、そのなかに加害者になった国もいくつかあって、残念ながら日本もそのひとつです。日本は敗戦国だからつい被害のことだけ語りがちだけど、ほんとうは加害者の側を語らないといけない。加害があったから被害があるのであって、結果としての被害だけを悲劇といって悲しんでも、それはずるい。

ようやく最近のノーベル平和賞のおかげで、被爆者の方たちまでが私たちが原爆にあったのは、真珠湾攻撃を我が国がしたからと、戦争が怖いのは被害者になるだけじゃない、加害者にもなることだと。そのことを被害者自身が発言して、それが世界的な言葉として定着していってノーベル平和賞をとるというのは、僕は間違いなく世界はいいほうに向かいつつあると思います。いいほうになるということは、いまはぎりぎり悪いところまできているんだから気をつけようということでもあるしね。

さて、「最後カナ」という言葉を書いた富五郎さん。どれくらいの時間をかけて書いたのか。最後の「ナ」を書いたときに、これで生涯で書くべきことはぜんぶ書いた、伝えるべきことは全部伝えた、あとはかたちとして、心として伝わってくれよと。そしてこのことを二度とだれも体験しないような世界にきっとなってくれという切実な思いが、映画を作った大川さんや映された勉さんや、通訳や案内の人などの背後に見えてくるという、たいへん優れた映画ですよ。

だからきちんと人に見てもらうチャンスを作っていくことが課題だし、この本はそれを促進するための本であってほしい。できればこの映画を見て考えたうえで、ゆっくりと時間をかけてこの本を読んでほしい。読むというより体験してほしい。できるだけ想像力を働かせて。

6. 名もなき人へのまなざし

うちは代々医者の家系だったんですが、父は晩年、大林家の財産を整理して、書物はぜんぶ図書館に寄贈しようということで、辞書や文学全集といった当時の本を整理していたら、本の間に一通の手紙があったそうです。それは父の父、つまり祖父・一彦が書いた手紙で、東京の先輩に宛てたものでした。私はこんな田舎で名もなく暮らすのは残念で、私には医学の知識があるから、都に出て大日本帝国のために役立てたいから、自分を東京に呼んでくれないか、という手紙だったんです。それが切手も貼られないまま投函されないまま残っていたんですね。

父はそれを見て納得したんだそうです。祖父からいつも直接聞いていた言葉があって、「世の中には名のある偉い人はいっぱいいるが、本当は名のない偉い人がいっぱいいるんだぞ」。名のある人はどうしても余計なもの――権力ですね――がいっぱいくっついてくるから、その仕事も成果も付録付きで俺たちは知ることになる。無名の人がやることは、そっくりそのまま伝わってくる。だから自分は無名のまま過ごそうと決めたと。祖父はいつもそういっていたそうです。

そのことと、出さなかった手紙がリンクして、お父さんは有名になることはやめて田舎で名もなき医者として過ごすことを決めたんだと。

名もなき人。勉さんもそうです。偉い人です。この人の動作はどうやら僕よりも美しい。この人の知性と見識と責任感が、そうさせるのでしょう。

それを信じてキャメラを震わせながら駆けていく大川さんの姿も、僕には見えました。

この映画をたくさんの人に見せて名前が売れて有名になる、といったことではなくて、無名のままで世界の多くの人に見てもらえることが一番いいことだと思うね。

そういう意味で、僕ではなくてあなたが撮ることに意味がある。

あの大林が撮ったということになると、くっついてくる余計なものがあるんです。もちろん技術も学んだけど、やめないといけない技術もたくさんある。それを上手に使っているぶん、余計なものだってたくさんついてきてしまう。

それがなく正直に、がたがた道を歩けばキャメラも揺れる、というほうがより素直で、たぶん偶然の産物なんです。偶然というのは神様の意志だから、そのほうが尊い。

そこにはあなたのマーシャルでの暮らし方、出会ってきた人との対話、何よりも映画が好きだという気持ちが映し出されている。

『タリナイ』は現在の商業映画の作り方としては間違いだらけの映画でもあるけど、その間違いがぜんぶいま、未来の映画のとば口になろうとしています。こういうことを続けるのがいいと思うし、あなたから刺激を受けて始める人も多いと思う。大林の真似はできないけど、大川の真似だったら私にもできる、という人がいればいい。あなたは新鮮なアマチュアだから。そろそろ動けなくなる八〇歳の僕が若いあなたの作品を許するのも、そういう意味で視座にしてもらえれば、役にも立つかなと思います。

7. 佐藤冨五郎日記との向き合い方

（勉さんを抱く冨五郎さんの写真（本書カバー参照）を見て）

この命は国家や権力に犯されない私だけのものという強い誉れがありますよ。

冨五郎さんが三五歳、勉さんが六カ月。人生で一番いいときですね。

子どもに読んでやってほしいね。そういう本だと思いますよ。ひとりで読むよりふたりで読んだほうがいいし。できればジェネレーションが違う人と。

子どもって、真剣に見て感じていますよ。僕の映画も子どもからの手紙が一番すごい。びっくりするような手紙が来ます。

子どもくらい観察力の優れた相手はいないし、本能的に自分の明日はこの人たちが作っていると知っているから、目の前の大人が信用できなければ明日がないとわかっている。

子どもはだませない。

たとえば日記の中の「最後」というボキャブラリーも始まりの中にいる子どもにはないでしょう。でもないからわからないと考えてはいけない。むしろ知らないことを知ることで生きていくわけです。

「最後」という言葉をはじめて聞いたとき、それは何なのと思う。

終わるんだ、何が？　命が、命って終わるの？　死ぬから、終わるの？　殺されるから。というふうに広がっていけば、子どもなりに生と死のあり方を知って、そのうえで自分がどう生きれば一番幸せかを知り、両親がどう生きていたかを知っていく。

僕の三本の映画（『この空の花——長岡花火物語』『野のなな

のか』『花筐／HANAGATAMI』）で、戦争ってことをはじめて知りましたっていう子どもたちからの手紙が多いですよ。そんなものがあることをはじめて知って、知れば知るほど怖いです。僕が知らないことのなかに、まだ怖いことがいっぱいあるはずです。それをいつか体験するかもしれないから、知っておきたいです。だから学びたいです。戦争を教えてください。そんな手紙が来ます。

最後は戦争をなくすために僕たちもがんばります、という手紙もたくさんあります。

彼らは一所懸命考えている。大人が考えていないことも。子どもは戦争を初めて知るとまず、いいものか悪いものかというところから始まります。

だからお金も儲かるしいいこともあるよ、と言ってみます。すると、お金が儲かるならいいね、となります。でもそこからだんだん話していくと、最後はお金なんて儲からなくていいから貧乏でいいから仲良くしてるほうがいいや、となっていきます。最初から戦争はいけません平和がいい、といってもわかりません。

二〇一三年三月一日『この空の花――長岡花火物語』マーシャル諸島上映会に寄せられた、大林監督直筆のお手紙。翌二〇一四年の上映会にも用箋五枚にわたるメッセージをいただき、地元紙「Marshall Islands Journal」に英語とマーシャル語で掲載された。この交流がさらに翌年の監督のマーシャル訪問へとつながっていく。

たとえば虫歯になって、歯医者に行って治してもらった時に、治ってよかったと思うだけじゃなくて、あの戦地で寝たきりで、薬もなくて、虫歯になってたらどんなだっただろうかと考えてみる。いまは歯医者に行けば治るんだからいい時代だなと思う。そういったことを思うのが体験するということで、それは読むということを超えたことです。そういうふうに想像力でもって読んでほしい。

むさぼるように読みたい本だけど、日記の中にアジを二尾もらったという記述がありましたね。冨五郎さんがあのアジをいただいたように、大事に読んでほしい。

誰も人のことなんか思っていない時代のなかで、あなたはアジをくれた人なんだと思う。それを僕は称えますよ。

せっかくいただいたアジを横にいるおなかをすかせた犬や猫や蟻とも分け合って食べてほしいね。蟻がどうやって食べるのか、想像する。たとえばこの本を読んでから蟻一匹も殺さない、という人がいるとすれば、それは共に称えるべきことだと思います。

編集部注：表記はすべて本書の規定に沿って統一しております。

1

マーシャル諸島と日本とは、こよなく古い、深い歴史を共有しております。太平洋戦争終結までの約三十年間に及ぶ日本による統治下の暮らしの名残。更にはそれに続く米国による核実験。殊に1954年のビキニ環礁に於ける核爆発実験による日本のマグロ漁船「第五福竜丸」ほかの被曝による痛みの共有。しかしそれらの歴史的事実の殆どを現代の日本人の多くは知らず、また忘れ去っております。痛みや悲しみから学ばぬ平和とは、まこ

大林宣彦用箋　10×20

2

とに覚束無いものであります。

日本は2011年3月11日の夜の「東日本大震災」を体験すると同時に、この後の日本の、いや世界の平和を確かなものにするために、過去を忘れず、記憶し、未来に伝える事こそが大切だ、と強く学びました。

映画「この空の花―長岡花火物語」はそういう決意の許に生まれ、多くの日本人、更には世界の人びとに大きな衝撃を与えた作品です。従来の劇映画の作劇法とは異なり、ピ

大林宣彦用箋　10×20

3

カソの古里の戦禍の類稀な記憶である「ゲルニカ」の手法に倣って「シネマ・ゲルニカ」なる芸術的ジャーナリズムたる事を願った映画であります。その中には、あのビキニ環礁の事件を記憶した、日本の詩人堀口大學の詩句も紹介されます。

この映画を日本で御覧になった方の熱意と御尽力が縁となって、此の度マーシャル諸島での上映が実現する事となりました。

古い深い二つの国の歴史がいままた結ばれ

大林宣彦用箋　10×20

4

て、未来のより穏やかな平和の日日を手操り寄せようとする。その勇気ある道筋を創造するためにこの映画が役立つ事を、僕は心より誇りとするものであります。

この実現に努力された御関係の皆様、そして観客の皆様に、感謝と拍手を！

世界を平和を願う手で結びましょう。

大林宣彦

2013.2.15.

マーシャル諸島の友たちへ。

大林宣彦用箋　10×20

第1章

冨五郎をめぐる歴史

「玉砕でなければ「餓死」が待っていた」

マーシャルの日本兵たちは、なぜ孤立し餓死するに至ったのか。
それを知るためには、西洋列強・日本・ミクロネシアの関係史をひもとく必要がある。
17 世紀にさかのぼり第一次大戦を経て太平洋戦争に至る列強の思惑と、
日米開戦後の両軍の作戦構想が、兵士たちの運命を左右していく。
南洋を舞台とした外交と戦争の歴史を知る。

近代日本と南洋群島

HATANO SUMIO

波多野澄雄

はじめに

二〇一五年（平成二八）四月上旬、天皇、皇后両陛下は、パラオ共和国のペリリュー島の戦没者の碑に追悼の祈りをささげた。ペリリュー島における日米両軍の戦闘は、ある生存者が、「ひとつの瓶のなかで二匹のサソリが互いに殺しあうようなものだ」と語ったように、太平洋の激戦地のなかでも、最も悲惨な戦いであった。このペリリュー島は、当時は南洋群島と呼ばれ、ミクロネシアの小島のひとつであった。

ミクロネシアは、東西五〇〇〇キロメートルにもおよぶ西太平洋の広大な海域に点在する六〇〇を超える島々（環礁を除く）から成る。このミクロネシアにヨーロッパ人が来航するようになったのは一六世紀であった。一七世紀末にはスペインがカロリン諸島とマリアナ諸島を支配下におき、これらの島々は二世紀以上にわたってスペインの支配下にあった。一九世紀後半、一八八三年にはドイツがビスマルク諸島を占領した。翌年末、ドイツは、同諸島とニューギニアの東岸占領を各国に通告し、一八八五年にはイギリスとニューギニアを分割領有する条約を結んだ。さらに八六年にはマーシャル諸島、ナウル島を保護領としたことを宣言した。一方、米西戦争に敗れたスペインは財政難におちいり、一八九九年にカロリン、マリアナ両諸島をドイツに売却した。

ここにドイツは、カロリン、マリアナ、マーシャルという太平洋の三つの島嶼群を初めて単独で支配することになる。この領域を日本はのちに南洋群島と呼ぶことになる。

三群島を支配したドイツは、ニューブリテン島ラバウルに総督府、ヤップ、ポナペ、ヤルートに政庁をおいて各群島を統治した。一九〇六年にはヤップ島を中心に上海、グアム、セレベスを結ぶ海底電線を敷設し、一三年には無線電話を開設して太平洋の通信網を整備した。ドイツは資源や産業開発に力を入れるものの、地理的に遠かったことや、事業にかかわる人材に乏しかったため、見るべき成果を挙げられなかった。その統治はスペインほど苛酷なものではなかったが、他の西欧植民地と同じく、ドイツ人の振る舞いは「文明」と「野蛮」に対比されるパターンに終始し、現地の習慣を無視するものであった。一九一〇年、ポナペ島で島民の武装蜂起が勃発すると、ドイツは軍艦を派遣して弾圧した。首謀者の一七人が処刑され、四〇〇人以上がヤップやパラオに島流しとなったとされる。

ところで、南洋群島に対する日本人の関心は、一八八七年（明治二〇）前後に、田口卯吉『南洋経略論』、志賀重昂『南洋時事』、菅沼貞風『新日本図南の夢』などが相次いで刊行され、南進論が一時的に流行ったときにさかのぼる。その背景のひとつは、一八八六年にドイツがマーシャル諸島の保護領化を宣言したことにある。ただ、民間における南洋群島への関心はその後、消え失せてしまう。

一方、南進論という観点は、日本海軍の国防論の底流として認めることができる。島国日本の国防の一翼を担っていた海軍は、国防の正面と国勢発展の方向との合致を求め、「海洋国家」を展望し、国防論としては「防守自衛」を主張するのはごく自然な姿であった。しかし、近代日本の歩みのなかで、こうした「海洋国家」論や「守勢国防」論が優位を占めることはなかった。日露戦争の結果として大陸発展の具体的地歩が築かれたことによって、国勢発展の方向と国防の主正面を大陸に求めるという「大陸国家」論や「攻勢国防」論が国策の中心軸となったからである。

それでも海軍は、日露戦後には、陸軍との軍備拡張競争が激しくなり、陸軍に対抗するためにも、軍備充実の根拠となる具体的な南洋発展のプランを作成する必要に迫られる。それに答えようとしたのが、六名の海軍将官によってまとめられた『国防問題の研究』（一九一三年）であろう。この研究は、海洋発展の具体的目標について蘭領印度（オランダ領東インド＝インドネシア）の重要性を明示し、その妨害者としてドイツを挙げている。ただ、まだ南洋群島には何の言及もなされていない。

2. 第一次大戦と日本の占領

南洋群島に対する無関心を一挙にくつがえしたのが一九一四年（大正三）七月に勃発した第一次世界大戦であった。このヨーロッパの内戦に日本が関与することになったのは一九〇二年に締結されていた日英同盟の存在であった。一四年八月初旬に対独宣戦したイギリスは、その直前に日本の支援を要請してきた。ドイツは中国の山東半島に海軍基地をもち、その基地を拠点にイギリスの租借地などを攻撃する恐れがでてきたのである。イギリスの具体的な要請はドイツ艦隊の撃滅であった。

日英同盟は英独が戦争となった場合に、必ずしもイギリス側に立った対独参戦を日本に義務付けていなかった。しかし、イギリスの要請を受けた大隈重信内閣は、積極的な参戦の意思をいち早くイギリスに伝えた。日本の積極的な姿勢にとまどったイギリスは、いったんはドイツ艦隊撃滅の申入れを取り消した。しかし、日本の国内世論や政府内が参戦に大きく傾いていたことから参戦の撤回はあり得なかった。例えば、元老の井上馨は、大隈内閣宛の意見書で、日本は挙国一致して「天祐を享受」すべきであり、「日本を孤立せしめんとする欧米の趨勢を根底より一掃」すべしと檄を飛ばした。欧米が欧州戦争に関心を集中している好機に、東アジアで日本の地歩を固めよう、というのである。こうして日本政府は日英同盟の「情誼」を建前に、世論にも押されて参戦を決定した。

八月一五日、大隈内閣は最後通牒をもって、東アジア海域からのドイツ艦隊の退去、膠州湾租借地を中国に返還する目的で日本に引渡すことをドイツに要求した。ドイツが要求を拒否したため、同月二三日、日本は対独宣戦を布告した。

日本海軍はドイツ艦隊の撃破作戦に乗り出し、一〇月中旬までにヤップ島、サイパン島などを占領し、グアム島（米国領）を除いて赤道以北の南洋群島は日本の占領下におかれた。作戦が開始されたときの海軍は、南洋群島の占領をその目的としていなかった。しかし、作戦終了とともに海軍部内には秋山真之軍務局長を中心に占領論が有力となり、外務省の懸念をよそに、永久占領を含みとした一時占領方針を閣議決定にもち込む（一四年一〇月）。

海軍の作戦部隊が一四年末に解散となり、臨時南洋群島防備隊が編成され、第一次大戦の終結後の一九二二年まで、ほぼ六年間、日本海軍が占領地行政（軍政）にあたることになる。一五年一月に防備隊に示された「南洋占領諸島施政方針」は、治安維持のほか、「我邦人の勢力を扶殖するを主旨とす」と規定していたが、日本人の移住による開発はパリ講和会議後のことになる。

3. 委任統治――軍政から民政へ

一九一九年一月から六月まで開催されたパリ講和会議は、ウィルソン米国大統領が提示した国際連盟の設立構想と連盟規約の審議から始った。対独講和条約のなかに国際連盟規約を含めることが合意されたからであった。これと並行して、アフリカや太平洋の旧ドイツ領の処分問題が審議され、南洋諸島もその対象となった。

ウィルソンは、戦勝国が旧ドイツ領植民地をただちに併合することは、ウィルソン自身が提唱していた一四カ条原則のひとつ、民族自決の趣旨に反し、旧秩序への回帰という印象を世界に与えることを恐れた。そこでウィルソンは、旧植民地住民の同意を得て、国際連盟の代理国（受任国）に統治を委任する「委任統治制度」案を公表した。しかし、英連邦のオーストラリアや南アフリカは、旧ドイツ領植民地の併合を主張し、日本も南洋群島の併合を要求した。こうして委任統治案は暗礁に乗り上げたが、イギリスが統治方式を三区分する妥協案を示し、ウィルソンもこれを受け入れた。三区分とは、旧ドイツ領を文化的程度や地域の特性に応じて、A式、B式、C式に分け、それぞれ連盟の付託に基づいて受任国が統治するという方式であった。

A式は文明化が進み、住民による自立が可能とされた地域で、自治政府の成長を受任国が後見する体制がとられる。旧トルコ領の中東がこれに該当するとされた。B式は、文明化が進まず、住民による当面の独立が難しい、とされた地域で、中央アフリカの旧ドイツ領に適用された。

C式は、文明から遠く離れ、独立は不可能とされた地域で、旧ドイツ領の南西アフリカと南洋群島に適用された。この委任統治制度は一九年四月の講和会議総会で承認され、国際連盟規約第二二条（委任統治条項）となった。南洋諸島はC式委任統治領として日本の施政下におかれることになった。日本は連盟において常任理事国のひとつであったが、委任統治の受任国になったのは、国際的には英仏にならぶ地位の確立を意味した。

南洋群島に限らず委任統治制度は、住民の意思を反映した統治の仕組みとは言えなかったが、独立に向け一歩前進ではあった。まず、列強による併合や征服を防いだ。また、常に連盟の監視下にあることは、受任国の施政に一定の歯止めをかけた。実際、委任統治条項は、受任国に以下のような制限を課していた。①統治地域において国際連盟加盟国には通商貿易の均等の機会を与える、②信教の自由を確保し、宗教的差別を行わない、③委任統治に関する報告書を年一回、連盟に提出する、④軍事施設を建設しない、といった義務である。

一九年四月末、C式委任統治が承認されると、南洋群島の民政移行が加速し、二二年四月にはパラオの民政部に代わって南洋庁が設置され、実質的な民政が始る。サイパンなどの各民政署は、支庁となった。各支庁はあらゆる行政事務を一手にになった。防備隊も撤退するが、軍隊の完全撤退に危惧を抱いたのは海軍であった。アメリカの参加しない連盟の機能と委任統治条項の運用に不信感を抱く海軍は、南洋庁に対して戦時における軍事利用に関して即応できる体制づくりを要求した。防備隊の撤退後におかれた南洋在勤武官は、こうした軍事的機能の維持の監督がその任務であったといってよいだろう。

4. 統治の実際——「同化」政策

海軍が占領したころの南洋群島における日本人（邦人）の人口は二〇〇人程度であったが、南洋庁の設置時には約三三〇〇人となっていた。島民人口は約五万人であったが、その後の国策移民によって邦人人口は激増する。邦人人口は一九三〇年に二万、一九三五年には島民人口を超え、一九四三年には一〇万人に近付いていた。島別では、南洋庁のあったパラオで邦人（朝鮮人、台湾人を含む）は約四〇〇〇人、島民が三四〇〇人、サイパンでは二万四三〇〇人、島民三二〇〇、マリアナ三島の人口比率は一〇対一で、もはや日本人の島と化していた。

南洋庁時代の統治の特色は、朝鮮や台湾と同じく、日本語教育を中心とする「同化」政策にあった。島民学校（公学校）は男女別学であったが八歳以上であれば、成人も入学できた。第二次大戦後まで、日本語を流ちょうに話す現地住民は少なくなかった。昭和期には、教育勅語の暗証や朗読など「皇民化」教育に力が注がれる。ただ、全体として当時の人気漫画『冒険ダン吉』に描かれているように、「野蛮な土人」を文明化する、といった文明国意識が強かった。「未開無智の者を教化」して、「海の生命線を守るべき第二の国民を育成」する、というわけである。

神社の建立も朝鮮や台湾と同じく「同化」政策の一環であった。南洋群島には二七の神社がつくられ、もっとも早い神社は、一九一五年に創立のサイパンの中心街の「彩帆（さいぱん）神社」で、軍艦香取から分祀した香取神社の名を改めたものであった。

ただ、神社参拝は強要されたわけではなかった。南洋群島では、思想・信教の自由を保障するよう義務付けた委任統治の条件が壁となっていた。島民のほとんどがキリスト教信者であり、彼らの信仰を抑圧してまで神社崇拝は好ましくなかった。天皇崇拝教育が排除されたのも同じ理由からであった。

その一方、南洋群島の中心的神社として四〇年二月に、パラオ諸島のコロール島に創建された南洋神社は、日本人入植者や軍人の崇敬の対象となり、その廃社は戦後の四六年一月であった。

5. 松江春次と南洋興発

ところで、南洋群島にはアンガウルの燐鉱以外にこれといった資源はなく、大地も不毛ではなかったが開墾によって多彩な農産物が得られるほど豊かではなかった。ほとんど唯一の期待できる成長産業は、サトウキビ栽培による製糖業であった。とくにサイパンの製糖業には、軍政期に、西村拓植や南洋殖産といった企業が進出したが、いずれも第一次大戦後の不況のなかで経営破たんに陥っていた。産業育成策の失敗により税収も期待できず、統治コストが大きな国庫の負担となることから、大蔵省は南洋群島を外国に売却することを主張したほどであった。

そこに救世主が現れる。台湾で製糖業を営んでいた松江春次であった。台湾から南洋群島に転身した松江は、南洋殖産などを整理して二一年一一月、南洋興発を設立した。松江は、労働集約的な産業である製糖業を軌道に乗せるため、島民を雇用するより、サトウキビ栽培の技術に習熟し、比較的低賃金で雇用できる沖縄県人を大量採用に踏み切り、家族ぐるみの移民を奨励した。こうして在留邦人に占める沖縄県人の比重は大きくなり、太平洋戦争期までに、その比率は六割から七割に達した。

南洋興発の製糖事業は虫害に遭いながらも、成功をおさめ、サトウキビを運ぶ軽便鉄道の敷設、船舶や製氷、漁業など多方面に進出し、松江は南洋の「砂糖王」と呼ばれ、南洋興発は南満州鉄道とならんで「北の満鉄、南の南興」と称されるようになる。

6. 「拠点思想」の台頭

ところで南洋群島の領有は、東南アジアを次の進出目標として意味づける観点を浮上させ、南洋群島を「内南洋」、東南アジアを「外南洋」と呼ぶことが多くなった。「内南洋」である南洋群島は、「外南洋」である東南アジアへの進出拠点と位置付けられるのである。たとえば、軍政期に作成された「南洋新占領地の将来」と題する海軍の文書は、南洋群島は、「仮に直接の利益がないとしても南方の宝庫金蔵に通う飛石として大切に保護せねばならないもの」とし、インドネシアやフィリピンに連なる南洋群島の拠点としての価値に着目している。

こうした南洋観の転換は、発展と安定の基礎を整えていた台湾の地位と役割にも変化をもたらす。「外南洋」への進出拠点としての台湾という新たな役割の付与である。こうした一種の「拠点思想」は実際の台湾統治の上にも色濃く反映する。たとえば、一九一八年七月に台湾総督に就任した明石元二郎（陸軍中将）の着任時の訓示には、「台湾は帝国南門の要枢たり」といった言葉がみえる。実際、明石はこの言葉のとおり、「南支南洋の施設に関する事項の審議」のための調査委員会を設置し、南洋倉庫の設立、南洋航路の整備・拡充などを通じて、台湾と「外南洋」との連携強化に力を注ぐ。南洋群島の占領は、進出目標としての「外南洋」、中継基地としての「内南洋」（南洋群島）と台湾という、昭和海軍の南進プログラムが形成される契機となった。

軍事的にはこの時期に海軍の要請によって馬公要港部（膨湖島）の拡張工事が行なわれるが、やがて一九二二年のワシントン海軍条約によって防備制限の対象となり、軍事施設の拡充は凍結されることになる。ワシントン会議に基づく諸条約は太平洋における現状維持をめざすもので、とりわけ海軍軍縮条約の第一九条は、すでに存在していた国際連盟規約二二条に重ねて南洋諸島における軍事施設の建設を禁じた。南洋群島は太平洋におけるイギリス、アメリカ、日本の勢力圏の間の緩衝地帯を形成することになった。

7. 委任統治の危機

一九二〇年代においては、日本は国際連盟の常任理事国のひとつであり、その委任統治は

「成功例」として連盟構成国から評価されていた。水面下では日米の戦略的な思惑が競合していたが、最初の一〇年間は平穏であった。しかし、一九三三年（昭和八）に日本が連盟から脱退すると、非加盟国が南洋群島の委任統治を継続するという変則的な事態が生まれた。結局、日本は米国のような「連盟と協力関係にある非加盟国」であるという自己規定によって委任統治の継続を正当化した。実際、第二二条は受任国となる要件を明確に規定していなかった。南洋群島の委任統治は連盟によってではなく、「主たる同盟および連合国」によって日本に与えられ、その際、連盟が委任統治地域に対して一定の監督権限を有しているという付帯条件があった、との立場をとった。

この日本の解釈は三五年の脱退の発効に際して連盟によって受け入れられた。こうして日本はその後も「委任統治行政年報」を理事会に提出し、ジュネーブで毎年行われる年報審査に政府代表を出席させつづけた。

日本は三三年の脱退宣言のあとも、南洋群島の併合には消極的で、連盟との協調を維持し、各国も日本の委任統治の継続を認めることで対日宥和をはかってきた。各国の南洋群島に対する姿勢を変化させたのは、一九三六年末のワシントン海軍軍縮条約の失効であった。日本は委任統治条項によって南洋群島の軍事基地化を禁止されており、アメリカもまたワシントン軍縮条約第一九条によって、西太平洋における軍事施設を凍結されていた。軍縮条約の失効によって太平洋の島嶼での軍事施設の拡充が可能になったが、アメリカは日本を刺激しないため、こうした動きを見せなかった。ワシントン条約の維持に熱心であったイギリスやオーストラリアは、条約失効後の太平洋に新たな地域協定を結ぼうとし、アメリカも乗り気であったが三七年七月の日中戦争の勃発とその拡大で消え去った。

日中戦争が始り、日本本土が急速に戦時体制の構築に向かうと、南洋群島も戦時体制に巻き込まれて行く。一九三八年に日本で国家総動員法が発令されると、同法は南洋群島にも適用される。これにともなって三九年ころから朝鮮人労働者が南洋群島に大量に動員されるようになり、四一年には約六〇〇〇人と急増する。彼らは、軍事施設の建設や資源の増産に従事した。

一九四〇年代に入ると南洋群島大政翼賛会も結成され、島民も参加が奨励された。戦争が南洋群島に及ぶようになると、南方挺身隊の傘下に、勤労奉仕会や島民警防団などがおかれ、本土と同じように国防献金や勤労奉仕が奨励された。

8. ドイツからの「譲渡」と基地建設

三九年九月、ヨーロッパで第二次大戦が始り、翌四〇年春から夏にかけてドイツ軍が北欧、西欧を席巻し、オランダ、ベルギー、フランスが降服し、英国の敗北もまじかにみえた。東南アジアや太平洋に植民地をもつ欧州列国の対独敗北は、宗主国を失ったこれらの地域にドイツが進出する可能性を生む。四〇年九月に締結された日独伊三国同盟は、こうした日本側の危惧がひとつのきっかけとなって生まれた。

この三国同盟の交渉過程おいて、日本は、とくに海軍の要望で南洋群島をドイツから譲りうけようとした。対米戦争となった場合、太平洋を西進してくる米艦隊を西太平洋で阻止するという海軍の対米戦略（艦隊決戦戦略）にとって、南洋群島を軍事的に活用できれば、この戦略はより効果的に実施できるはずであった。こうして三国同盟交渉が最終段階にあった四〇年九月下旬、松岡洋右外相はドイツの特使スターマーに、南洋群島の譲渡を申し入れた。南洋群島の主権はドイツにある、との前提での申入れであった。日独間の折衝の末、ドイツ側は有償による譲渡に応じることになる。松岡によれば、有償は「形式的」なもので実際には無償による譲渡であった。三国同盟は九月末にベルリンで調印されるが、東京では秘かに南洋群島の譲渡に関する交換公文が松岡とオットー駐日ドイツ大使の間で交わされた。

南洋群島の譲渡が秘密のうちになされたため、外務省も南洋群島の行政機構に大きな変更を加えず、南洋庁も外務省の管轄のままであった。

他方、海軍は、ようやく連盟規約に基づく委任統治条項の非軍事化の規定から南洋群島が解放されたと考え、四〇年秋から本格的な飛行場建設と軍用港湾施設の建設に着手した。しかし、軍用施設の建設は米艦隊を攻撃する航空機や艦艇の出撃基地であり、南洋群島を守るための要塞ではなかった。艦隊決戦にこだわる海軍は、日米開戦まで太平洋における戦いが島々の航空基地の争奪戦となることを想定していなかった。

9. 太平洋戦争下の非劇

真珠湾攻撃に際して南洋群島の役割は副次的であったが、同時に開始された南方作戦では南洋群島は軍事的に大きな役割を果たす。南洋群島の島々を基地とした日本軍は、一九四二年春までに、西・南太平洋のみならず、フィリピン、マラヤ、シンガポール、インドネシア、東部ビルマまで占領した。さらに赤道をこえてニューブリテン島を占拠してラバウルに巨大な前進基地を設けた。しかし、南方作戦の成功は南洋群島の防備強化をもたらしたわけではなかった。海軍は米海軍との艦隊決戦に期待をかけ、早期の勝利を想定して南洋群島の防備をおろそかにしていたからである。

しかし、真珠湾の打撃を建て直した米軍は四二年六月のミッドウェイ海戦で勝利をおさめると、八月にはガダルカナル島に上陸した。半年に及ぶ激しい争奪戦のすえ、四三年二月、日本軍はガダルカナル島から撤退した。その後の米軍の太平洋作戦は、ソロモン諸島を北上するルートと、ニューギニアを西進し、やがてフィリピンに向け北上するというルートの二方面で展開され、日本軍はみるみる消耗していった。日本は拡大しすぎた戦線を縮小・整理するため四三年九月、「絶対国防圏」を設定し、戦力を可能な限り千島列島、マリアナ諸島、西部カロリン諸島、フィリピン、インドネシア、ビルマを結ぶ線に集中することになった。なかでも南洋群島のマリアナ諸島と西部カロリン諸島は対米防衛戦略の要とみなされ、防備体制の強化を急ぐが、米軍の本格的な反抗作戦はまじかに迫っていた。

四三年秋になると、中部太平洋の米軍は日本支配下の島々への本格的な攻撃を開始し、四三年一一月にはギルバート諸島の島々を奪回し、四四年に入ると南洋群島の主要な島々を次々に陥落させていった。マーシャル諸島の島々もその標的となり、制空権も制海権も奪われ、孤立したまま日本軍守備隊は次々に玉砕していった。玉砕でなければ「餓死」が待っていた。

本書に収録した佐藤冨五郎一等兵曹の遺書や戦場日記は、このころのマーシャル諸島（ウォッチェ島）の様子を生々しく伝えている。

四四年二月から三月にかけての米航空部隊による激しい空襲でトラック、ヤップ、パラオの日本海軍基地は壊滅状態に陥った。南東太平洋方面の枢要基地であったラバウルも放棄せざるを得なくなり、一〇万余の守備隊が孤立状態におかれた。

太平洋における戦いの天王山はマリアナ諸島であった。マリアナが米軍の占領下に入れば、日本本土が米軍の爆撃圏内に入ることは日米両軍ともに意識されていた。そのマリアナの戦いは、六月中旬のサンパン島への米海兵隊の上陸に始る。マリアナ沖海戦で日本海軍は待望の艦隊決戦を挑むが壊滅的な敗北に終わり、太平洋における日本の航空戦力はここに消滅し、マリアナの地上戦を救援できなかった。その地上戦では守備隊が頑強に抵抗したが、七月から八月にかけてサイパン、グアム、テニアンが相次いで陥落した。米軍は占領したマリアナのこれら三島にB-29爆撃機の出撃基地を建設した。四四年一一月から本格的な本土空襲が始る。

南洋群島を舞台とする最後の戦いは、カロリン諸島のペリリューとアンガウルであった。ふたつの孤立した島での戦いは日米双方にとって何のための戦いか、戦う目的に乏しい非劇的な玉砕戦であった。とくにペリリューでは、日本軍の戦死者は一万人を超えた。ふたつの戦いは四四年一一月までに終了し、南洋群島における玉砕戦に巻き込まれて命を落とした日本の民間人は一万五〇〇〇人とされ、そのうち八割以上が沖縄県の出身者であった。

結びに代えて

敗戦後、南洋群島に残っていた約一四万七〇〇〇人の日本人（軍人・軍属を含む）は、まもなく日本本土に帰還した。すでに米軍の管理下におかれていた南洋群島は、今度は国際連盟ではなく、国際連合の安全保障理事会が監督し、アメリカを単独の受託国とする信託統治のもとに置かれ、ミクロネシアと呼ばれることになる。戦後の太平洋の安全保障を不安視するアメリカは、太平洋における基地建設とその機能を確実なものとするため、委任統治とは異なり、国連総会への報告義務も免れ、戦略上の必要によっては、国連の視察も排除する「閉鎖地域」も可能なこの制度を編み出した。そのため「戦略的信託統治」ともいうが、そのもとでマーシャル諸島のビキニ環礁が核実験場となり、一九五四年には第五福竜丸事件が起こるのである。

一九九〇年に戦略的信託統治は終了し、ふたつの独立国（ミクロネシア連邦、マーシャル諸島共和国）が誕生、九四年にはパラオ諸島もパラオ共和国として独立した。

【主要参考文献】

井上亮『忘れられた島々――「南洋群島」の現代史』（平凡社、二〇一五年）
等松春夫『日本帝国と委任統治――南洋群島をめぐる国際政治、一九一四―一九四七』（名古屋大学出版会、二〇一一年）
浅野豊美編『南洋群島と帝国・国際秩序』（慈学社、二〇〇七年）
波多野澄雄「日本海軍と『南進』」（清水元編『両大戦間期日本・東南アジア関係の諸相』アジア経済研究所、一九八五年）
「終戦前夜に於ける南洋群島概況」（管理局総務部南方課作成）（外務省編『日本外交文書　占領期　第三巻』二〇一八年）

第2章

南洋と日本をつなぐ——日記解読のはじまり

「お父さんの思いというのは強かったんですね。
必死に願ったんですね」

見知らぬ南の島で餓死した父親の面影を求めて、
息子は日記を読むことを願い続けた。その思いに打たれ、
たまたま日記解読を助けることになった男は、
日記のなかにどのような父親を見出したのか。
南洋と日本を、父と息子を、生者と死者を、
そして多くの人を結びつけることになる日記解読が、はじまる。

父の日記と父の島

SATO TSUTOMU

佐藤 勉

二〇一七年一〇月二三日@亘理

聞き手◎大川史織

1. 父の記憶

佐藤 おふくろから聞いた話で、幼い頃私は中耳炎で耳が悪かったらしいんです。脱脂綿と棒を持って「これ、これ」と、父に催促していたらしい。耳がかゆかったか何かでね。

大川 日記にも、勉さんの中耳炎を心配している様子が書かれていましたね[1]。

佐藤 海軍鎮守府がある横須賀で父と母が面会中、私が迷子になった話も聞いたことがあるね。母が一番上の姉に勉を見ててと言ったのに、目を離した隙に私は兵隊さんについて行ってしまい母に叱られた[2]。とにかく二歳で別れているから、父の記憶はそれくらいしかないね。あとは写真だけです。

大川 お父さまが、どのようなお人柄だったかわかるエピソードはありますか？

佐藤 父は兄弟七人の中で一番おとなしいと聞いているね。温厚だった。

大川 七人兄弟だったのですね。

佐藤 そう。五番目に生まれたから冨五郎。

大川 やさしい、あまり怒らないお父さんだったのでしょうか。

佐藤　うん。おふくろは全然怒らないって言っていたね。

大川　日記を読んでいると、とても几帳面な方だったのかなと思います。それは性格的なものだったのか、海兵団という規律のある軍隊の影響だったのか。

佐藤　どうなんでしょうね。日記を最後まで書いていたから、やっぱり几帳面だったんだね。家族思いでもあったね。

大川　お母さまは、旦那さんとしての冨五郎さんをどのような人だとおっしゃっていましたか？

佐藤　冗談言って、いろいろ笑わせるという、そんな話は聞いたね。びっくりさせたり、おどかしたりして。

2. 戦地に征くまで
——戦艦「長門」乗組員、バスの運転手

大川　この写真は？

佐藤　若い頃、父は戦艦「長門」に乗っているんですよ。アルバムに機関兵として名前が載っている。結婚する前の話です。

大川　連合艦隊の旗艦をつとめていた「長門」が、天皇を乗せて八丈島や大島に行ったんですね。軍歴表を見ると、昭和二年（一九二七）から四年（一九二九）まで「長門」の第三機関兵。乗船中の昭和三年（一九二八）に第二機関兵に昇格されています。

佐藤　父は一六歳で亘理の養蚕学校を卒業して、「長門」に乗った後はバスの運転手をしていたということは聞いている。父と一緒に働いていたおふくろの兄貴が「妹を紹介する」と縁談が決まり、おふくろは新潟から東京へ出てきて、佐藤冨五郎に嫁いだの。

大川　昭和九年（一九三四）、お父さまが二八歳の時ですね。結婚後の暮らしは東京で？

「長門」船上集合写真

佐藤　豊島区椎名町だと思う。あの頃はあちこち転々としてたんでしょう。

椎名町時代は早稲田界隈を走るバスの運転手で、母が私たちを連れてバスに乗車したら、父が「何遊んでんだ」って注意したこともあったと聞いたね。当時の燃料はガソリンじゃなくて、木炭でしょう。少ない燃料で長い距離を走らせることができたらしい。

これもね、写真を整理したら出てきた（カバーに使用した写真）。

大川　これはどなたですか？

佐藤　父。

大川　冨五郎さん？

佐藤　うん。裏に「勉　六ヶ月」と書いてある。誰が書いたかわからない。

大川　お父さんですね、きっと。日記の、お父さんの字と似ています。

佐藤　俺も初めて見たんだよ。整理したら出てきた。こういう普段着の写真がいいんです。

大川　海兵団の制服を着ている写真とは、印象が全然違いますね。

佐藤　「昭和十六（一九四一）年十二月」と書いてある。七月生まれだから、私ね。ちょうど、六カ月だ。

大川　冨五郎さんはこのとき、三五歳。

3. 日記が戻ってきて

佐藤　父と最後に別れた日のことも、覚えていないんだね。戦争が終わって、誰の爪か髪の毛だかわからないものが、ある日桐の箱に入って届いた。おふくろがそれを見て怒っていたことは記憶にある。

唯一父のものと信じられる日記が、戦友の原田さんから届いたのは、昭和二一年（一九四六）一二月頃だった。原田さんの手紙[3]と日記の一部を叔母が本家の炉端で朗読してくれたんだ。その時初めて「ああ、お父さんは戦死して亡くなったんだな」ということを感じて、泣いた記憶があるね。

大川　亡くなった理由が飢えであったことは、いつわかりましたか？

佐藤　餓死だって、日記にはっきり書いてある。おふくろからも、栄養失調で亡くなったということは小さい頃に聞いていたね。

だから厚生省の戦没状況通知で「敵の爆撃で撃たれた」と書いてあるのは、うそだね。だって、父を埋めるときに、原田さんが顔にかかっていた布を取ったら、きちっとした顔になっていたというから。日記と一緒に届いた原田さんの手紙は何回も読んだけど、あれはうそをつくような手紙でもないし、なんぼ頭いい人だってそんな作りごとは書けないと思う。原田さんの手紙を信じるほかないね。日記も本物だ。

大川　日記を初めて読んだときの記憶はありますか？

佐藤　中学生だと思うんだな。読めるところまで読むと、涙が出てね、あとが読めなくなっちゃうんですよ。だから最後まで読んだことがない。家族のことをいっぱい書いているから、途中で涙が出て、読めなくなって。それっきりなんだね。

大川　どんなときに読んでいましたか？

佐藤　私はひとり息子で、中学生の頃はおふくろとふたりだけで生活していたのね。うちは貧乏だったから、姉や妹は中学卒業したら子守に出稼ぎで、すぐ家を出されるわけ。だから日記を読むと、真面目に生きなくちゃ駄目なんだ、と思ったね。

大川　日記を読むと、やんちゃしたい気持ちも抑えられた。

佐藤　うん、良心が湧いてくるね。中学校のころは思春期だからね。危なかったんだ。そうでないと、間違った方向に走っちゃうね。

四畳半の家外観写真

とにかく昔は引っ越し、引っ越しで。これが最後に引っ越した家。

味噌部屋を改築して、四畳ぐらいかな。ここに最初は四人ぐらいでずっと住んでた。屋根にもすぐ上がれる、今にも潰れそうに低い家だったな。隣は牛小屋だし、井戸端に排水が流れているし。

大川　日記の中で、そのころ読んで印象に残っている文章はありますか?

佐藤　「カナリ足ガ痛ム。モウ長イ事ナシ　セメテ今月一パイ生キタイモノダ」

自分の体がね、これ以上よくならないとかね。すごく弱って、あと何日保つかわからないって、そういうところを読んじゃうと、涙が出てきて。

あと、自分が苦しいのに、われわれ子どものことを思って書いているところ。

「家内仲良ク　兄、弟、姉、妹、仲良ク　クラシテ下サイ」

この辺読むと、涙が出てきてそれ以上は読めなかった。だから仁平先生に解読してもらうまで、離島から本島へ召集されて、最後は本島で亡くなったということもわからなかった。

4. 早期退職後、タクシー運転手に

大川　仁平先生との出会いが、タクシーであったというエピソードにも運命のようなもの感じます。タクシーの運転手はいつごろから始められたのですか？

佐藤　これ以上会社にいても、と思ってね。ごますりができないの、私（笑）。出世もできないし、定年になる前なら、みんなより早くやりたいことをスタートできるかと考えて、思い切って五三歳で会社を辞めてタクシー運転手になった。六〇歳だったら、日記を調べるのも何もできなかったと思う。今がチャンスだと思って、日記解読と福祉ボランティアに走ったわけなんだ。会社には悪いんだけれども、ボランティアを優先しながら、自由に働けるのはタクシー会社だった。

大川　なるほど。働き方は今と同じでしたか？

佐藤　むかしは、朝の三時まで働いていた。

　ところが実は今年、誕生日の一カ月前に、会社から嘱託社員の定年は七六歳の誕生日の前日までと聞かされて……。びっくりして、急いでハローワークに通ったけれど、七〇歳という年齢制限に引っかかって働き口は一切なかった。途方に暮れていたら、会社から岩沼市にある稲荷タクシー営業所を紹介されて、この上ない喜びと安堵を感じたね。今はそこで週三回、朝六時から一五時まで働かせてもらっています。

大川　仁平先生が勉さんのタクシーに乗車した時のことを教えてください。

佐藤　仁平先生以外にも、東北大学の教授をお客さんとして乗せた時には「日記を解読してくれる生徒さん、いないですか」と訊ねていたの。「大学院文学研究科の総務係の番号を教えるから、電話してみなさい」と教えてくれた教育学部の先生もいて、電話をかけてみたけれども「個人的なことにはお力になれません」と、バシャッと切られたこともあった。

　そんなことを続けて、数年経ったある日「文学部の玄関で先生が待っています」と、無線で連絡が入った。迎えに行ったら、玄関前に仁平義明先生（当時東北大学大学院教授）が立っていて、「どちらまで行きますか」って聞いたら「仙台駅まで」と。途中で「お話をしてもいいですか」と、日記の話をしたら「日記を持ってきてください」ということになった。

大川　文学部の先生と聞いて「今日、話してみようかな」というモードになったんですね。

佐藤　そう。チャンスだと思った。理学部だの、工学部だの、いろいろな部があって、何が専門の先生を乗せるかわからないからね。
仁平先生に会うまでに、七、八人の先生に聞いたよ。いい先生は、電話番号を教えてくれる。駄目な人は、最初から興味を持ってもらえない。

5. マーシャル行きを夢見て

大川　勉さんが「マーシャル行きたいな」と思ったのは、何歳頃ですか？

佐藤　小学生のころは「船で何カ月もかけたら行けるかなあ」と思ってた。

大川　小学生の頃から、行きたいと思っていたのですね。

佐藤　当時は飛行機がないからね。飛行機の「ひ」の字も頭にないよ。亘理につくった父の墓碑にはマーシャル「諸島」じゃなくてマーシャル「群島」って書いてあるから、その群島に行けるのかなと。その墓におふくろも入ったから、お盆やお彼岸、元旦は今も必ず報告に行く。でもそこには母のお骨だけ。父のものは何もない。
会社を辞めた後、県会議員の同級生に「戦死した父

の墓参りに行きたい」と相談したら「亘理に遺族会の会合があるから出なさい」と言われた。それで亘理の遺族会に入ったら、ちょうど沖縄の摩文仁の丘に行くツアーがあって、一九九六年（平成八）一月に宮城之塔の慰霊碑前で父の日記を持って供養した。それが始めの一歩。そうやっているうちに、いろいろと情報が流れてきて、マーシャル諸島方面遺族会に入ったの。平成一〇年（一九九八）に日本遺族会の慰霊ツアー募集があって、応募したら抽選で当選。その年初めてマーシャルに行った。その後、平成一八年（二〇〇六）、二六年（二〇一四）と、八年おきに行ったんだ。
二回目の平成一八年（二〇〇六）の慰霊祭で、ウォッチェ島で青年海外協力隊をしていた飛垣内亜也子さんに会った時、日記に書かれていたエネヤ島とアグメジ島の話をしたら、後日ウォッチェ環礁全体の地図を送ってくれた。あの時はこの世に生きていて一番嬉しかったね。

大川　慰霊ツアーに参加したことで、お父さまの日記に書かれていた戦友の遺族にもお会いすることができたというお話もありましたね。

佐藤　そう。日記に名前が書いてあった戦友のうち、四人の遺児に会うことができた。千國さん、高見沢さん、間

朝日新聞

クェゼリン ルオット両島守備部隊

四千五百名全員戰死

敵二個師に大損害
勇戰、最後の突撃
兩島指揮官は山田、秋山兩少將 軍屬二千も散華

侯爵 音羽正彦少佐戰死

一億、捨身で總蹶起 海相談

決戰生活へ非常措置 要綱決定

勤勞防空を徹底
享樂追放、困苦に勝つ

勝つため"精進一箇年"

雲霞の敵と激闘八日

昭和 19 年 2 月 26 日『朝日新聞』

さん。それからもうひとり。九州の人だったね。

大川 亡くなった日にちも、厚生省の戦死日より、日記のほうが正確だからと、命日をお父さまの日記に基づいて変更したという話は印象的でした。

佐藤 そういうこともあったね。

昔は戦死した息子を持つ親世代の遺族会加入率が八〇%だったけど、今は五%。

大川 今は子ども世代も高齢になり、遺族会の高齢化が進んでいますね。遺族会に入れるのは、子どもまでですか？

佐藤 遺族の定義としては、戦没者の父母、兄弟、配偶者、直系の子だけど、会には誰でも入れるんだよ。昔は会員数二〇〇人ぐらいいたのが、今は半分ぐらい。名簿の住所に案内を出しても返答が来ないんだって。ガダルカナルだの、ソロモン諸島だの、いろんな地域の遺族会がどんどんなくなってしまって、マーシャル諸島だけが、靖国神社で今残っているって聞いたよ。

大川 組織としては大きいほうなんですね。

佐藤 しっかりしてる。毎年四月一週目の日曜日、靖国神社内の参集殿二階「楠の間」で総会を開催すると決まっている。というのも、マーシャル諸島方面遺族会は、クワジェリン環礁を主体にした遺族会として発足した歴史があるからね。クワジェリンでは皇族の朝香宮第二王子、音羽正彦侯爵も玉砕で亡くなったでしょう。当時新聞でも大きく取り上げられた。そういうこともあって、初代名誉会長朝香宮鳩彦さまの孫、誠彦（ともひこ）さまが二〇一六年（平成二八）春に遺族会に参加して、現在名誉会長に。今年は現地へ慰霊の旅にも行かれ、規模は縮小していながらも遺族会としては比較的大きい組織なんだね。

6. 四度目のマーシャル
——ウォッチェ週間のスペシャル個人ツアー

佐藤　これまで三回日本遺族会の慰霊ツアーでマーシャルへ行ったけれども、毎回ウォッチェでの滞在時間は二〇分程度。これでは駄目だと思って、安細大使（元在マーシャル日本国大使館大使）にマーシャルに住んでいた大川さん、森山さんを紹介してもらって。それも今考えると、不思議な巡り合わせが続いたね。三人の縁は大使のおかげなんだよ。

大川　安細大使との出会いも、仁平先生と同じように運命を感じるものがありましたね。最初の出会いはいつでしたか？

佐藤　平成二六年（二〇一四）の慰霊ツアーに参加した時、クワジェリンに安細大使が私たち参加者のお迎えに来てくれたの。その時、参加者の友達が「大使が宮城県亘理町に幼少の頃祖父と行ったことある」と言っていたと教えてくれた。安細という苗字は珍しいし、東日本大震災の災害ボランティアで亘理町議会議員を集めたとき、安細さんという町議会議長がいたことを覚えていたの。だから「亘理にも安細さんという人いますよ」と、名刺を持って挨拶に行った。それが最初。

大川　震災時のボランティア経験が、マーシャルで意外な形でつながるとは……。

佐藤　そう。それで大使は任期満了で帰国したら、町議会議長と私を訪ねに亘理へ来てくれた。社会福祉協議会の事務所で「佐藤さん、大使から電話！」って電話を受けた時には、私も協議会の同僚もみんなびっくりした（笑）。
　それで亘理で大使と再会した時に、どうしてもまたウォッチェに、今度はもっと長く滞在したいと思っていると伝えたら「こんな若い人がいますよ」と、送られてきたのがミリ環礁へ行った水島さんの話を書いた森山さんの記事だった(4)。ミリもウォッチェと同じく「飢餓の島」と聞いていたから、興味深く読んだね。

大川　私も父の日記を持つご遺族がいるという話は以前から聞いて関心は持っていました。安細大使に「ウォッチェの遺族で佐藤さんという方から、森山さんの記事を読んだと編集部にメッセージをいただきました」とお伝えしたら「その送り主が、日記の持ち主ですよ」とお返事が返ってきたときには、とても驚きました。

佐藤　点と点が、つながったんだね。

大川　はい。旅もいろいろと幸運に恵まれましたね。

佐藤　旅の最中は、緊張の連続だったのね。マーシャルで二週間も大丈夫かって。緊張して寝られなかったの。三時頃に目が覚めて、六時半ぐらいにようやく薄明るくなる。ひとりで寝てられないから、父がいた六四警備隊の本部周辺に毎朝行った。

大川　そうでしたね。勉さんは毎朝六時には散歩されて、面白いことに「この人に会いたい」と探しているキーパーソンに、朝の散歩中にお会いされていることも多かった（笑）。

佐藤　どこか見たいと思ったって、今まではいつも団体行動でしょう。今回は一週間ウォッチェに滞在できる時間があって、自由にひとりで行動もできてうれしかったんだ。

朝の散歩では、過去三回の慰霊の旅でお参りしたところを探していたの。二〇分の滞在時間では、飛行機を降りたら急いで手作りの祭壇を作って、慌ててお参りして、おしまい。自分がどこでお参りをしたのか、無我夢中でいつもわからなかった。だから今回は、当時の写真を持って行って、写真の背景に映り込んだ家を目印にしたりして、どこでお参りをしたのか探していた。

散歩中、六四警備隊本部の場所を教えてくれたチレさん（島の長老で勉さんと同じ歳）に会って、いろいろ教えてもらえてうれしかったね。島の人にとっても、日本から遺族が遺族会としてではなく、個人的に長期滞在するというのは、めずらしいことなんだね。

大川　そうですね。私たちも「勉さんの息子？　娘？」って聞かれて「ううん、違う」と答えると、興味深そうな反応が返ってきました。「勉さんのお父さんがこの島で戦争中に亡くなって、亡くなる前日まで日記を書いていたの。その日記を戦後、戦友が届けてくれて……」と話をすると、その話にマーシャル人も引き寄せられているのは、すごく感じました。「すごいね。日記が残ってるんだ」って。

佐藤　今回は今までとは全く違う思い出ができた充実感だね。ほんとに、心の中で、父に近づいたような感じがするんだね。父がこういう生活をしていたと感じられる場所へ行って、こういう体験をしたんだと。だから感動したんだね。

最後にもびっくりしたことがあったね。帰る予定だった日、朝から夕方まで飛行機を待っても来ない。翌日も何時に来るかわからないから、朝も同じように早朝六四警備隊本部にひとりで行ったの。そしたら探しているうちに、迷子になってしまってね。外海の波の荒い音が聞こえるから、あれ、道を間違えたな、これはヤバイなと思って。戻っているうちに、今度は飛行機の音を聞いたの。道がわからないからどうしようと思ったら、四人の子どもが近道を教えてくれて、一緒に走って飛行場まで来た。それで間に合った。

大川　そうそう。警備隊本部を見つけてくれた子どもたちと一緒にね（笑）。私たちも慌てて荷物をまとめながら「佐藤さんがいない！」と、散歩に出かけた勉さんの捜索依頼を出しつつ、飛行機の前で待っていて。しばらくしたら、子どもたちの後に続いて勉さんが走ってきた（笑）。

佐藤　あれは奇跡だった。

大川　まさか朝食前に飛行機が来るとは（笑）。

佐藤　びっくりしたね。よかった、よかった。慰霊団ではない形で行ったからこそ、そういう交流ができた。わかったのね、コミュニケーションが大事と。

7. 次の世代へ

佐藤　遺骨収集の実現可能性は一％か二％ぐらいでしょう。でもコミュニケーションは一〇〇％可能だから。自分が丈夫だったらね。

前回行って初めて、コミュニケーション取らないと、子どもや孫たちに引き継ぐことはできないと直感的にわかったの。だから、あと二、三回行きたい。そのために、今も足腰鍛えている。マーシャルへ行けるうちは行くのが夢だし、それをしなければ死ねないね。あれだけ苦しんで、父は日記を書いてくれたんだから。死ぬ前日まで書いてくれた。

ひとつ、いいことがあるんですよ。これからは毎回一〇万円でウォッチェへ行けるんですよ。日本遺族会の規定が変わって、今まで五年に一回、抽選で当選したら行くことができた慰霊ツアーに、これからは一〇万で毎年行ける。だから毎年行きます。

大川　勉さんにとって、マーシャルとは何でしょうか。

佐藤　父の故郷。第二の故郷？　なんて言うのかな、支えてくれた父の島ですね。

大川　父の島、マーシャルから戻ってきた日記を、全文翻刻して本にしようと、今この本作りをしています。中心になっている戦争を知らない私たちが、冨五郎さんが書かれたもの、勉さんの体験、今おっしゃっていたようなことを、どうやって、さらに次の世代へ伝えていけるだろうか、と考えながら作っています。

　戦争を知らない世代がお父さまの日記に関心を示していることについて、どのような想いを抱いていますか。

佐藤　今ね、本とか教科書で「次世代に受け継ぎましょう」と、きれいな言葉はありますが、大川さんたちが毎週金曜日に集まって、解読しているという姿に、私はものすごく感動、感激してるの。本人でないのに、あかの他人が、一生懸命に研究する姿にね。そういうことが、結局、子どもから孫にも伝わっていくと思うんだね。何十年後には「ああ、こういうことがあったんだな」と、次世代の人が興味を持って、すごい史料だなと思える人が現れると期待するね。子ども、孫たちも勇気を持つ。

　そして、私は信じるの。父の日記や私がマーシャルへ行くことに関心を示している身内の誰かは、いつかマーシャル諸島に行くと思うんだね。そのときに、ぽつんと行ったってわからない。「ああ、佐藤さんの子どもだな」ってわかるように、今のうちにウォッチェの人たちとコミュニケーションをとっておきたい。だって、本当のお墓参りはマーシャルでしなくちゃ。今、亘理にあるのは、仮のお墓で骨もないんですから。

　みんな言うんですよ。きれいな島だって。多くの方々が亡くなった島に対して、そう言って悪いけれども。行ってみたい。そういう人が多いんです。

【注】

（1）211頁参照

（2）160－162頁参照。日記には数回家族と面会していることが記されている。

（3）口絵と「はじめに」参照

（4）【連載第一回】「一通の手紙」――「MIZUSHIMAさん」の記憶を訪ねて　https://www.70seeds.jp/mizushima-1/

偶然の出逢いが日記をつなぐ

NIHEI YOSHIAKI

二〇一七年一一月二二日@丸の内

仁平義明

聞き手：大川史織

1. タクシーの中で

大川 仁平先生が勉さんと出会われた二〇〇五年（平成一七）は、一二年前。

仁平 随分たちましたね。

大川 七月一七日、日曜日。勉さんが運転するタクシーに乗って、日記の話を聞いた時のことを詳しく聞かせてください。

仁平 あのころは講演が多く忙しかったので、基本は日曜日も仕事をしたんですね。仙台駅に行くとき、無線タクシーはよく使ったんですよ。東北大学文学部の玄関から、青葉城入り口の道を行ったような、おぼろげな記憶はあるんですけれども。

タクシーに乗ったら「頼みがある」と。お父さんが残した日記のようなものがあるけれども読めないので、読みたいということをおっしゃったんですね。ぼくはそんな慎重な人間ではないので、わりあい気軽に引き受けるんですけれども。昔の方だから達筆で、部分的に省略があって、古文書みたいな感じで読みにくいだろうと思ったんですよ。それでもどうして引き受けたかというと、私の双子の兄（仁平道明氏：当時、東北大学文学部教授）が国文学をやっていて、兄のところの院生に頼めばできるなと、軽く考えたんですね。

大川　タクシーの中で？

仁平　中で。そうじゃないと、引き受けてないです。すぐにパッと考える質なので、「大学院生にアルバイトで頼んでいいですか？」ということまでは、言ったと思うんです。そのときに「どういうものですか？」とか、よく訊けばいいのに、訊いていないんですね。ほんとに気軽に引き受けて。

　そしたら、何日後かな、丁寧に包んだ日記が送られてきまして。開けてびっくり。もう少し、分量少ないと思ったんです。まあ五、六枚かなと。手帳とノート、小さいながらページ数もかなりあって、しかもまるで読めないんです。どうしようと思ったんですけれども、当時は私の研究室の斜め上が兄の研究室だったので持って行ったら「これは古文書じゃないから、別に院生が読むとか、国文学や歴史学の人間が読む、というものじゃない。おまえが引き受けたんだから、おまえがやるしかないだろう」と。

　確かにそうなんですよ。困ったなと思って。だけど、正直あれをご覧になってわかるように、全部読むのはかなり厳しいですね。しかも、時間がたったから薄くなっただけじゃなくて、きっと2Hとかの鉛筆で、几帳面な人だから小さくびっしり書いて。紙も劣化しているし。

　考えているうちに、時間がたってしまうんですね。時間がたってしまうと、断れなくなるんです。そういうこと、ありますよね。

大川　はい（笑）。

仁平　引き受けた以上は「できませんでした」って返すわけにいかないし。しょうがない。あのとき、勉さんは六十何歳でしょうか？

大川　六四歳でした。

仁平　そうなると、ますます断れない。だから腹を決めて、やるしかない。でも、読めないので、まずは字の薄さを何とかする方法がないかと思ったんですね。

普通にコピーをすると、目で読めないものはコピーしても当然読めない。濃度を上げれば読めるかなと思ったけれども、濃度を単純に上げると黒くなるんですよ。コントラストを上げると、元の字が薄いのでこれも読めなくなる。だから濃度とコントラスト両方を変えて、一番読めるところで調整したコピーの組みあわせを十何通りも作るという方法で読んでみた。

あと、戦友の方の原田さん。下の名前、わかりました？

大川　おそらく、トヨアキさんかと思うんですが。

仁平　よくわかりましたね。原田トヨアキさん、どう書くんですか、字は。

大川　「豊」に「秋」です。でも、それ以上の情報がまだなんとも。

仁平　すごいな。いろいろ軍歴とか調べたのかな。

大川　防衛省の資料で見つけました。

仁平　えらいなあ。日記と一緒に送られてきた原田さんのお手紙、あれは随分助けになりましたよ。あれがなかったら無理でしたね。原田さんの手紙はふつうに読めるんですよ。手紙を読むと、なぜ手帳とノートが残ったかわかって、日記が返ってきたことがすごく奇跡的だと思ったことがいくつもあった。その手紙をまずは書き起こした。それからなにより大事な遺書の部分。まずはそれから読まなきゃいけないと思って、読むことにしたんですよ。全部は読めないけど、長年読みたい、中身を知りたいと勉さんが思ってらしたから、とにかく大事なところだけは、まず書き起こさなきゃいけないと思いました。

2. 日記を解読して論文に

大川　論文にまとめられた経緯を教えてください。

仁平　白鷗大学論集に掲載した論文(1)は、論文というより、佐藤さんのために、ああいうふうに書いたんです。というのは、おそらく日記を書き起こしただけでは、佐藤さんはわかりにくいんじゃないかと。だから、わざと一ページ書き起こしをしては、背景などの解説を入れました。それから前後にお手紙とかつながりをつけてまとめると、佐藤さんや佐藤さん以外のご家族が見るときにも、わかるんじゃないかと。

その結果、彼は、お父さんが原田さんがいた島のほうで亡くなったと思っていたけれども、書き起こしてみると、本島の、何島って言いましたっけ？

大川　ウォッチェ島。

仁平　ウオッチェ島で亡くなったことがわかった。それまで、別の島で死んだと佐藤さんは思っていた。

大川　はい、エネヤ島と。

仁平　日記を読むと、お父さんは本島のほうに戻されていたんですね。それがわかったと。それは読んでみないとわからないですよ。その一点がわかっただけでも、ああいうふうにして読みやすくしといてよかったと思ったね。

だけどなにしろ、私が佐藤さんに出会った時、佐藤さんは六四歳。お父さんと別れたのが記憶にない二歳前後でしょう。その間ずっと、読みたい、読みたいと思っていたんだもの。わかるようにしてあげないと。

それともうひとつは、実際に自分で読んでみて、いろいろなことが書いてあって、すごいという驚きがあったんですよ。例えば、ローズベルト大統領の訃報が、死んだ翌日にウオッチェにも伝わってるんですよね。なんでわかってるんだ[2]。

大川　不思議ですね。あの情報の早さ。

仁平　いろいろ間違った戦果が伝わっているのに、あれは正確なんですよね。当時、ひどいことに日本軍はウオッチェを見捨てる。アメリカも近隣の島は攻めたけど、ウオッチェは放っておいて、爆撃だけ適当にやってりゃいいという方針でした。手間を掛けて上陸なんかしなくていいと。その結果、ほとんど餓死で死んでしまうわけです。戦国時代の籠城戦みたいなものです。

三つ目の成果は、お父さんという人がどんな人であったのか、本当によくわかったということ。何も食糧がないときに、どういうふうにして生活していたのか。そういうときに、人間というのはどういうふうな気持ちになるのか、読んでいて、興味もあったんですね。

3. 冨五郎さんに魅かれて

仁平　あのお父さんという人は、えらい人だね。ものすごく誠実な人だなという感じがしますよ。だってあれだけまめに、ずーっと日記をつける。もうひどい状態なのに。死ぬ数日前には、どうしても運動のコントロールが落ちますから、文字がちょっと大きくはなるんだけれども、ほんとに乱れるのは死の直前。すごいですよ。でも書いている内容は、めちゃめちゃにならないんです。しかも、家族のことを心配して、遺書の部分なんかを見るともう……。

あれを読んで一番泣けたのは、お姉さんと勉さんの名前が書いてあって、最後に「赤チャン」と書いてあるところ。赤チャンが生まれるというのは、手紙か何かでわかったけど、生まれてどんな名前になったかわからないから「赤チャン」って書いてるんだね。(3)

それから「兄弟、姉妹、仲良ク」って書いてある。姉妹はつまり、女の子ふたりですよね。勉さんは男でしょ。次の赤ちゃんは、実際、女の子だったのかな?

大川　はい、女の子です。

仁平　でも、兄弟、姉妹って書いてある。ということは、男の子かなとか、女の子だといいなとか、いろいろ思ったと思うんですよ。あとは、こういうふうな暮らしにすればいいとか、細々と書いてあるでしょう。本当に家族のことを心配してね。お父さんはいい人だなと思ったんですよ。

大川　そのとき、仁平先生はもうお父さんでしたか。

仁平　でしたね(笑)。

大川　父としての冨五郎さんという人柄にも、魅かれていったんですね。

仁平　普通、あんな極限状態で最期になったら、徹底的に人を怨みつらむ。でも、冨五郎さんは感謝の言葉が多いんですよ。家族にもありがとうと言うし、あの島は餓死の島でしょう。他の人も食べ物がなくて大変なのに、彼は「魚くれた、ありがたい」とか、感謝の言葉が非常に多いんです。あんな状況で、そういうふうに人に感謝して。あのお父さんは立派な人です。最期まで乱れない。

原田さんも手紙に書いていたけれども、「自分はいいから」と言って、食べ物を佐藤さんにあげるわけです。佐藤さんも餓死寸前だから、喜んで食べるかと思うと、遠慮して「いいから」って言うんですよね。だからきっと、あのお父さんは、ほかの人にも親切だし、誠実だから、そういうふうに、ほかの人も親切にしてくれたと思うんです。なかなか、ああいう人はいないと思いましたね。そういう人が生きて残ったら、日本ももっとよかったと思うんだけれども。惜しいよね。

4. 家族へ届くように

仁平　冨五郎さんは、ほんとに家族に日記を読んで欲しかったんですね、なんとしても。だから、勉さんもあんなに熱心なんだとわかった。

戦友の原田さんさえも死ぬかもしれないけれど、家族に万が一渡るなら、渡ってほしい。それには原田さんしかいないと、生前、お父さんはきっと思ったんですね。それは正解でしたね。ほかの人に頼んでも駄目でした。自分が死にそうだったら、他人から預かったそんなの捨てちゃいますよ、邪魔なもの。でも、原田さんはちゃんと持ち帰ってね。しかも原田さん、病気で帰ったんでしょう。

大川 はい。病院船で最初に島を出たと。

仁平 ほとんどの人が死んだのに、彼が生きているわけですから。

お父さんは、なんとか家族に読んでもらいたいと、奥さん宛に書いている分もあるけど「ここからは家族で見てほしい」と別に書いてますね。そこを見ると、微妙に文字が大きいんですよ。つまり、奥さんだけが見るのではなく、家族が見ると思うと、読みやすくした。さらに難しい字を一回書いて、消して、カタカナにしているところなんかがあったんですよ。つまり、あれはどうしても家族に読んでほしかった。

だからぼくが論文という形でまとめたのは、息子さんが読みたいと長年思っていたという気持ちと、中身を読んでお父さんの気持ちがわかったからですよ。いや、いい人だね。

大川 もしも日記の内容が怨みだったり、戦闘だけの記述だったら……。

仁平 ぼくは多分、投げだしましたね。しかし、解読に要する時間が長くなってきたので、これは全部やってたら、いつでき上がるかわからないから、半ば抜けても、なんとなくつながるかなというところで勘弁していただきました。

ただ、勉さんはああいう思いの方だから、いずれ全部お読みになるだろう。だから少しでも、注をつけておいたほうがいいだろうと。

大川 はい。私自身も、注があることで非常に助かりました。

仁平 でも、わからないのが、結構ありましたね。たとえば「赤草」。

大川 あれは「スベリヒユ」という草のようです。

仁平 ああ、そうか。これがわかったのはよかった。なんだろうと、ずっと気になってたんですよ。ぼくは俳句をやったりするから、植物は好きなんで。
日本でも、山形の店で、スベリヒユが出るんですよ。あれね、食べるものじゃないと思いましたよ。あの赤っぽい茎を山形では食べたんだ。

5. カドヤの天丼

仁平 あと、手帳に「カドヤの天丼食べたい」ってあったんですよ。カドヤをネットで調べてみたら、浅草にある古い有名な店の名前らしいです。

大川 実は私も調べて、行ってみました。勉さんと二回、一緒に。

仁平 行ったの？ いいなあ（笑）。よかったなあ。ぼくと行くよりいいわ（笑）。

大川 私も「カドヤ　天丼」で検索して調べました。

仁平 日記にも、東京で暮らせと言ってるでしょう。

大川 バスの運転手をされていたころに、早稲田や椎名町界隈にいらっしゃったようなので、浅草のお店なら行くこともあったかな、と思って。勉さんをご案内する前に、このお店かどうか一度行ってみたんです。おかみさんにお訊ねしたら、すでに創業者の方は亡くなられていましたが、戦争でシベリアへ行って、奇跡的に生きて帰ってこられたという話を聞きました。

仁平 いいなあ。ぼくも行ってみたい。年齢は佐藤さんのほうがぼくより四歳ぐらい上ですけれども、日記を読んで以来、冨五郎さんに共感したからか、なんとなく佐藤さんの父親代わりみたいな。歳は下なのにね、そんな気分です。いつかそのカドヤの天丼をごちそうしようかなと思ったんですよ。先を越された（笑）。でも、そっちのほうがうれしいね。

大川 いえいえ（笑）。

仁平 よかったなあ。喜んだでしょう。

大川 はい、非常に喜ばれて。でも、確証はないので、ここかもしれない、というくらいですが。

仁平 いいんですよ。カドヤの天丼を食べれば。ああ、それはいいことをしたね。親孝行、でもないけど。お店の方も、そういう話を聞いたら、喜ばれるんじゃないですか。

大川 はい。おかみさんも、とても素敵な方で。
こちらが「かどや」のおかみさんです。

仁平 へえ、うれしそうだね。

大川 はい。おかみさんも、お客さんに日記の話をしてくださって。

仁平　ぼくも、いつか機会があったら行こうと思います。

大川　はい、ぜひ。勉さん、「かどや」へ行かれると、天丼をテイクアウトされるんです。お父さんと、ご家族の分。

仁平　ああ、そうなの。

大川　はい。ふたつは必ず。

仁平　親孝行だね。きっと、供えるんだ。

大川　勉さんはお父さんと一緒に過ごした記憶もないのに、なぜか勉さんを見ていると、そして冨五郎さんの日記を読むと、勉さんは冨五郎さんに似ているんじゃないかと思うんです。

仁平　あの人は似てる。きっとね。

大川　それと、先日勉さんのご自宅へお邪魔した時に、私も初めて見た冨五郎さんの写真がありまして（カバー参照）。

仁平　あっ、似てるなあ。お父さん、四〇でしょう？

大川　このときは三五歳です。

仁平　なんか風格があるね。三五なのに。

大川　冨五郎さん、軍服の印象が強かったので、私服の写真が出てきたときに「あれっ？」って（笑）。

仁平　そうだよね。朝日新聞に載った写真とこの感じは、ずいぶん違うね。[十]

勉さんと「かどや」の渡辺トミ子さん

6. 筆跡と文章から浮かぶ冨五郎さん

大川　手帳に書かれたものを全文読んでみて思ったことは、日記を書き始めた頃は、他人に読まれることを想定しないで書いている。でも、次第に命と引き換えに、どうか家族に読んでほしいと、願いを込めて書いている。

成28年）9月24日 土曜日 朝日新聞 （夕刊） 1892年3月11日第3種郵便物認可

戦場日記の父 やっと会えた

敗戦が迫る1945年4月。太平洋戦争の戦地・マーシャル諸島で、1人の日本兵が絶命した。死の前日まで手帳とノートに日記をつけていた。71年後の今春、息子は日記に導かれるように、父が眠る地を訪れた。終戦の日の8月15日、自宅近くの墓に参り、父と語った。月命日の同26日にも墓前で「早く遺骨を収集しますね」と改めて誓った。

デジタル版に動画

佐藤冨五郎さん

ウオッチェ環礁で父冨五郎さんの慰霊祭を行った佐藤勉さん＝4月19日、勉さん提供

皆ンナデ母親

父ノ分マデ 仲

永眠の地 マーシャル諸島訪問

朝日新聞に載った写真

仁平 うん、そういうふうに思える。

大川 そのふたつで書き方や、人格がそこまで変わらないのが、すてきだなと思いました。

仁平 そう。それからぼくは昔、コンピューターを使って文字を書く運動の解析研究をやったんですよ。彼の文字のコントロールは、ほんとに死の直前まで、乱れないですよ。戦闘があって爆撃を受けたりしてるから、めちゃめちゃになるはずなのに。ものすごくコントロールのいい人ですよ。

大川 自制心がある。

仁平 うん。あのとおり、友だちには親切にしてるから、親切にしてもらえる。自分だって餓死寸前の人が、お父さんに食べものを分けてあげるわけでしょう。「自分はいいから」とか言ってね。それを食べたいのに「いや、いいから」ってさらに遠慮する。普通だったら「えっ、くれるの？」とか言って、ガツガツ食べちゃうのに。

大川 翻刻メンバーとも、冨五郎さんの戦場日記は、どうしてこんなにも戦争色が薄いんだろうとよく話しています。食べ物がないから、否応なく食べ物に関する記述に集中せざるを得なかったとはいえ、人の名前、人間関係が細かく描かれている。交わした会話とか、もののやり

とりとか、情景が浮かぶ。

仁平　あと日記に出てくる名前、原田さんは山梨の人だけれども、東北地方の姓の人が結構多いんですよ。東北地方は、鎌倉幕府が自分の家臣をどんどん送り込んだところなので、関東の姓が東北の姓になっているのが多い。例えば「千葉」さん。

大川　小魚をくれた人ですね(5)。

仁平　千葉さんというのは、東北地方にものすごく多いんですよ。千葉周作も、宮城県の出身です。それから東北の地名と同じ名前の人も何回も出てきます。先にその方が亡くなると思うんだけど。

大川　沼宮内（ぬまくない）さん？

仁平　沼宮内って、岩手県の地名と一緒ですよ。だから多分、岩手県出身の方だと思う。そう考えると、東北出身の連隊が行ってたんだと思います。でも同郷の人がバタバタ、先に死ぬわけです。同郷だから仲が良いというだけじゃなくて、佐藤冨五郎さんが、親切だったんです。

大川　はい。ほかに何か、日記の記述から冨五郎さんの性格などわかりますか。

仁平　やっぱりつらい状況になっても、いろいろ人に感謝していたというのは、精神を保つのにはよかったはずです。それから、あるところから自分はもう駄目だと覚悟して、家族に読んでもらえるように最後の遺書も書いてますよね。しかも、奥さん宛じゃなくて、ほかの子どもたちも読むだろうと思って、難しい字をやめたり。記述を見ると、かなり前から、具合が悪いよね。

大川　そうですね。昭和一九年八月ぐらいには足がむくんで。

仁平　そうでしょう。浮腫が出てから、二カ月ぐらいで亡くなっても不思議じゃないのに、よく命を保ったなと思うね。

大川　日記を書くという行為や、これが読んでもらえるかもしれないという希望を持つことで、身体的には死んでもおかしくない状態でも、気持ちで保っているということでしょうか。

仁平　そうですね。やっぱり家族のもとに帰りたいという、父親としての責任感が非常に強い人ですよね。向こうに行く前から、保険が満期になるのはいつとか書いてあるでしょう。家族の幸福とか安寧を、たぶん戦争に行かなくても考えていた。もし、生きて帰れるなら、家族のもとに帰りたい。しかも、ただ帰りたいだけじゃなくて、自分が家族の面倒を見て、幸せにしたいという気持ちが強かったんですね。自分には責任がある、という。

7. 奇跡の連鎖

仁平 生きて帰れないと覚悟したら、とにかくだれかに頼んで日記を家族に届けて欲しい。だれかというのは、結局原田さんしかいない。死ぬ前も原田さんに会いたいと言ってたというけれども、なんでそれほど会いたがっていたかというと、日記を託したかったんでしょうね。だけど、よく原田さんが生きて帰れるという予測が当たったね。

大川 自分の死期も正確に予測されて、当たっている。

仁平 そうなんです。

大川 原田さんの手紙を読むと、一九四五年四月一日、最後に冨五郎さんが原田さんに会ったときに「君なら内地に帰れるよ。生きて帰ったら、必ず妻にこの日記を託してくれ」と、自分の死期を覚悟して、原田さんに想いを託している。もしそのタイミングで原田さんに話せていなかったら……。

仁平 「託せるならこの人だ」という。ほかにもいたわけですからね。沼宮内さんだの、千葉さんだの。

大川 はい。

仁平 冨五郎さんが亡くなった日に、原田さんが冨五郎さんのいる本島に行かなければ……。それも、中隊長がたまたま本部に来た原田さんに、今から埋葬すると言わなければ……。一瞬でも遅れたら顔を見ることも不可能だった。それから、冨五郎さんを埋葬しているときの原田さんの顔を見た若い兵隊が、防空壕からふたつの手帳を持ってきて、原田さんに会ったら渡すよう言われたと、冨五郎さんから託された想いを果たそうとしなかったら、日記も一緒に埋められたかもしれない。

大川 そうですね。

仁平 死ぬ何時間か前に、最後のページに力いっぱい書いたわけでしょう。さらに、原田さんに渡してくれと伝えることができた。

　お父さんの思いというのは強かったんですね。必死に願ったんですね。

大川 この冨五郎さんの日記の裏には、失われた、山のような日記があると思うんです。いろいろな人が、いっぱい書いていたはずですが、それはもう、ほとんど失われてしまって。

仁平　しかも、あんなひどい爆撃を受ける島で、真面目に几帳面に、ほとんど毎日のように書いてますね。よくまあ、残って、しかも届いたなと思います。
　原田さんが、日本に帰る前に死んでしまえば、もちろん駄目になるし。帰っても、行き先がわからなければ……。当時の混乱ですからね。確か手紙を送る前、日記を届ける前に原田さんから冨五郎さんの実家へ連絡をしたんじゃないでしょうか。

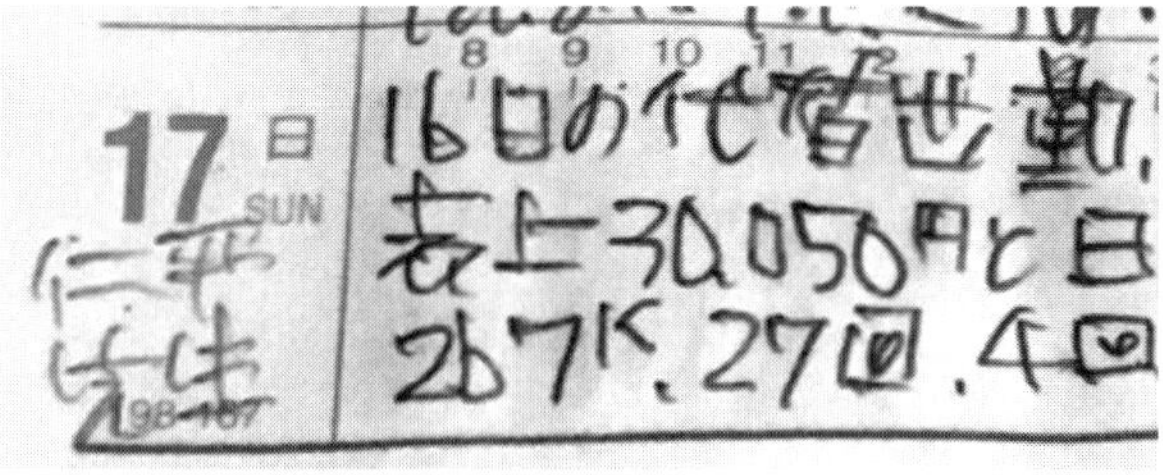

勉さんの手帳。2005年（平成17）7月17日に「仁平先生」「代替出勤」と記している。

大川　そうみたいです。
仁平　遺族が連絡を返したから、原田さんは戦後遺族がどこにいるかわかった。わからなかったら、届けるのは無理ですよ。
大川　そうですね。それと、もうひとつ驚くべき事実を、先日勉さんのご自宅で発見してしまいました。勉さん、お父さんと同じように、毎日手帳に日記を書かれているのですが……。
　二〇〇五年七月一七日。勉さんが運転するタクシーに仁平先生が乗車された日「16日の代替出勤」と書いていました。もし、前日に通常通り出勤されていたら……。
仁平　そうでしたか……。
　お父さんはほんとに必死の思いで、伝わってほしいと思ったし、勉さんのほうも、読みたい、読みたいと何十年も思い続けて、両方とも叶ったというのは、ほんとうにすごいですね。

【注】
（1）「佐藤冨五郎一等兵曹の遺書・戦場日記」（『白鷗大学論集』二五―一、二〇一〇年）。なお、本論文はインターネット上で自由に閲覧できる。
（2）278頁参照
（3）口絵参照
（4）二〇一六年九月二四日掲載紙面
（5）274・275頁参照

第3章

冨五郎日記に導かれて

「かすかでもつながりを感じることができたこと。
それを単なる「偶然」と呼ぶならば、私は歴史をあまりに知らない」

70年以上の時を経て、
日記は書き手の終焉の地であるマーシャルに帰還する。
その旅は74歳になった息子と、
マーシャルを愛する3人の若い同行者によって達成された。
そしてその慰霊の旅がきっかけになり、映画と本が生み出されることになる。
旅に同行した編者兼映画監督によって、
マーシャルへの思いと本書そのものができるまでが語られる。

わたしの〈タリナイ〉

OKAWA SHIORI

大川史織

1. かたみ

小雨の冷んやりとした朝だった。待ち合わせ時刻の午前九時、東京駅丸の内南口改札から勉さんはネイビーのブルゾンに黒のパンツ、ボストンバッグひとつで軽やかに現れた。

「ああ、大川さん」。初めてお会いするのに、何度目かのようなご挨拶。メールの印象と変わらない。やわらかな声とリズムに緊張がすっとほぐれていく。

二〇一六年四月三日。東北より一カ月ほど早く、千鳥ヶ淵の桜はこの日満開を迎えていた。タクシーの後部座席から薄紅色の並木を眺める勉さんの隣で、私は膝の上に載せたカメラ鞄を開ける瞬間は今日訪れるだろうかと考えていた。

〈四月一週目の日曜日、東京へ行きます。靖国神社で開かれるマーシャル方面遺族会の慰霊祭

に参加しますので、その後に旅の打ち合わせをしましょう。よかったら、慰霊祭も一緒にご参加ください〉

遺族会が毎春靖国で慰霊祭を行っていることを、私は勉さんからお誘いを受けるまで知らなかった。参加は遺児でなくても構わないとのことだったが、一抹の不安と戸惑いを抱えながらタクシーを降り、大鳥居をくぐった。

遊就館前の参集殿入り口でゲスト札をもらい、二階へ上がる。戸襖の上に「神通誠玉」と書かれた広間が会場だった。マーシャルの海を彷彿とさせるターコイズブルーに白い南十字星が輝く会旗が正面に飾られている。

六〇人近い参加者は勉さん世代の七、八〇代の遺児が大半を占め、私と同じ孫世代の姿もちらほら見えた。

マーシャル方面遺族会は「クェゼリン島戦没者遺族会」を前身とし、昭和三八年にクワジェリン環礁で「玉砕」した戦没者遺族を中心に結成された。皇族朝香宮鳩彦王の第二王子音羽正彦海軍大尉もクワジェリン島で亡くなっている。天皇皇后両陛下が二〇一五年夏にパラオをご訪問された際、マーシャル行きも希望されていたことを思い出す。ひとくくりに戦没者といっても、マーシャル方面の戦没者は、一夜にして「玉砕」した島から、補給路を絶たれて敗戦までの約一年半「飢餓」の島と化した島まで、「戦死」の最期はさまざまだった。

「戦時下のウォッチェ環礁で、餓えで亡くなったお父上が書いた日記を形見に持つご子息がいる……」

マーシャルの首都マジュロで、安細和彦大使から信じがたい話を耳にしたのは、二〇一四年の春だった。

日本から慰霊巡拝団がマーシャルを訪れるたび、安細大使は団員を出迎えた。慰霊祭で弔辞を読む遺児の多くは、父親と幼い頃に別れている。父親の享年をとうに超え、白髪まじりの遺児が「お父さん」と慰霊碑の前で亡き父に呼びかけ、手紙を読む間は、誰もが父と別れた時の年齢に戻る。その光景に立ち会う度、なんとも表現しがたいものを感じると安細大使はよくお話しされた。

その巡拝団の中に、ウォッチェで戦死したお父様の日記を持っているご子息がいたという。話を聞きながら、私は作家辺見じゅんが『女たちの大和』で「恋文」と題し収録していたある夫婦の話を思い起こしていた。敗戦の色濃くなった満洲で暮らす妻が、ある日慰問袋の中に高粱(コーリャン)の種を一握り入れて夫の戦地に送ると、夫は種を蒔いた後に爆死。還らぬ人となった。が、夫が蒔いた高粱は敗戦まで飢えに苦しんだ兵士の命を救った。その夫の戦地が、マーシャル諸島のウォッチェ環礁だった。

北の満洲と南のウォッチェ。遠く離れた夫婦の心を幾度も送りあった手紙が繋いだこともさることながら、慰問袋に入れた高粱の種が珊瑚礁の島で実をつけ、飢えゆく兵士の命を繋いだ話には、人知を超える何かを感じた。

そのウォッチェ環礁で餓死した兵士の日記が、遺族のもとに戻ってきた……!?

文字通り「奇跡」だと思った。

翌年、二〇一五年八月。三年間のマーシャル生活を終えて帰国した私は、戦後七〇年を機にスタートしたウェブメディアの編集部で働きはじめ、マーシャルで青年海外協力隊員として日本語教師をしていた友人森山史子さん（以下もーちゃん）に寄稿を依頼した。もーちゃんのエッセイは、長野県在住の女性が六〇歳から一五回、戦死したお兄さんの慰霊でマーシャルのミリ環礁へ訪れた話を紹介するものだった。

エッセイ公開後、編集部宛に一通のメッセージが届いた。

そこには、マーシャルのウォッチェ環礁で戦死されたお父様への想いが、溢れんばかりに綴られていた。

〈……もう一度、ウォッチェへ行きたいと思っています。その時は、ぜひ力を貸してください。　佐藤勉〉

ウォッチェは、私もいつか必ず行ってみたい島のひとつだった。

早速、かつてウォッチェ島に滞在したことがあるもーちゃんを佐藤勉さんに紹介した。

日記を形見に持つご子息と勉さんが同一人物であると知ったのは、その後のことだった。

「佐藤さんと四月にウォッチェへ行くことにしたよ」

それから一年半後、二〇一六年二月。職場の上司から部署異動の話を受けたもーちゃんは、交換条件として勉さんのウォッチェ慰霊の旅を実現するための長期休暇を求め、見事承認を得た。

七五歳までにもう一度ウォッチェに行きたいと願う勉さんの願いを叶えられるのは、このタイミングしかないという判断と選択だった。

「行ってらっしゃい」と出掛かった言葉を、とっさに呑み込んだ。

ウォッチェで、撮りたいものがあった。

そして勉さんの目的が果たされる旅になれば、映画になる。そう、直感していた。

「旅の記録を映像で撮らせてもらえないでしょうか」

意を決し、撮影者としての旅の同伴を申し出た。マーシャルのドキュメンタリー映画を撮りたいと思って、三年間マーシャルに住んでいたこと。今回の旅に同行させてもらうことで、作品が作れたらと思っていること。しかし、現時点で完成をお約束できないこと。身勝手極まりない依頼を、勉さんはふたつ返事で受けてくださった。


翌日に旅の出発を控えた勉さんの壮行会が、安細大使のご自宅で催された。

夕方、まだ明るいうちから勉さんのグラスはよく空いた。

「自分で限度わかってますから」と笑う勉さんが、アルコール持ち込みNGのウォッチェ島で一週間過ごせるだろうか。元気そうな勉さんを見ていると、心配の種はいつしか体調管理から断酒に変わっていた。

これまで三回、日本遺族会の慰霊ツアーに参加した勉さんがウォッチェに滞在できた時間は、わずか二〇分。島のどの辺りでお参りしたのか把握することも難しかった。

その姿を、お父さんが空から見ていたら——。

「父は怒っていると思うよ」

酔いがまわった頃、勉さんの口から予想もしなかった言葉が飛び出した。

私たちは首を横に振りながら「きっと喜んでいますよ」と口々に返した。

「……そっか……そう言ってくれて、ありがとう」

涙ぐむ勉さんは、うつむきながらそう言うと、話を続けた。

「いつだったか、飛行機の機体故障で、予定日の翌日にミリ環礁の上空まで行ったら、滑走路で草を燃やしていて結局空中参拝しかできなかった三家族がいたのね。あれはかわいそうだった……」

今回の旅も、予定は未定だ。エアー・マーシャルは通称エアー・メイビー。離島ウォッチェに予定通りのスケジュールで往復できる確率は半分もない。

当日の天候、よく壊れる機体の調子、目的地や経由地の状況によって、上空まで飛んでも空中参拝しかできずに戻ってくることも十分考えられる。その不確実性を受け入れながら、最善の準備をして臨むしかなかった。


帰り支度に入ろうとした頃、勉さんはぽつりとまた言葉を零した。

「幽霊として出てくれれば、一番いいのにね」

戦後七一年の歳月が経っていることを、一瞬忘れそうになった。その月日が一年だろうと、七一年であろうと、勉さんにとっては単なる数字の変化にすぎない。むしろ、哀しみは深まっているようにさえみえる。

せめて、幽霊となったお父さんに会いたい。そう切に願う勉さんの望みを、誰にも叶えることはできない。

その残酷さと無念さを思うとき、大日本帝国と称したあまりに広大な土地や海底に、未だ一一〇万余人の遺骨が眠っている事実を直視してこなかったどころか、その範囲を実際より小さくしかそらで言えない自分の迂闊さを恥じた。

そもそも、マーシャルがつい七〇年前まで日本の委任統治下にあったことすら知らなかった私が、マーシャルで暮らし、勉さんに出会い、映画を撮ることになる。そんな未来が待っているとは、あの、一七歳の私は知る由もなかった。

2. コイシイワ

二〇〇五年、夏。

勉さんが運転するタクシーに乗車した仁平義明先生が、仙台駅に向かう車内で日記解読の依頼を受けた頃——。

我が家にやってきた中古パソコンで、私はネットサーフィンに夢中だった。

ある日、Google の検索画面に「核　環境　開発」「スタディーツアー」と加えて、エンターキーを押した。

グローバル化が叫ばれる一方で、その陰に潜むニュースも気になっていた。

四年前の米国同時多発テロの余波もあり、海外渡航が危ぶまれている時期でもあったが、スタディーツアーなら初めての海外ひとり旅よりは安心だった。

「世界」を自分の肌で感じてみたい。その想いが沸点に達していた。

数秒後に出てきた画面をスクロールすると、「マーシャル諸島スタディーツアー」が目に飛び込んできた。

「核　環境　開発」すべてのワードを集約している国があるんだ、ということにまず驚いた。

〈六七回の核実験〉
〈地球温暖化で二一世紀末に大半の島が沈む〉
〈急激に変化したライフスタイルで糖尿病をはじめ生活習慣病が社会問題、若者の自殺、高い失業率……〉

ツアー案内には、息を呑む蒼い海と、はにかむ笑顔の子供たちに不釣り合いな言葉が、写真の横に並んでいた。

〈日本語を話せる世代〉〈日本語由来のマーシャル語〉島の歴史と現在に、日本語がある……⁉

地図を見ると、グアムよりもはるか南東、日付変更線と赤道にほど近いところに、マーシャル諸島はあった。

ビキニ環礁、第五福竜丸、ゴジラの向こう側に、ビキニを含むマーシャル諸島が日本と呼ばれていた時代があったこと。そこで暮らす被ばく者の中には、日本語を話せる人もいるということに想像が及ばなかった。

夏になると「唯一の被爆国日本」とメディアが一斉に唱えることに、違和感を抱き始めてもいた。

初海外は、マーシャル諸島に決まった。

出発三日前。

荷物の最終確認をしていた。一番上のチェック項目は、埋めるまでもないと思っていた。

ところが、出来たてほやほやのパスポートが、ミアタラナイ……。

二週間前、ツアー主催のNGOへ保険証とパスポートのコピーを郵送するため、スーパーのコピー機で複写したのを最後に記憶が途絶えていた。おっちょこちょいにも、ほどがある。

自らつかんだマーシャル行きが、こんな形で消え去ってしまうなんて……。一七歳、スウィートセブンティーンの夏。コツコツと貯めたお年玉とバイト代も水の泡。きっと、縁がない国なんだと、信じ込んでしまいたかった。

八月一五日の晩。

マーシャル「群島」へ行くのかと言葉を発した時、初めて見る表情を浮かべていた祖父から電話があった。

「残念だったね」

返す言葉より先に、涙腺が決壊した。気付かれないように、必死で鼻の穴にティッシュをつめる。

「六〇年前の今日、じいじはね、長野の軍事工場にいたんだよ」

一九四五年、夏。祖父もまた一七歳を迎えようとしていた。

「今思えば虫の知らせというのかね。明け方、ここにいてはいけないと思って、塀をよじ登って脱走したんだ」

それは、はじめて聞く祖父の話だった。

「市の中心部に向かって走って、街中に出た時は正午をまわっていた。大人たちが嬉しそうに盃をあげていてね。『何があったんですか？』と訊ねると『日本は戦争に負けたんだよ』って」

狐につままれたような話に、目と鼻は乾いてしまった。

それは母も知らない、祖父の八月一五日だった。

戦後は、焼け野原と化した八丁堀にバラックを建て、長男として一家を支えたのが祖父の青春時代だった。

リタイア後は暇さえあれば中国大陸や台湾を歩き回り、独学で学んだ中国語で友人を作り帰ってきた。

「日本は戦争中ひどいことをしたんだ」という負い目に対する、祖父なりの折り合いのつけ方にも見えた。

昭和一九年八月に死の宣告に等しい召集を受け、四七歳でフィリピンで戦死した曽祖父と、それを宿命と受け入れざるを得なかった祖父。

私は、今、どちらの苦悩も味わうことのない日々を生きている。

しかし、この国の外側では、アフガニスタン紛争、イラク戦争の開戦によって、平穏な日常を生きていた市民が、戦禍を生きる難民に変わっていた。

――コイシイワ　アナタワ

それから一年半後の二〇〇七年、春。

マーシャル諸島が「南洋群島」と呼ばれていた時代、南洋庁ヤルート支庁があったJaluit（ジャルート）環礁に、私はいた。日本統治時代は、ドイツ語読みでヤルートと呼ばれた島である。

〈僕は今迄の島でヤルートが一番好きだ。一番開けていないで、スティヴンソンの南洋に近い

からだ〉

南洋庁の国語編修書記として南洋群島の島々を巡り、現地の子どもが使う国語教科書の改訂に携わった小説家中島敦は、一九四一年九月二七日から三〇日まで、出張でヤルートを訪れた。

その間送った子ども宛への絵葉書には、公学校の運動会で「トントン、トンカラリト　トナリグミ」と歌う遊戯を見た様子が描かれ〈南洋の中で　ヤルートの土人が　一番おしやれ　です〉と綴られている。

〈衣服の法外な贅沢さに引換えて、住宅となると、之は亦、ミクロネシヤの中で最も貧弱だ。（中略）この様な醜（ひど）い住居にも、尚必ずミシンとアイロンだけは備えてあるのだ。彼等の衣裳道楽に呆れるよりも、宣教師と結托したミシン会社の辣腕（ラツわん）に呆れる方が本当なのかも知れないが、とにかく、驚くべきことである〉と短編紀行集『環礁』にも記している。

妻たか宛の手紙には、役人がヤルートは不便だ、寂しいとこぼす一方で「僕は、まるで反対だ」とヤルートを気に入った率直な想いをしたためている。

〈ヤルートは面白い島だよ。ここ迠來て、やつと、南洋へ來たといふ気がするね。島中で一番高い土地でも海面より五尺と高くないんだ。幅（ハバ）が二丁とはないから、大きな波が來ると、心配な位だ。椰子の木が、パラオのなんかに比べて、ずつとセイが高い。パラオに白い砂はないが、ここは島中、砂ばかり。（土が無いんだ）だから、海水がまた、ズツト澄んでゐる。今迠も随分、海水のキレイなことを書いたけれど、このヤルートの海ほど、澄んでゐるのは、見たことがない。それに見える魚の種類の多いこと！今朝は一時間ほど、あきずに海を覗（のぞ）いてゐた。こんなキレイな見物（ミモノ）が世の中にあるとは知らなかつたよ〉

それから六六年。二〇〇七年三月二日から五日まで、私は中島が運動会を見た公学校近くの宿に滞在した。一年半前に出国不可で不参加となったスタディーツアーに再び申し込み、八人の参加者と首都マジュロ、ジャルート環礁のジャボール島、イミエジ島を巡った。

連日雨や曇りで、中島が見た海と同じものを見ているという感慨を抱くことはできなかった。せっかくだからと浅瀬で潜ってみたが、車輪や船のハンドルのような錆びた戦跡が至るところに散乱しており、ほんの数分で陸へあがってしまった。「こんなキレイな見物が世の中にある」とは、とても思えなかった。

ジャボール島で過ごす最後の晩、港に島の女性たちが集まって餞別の歌を贈ってくれた。何度も耳にして親しみを覚えた歌、賛美歌に続き、最後の一曲は日本語とマーシャル語の歌だった。

——コイシイワ　アナタワ　イナイトワタシ　サビシイワ

ケタケタと笑いながら、時折目配せをして、詞があっているのかを確かめ合う。

——ハナレル　トオイトコロ　ワタシノオモイ　タタレテ

ゆったりとしたメロディーにのせられて、歌は今ここにいない〈アナタ〉に向けて、歌われていた。

〈アナタ〉と〈ワタシ〉の物語、歌う女性たちの愉快な様子、歌に耳を澄ませるツアー参加者が纏う個々人と国家の歴史。

それらが今、重なりあう場に立ち会っていることを、私はどう受け止めていいのかわからなかった。

もし、これが逆の立場だったらどうだろう。同じように、歌うことができるだろうか。

自分の土地で異なる言葉を使うように教育され、自分たちには必要のない、土に還らない重厚なセメントや金属の塊を次々と持ち込まれ、食べ物が不足すれば八つ当たりされ、スパイ嫌疑をかけられて殺されることもあった。気づいたら、彼らは小さくなった祖国へ去り、命を落とした者は年々侵食が進む海岸で、時々骨となって姿をあらわす。

子孫はそのことを忘れるどころか、親や祖父母からほとんど聞かされていない。学校でも教わらないという。

そんな子孫のひとりである私が、アミモノ、オボンなど日本語を耳にするたび、どういう意味かと訊ねる。

「バンバンバン！　トツゲキ！」

イミエジ島の戦跡をガイドしてくれた男性は、マーシャル語、日本語、英語で戦争体験を語った。

日本語に聞こえた「タリナイ」は、マーシャル語で「戦争」を意味する言葉だった。

兵士がタリナイ、食糧がタリナイ、物資がタリナイ……と、戦時中に次々とやってくる兵士が連呼したであろう「足りない」という日本語が、島の人びとの記憶に残り、ふるさとの姿が大きく変わった時代を「タリナイ」と形容したのだろうか。

日本語の「足りない」とマーシャル語の〈tarinae〉（タリナイ）の関係を問い続けるほど、その背景を想像する力と知識が「タリナイ」私は、たった六〇年前の歴史とつながることが困難な日本に戻っても、その距離は遠くなる一方になってしまうだろうと、帰国が近づくにつれ焦りを抱いた。

ツアー中、マーシャルで見聞きしたものは、日本が今見えなくしている課題を、照らしているように見えた。

これからもマーシャルと繫がっていたい。〈コイシイワ〉という歌を聴いたことを、日本に戻って伝えたい。

その想いは、大学へ進学し、周囲が真っ黒なスーツに身を包む中でも、色褪せることはなかった。

3. おじゃまします

ユナイテッド航空一五五便は二〇分遅れでマーシャル諸島の首都マジュロ、アマタ・カブア国際空港に到着した。

タラップを降りると、勉さんの首には芳しい花と緑で編まれたレイがかけられていた。チューク から勉さんの隣に座った日系チューク人サトウさんのレイを、佐藤家同士が出会った証にと別れ際にもらっていた。二割は日系人といわれるミクロネシアの島々を経由するアイランドホッピングでは、一期一会の出会いにご縁が多い。

出迎えてくれた末松洋介さんが、勉さんと初めましての握手を交わす。

末さんは二〇一一年から小学校で算数教員を務めた後、私もお世話になった日系企業で働いていた。磨き上げられたマーシャル語はネイティヴレベル、佇まいもマーシャル人に似通ってきた……？

「去年、成田からグアムまでの便が天候不良で飛ばなくて、慰霊ツアーキャンセルになっちゃったんですよ」

到着早々、恐ろしい話を耳にする。まずはマジュロまでの無事の到着を祝し、遅めの夕食で乾杯をした。

旅のメンバーは、これで全員揃った。

今回のウォッチェ慰霊の旅にお伴する犬、猿、雉の役割（調整、通訳、記録）は明確だったが、時には臨機応変に交代し、各々が与えられた任務を最大限遂行することで、勉さんの願いをひとつでも叶えよう。という暗黙の了解があった。

翌朝、快晴だが風が強い。内海は白波が立っている。

二〇一五年からマーシャルは干ばつが続いていた。二〇一六年二月にはマーシャル政府が緊急事態宣言を発令。日本政府は三月に緊急支援物資を送ったばかりだ。「いつもこの時期に吹く風が、真逆の方角から吹いている」。今までにない気象の変化に、マーシャル人も憂えていた。河川のない島ゆえに、海水を浄水に変える淡水化装置がなければ、雨水以外に頼るものはない。真っ赤な花を咲かせる今が見頃のフレームツリー（南洋桜）に生い茂るはずの葉は、色素が薄まり弱々しくそよいでいる。マーシャル語でメーと呼ばれるパンノキは、葉をきれいに落とし、十分に育つことができずに萎んだ実が申し訳なさそうに枯れ木にぶら下がっている。懐かしいはずの景色が、これはあんまりだ。地球のおわりは、このように枯渇していくのかと、未来を急に案じた。

ウォッチェ行きのフライトは週一便。出発予定の明後日まで丸二日あった。ウォッチェでの時間を実りあるものにする上で、この二日が生命線だった。

「ウォッチェに行くなら、リトコワ・トメイン元大統領のところへ行くといい」。ウォッチェ行きを伝えると、日本人の父を持つマーシャル人の友人は、開口一番にそう言った。

元大統領にアポなし訪問は大丈夫か、という心配はご無用。マーシャルでアポはあってないようなもの。

まずは行ってみるべしと乗り合いタクシーを捕まえ、大統領邸へ向かった。

実は以前にも、トメイン元大統領アポなし訪問をしたことがあった。その時は、勤務していた会社の決算期前で、未払い顧客リストに名前があったため、元大統領であろうと構わず未払金の回収で訪れた。といっても、その請求は五、六年前にクレジット購入された品物に対するわずかな残額で、可愛いものだった。

それでも、これは仕事だ。新米経理の私は、マーシャル人の同僚と回収訪問に向かった。見知らぬ日本人が請求書を持って突然やってきても「最近は物忘れが激しいみたいでね。ごめんなさい」と後日すぐに残額を払いに来てくださったことは印象深く、記憶に残っていた。

アロハシャツに身を包んだ元大統領は、今日もにこやかに突然の来客を迎えてくださった。勉さんも「Eta in Sato.（エタ イン サトウ）（私は佐藤です）」とマーシャル語で自己紹介。

一九三九年生まれ、七六歳。二〇〇八年から第四代大統領に就任した。通常任期は四年だが、政党間の争いが重なり、在任期間は一年半。その間、米国はブッシュ政権からオバマ政権へ代わり、リビングには時代を映すふたりの大統領との写真が並んでいた。

「ウォッチェに行ってもいいですか」

「ウォッチェを散歩してもいいですか」

似ているようで異なるふたつのこの問いを、もーちゃんは順に訊ねた。

最初の質問は、ウォッチェを含むラタック（日の出を意味する）列島の酋長であるトメイン元大統領に、島を訪れる承諾依頼。ふたつ目の質問は、島内に地主の名前や区画表示の立て看板があるわけではないため、ウォッチェ島内を歩き回る際には、見えないいくつもの境界線をまたぐことになる。しかもその境界の目印は「この椰子の木からあの椰子の木まで」などのように、私たちには難易度が高すぎる。勉さんが慰霊祭を催す場として選ぶどこかの場所で、一時的にささやかな祭壇を作り、そこで祈りを捧げる許可をお伺いした。

「Emman, emman.（いいですよ）」と穏やかに、トメイン元大統領は気持ちよく了承してくださった。


その時、一台の車が入ってきた。「ウォッチェ行きの船が今夜出るはずよ」。たまたま実家に立ち寄った長女ジュディさんが、耳寄りな情報を教えてくれた。「港方面に今から行くから、よかったら車に乗って」。父娘ともに気配りが絶えない。父はウォッチェにいる末娘に宿の予約確認と議員に私たちの滞在を知らせてくれるという。

ジュディさんの言葉に甘えて、車に乗り込む。一週間分の食料や飲み水を、重量制限がある機内持ち込みで運ぶには限界があった。多少日数がかかっても、船便で送れるならそれがベストだ。これまたウォッチェに帰る遺体が船便で運ばれるという偶然が味方となって、ドライアイスが溶けないうちの搬送スケジュールが守られると見込むこともできた。

車中、こんな話を聞いた。ウォッチェで生まれ育ったジュディさんの生家の地下に、防空壕がある。戦争中は食糧庫として使われていたのではないかと推測するが、いろいろと考えてしまって中には怖くて入れない。

でも、ウォッチェに好きな場所があるという。

「それは戦前に日本人が作った二階建ての建物で、戦時中は使われていなかったと当時を知る人に聞いたわ。男女が集う社交の場だったみたい。見晴らしが良い二階から外洋を眺めると、すごく心が落ち着くの。なぜかは自分でもよくわからない。その場所へ行くと、歴史的なものが頭の中を駆け巡る。その時代を私は生きていないけれども、戦前とても穏やかで、平和な時代があったことが浮かぶの。戦争で亡くなった人のことも頭をよぎる。その場所に行くと感じるものが、私は好き」

もうひとり、ウォッチェへ行く前に会いたい人がいた。

「お父さんが生きていたら、お父さんがしていたであろうことを、私もできることがあればお手伝いしたい」と言ってくれたイネコさんだ。イネコさんの父カナメ・ヤマムラさんは、一九二〇年生まれ。長崎出身の父を持つ日系マーシャル人で、戦後は遺骨収集でマーシャルを訪れる日本人遺族とマーシャル人の通訳やコーディネートを担い、永年日マの架け橋となってきた。遺族会に要の人物としてその名は刻まれている。

二〇一一年、私がマーシャルで暮らし始めた頃はまだカナメさんもお元気で、娘のイネコさんと週末によく買い物にこられては「ご苦労さまです」と温かい言葉をかけてくださった。

イネコさんの姉、メアリーさんは元ファースト・レディ。トメイン元大統領の前任、第三代ケサイ・ノート元大統領夫人だ。イネコさんとともに、今回の私たちの来訪を歓迎してくれた。メアリーさん宅のベランダで、日本時代の写真や遺族から送られた写真アルバムなど、貴重な資料を見せてもらった。

また、勉さんが目印として探している六四警備隊本部の場所は、ウォッチェ島で暮らす長老チレさんに聞くと良いと紹介してくれた。


翌日、四月一四日。ウォッチェ出発予定日。

イネコさんはこの日、自身の誕生日にもかかわらず、私たちを見送りに空港まで来てくれた。ところが、出発予定時刻を過ぎても、乗る飛行機が到着する気配はない。エアー・マーシャルの客室乗務員であるイネコさんは、運航状況を確認しながら、オフィスで見つけたという戦中の米軍が空撮したウォッチェ島上空写真を持ってきてくれた。

「この写真のどこかに勉さんのお父さんもいるんだね……」

モノクロ写真が写した島の中心部に、兵舎らしき建物が集まっている。六四警備隊本部も、見えるだろうか。

「戦争がなかったら、マジュロではなく今もウォッチェにいたわ」

口角をあげながらも、そう言うイネコさんの目は哀しみに満ちていた。

戦前にあったヤマムラファミリーの土地は、戦争の混乱を口実に、戦後土地の所有権を他の人に奪われてしまっていた。マーシャル人が生まれながらに継承してきた命そのものである土地とのつながりを、戦争が奪った。そんな理不尽な悲劇を背負わざるを得なかったイネコさんが「もっと早く知らせてくれれば、休暇をとって一緒にウォッチェへ行ったのに！」と搭乗口で別れ際、抱き合いながら言ってくれる。

待ちくたびれた機体に乗り込み、離陸しても、イネコさんの姿が見えなくなるまで勉さんは手を振っていた。

4. The End

旅が終わりに近づくにつれ、毎晩親しくなったふたりのウクレレ奏者の周りに集まって、夜風に吹かれながらbwebwenato（おしゃべり）する時間が名残惜しくなっていた。

ウォッチェに到着した最初の晩は、正直夜が怖かった。夜風にのって聴こえてくる歌声に誘われて島を歩いてみると、月灯りの下、歌い、笑い、踊る人たちの姿がある。その様子を、この島に眠っているかもしれない霊も毎晩楽しんでいるのかと思うと、次第に恐怖心は消えていった。


マーシャル語の歌に、タイトルはない。賛美歌のように、バイブルに歌詞が書かれているわけでもなく、耳で聴いて覚えた歌のイントロを誰かが歌い出せば、自然と歌の輪が広がる。歓送迎の場ではもちろん、誕生会や教会でもよく歌われる〈iien emman〉という歌い出しで始まる歌がある。

直訳するとiien = time, emman = good ——。私はこれを〈充ち足りた時間〉と捉え、いつも歌っていた。

そして、ウォッチェで過ごした一週間。エネヤ島、アグメジ島、ウォッチェ島での慰霊祭で

〈iien emman（イイエン エンマン）〉を私たちは歌った。

長い間
ずっと　この時を待ち望み
涙を流してきた
さあ　こちらへおいで
隣に座って
そうすればきっと　分かり合える

これは、もーちゃんが日本語クラスの教え子やイネコさんの力を借りて作った〈iien emman（イイエン エンマン）〉の日本語訳だ。

今は日常的に使われていないマーシャル語の言葉や表現が歌詞に含まれているため、私は知っている単語から歌詞の意味をぼんやりと想像して歌っていた。

しかし、歌い慣れ、聞き慣れたこの歌を、深く汲みとったもーちゃんの日本語訳に触れたとき、私はマーシャル人がこれまで体験してきた歴史経験が、この歌の中に織り込まれているように感じた。

そしてまた、祈りを捧げる場所で私たちが歌う時、離島への船を出してくれた地権者家族や、六四警備隊探しを手伝ってくれた長老チレさんや孫たちも、一緒に歌ってくれた。ともに歌う一曲に、ふさわしい歌であったという思いを強くした。

歌の誕生秘話を知る人がいないかと訊ねまわったが、誰もが首をかしげていた。

最後の晩、ふたりのウクレレ奏者がエンドロールにふさわしい三曲を、餞別の歌として贈ってくれた。

宿のちいさなキッチンスペースは、スペシャルライブ会場に様変わりしていた。

いつまでも、耳をすませていたい歌声と演奏だった。

アンコールの後に、バンド名を訊ねた。

「The End」

「ジ・エンド……」

それ、バンド名?

「……そう。おわりは、はじまりって言うでしょう?」

(………!)

感慨に浸っている私たちを残し、ふたりは颯爽と次のステージへ走っていった。

「明日の朝うちにおいでよ。弟は目が見えないから家で歌っているんだけど、彼の演奏は最高だよ」

The Endのふたりの名前をノートに書いてもらっている間、高音の美声の持ち主トニーはそう言った。

「また明日ね」

午後に飛行機が来ることを願って眠ったら、翌朝アラームより先に「起きろ!」という声で飛び起きた。

まだ七時前。冗談であってほしかったが、遠くから飛行機の音が近づいてくる。

The End の姿は、どこにもない。

さすがにまだ寝ているか。いや、もう釣りにでも行ってしまったか。

勉さんはいつも通り早朝散歩に出かけていた。飛行機の音を聞き、登校中の子どもたちが迷子になっていた勉さんを連れて、飛行場まで走って来てくれた。

安堵とともに、これで飛行機を待たせる理由もなくなってしまった。

後ろ髪ひかれる思いで、エンジンがかかった機内へ一番最後に乗り込んだ。


次は一番に、トニーの家を訪ねよう。

彼らが奏でるウクレレの音色と歌声に、飽きるまで酔いしれよう。

七一年前、復員船から振り返るウォッチェ島は椰子の木が一本しか残っていなかったという。

緑の島に変わったウォッチェ島を見下ろしながら、旅のおわりに、次のはじまりを誓った。

5. 試写会のあとで

629）ウチウミ　1分13秒
佐藤さん「要塞。日本人が作った要塞」
タルボ「seawall」
佐「no~~~ ウチウミ」
タ「oh uchiumi, ta in uchiumi?」（ウチウミ（内海）って何？）

帰国して一カ月。撮影した映像一四四五シーン、一〇万字の文字起こしを終えると、外では初夏の風が吹いていた。

文字起こし（通称ログシート）では、「再生↓一時停止↓巻き戻し↓再生」をくり返しながら基本会話を一字一句書き起こしていった。〈勉さん、ビールを美味しそうに飲む〉〈骨にピントあってる〉など、非言語の情報も細かく記すことで編集時に使う素材を探しやすくなる。最後は面倒くさがりが裏目に出て、通し番号の後に会話やメモを続けて投げ込んで長～いタイトルをつけていたら、別のハードディスクに保存ができない事態に直面。機械に強い友人に助けを求め迷惑をかけたりもした。

撮影しているときには気づかなかった発見や驚き、反省点が次々と文字起こしで明らかになる。一喜一憂を一日に何度もくり返す、こもりっきりでも賑やかなひと月であった。

リハーサルも撮り直しも効かない一回きりの本番映像が、はたして使えるのか。映画の完成を誰よりも楽しみに、映画を撮るための背中を押してくれたプロデューサーの藤岡みなみにラフカットを見てもらうと、ＯＫが出た。が、長回しのシーンになると舟を漕ぎはじめる。寝顔も可愛いと横目に見惚れつつ不安に苛まれた。

六月。英文学・映画研究者の恩師佐藤元状先生が「試写会をやりましょう！」と、一カ月後に会場を抑えてくださった。

怒涛の編集作業が始まると、戦場の悪夢を三度見た。見知らぬ荒野で空襲に怯える夢、同じ部隊の同級生が仲間内で裏切りあう夢、正体不明の肉を食べさせられる夢。

もちろん撮影した映像に夢で見たシーンはひとつもない。日記の記述や生還者の手記で読んだ戦場のイメージが想起され、夢となって現れたのだろう。厄介なことに、夢から覚めても心身にいつも疲労感が残った。「忘れるな！」とでも言うように、しばらくはドクドクと胸の動悸もおさまらない。七一年前のウォッチェと、今ある暮らしが地続きであることを、どう結んだら良いのかと考えあぐねる日々の中で、目覚めても身体が覚えている悪夢が、つながりの結び目を示しているようだった。

試写用の六〇分版が完成したのは試写会当日の夕方だった。すっかり編集スタジオと化したみなみプロデューサーの家をあとに、急いで一旦帰宅して着替え、会場の慶應大学日吉キャンパスへ向かった。戦時中は旧海軍連合艦隊司令部が設置され、地下壕が今も保存されていることを学生時代は軽く流せていたが、映画をこしらえてからは場が持つ記憶と作品が示唆する記憶がリンクしていくひとつひとつが感慨深い。

上映後、私はある告白をした。

「実はまだ、日記全文を読むことはできていないんです」

家を出るとき、ふと鞄に入れた二冊の手帳を恐る恐る差し出し、ページをめくった。

「うわあ。これは難しい……」。しんとした静寂のあと、どよめきの声が沸き起こる。

映画本編で登場する日記の文章は、仁平義明先生が一部翻刻した論文から引用していた。日記を撮影するために勉さんから二冊の手帳をお借りしていたものの、論文以上に知っていることはごくわずかだった。

「〇〇先生のところへ持って行ってみたらどう？」と、次につながる天の声が聞こえてこないかと淡い期待を寄せながら、私はじっと耳をすませていた。

声が静まった頃、佐藤先生はゆっくりと口を開いた。

「僕が大川さんだったら、全文読んでみます」

いつもの明るい爽やかな調子で、先生は私の目を見てそう言った。

「全文読むには、相当な時間がかかるでしょう。でも、研究者としての僕がこの日記に出会っていたら、僕には全文読む責任があると思います」

「僕」を「私」に置き換えてみる。私は研究者ではない。でもそれを言い訳にしていないだろうか。史料価値を分かってくれる研究者と出会えたら……。全文翻刻を依頼できる十分な資金があったら……。全文読むために考えることはすべて他力本願なことだった。幸か不幸か、私は今無職の身だ。時間はある。必要なのは挑む気持ちだけだった。今ここで存在をかけて挑まなくてどうすると、言葉にならなかった声も聞こえた気がした。

とはいえ、不安は拭えなかった。長い間手帳を借りることで、唯一の形見である手帳に傷をつけてしまうかもしれない。読むと決めても気力だけで突破できるようなやさしいものでもない。やはり私には読む資格がない……。ぐるぐると頭の中だけで考えていると、ネガティヴな感情と思考が肥大していく一方だった。

いま、二冊の手帳が私の手のひらに、ある。それがすべてだ。

帰り道、自転車のペダルをぐんと漕ぎながら夜空を見上げた。煌々と輝く月の光が、いつもの何倍にも眩しく感じた。

日記全文を読んでみると覚悟は決まったものの、二〇一〇年に一部翻刻を論文として発表された仁平義明先生に、未翻刻箇所に目を通す許可をいただくことが先だった。

翌日、震える手で電話をかけた。プププ……の後に、新幹線の中にいる先生とつながった。「途中で切れてしまったらごめんなさい」と、風の速さで移動する先生の声が、近づいては遠ざかりを行ったり来たりしながら聞こえてくる。

「ああ、それは嬉しいな。……僕もね、全文書き起こす時間を取れなかったことが……ずっと心残りだったんです。……是非、続きをやってくれたら……嬉しいな……」

拍子抜けするほど、あたたかい言葉だけをいただいてiPhoneを机に置いた。何者でもない私に信頼を寄せ、バトンを託してくださる仁平先生の期待に応えることでしか、この恩は返せないと思った。「どうぞ、心ゆくまで研究のためにお使いください」と、労いの言葉をかけてくださる勉さんの存在も後押しした。

私が全文翻刻に挑もうと決めたのは、勉さんの力になりたいという純粋な思いや、映画で日記の一部を紹介しているからには全文読破しなければという責任感だけではなかった。それまで読んだ公的とされる文献には、戦争が始まる前に島民は他の島へ避難したと記されていた。一方、生還者の手記には「島民がよく遊びに来た折、土産にヤシの実を持ってきてくれた」「施設部作業員の中の島民に豚を屠殺してもらった」など島民との交流が記されている。

勉さんと滞在したウォッチェ島で、戦火が激しい島内を逃げ惑い、命がけで海をわたった島民の話も聞いた。「祖父がエネヤ島で日本人と働いていたよ！」と話しかけられる場面もあった。複数の証言を照らし合わせると、昭和一八年八月にウォッチェへ上陸した冨五郎さんがマーシャル人と接触していたことは、ほぼ間違いない。

日記の未翻刻箇所にマーシャル人の記述がないかどうか知りたいという想いが、次第に膨らんでいた。

すべての動機を正直に伝えても、勉さんと仁平先生は気持ちよく全文翻刻への挑戦にエールを送ってくださった。必ずや、映画と日記全文翻刻を完成させると心に決めた。

いざ翻刻作業を始めると、想像以上に体力、気力、集中力を要した。それは初めての就職、初めてのひとり暮らし、初めての海外生活をマーシャルで同時にスタートさせた時に似ていた。手探りで進むしかない怖さと愉しさを、ひとり抱きしめて歩く孤独な道のりだった。

まずは日記の全体像をつかむため、エクセルにページ一覧表を作成してみることにした。一枚ずつ数えてみると、思っていたよりページ数がある。かがり糸はすこし緩んでいるが、きちんと手帳としてのかたちを留めている。パラパラとページをめくると数枚ちぎられた跡はあるが、目立ったヤケ、ヨレはない。紙の使用と保存にきわめて不向きな環境で書かれたとはとても思えない。太平洋の大海原を往復もした。海に囲まれた高温多湿の島をよく知っているからこそ、こんなにも綺麗な状態で、今ここにあるという現実にめまいがする。価値としての重さと物理的な軽さとのギャップにも戸惑いを覚えた。気付けばいつも手帳に触れるときは姿勢を正し、呼吸を整えてから手を伸ばしていた。

一冊目の紺色の表紙には〈東京市電気局産業報国会会員手帳〉と印字されている。全一八六ページ。分厚いイメージだが、紙は薄く厚さと大きさはiPhone5と縦横比もほぼ同じ。産業報国会は、戦時下に労使協調で軍需生産の増強を図った民間の労働者統括団体である。東京市歌、電報料金早見表、軍事郵便に関する規定などが付録として綴じられている。スケジュールページに、出征前に必要な物品リストや家族へ宛てた手紙の下書きがメモ代わりに書きとめてある。白紙のページは、ミッドウエー、ハワイなど南洋の地名、出征前に冨五郎さんが住んでいた豊島区椎名町の近隣住人の名、同僚、親戚住所。そして一九四五年（昭和二〇）四月に書いた遺書が九ページにわたって記されていた。戦時下の会社勤めのお父さんが、召集令状一枚で兵士となって戦地へ征った姿を、この一冊の手帳が表現していた。

日記は時系列が前後する箇所があったが、まずは頭から順に書かれた文字を読めるままに書き起こしていった。鉛筆、万年筆、強調して伝えたい箇所は赤や青の色鉛筆と書くものを使い分けている。一九四二年（昭和一七）度のスケジュールページに印字された〈三月〉を〈四月〉に、また曜日も冨五郎さんが書き換えて日記を書きはじめていることから、召集令状を受け取った一九四三年（昭和一八）四月以降、未使用だった前年度の手帳をおろして使い始めたと推測できた。

二冊目の茶色い冊子の表紙には〈謹賀新年〉と墨で書かれている。全五六ページ。一冊目より若干大きい。ページをめくると、足し算、引き算、割り算の計算式に続いて、〈一人三匹余り三〉と、魚を分ける際に書かれたと思われるメモや戦友の住所が寄せ書きされている。日記には一九四四年（昭和一九）八月一日、ウォッチェ到着丸一年が経過した日から絶筆までの約九カ月の日々が細やかに記されていた。

冨五郎さんがウォッチェへ上陸してから一カ月後の一九四三年九月三〇日、マーシャルは「絶対国防圏」から外れる。四カ月後の一九四四年一月三〇日にはクワジェリン環礁が「玉砕」。以降、脱出路、補給路を絶たれたウォッチェ島に配属された約四〇〇〇人の兵士は、敗戦までの一年半、敵と戦うことを忘れ、ただただ孤立を余儀なくされた。

それは戦時中だけでなかった。戦後の歴史上でもすっぽりと記憶から抜け落ちた空白の一年半。その空白を埋めるかのように、冨五郎さんは命が燃え尽きる数時間前まで、この二冊の手帳に日記を書き続けていた。

「飢餓の島」と言われたウォッチェ島での日々を、しかも亡くなる数時間前までの日々を綴ったプライベートな記録は、目の前にある二冊の手帳以外にふたつとない。壮絶な「過去」として振り返る生還者の言葉と、闇の中で見えない光を探り当てる「現在」に紡いだ冨五郎さんの言葉。同じ時と場所での体験を綴った言葉でも、言葉を放つ時制と放たれる方角が異なれば、受け取る言葉としての肌ざわりも違っていた。

7. 孤独の全文翻刻

はじめは冨五郎さんの字に目が慣れるまで、根気よく文字を追うことで精一杯だった。読めないでつまずくと、類似する文字を探す。たとえば、「のぎへんに番」と検索して出てくれば良い。前後に「種」と書かれているから、種まきの意「播種」を「穡種」と書き間違えてしまったと考えてよさそうだ。

ところが、文字そのものが読めないと辞書を引きたくても引けない。一緒に悩める人が喉から手が出るほど欲しかった。電車やカフェで〈この人読めそう……〉と、会話や読んでいる本のタイトルから連想しては〈話しかけたい……!〉という衝動に駆られる。ピンとくる相談相手を、いつどこでも探してしまう異常な日常。

そもそもが、じっとひとりで座っていることが得意でない。大事な手帳をふとした不注意でいつ汚してしまうかもわからない。そんな私がある程度の期間、不安とリスクを最小限にして読み進めるには、日記を撮影した写真データをスマホやパソコン画面で拡大しながら文字を確認する方法が一番良かった。寝る前の三〇分に読む読みものとしてはあまりにヘビーで、また悪夢を見るのではないかと恐れもしたが、できるだけ文字に触れ、目を慣らすことが近道だと思った。継続は力なり。と、言うは易し。目標年内読破を掲げたものの、達成は無謀に近かった。

書かれた文字が日本語で、わずか七〇年前の言葉とはいえ、その時代独特の表現やくずし字、旧字、異体字の知識が皆無の私には、前後の読める単語や文脈から読めない単語の意味を想像する古代文字の解読のようだった。当時の戦況や軍隊用語、マーシャルを含む南洋方面の土地勘など、あらゆる知識を総動員することで、冨五郎さんの書いた文字に近づける。それをひとりでできる研究者が今の日本にいないことは、戦後七〇年もの間、仁平先生以外に読み解く人が現れなかった事実が物語っている。読めないながら、ある程度の見当をつけた上で、それぞれの研究分野の第一人者に訊ねるしか精読への道はなさそうだった。

映画編集と並行しながら翻刻作業をたどたどしく進めて三カ月。ようやく目が慣れ始めてくると、少しずつ読むスピードが上がってきた。だんだんと言葉を当てられる確率も高くなる。

こう書きたかったのではないかと前後の文脈や行間を読みながらイメージを膨らませると、読めなかった文字がふとした瞬間に読めるようになってくる。そうした積み重ねで文字から浮かぶ情景が一コマずつの静止画から映像へと移り変わっていく。

記述はあくまで淡々としている。

昭和一八年四月、亘理駅で令状を受け取る。六月、横須賀海兵団入団。体操、洗濯当番、猿島作業。七月、家族面会。九日○（読めなかった……）鷹乗船。水虫、スコールで身体洗い、休憩にサイダー、途中カツオ釣り、タバコ配給。

断片的な情報から冨五郎さんが見た景色を想い描く。

〈十八年八月一日　マアシャル　ウォッチェ目的ニ着シタ〉　↑この一文は赤鉛筆で文字を囲んでいる。

一〇日後、一〇名に便りを出す。ヤシ酒のご馳走、デング熱で四〇度、片山君見舞いに来る。陸軍来島、島民跡見学、ビール配給、体重減、ホウレン草の缶詰配給。

無事の到着を知らせ、島の食と病の洗礼を受け、体重を落としつつ島内での生活に慣れはじめて四カ月。

〈十八年十一月十八日　↑コレヨリ戦事ダ〉　↑この一文は青鉛筆で文字を囲んでいる。

赤と青の鉛筆で「ポイントはココ！」と冨五郎さんが指し示すマークに出会うたび〈之ノ手紙文ダケヨク見テクレ　後ノ日記ハオ前ガ見テワカラナイ　僕ダケノ　キオクニ　書タノダ〉と妻への遺言に記しているとはいえ、手紙以外の記述でも他者に読まれることを想定した配慮が読み取れた。

〈勉君、ドウシタカナー〉と、二歳で別れた勉さんとの懐かしい思い出を振り返り、成長した姿をウォッチェから想像する言葉に触れると、続きを読みたい想いはさらに加速していく。

考えてみると、冨五郎さんと私にはマーシャルで暮らしたという共通点を除いて、性別、世代、出身地、職業など重なり合うものはひとつもなかった。「わかりあえないこと」を前提に、冨五郎さんに共感を覚えることもなく、わからないながらに記述や筆跡、手帳の使い方から人となりを想像していた。だが、勉さんや家族を想う気持ちに触れるたび、次第に書き手の冨五郎さんに想いを寄せ、感情移入していく。やがては心の中で冨五郎さんに話しかけ、文字を通して対話をしていた。


仁平先生の論文では、昭和一九年一一月一六日から昭和二〇年二月二七日までの四カ月間の記述が未翻刻だった。紙の劣化と鉛筆の黒鉛が擦れて薄くなってしまい、肉眼では解読がとても厳しいページが続く箇所だった。それでも、読むことが楽しくなってきた勢いに身を任せ、肉眼で読める限り文字を拾っていく作業を進めた。

すると、あるひとつの知られざる事実が明らかになった。

冨五郎さんが最後に本島のウォッチェ島へ召集される前、離島のエネヤ島に滞在していたことはわかっていたが、ほかに滞在していた離島はエネヤ島以外にないと思っていた。

ところが、未翻刻箇所の昭和一九年一一月一六日に、冨五郎さんはウォッチェ島から約五キロ離れたアグメジ島での任務を命じられていた。

李沢、千國、佐藤、萩原、大久保、松平、斉藤、伊藤、千葉、坂本
同じアグメジ島勤務の仲間と思われる一〇名の名を記し〈注意事項ヲ受ケ自分ノアグメージニ着　タダチニ自分ノ住ム小屋ノ修理〉を行っている。

〈朝魚（ヤキ）御馳走ニナル何んトオイシイデハアリマセンカ〉

〈近頃ハ魚モ少々頂ケル何んと有難イ話シ　本島ニ居ツタ時ヨリモ働ケル様ニナツタ〉

〈サメノオジヤダ〉

〈夕食草ダンゴ　オカシラ付キト来タ〉

〈夕食タコ飯、マグモツクダント出ダ便モ日ニ一回〉

本島では病死が一層増え、下痢で苦しんだが、アグメジ島では海の幸にも恵まれ、豊かな食生活に驚き、悦ぶ声が躍るように綴られている。

〈静江ノ送ツテ呉レタセイロガンヲ呑ンダ気持モ落付イタ〉

〈足ノ方は約一ヶ月ニナリシ全快ニ等シ自分デ治療ヲ行ヘリ〉

妻シズエが軍事郵便で送ったと思われる正露丸を飲んで気持ちを落ち着かせ、むくむ足も自身でマッサージを施し、心身を整えている様子も目に浮かぶ。

〈マアシャルヲ助ケル等トハ考ヘラレナイ〉

耳にする戦果から、援軍の助けはないと確信しているが、決して弱音は吐かない。与えられた環境で変化を受け入れながら、どんな時も感謝を忘れず、心身の回復を感じはじめていた。

しかし、そんな平穏な日々も長くは続かなかった。

昭和十九年十二月十六日
夜ニ至リ下士官三名来ル　僕ハ違ツテエネヤ島行ニナツタ事デアル
困ツタモノダ命令ナル致方アルマイ
アキメージハ実ニ食料ハヨカツタ事ハ自実ダ

アグメジ島に配属されてわずか一カ月後、アグメジ島からひとつ本島寄りのエネヤ島行きを命じられる。

八日後、快方に向かっていた身体の調子が悪化。最後に、次の一文を書き記している。

〈何んト言ッテモ　アグメージハ良イ〉

8. 歴史は場所を志向する

アグメジ島。日記を届けてくれた原田さんの手紙に〈佐藤君はエニヤ島、私はアグメジ島と離れては居りましたが時々接しては語り〉とある。繰り返しこの手紙を読んだ勉さんは、慰霊の旅でお父さんが滞在していたエネヤ島へ上陸した帰り、隣のアグメジ島に立ち寄り、原田さんの島で御礼参りをしたいと言った。干潮時には珊瑚礁を伝って、七〇年前冨五郎さんもアグメジ島にいる原田さんを訪ねて、一時の安らぎをここで感じていたかもしれない。そんな様子を思い浮かべながら、無事にエネヤ島を訪れることができた満足感と安堵感に浸りながら、私たちはアグメジ島での時間を過ごした。

だが、この未翻刻部分のページに出会うまで「アグメジ島は原田さんの島」である以外に、それ以上でも以下でもなかった。

もし、私たちがアグメジ島で時間を過ごしていなかったら、冨五郎さんの追想が綴られた〈何んト言ッテモ　アグメージハ良イ〉を読んで、これほどまでに心動かされることはなかっただろう。

四月のアグメジ島で私たちが過ごした黄昏までの時間。あの時、あの瞬間に私たちに降り注いだ光と風と夢のような、きらめく時間。

翠、瑠璃、紺碧。くっきりとわかれる内海の三色を数えながら、勉さんと私たちは島の端までゆっくりと歩いた。この描写を表現しようとする側から、言葉がこぼれ落ちてしまう圧倒的な多幸感に包まれていた。

「原田さんの島はいいねえ」と、勉さんは何度も噛みしめるように言った。

気づけばエネヤ島よりも長い時間、私たちはアグメジ島にいた。冨五郎さんが七一年前に感じていた想いを誰ひとり知らずして、〈何んト言ッテモ　アグメージハ良イ〉と、奇しくも同じ場所で、時を超え、その想いを共有していたのだ。

同じ場所に立っても、冨五郎さんと私たちの前に広がっていた景色は異なるものであっただろう。それでも、いやだからこそより〈何んト言ッテモ　アグメージハ良イ〉と綴った冨五郎さんと、私たちがかすかでもつながりを感じることができたこと。それを単なる「偶然」と呼ぶならば、私は歴史をあまりに知らない。


偶然と呼ぶことに注意深くあろうとした時、遡ること三〇年前のウォッチェの歴史を知ることとなった。

一九八六年米国の民間会社とマーシャル政府は、ウォッチェ環礁の南に位置するエリクブ環礁で、ある建設計画を進めていた。エリクブ環礁は無人島であったが、ウォッチェの人々にとって、椰子や魚など食べものの恵みを与えてくれる島だった。そこに、米国の産業廃棄物処理場と高レベル核廃棄物処分場の建設計画が持ち上がった。米国政府に安全保障を委ねる自由連合協定を結ぶことで独立したマーシャル政府は、経済援助以外の収入源を求めていた。米国内の処分場がいっぱいになり新たな候補地を探していた米国との利害が一致した結果だった。二年後、ウォッチェをはじめとするマーシャル人の激しい反対運動によって計画は頓挫したが、そもそもマーシャル人にとって土地は売買するものではない。先祖から受け継がれた多層的で重層的な島の記憶を奪われ、切り離されることは、マーシャルの人びとにとって自らの命そのものを失うことに等しい。

もし、頓挫することなくこの計画が進行していたら、エリクブ環礁も北のエネウエタック環礁に作られた放射能汚染物質を格納した「ルニット・ドーム」と同じく、コンクリートで覆われたかもしれない。脆弱なコンクリートで作られたドームの裂け目から放射能がすでに漏れ出しているのは周知の事実だ。ウォッチェに人が住むことも、立ち入ることもできない未来があった可能性は誰も否定できない。

場所はいつでもそこに、あるのではない。核廃棄物処分場計画に反対の声を上げ、一〇〇ドル札の束を目の前にかざされても屈することなく、島を守り抜いたマーシャルの人びとの闘いがあって、私たちは昨年ウォッチェを訪れ、アグメジ島でまるで何もなかったように至福のひと時を過ごすことができた。

「時間が空間に従属するように、歴史は場所を志向する」と歴史家保苅実は言う。同じ出身地であることが見知らぬ者同士の心を通わせ合うきっかけとなり、やがてはその出身地が互いの歴史を語る上で欠かせない存在となるように、冨五郎さんと私たちをつなぐ歴史はアグメジ島という場所を志向した。アグメジ島という場所が持つ歴史が、冨五郎さんと私たちをつなげたのだ。七〇年前と現在のアグメジ島。どちらも「同じ」アグメジ島でありながら、あたりまえだが七〇年前と今では「同じ」記憶を纏ってはいない。

「読めないのと途中涙して、三割しか読んでないと思われますので、ほんとうに助かりました」

勉さんに冨五郎さんがアグメジ島に配属されていたことを伝えると、すぐ返信があった。

「アグメジにそのままおったら、生きて帰って来たかも」

そのあとに続いたこの一言に、私は胸が張り裂けそうになった。警備隊本部のおかれた本島と体力温存を図ることができた離島。同じ環礁内でも、弱り切った身体での配属移動と環境の違いは生死を分けた。

手探りに翻刻をスタートしてから、七カ月の月日が流れていた。

2017年2月20日 10:30
Re: 戦場日記ありがとうございます。

今朝、急いでコーピーしてもらった地球より重い貴重な身に染みる、大変に膨大な解読の日記の整理ありがとうございました。
父も目を細めて喜んでいると思います。
内容を読んで、数多くの知人などが明確になり、思い出が蘇ります。

急いで読んで感じたことは、「大川史織解読著書」として、印刷し姉妹・子供・親戚・友人等の多様な方々に配布を考えました。私なりに、添削させて頂き、4/26日の命日に間に合うように、挑戦してみます。世界に一つの解読書・ありがとうございました。　佐藤勉

9.「金曜調査会」結成

ウォッチェ慰霊の旅から早一年。季節は巡り、五月。勉さんからウォッチェの写真を表紙に飾った日記全文翻刻の製本が届いた。勉さんの気持ちを溢れるほど感じ、素直にうれしく思った。同時に最後まで読み終えた達成感よりも、読み解く力がある人に添削してもらえたら、もっと解読できるという悔しさが再び込み上げてきた。

何度も挫けそうになりながら、ひとまず形にできたのは、一一月から働き始めた職場での出会いが大きかった。

その職場は、日記を届けてくれた原田さんの遺族を探している時にたまたま見つけた、明治から近現代の歴史公文書をデジタルアーカイブとしてウェブ上で公開している国立公文書館アジア歴史資料センターだった。

「64警備隊」で検索すると、公開資料目録の海軍省第64警備隊作成「生存者給与通牒控綴」を見つけた。

閲覧ボタンをクリックすると、主計長北島秀治郎が海軍の用箋に一九四五年（昭和二〇）八月二〇日に記した給与通牒を見ることができる。

生存者の名簿に記された名前を順に追っていくと、原田姓の人物がふたりいる。このふたりのどちらかが日記を届けてくれた原田さんであるということを、自宅にいながら突き止めることができた。

デジタルでしかも無料で歴史公文書を公開している機関があることに驚いた。

連日、サイト内の資料を漁った。そろそろ貯金がつき始めるぞと将来を真剣に考え始めたある日、サイトのトップページをふと眺めると、お知らせ「明日消印必着　非常勤職員調査員一名募集」の文字が飛び込んできた。応募条件「修士卒業、論文三本提出」を満たしていない。すぐに電話をかけた。「まずは書類を提出してください」。扉は開かれている。〈もし、ここで働くことができたら、原田さん探しと翻刻の添削をしてくれる人に出会えるかもしれない……!〉。都合のよい妄想が止まらなくなった。

〆切一〇分前の持ち込み滑り込み提出で、数日後の面接にこぎつけた。が、実技試験で撃沈。帰り道、トボトボと本屋へ向かい実技試験でまったく読めなくて泣いた「くずし字」の本を探した。

「店頭にはございません」

もういい。読めなくて当たり前だ!……と開き直っても眠れぬ長い長い一夜が明けると、翌朝。電話が鳴った。

「……間違いではありませんか!?」

受けた電話で、念押しの確認をしてしまった。

それから七カ月。

満洲引揚者の日記翻刻資料を参考にしたらどうかと全文翻刻のまとめ方を教えてくれた同僚の森巧さんに、勉さんから製本が届いたと伝えた。森さんは、一二月の第二弾試写会で映画を鑑賞してくれていた。製本を手に「すごいなあ」と神妙な面持ちで言うと「この日記は、史料価値高いと思います。今ここにいる調査員全員で添削したら全文読めますよ。力を借りた方がいい」と、鶴の一声が調査員室を駆け巡った。七人の調査員が、喉から手が出るほど探していた相談相手に、たちまち姿を変えた瞬間だった。

その日は五月一九日金曜日であったことから「金曜日出勤の調査員で結成された冨五郎日記翻刻プロジェクト」略して「金曜調査会」と命名された。

10. 歴史する身体

金曜日の夜。

七人の同僚によって、七等分に分割した下訳の添削が進められた。毎回発表者は、添削した文章を声に出して読み上げた。

孤独の全文翻刻から半年が経ち、私は愕然とするほどに冨五郎さんの文字を読めなくなっていた。再び目と感覚が慣れるまで「急がば回れ」でじっくりと、急ぎたい気持ちを抑えながら最大一六個の目（八人のメンバー全員参加の場合）で文字を読み解いた。

「僕ノ墓所ハ　金ノ余リカ、ラナイ所ニ致シマセウ　ナゼナラ　コレカラ　金ノ入ルトコロハナイカラデス」

耳から冨五郎さんの言葉を聴く。これは、ひとりで翻刻をしている時にはできない読み方だった。目で追って言葉を読むのと、朗読された声を耳から聞いて読むのとでは、感じ方が大きく異なる。誰ひとり、冨五郎さんの声を知らないのに、目を閉じ、耳をすませば、そこに冨五郎さんがいるかのような感覚を抱く。耳から聞く行為は受動的なようで、実に能動的な営みだと実感した。

「一画目のはらいがしっかりと見える」
「筆の運びからすると、へんが糸へんのくずし字ではないか」

読めない文字があると、その文字を見えるままに人差し指で空中に描いた。冨五郎さんが文字を書いた動作と筆跡を、全員で真似、筆の運びを演じる。

それでもわからない場合は、画像を拡大したり、ホワイトボードに見えるままに文字を書いてみた。紙を持ち上げ、後ろに白紙を下敷き代わりにあてることで文字を読みやすくする技も覚えた。表裏、四方八方から光の当て方も工夫して、紙の汚れか句読点なのか判別する。

できることは何でもしてみた。けれども、不思議なことに、個々にタブレット画面で撮影した写真のデータや、写真のプリントを見つめるよりも、手帳を手に取って文字と向き合っている時が、一番読める確率が高かった。二次元と三次元のちがいか。ビビビっと伝わってくるような、テレパシーを受け取れるような気もしてくる。

冨五郎さんの書き癖に慣れてくると、次第に筆跡や書き間違いの特徴から、「当て字」や明らかな「誤字」を当てる感覚をつかんできた。「診察」を「珍察」、「疲労」を「被労」と書く癖は頻出ナンバーワンだった。

一度目の読み合わせで、ある程度考えて分からない場合は「保留」として二周目以降、再度検討した。

「草取」と「軍歌」、この二文字の書き方がよく似ていて、最後まで判断が難しかった。文字の特徴を吟味し、水曜日と土曜日の朝に出てくることから「軍歌」を歌う習慣があったようだ、と総合的に判断した。

当時の時代状況を調べながら、事実関係と文字の特徴に目を凝らし、残りは想像力によって冨五郎さんが書きたかった真実に迫ろうとする作業を繰り返した。


「ひらめきの番定さん」とメンバーのひとりにあだ名がついたのは、「成空伴」「セイ海伴」の意味がわからず、全員で頭を抱えていた時だった。

「もしかして……これは〈制空権、制海権〉と読むのではないでしょうか。〈勢空海ケン〉と次の文章にも出てきます……」と、じつに難解な「当て字」を番定賢治さんは解読してみせた。

ひらめきが「降りてくる」と日本語では表現する。何かが降りてくるのを待っている状態。言葉では受動的だ。しかし実際には、書いた文字に迫ろうと考えている時の脳内は高速にフル回転し、思いつく関連用語から類推される当て字をたぐりよせようとする能動的な働きが頭の中では繰り広げられていた。

とくに人名、地名、乗っていた船などがわかると、ぐっとイメージの解像度が上がり、情景や人物の輪郭が立ち上がってくる。ひとつひとつの存在が眼前に迫ってくると、書かれている文章との距離もぐんと近づいていった。

日記には書かれていない、日記の向こう側に注意を向けて読む。その姿は、端から見ると、ただぼんやりと、静かに何もしないで過ごしている時間に見えるかもしれない。だが実際には注意深く、身体の感覚を研ぎ澄ませて、全意識を冨五郎さんという今ここにはいない人物に向け、想像し、感じ、読み取る作業だった。

目に見えるものと、見えないもの。その狭間を行ったり来たりしながら、冨五郎さんが書きたかった言葉を想像する。どんな姿勢で、どんな場所で、この一文を書いていたんだろう。ここからどんな景色が見えていたのだろう。

身体で読むことは、ただ座っているように見えて、実に激しい体力と気力を必要とすることだった。「記憶の宝庫である身体」において、過去と現在は地続きであることを、「金曜調査会」メンバーとの翻刻作業を通して、身をもって体感できた。

何より、少しずつ読めること、新しい発見がひとつでもあると、その嬉しさをわかちあえることが嬉しかった。

冨五郎さんが帰りたいと願った日本で、七二年の歳月を経て、戦争を知らない若者がそれぞれの専門領域の知識と想像力を駆使して手帳に綴られた言葉をたぐり寄せ、悲喜交々、金曜日の夜が更けていく。

気づけば、ちょうど一年前に願っていた相談相手のいる未来を、私は生きていた。

(一) 銃弾との闘いに幸運にも生き残ること
(二) 糧を獲る力を持ち続けること
(三) A 己れとの闘いに打ち勝つこと
(四) B 犯罪により存命をはかること

(北島秀治郎「マーシャル群島 ウォッゼ島の惨状——敗戦下孤島の人間像——」)

冨五郎さんが所属していた第六四警備隊北島秀治郎主計長が後年記した手記による生命維持の条件では、一と二を満たしたうえで、三のAかBのいずれかを選ぶことが極限状態のウォッチェ島で存命を図る上で必要なものだった。

(四)Bの「犯罪により存命をはかること」は、つまり相手に対して心を閉ざすことだ。日記には、病で床に臥した病人に、配給の食べ物が回ってこない怒りと嘆きが吐露されている。やられたらやり返せ、と同じように心を閉ざすことは開くことより簡単だ。しかし、決して冨五郎さんは相手に対して心を閉ざすことはなかった。狂気に満ちた世界で、正気が通用しない相手に対して心を開くことは、ある意味自殺行為に等しかったはずだ。自分の弱さや絶望を感じた時、人間は愚行に走り、破滅的な道を選んでしまうこともある。

それでも、冨五郎さんは心を閉ざすのではなく、開くことを選んだ。開いた結果、冨五郎さんと関わりを持った仲間の中にも、正気を保ち、最後まで人間らしい心を通わせ合う姿があったことを日記から読み取れた。

絶筆まで読み切った時、改めて畏れを感じたことは、私が一週間のウォッチェ滞在中、手帳に書いた生気を失った眠り曲線が、どこにも見当たらないことだった。火照った健康体をクーラーが効いたベッドの上で冷ましながら記した文字の方が、あきらかに危うさを感じるものだった。限られた紙面を大切に、「空白の一年半」はなおのこと細やかに、紙の端から端まで米粒ほどの大きさでぎっしりと記すことは、特殊技能と呼ばずにはいられない。

年が明けて三周目の読み合わせに入ると、ほぼすべての文字を解読できた。数え上げると「戦友」と呼ぶべき複数名との交友関係から、噂で聞いた一兵士の処遇まで、総勢九〇名ほどの名と関わりが刻まれていた。実際には、もっと多くの人物とかかわりを持っていただろう。ひとりの下士官が、最小限の日々の記録として記した手帳の中に、八六名の名前が刻まれているということに、私は驚きを隠せなかった。終盤になるにつれて、新たな人名の登場頻度が高くなることは、死者数の増加とも比例していた。

更に、驚くべきことは続いた。職場に新しく着任された研究員、軍事史研究の中野良さんは東北大学出身だった。亘理界隈の土地勘がないと解読が難しかった地名や軍隊用語が、中野さんの精読によって明らかになった。

また、手帳を持って千葉県佐倉市にある国立歴史民俗博物館へ、金曜出勤でないにもかかわらず「金曜調査会」にメンバー入りしてくださった河野保博さんと足を運んだ。古代史の三上喜孝先生に「赤外線観察」という手法で、肉眼では読むことが難しいと諦めかけていたページの解読をダメ元で依頼。その結果とその後の映画的展開は、先生のインタビューと寄稿エッセイに詳しい。

最期の死から想像する〈無力〉で〈かわいそう〉な〈弱者〉となった冨五郎さんが、敵味方双方から見放され〈閉〉ざされた地で日々何を想い、過ごしていたのか。はじめは、身勝手にもそのようなまなざしを持っていた。しかし、原田さんの手紙にはじまり、日記を読み進めながら、この大いなる誤解は崩れ落ちた。どこまでも強靭な精神力で、周りが人間性を失い、人肉を食す事態が起きる環境下にあっても、人間として気高く、日常の中から希望を見出す工夫を凝らし、仲間と関係を持ち、ささえあい、毎日をしなやかなつよさを持って生きていた。その延長線上に、冨五郎さんは今を生きる私たちの中に生き続けている。

これは、間違いなく「奇跡の物語」として美談で語られる類の話であるだろう。数奇な運命、偶然の連鎖、「事実は小説より奇なり」の実話であるといってもいい。感動を伝えやすいこれらの言葉を、はじめは多用していた。が、次第にどうもしっくりとこないと思いはじめた。

冨五郎さんが自己検閲に屈することなく、細やかに出来事を記すという主体的な営みを行わなかったら……。

命燃え尽きる寸前まで、原田さんの名を呼び続け、日記を原田さんに託す選択をしなかったら……。

たくさんいた戦友仲間の中から、原田さんを選択するという戦略を誤っていたら……。

極めて主体的かつ協調的に、その中での選択的、戦略的な判断と実践によって冨五郎さんは現在にまで命をつなげた。「運」をたぐりよせることができたのも、この緻密な戦略と実践があったからだ。ただ、つよく願うだけでは日記は家族のもとに届かなかった。

唯一、冨五郎さんが受動的であったことは、兵士としての忠義心から逃亡や投降は選ばず、島からの脱出が身体的、物理的に困難な状況に対する運命は受け入れる態度をとったことだ。けれども、物理的に自らが動かずとも、命と引き換えに二冊の手帳があざやかに海を越え、不可能という概念を打ち破り、環境を、運命を、動かした。

他者を、国家を、自分ひとりの力で変えることは難しい。だからといって絶望するのではなく、〈生ンガ為メニハドンナ苦労モ凌グ積ダ〉〈ドウシテモ生キ伸ル積リデ有ル〉と自分の死後も日記が家族に届く可能性に賭けて、身を削りながら日記を書き続け、命を燃やした冨五郎さんの生き様に、私は静かなる抵抗と闘志を感じる。

死後もなお、誰も冨五郎さんをひとりにさせなかった。最後まで、冨五郎さんは人との関係性の中に生きた人であった。餓死＝孤独死ではない。

冨五郎さんの「死」を見つめること。それはつまり、冨五郎さんが生きた時間、死に向かうまでの「生」そのものを見つめることであった。冨五郎さんと原田さんの間には、ささえあいという相互関係の中で育まれた深い友情があった。そのふたりの想いを感じ、受け取り、次につなごうとする人々と繋いだ冨五郎日記解読という名のたすきリレー。それは、歌の中で生きる〈アナタ〉と〈ワタシ〉が、今を生きる人びとに歌われることによって姿をあらわし、心を動かすことと、響き合っているようにも感じる。

コイシイワ　アナタワ　イナイトワタシ　サビシイワ
ハナレル　トオイトコロ　ワタシノオモイ　タタレテ

七〇年以上前のマーシャルから今につづく、ささえあいのかたちが、ここにある。

【参考文献】

稲毛三郎『飢餓の島　ウ島戦夢物語（ウオッゼ島回想録）』（非売品、１９８７年）
井畑憲次、野間弘編『海軍主計科士官物語：二年現役補修学生総覧』（浴恩出版会、１９６８年）
川村湊編『中島敦　父から子への南洋だより』（集英社、２００２年）
豊﨑博光『マーシャル諸島　核の世紀 １９１４—２００４』（上・下）（日本図書センター、２００５年）
中島敦『南洋通信』（中央公論新社、２００１年）
辺見じゅん『女たちの大和』（ハルキ文庫、２００５年）
保苅実『ラディカル・オーラル・ヒストリー——オーストラリア先住民アボリジニの歴史実践』（御茶ノ水書房、２００４年）
「生存者給与通牒控綴」（A03032167800、アジア歴史資料センター）

第4章

ドキュメンタリー映画『タリナイ』誕生

「マーシャルとあなたは、もう無関係ではない」

一兵士の最期の声を、できるだけ多くの人に届けたいと思うこと。
マーシャルという遠い国の人びとの姿を、丁寧に描きたいと思うこと。
そのために、どのような表現が選択されたのか。
歴史を語ろうとするときにはさまざまな方法がある。
本章では、日記から生まれたドキュメンタリー映画について、
映像関係者の声を届ける。

column

あなたに関係のある島

FUJIOKA Minami

藤岡みなみ

最初に大川さんからマーシャル諸島のドキュメンタリー映画を撮りたいと聞いたのは、まだ学生時代、映画完成から一〇年近く前のことだったように思う。大学卒業後は、マーシャル諸島で就職した大川さんが一時帰国するたびに東京で会い、ランチをしながら島の話を聞くのが楽しみだった。特に印象深かったのは、二階以上の建物のことを「ニカイ」、散歩のことを「チャンポ」、腹痛全般を「モウチョウ」と呼ぶなど、マーシャルでは日本統治時代の名残で、いまでもたくさんの日本語が使われているという話だ。そして、そのことをわたしたち日本人、特にいまの若い世代はほとんど知らないという事実が、大川さんを映画製作に駆り立てている大きな理由のひとつだった。当初はマーシャルに残る日本語の歌を中心に構えるつもりだと聞いていたが、映像素材はたくさん集まったものの編集作業は全然進んでおらず、わたしは、会うたびに「映画はどうなったの」と質問を繰り返した。この映画のプロデューサーになったのは、映画がどうなったかしつこく質問しつづけた結果の自然の成り行きだった。

なぜ、情熱を持って島で三年間過ごし、マーシャル語を習得し、美しい島の人々の表情をたっぷり映

『タリナイ』編集中。録音スタジオにて

像に記録しながら、帰国後もいつまでも映画が完成しなかったのか。それは、マーシャル諸島の現在と日本の現在のつなぎ方に迷いがあったからかもしれない。わたしと大川さんは学生時代、一緒にミニシアターに通って一日三本連続で映画を観て語りあうなど、ドキュメンタリー映画の魅力に取り憑かれていた。ドキュメンタリー映画は、常に知らない世界を覗かせてくれ、今日までわたしの中にあった常識を揺るがした。いい作品は自分の人生に突き刺さったし、観た瞬間から他人事とは思えなくなってしまう強度があった。マーシャル諸島共和国と日本の間には歴史上無視できない、いまでも息づく確かなつながりがあるが、映画にしたときに「ふーん、そうだったんだ」以上のインパクトを与え、観客個人とマーシャルを結ぶための物語が当時はきっと不足していた。そんなときに偶然出会ったのが、佐藤勉氏と、その父、冨五郎氏の遺した日記だった。

マーシャル諸島で戦死した父についてもっと知りたい、日記をもとに現地で当時の父の生活を感じたい、という佐藤勉氏の物語を案内役とし、そこから見えてくるありのままのマーシャルを伝える映画を作ろう。佐藤勉氏のピュアで人懐っこいキャラクターと、父の切実な想いには心を動かされるものがあり、その関係性に触れた人を共にマーシャルの旅へと誘ってくれるはずだ。大川さんは迷わず佐藤氏の旅に同行し、三年間撮りためた映像を捨てて新しくマーシャルを撮影しなおした。この頃、わたしはもうお尻を叩くだけの友人ではなく、一緒に編集作業をする仲間になっていた。こんなふうに、彼女には知らぬ間に人を巻き込む力があるので、観客をマーシャルに巻き込む映画が作れるはずだと確信していた。

　しかし、編集作業は難航し、撮影から完成までに一年以上かかることになった。最大の問題は佐藤氏のストーリーとマーシャル諸島の現在のバランスだ。内輪向けに試写をするたび、日本人とマーシャル人の関係性について考えさせられた、という人もいれば、佐藤氏の親子の物語なのになぜマーシャル人ばかり映すのか、という人もいた。また、説明の多い映画になってしまうと、観客の感受性を信用していないことになるのではないかと、ナレーションやテロップの量にも細心の注意をはらった。侵略した側とされた側、そのどちらにもあった悲劇と、身勝手な忘却と、忘却されない戦跡。割り切れない数々の想いを、割り切れないまま観客に届けたくて、マーシャルの優しい音楽で丁寧に包んだ。

　このようにしてできた映画『タリナイ』の上映、そして本書の出版の大きな役割のひとつは、冨五郎氏の日記の受取人を佐藤勉氏だけでなく、もっと多くの人に拡大したことだと思う。日記を受け取ったのは、わたしであり、あなたなのだ。この手のひらに届いたと感じたならば、マーシャルとあなたは、もう無関係ではない。

ゴジラ少年の南洋へのまなざし
——『タリナイ』に描かれるヒトとモノ

MIZUMOTO HIROYUKI
水本博之

A

知人経由である映画を見てほしいと頼まれた。その際、気になっていた点があった。それは年下のマーシャル諸島に住んだ若い二〇代の女性が撮ったということだ。

マーシャル諸島に住む？　二〇代？　言語は？

映画を作るにあたり、作家は自身の生活範囲の中で日ごろ抱えている葛藤など、個人性と普遍性が一致しやすい題材として選ぶことが多い。それならリサーチはたくさん要らないし、今の時代、技術はyoutubeで学べばよい。面白いかは別としても自分の人生とリンクしているのでテーマを形にすることは、そこまで難しくはない。

難しいのは『わたし』の外へと広がる世界にテーマを求める場合だ。そうなると新たに勉強が必要であり、現場でさらに沢山の事を知り、描きたいことを絞り込んでいく必要がある。さらに真摯な作り方をいうならば、テーマ・結論ありきのドキュメンタリー映画製作ではなく、現場に入る前の先入観と、現場体験後の落差に監督が『わたし』として対峙していくことにこそ、ステレオタイプな言語から零れ落ちた何かを拾うことができる。と私は考えている。

だが、それには時間がかかる。一カ月や二カ月でできるものではない。二年、三年とかかるものなのだ。撮影対象だって刻一刻と変化をする。作り手だって。今日はじめて出会って顔を見て、それで納得しました。なんていう人、誰が信じるだろう。

だから遥か南の島、場所すら正確に言い当てることが困難な土地の映画を、二〇代の女性が住んで時間をかけて撮ったということに素朴に驚き、軽く嫉妬を覚えたのだった。

こういう私はといえば、インドネシアのマグロ漁師のところに五年近くドキュメンタリー映画を作るつもりで通っていて、いまは資料本の翻訳でかなり苦戦・挫折しかけている。私はスラングの混ざった日常会話がわかる程度で、アカデミックな文章となると手も足も出ない。メジャーなインドネシア語で苦戦する私にとって、マーシャルのようなイメージの外側にある言語を習得している人には憧れを覚えてしまう。

それで観た『タリナイ』なのだが、感想を伝えるとすぐに批評を書いてほしい。と監督から頼まれてしまった。批評といわれても、どうも今回は私の思考遍歴とも通じる点も多くその辺りを本書の趣向とは違った目線となるかもしれないが、書き進めていこうと思う。

B

私は子供のころから社会問題を扱うドキュメンタリー映画監督になりたいと思っていた。……というわけではない。実は『ゴジラ』の着ぐるみの中に入る仕事がしたいと思っていた。そう、怪獣映画が大好きだったのだ。でも怪獣の中に入って自由に動けるわけではなく、演出するのは特技監督（ミニチュアを使ったり、爆破したりする特殊撮影パートの監督）なので、それになりたいと思った。そして次第に作品全体をコントロールしたいと欲が出て、映画監督になろうと中学生のときに決心したのであった。

『ゴジラ』は一九五四年の映画でマーシャル諸島・ビキニ環礁（『タリナイ』で登場する地域）での水爆実験が如実に影響している。殺戮兵器である水爆で住処を追われた文明の怨念のような存在ゴジラは、戦争から復興（忘却）しつつある東京を襲う。六〇年経った今でも新作が作られるヒットシリーズだが、プロデューサーの田中友幸が企画していたインドネシアとの合作映画『栄光のかげに』（インドネシア独立戦争に協力した残留日本兵の物語）が当該国との外交上の問題でボツとなり、リアルタイムな社会問題を絡めて急遽企画されたものだった。

一九五四年三月一日、静岡県焼津港所属の第五福竜丸は水爆実験危険区域外六四キロにて操業していた。爆発から三時間ほど経つと細かい灰が一面に降ってきた。翌日から船員たちに、頭痛、吐き気、下痢などを訴えるものが出始め、灰に触れた皮膚は日焼けしたように黒ずみ、水ぶくれや脱毛症状が現れた。三月一四日に静岡に自力で帰港後、一六日には新聞で報道された（井上英之『検証　昭和二九年東宝撮影所　ゴジラ誕生』）。

まあこんな具合で小学生の時点で水爆実験の単語のいくつかは把握していた。ストロンチウム九〇、放射能マグロなどなど。でも平和ボケした東京で育っている私にとってはゴジラだけが重要で過去の事件は他人事だった。単純に怪獣博士ぶりを自慢する少しだけ怖い知識でしかなかったのだ。これらは小学校の社会科見学で第五福竜丸記念館を訪れたときに知ったことで、ビキニ環礁はおろか海外にすら行ったこともないし、マグロ漁師という生き方含めて、全部文字としての、単なる記号にすぎなかったからだ。だって風景自体イメージがつかないじゃないか。

私が初めてゴジラ映画を劇場で観たのは『ゴジラVSビオランテ』(一九八九年)だった。まだ小学校一年生だった私はウルトラマンのようなヒーローが出ないことにキョトンとしていたように思う。次に観た『ゴジラVSキングギドラ』(一九九一年)から熱狂的なゴジラ少年になるのだが、ここで印象的なのはゴジラの誕生秘話である。

太平洋戦争中、マーシャル諸島の旧日本軍ラゴス島(架空の島)守備隊はゴジラの前身で、島の守り神ともいえる恐竜と共存していた。他島では日本軍の全滅が相次いだが、ラゴス島では恐竜が米軍の上陸を防いだ。しかし恐竜は米軍の激しい艦砲射撃に倒れ、わずかに生き残った日本兵のひとり・新堂靖明〈土屋嘉男〉は、恐竜を置き去りにして軍の記録にも残されないまま帰還する。島はその後、アメリカのビキニ環礁水爆実験で消滅。新堂は戦後の高度経済成長を支え、経済的覇権を握って世界を圧倒し始める。

新堂にとって恐竜は自然の脅威、地面から見上げる存在だったのに、いつしか敵だったアメリカの物質文明を身に纏い、神ともいえるゴジラと同じ高さから世界を見下ろすようになる。彼らが対峙するシーンは戦中戦後の日本の因果が詰まっている。伊福部昭さんの音楽と合わせてゴジラ映画歴代屈指の大好きなシーンだ。

さて、この作品の主題のひとつでもある経済的覇権という状態。これはぼんやりとした表現であり「国家を買収し始める」という台詞のみで明確には描かれない。だが覇権を握っているかどうかは別としても、今のわたしたちの生活はどうだろう。大分パワーダウンしているとはいえ、あまりに物に溢れ、充実し過ぎていないであろうか。東京都最低賃金の一時間分で購入できてしまう安価で高品質な衣料品・雑貨、尻を洗ってくれる機械仕掛けのトイレ、道案内してくれる自動車。バラエティ豊かな大量の食品は決して飢餓をイメージさせない（貧困家庭が増えつつあるとはいえ）。昭和初期からみても夢のような、便利さと快適さの中にいるのではないだろうか。しかしこれらの物資は一体どこから来たのか？

あたりまえだが、物の生産には材料が必要で、それらは必ず自然から調達される。問題はその資源の存在する場と消費する場が異なることである。世界に資源は均等に分布していないし、必要な物資はある所からない所へ流れる。二万年前の旧石器時代においてすら、限定的な地域でしか採れない黒曜石が遠く離れた場所で出土しているという。そのような緩やかでささやかな物流は、いつしか極度に効率・分業化したビジネスへと変貌を遂げ、現代においては経済格差による国境をまたいだ膨大な資源のやりとりになっている。

有名な環境問題がある。高度経済成長で大量消費されたラワン材はマレーシアのボルネオ島で切り出して加工したものが多く使われた。日本は一九六〇年代から国際市場で取引される熱帯木材全体の1／3を輸入する木材消費国で、九〇年代まででボルネオ島サワラク州の森は三〇％も縮小した。南洋材はコンクリートパネルの型枠材として二、三回使っただけで廃棄されてきた（秋元健二『ボルネオ　熱帯雨林　ペナン族』）。

そもそも森とは一体誰のものなのだろうか？　伐採企業のための、あるいは現地政府のための資源としての森なのだろうか。他の側面はないのか。その想像力は働くであろうか。

実際のところ多くの部族が森の周辺で暮らしていたが、森の再生力を利用した焼畑と狩猟採集を生業としてきたペナン族は多大な影響を受けたといわれている。元々の彼らの生活は何世代も続いてきただけに環境へダメージが少ない。でも森が小さくなれば自然の再生能力は落ち、狩猟採集にも影響が出る。すると生活が維持できなくなり、安い末端の賃金労働者にならざるを得ないのだ。あるいは、便利な生活に憧れる者が現れたりもする。伝統文化は崩れる。その混沌とした状況を想像できるだろうか。

これらは一九九〇年代に有名なった問題だが、約二五年後、二〇一八年現在の日本社会といえばいまだに経済成長を標語とし、二〇二〇年の東京オリンピックのために再開発を進めている。建設中の国立競技場ではボルネオの住民といまだに採めている会社の材を使っている可能性がある。と新聞が最近報じたばかりだ。『ゴジラVSキングギドラ』の新堂も南方の自然の驚異によって命拾いした後、南方の森の民の生活を破壊することで築いた超高層ビルの頂上で死ぬ。これは現在進行形で通用する強い皮肉だ。

さて、ここでマーシャル諸島というワードが私にインプットされたわけだが、これらは大人になってから考えたことで、やはり当時の私にとっては記号的な名称にすぎないのであった。

結局、怪獣映画を作りたい（作る真似事をしたい、と言い換えてもいい）という安易極まりない思いがそれ以上発達することなく映画を作り始めるのだが、当然行きづまる時がくる。私自身が東京の狭いマニア向けの価値観しか持ち合わせておらず、知っている事といえば映画で見た、誰かが作ったものばかりだった。インターネットでは簡単に記号的な情報が手に入り、誰もが「ググる」と専門家のような顔ができる。一方で自分より優れた才能が溢れかえっていることにも直面する。やがて実力の伴わない万能感と劣等感に苛まれるようになっていく。

知識・想像力・体験の均衡が失われていたのである。

C

大川さんが映画で紹介する『タリナイ』のマーシャル諸島は、ゴジラと深く関わるビキニ環礁の原水爆実験によってよく知られている。と述べた。主人公の佐藤さんは過去に団体で現地へ三度訪れたことがあるとはいえ、いずれも二、三〇分程度滞在したのみ。今度は自分で納得いくまで歩いてみる、と父・冨五郎さんの日記と公的記録を頼りにマーシャル諸島ウォッチェ環礁に乗り込んでいくのだが、私は映画を見ているとあることに気づく。

「マーシャル諸島の位置は？　どれくらいの暑さなんだろう、においは？　食べ物は？」

これは私自身への問いである。

私はゴジラが好きで今に到っている。だから当然マーシャル諸島の名前は知っていたはずなのに、実は場所がわからなかった。この原稿を依頼されるまで、かつて日本の統治下で、母国の人間が暮らし、そして死んでいった島の地理も歴史も実は知らなかったのだ。

そんなこと知ってどうするの。という人も多いかもしれない。

でも世界の島々の位置関係すらわからないのに、決して触ることのできない国境線へ自己を投影してしまう飛躍は常にわれわれの中で発生している。たとえば報道を見ていても日々思うのだが、オリンピックで母国の選手がメダルを獲りマスコミが狂喜することひとつにしても……。そもそも国境を接する反対側の人たちと、私たちは一体なにが違うのだろう？　国境の外側の人がメダルをとった時、何故私たちは同じように賞賛しないのであろうか。あるいは国境内であっても先島諸島と沖縄本島は果たして本当に同じ人・文化なのか？　与那国島から見ると台湾本島のほうが沖縄本島よりも大分近いはずだが（目視できるくらいに）、なにが違うのだろう。もし、それほどまでに国境線の内側を愛するのなら、何故かつて日本だった場所のことを知らないのであろうか。マーシャル諸島もそのひとつだ。

わたしたちは学校で日本史や世界史というものを教わってきた。もちろん知識の導入として必要なのは理解ができる。でも、たとえば、いま私が通うスラウェシ島の歴史、あるいは王族の名前が載っているだろうか？「世界」史と名乗っている教科なのにおそらく一行も載っていないのだ。疑問が残る。スラウェシ島は「世界」ではないのか？……そしてマーシャル諸島はどうだろう。マーシャル諸島が「世界」になった瞬間はどれだけあったのだろうか？

「日本」「世界」とは一体誰の目線なんだろう。

『タリナイ』の佐藤さんの姿はその点でとても興味深かった。佐藤さんは終始お父さんの記録を読み、軍隊での足取りを追う。彼の中にあるマーシャル諸島はお父さんの死んだ土地、としての記号性に溢れている。つまり「日本」史、旧日本軍の作戦上に登場するマーシャル諸島をずっと思い描き、日本遺族会の規定のっとった慰霊祭を行うことに執着している。旅をしながら七〇歳を越えた男が二歳のころに別れたであろう肉親に向けて突如泣き出したり、叫んだりするわけだが、しかし違和感が残る。これって空想の中のお父さんではないのか？　と。

ここが本作への評価の分かれている点である、ということは監督からお話を伺って知った。

映画の後半部分、カメラは佐藤さんの物語から離れて、島民に向いていく。彼に対し素直じゃないし不謹慎ではないか。とよく言われるのだそうだ。

だがむしろ私は強く肯定したい。そしてそれこそが監督の佐藤さんへの強い愛情だと感じたのだ。

つまり不謹慎だというのは、本作批判者がやはりマーシャルの島々を「日本」史の型に押し込めようとしているからかもしれない。お父さんは悲惨な死を遂げた、その息子の哀切な感情をもっと表現せよ。と。だが映画が描写するのはそれだけにとどまらない。劇中には現地の人がいて、生活があり、言葉がある。佐藤さんから離れたカメラは、現地住民の記憶へも向けられる。それは戦争で犠牲になった可哀相な日本人。というステレオタイプから逸脱し、私たちの祖先もまた相当な加害者であったということを突きつける。だれもが被害者になり、加害者にもなりうる。突然我々は善悪を宙吊りにされてしまうのだ。だが本作は本当に恐ろしいものを別に突きつけてくる。

それは現地の人もタダで生きていない。という目線だ。たとえば造花のシーンで旧日本軍の地中ケーブルを素材にしている箇所がある。七〇年前の戦時下の極限状態では、友軍との通信は命綱のようなもの。過酷な作戦下で暮らし、餓死した冨五郎さんもこのケーブルにお世話になった可能性は高い。そんな死のイメージとは裏腹に、村の女性はある場所に撮影クルーを連れて行くと「ここは私の秘密の場所だから、誰にも言わないで!」と芋の収穫にでも行くような様子で地面を掘り、ケーブルを露出させ切断。ワイヤーを採取し花を造り始める。それは過去の記憶に関する忌まわしい秘密ではなく、物欲・所有欲としての秘密である。

マーシャル諸島のような海底火山の隆起によってできた島は、面積も狭く、海抜も低い。植物の種類も少なく、また工業資源も乏しいはずだ。南の楽園のイメージとは裏腹に生存条件として厳しい。島にないものは海の向こう側から輸送してくる必要があるのだ。ワイヤーもまたしかりである。たかだか造花の材であるが、現地ではなかなか手に入らない、大切な貴重品なのである。

私はこのシーンでクラクラしてしまった。過去と現在、記憶と空間が多層に重なりあい、巨大なうねりをもち始めたからだ。飢餓状態の佐藤冨五郎さんたちが暮らした痕跡、苛烈な「日本」史との接続点も、もはや浮世離れした南の島においては植物と同じ。か。鉄くずと化した兵器たちはいまだに、ウォッチェ島に遺跡としてそこにある。まるでアンコールワットでも見るかのような感覚だ。

先住民の人たちは海を越えてこの島に植物を持ち込み、生活の糧とした。ワイヤーもまた過去の稀人によって持ち込まれ、いまは生活の糧として受け継がれる。人類の移動と拡散。それに物資も。

D

私がこう思うに至ったのは『縄文号とパクール号の航海』というドキュメンタリー映画を作ったからでもある。そこで実際に鉄を作る試みをし、自然素材でできた帆船で南洋を航海したのだ。

その作品の主人公でもある探検家、関野吉晴は四五年以上南米アマゾンで森の民とつきあい、また、一〇年かけて人類が拡散したルートを逆からエンジンを使わずに踏破する。ということをしてきた。彼が「人類が日本列島に到達したであろう海の道（インドネシア・スラウェシ島〜石垣島の四七〇〇キロ）を辿りたい。方法は帆船で風のみの航海で、しかも船は自然素材で作る。さらに工具の鉄器も自然素材を集めて自作する」と言い出して、実現した企画だった。

だけどやり始めると鉄工具を作るだけでも大変だった。一二〇キロの砂鉄を浜で集め、二〇〇〇キロの木を伐採して二〇〇キロの炭を焼き、たたら製鉄を経て、三カ月でたった五キロの鉄の工具を作った。鉄を作るというのは本当に大変な労力と環境破壊なのだ。だからこそエネヤ島で通信ケーブルを採取する、というのも納得できる。あんな小さな島で鉄や炭を作り続けていたら、あっという間に木がなくなってしまうに違いない。人はその環境と折り合いをつけなければならないのだ。

その後も、自然環境に翻弄される船旅をしたわけだが、大冒険のイメージとは裏腹に日本の生活に慣れていると気が狂いそうになる程に平穏で、時があり余っていた。プロジェクト最中の二〇一一年三月一一日には、東日本大震災、津波、原子力発電所のメルトダウンが発生。被災二週間後、一面瓦礫の山となった陸前高田に支援物資を持って降り立ったとき、私のなかでいろいろな価値がガラガラと崩れた。高級そうな車が無数にひっくり返ってへしゃげていて、立派なテレビや冷蔵庫が横たわり砂に埋まっている。ローンを組んで建てた家や店が流されて途方にくれている人。息子が死んだのに、自力で生きるから支援は要らない、と芋を植えてるおじいさん。そこで焚き火を囲むだらりとした時間。電気のない夜の長さ、星の明るさ。

私が慣れきっていた都市の幸福論はあまりに脆弱であると気づく。風に翻弄され、雨水と魚に恵まれる南洋航海の意味は、瓦礫の山と化した現代の東北被災地と重なり合い、少しだけ何かを理解させたのだった。

話を大きく逸らしてしまったが、私の体験は『タリナイ』と大きく共有できる部分があると思う。大川さんがこれを作ろうと決めたとき、何を考え、そして何が変わったのだろう。マーシャルでの生活は日本よりもずっと粗野で、きっと暑い。住民は明るくて、無邪気。でも現地のチーフには必ず挨拶に行く、葬式にも出る。そんなごく狭い熱帯の島特有の皮膚感覚はたぶん一番大事なんだろうと思っていた。私たちが先入観として持っている字面のイメージと、飛行機から降り立ったら言葉で整理できなくなってしまった情景の落差。××万人が南方で死んだ。といわれても薄ぼんやり想像することしかできないれど、現地でじとっとした風に包まれながらイメージするのでは輪郭の浮かび方が違う。大量に買い込んだミネラルウォーター、その先で出会う日本軍の雨水貯水槽（蛇口がついているのには驚いた！）のリンク。ここで生き残るには何が必要か、それは過去の兵士たちと同じように現地に立つことで身体が直感的に理解する。その理解に実感が伴えば、冒頭の東京の天井屋のシーンはとてつもなく価値あるものに思えるはずだ。

いずれにしろ最初から何度も言うように私は『タリナイ』の旅に本気で嫉妬と羨望を覚え、今後是非とも訪れてみたいと、うずうずしている。そんな映画だった。

第5章

兵士としての冨五郎の心理

「読み手に分かってほしいという痛切な思い」

戦地に赴いた兵士のなかには、日記をつけている者も多くいた。
第６章で冨五郎日記をひもとくうえで、
戦場日記・遺書の役割と意味、そこからみえてくる兵士の心理に迫る。
いま伝え遺されている日記の背後には、
誰にも届かず失われた日記が数多くあるに違いない。
兵士たちはどのような思いで日記をつづり、
国家間の戦いや自らの死を捉えていたのか。

従軍日記・遺書に見る日本兵の死生観

ICHINOSE TOSHIYA

一ノ瀬俊也

本稿では、近代日本において書かれた従軍日記・遺書の特徴を先行研究に依拠しながら述べる。ついで日本軍兵士の死生観について佐藤の日記から何がわかるのかを論じたい。

1. 従軍日記・遺書の由来と特徴

西川祐子は、近代日本の日記の特質を「国民教育装置」と指摘する。子どもたちは学校教育のなかで日記を書かされ、身につけるべき価値観をあたかも〈自分で考えたこと〉のように書いていく。その結果、あるべき「日本国民」が養成されていったというのである（西川、二〇〇九）。

柿本真代は、こうした教育手法のはじまりを明治二〇年代後半とみる（柿本、二〇一八）。

ちょうど近代初の大規模な対外戦争・日清戦争（一八九四―九五年）の熱狂と勝利の結果、人々の国民意識が高まったとされる時期と重なっている。

近代日本においては多くの人が教育を終えた後も日記をつけ続けた。西川前掲書が注目したのは女性である。第一次大戦後の都市化、いわゆる新中間層の出現が主婦と呼ばれる女性たちを生むが、彼女たちは「主婦日記」や家計簿を日々つけていくことで、主婦としての自己を形成するのである。

では同書の副題にある「逸脱」とはどういうことであろうか。西川は太平洋戦争中に兵士たちが書いた従軍日記について「逸脱」の例をふたつあげる。ひとつは、忠良な兵士を育成するための装置であったはずの日記を通じて育成された兵士が、任務に忠実たらんとして軍事機密に関する諸情報を日記に書き、それが敵軍に捕獲されたことである。もうひとつは、ある兵士が日記の中で戦争の大義について考え抜いた結果、忠良な軍人としての華々しい死ではなく、「個人が個人たりうる社会」という理想の戦後社会について考えるに至ったことである。

西川が後者の日記について「自分の死後に故郷に残した日記が読まれ、自分が理解されていることを望んでいる」とみたり、「忠実な兵士の日記ほど、戦争の非合理を浮き彫りにする。日記が国民教育装置からもっとも大きく逸脱するのは、日記が持続されることによって」と述べているのは、佐藤冨五郎日記を読み解くうえで非常に示唆的である。後述するように、佐藤の日記もまた明らかに同じ望みをもって持続的に書かれた結果、帝国軍人としての論理を「逸脱」し、「戦争の非合理を浮き彫りに」しているからである。

土田宏成は、戦時中に書かれた学徒兵の日記について「大学などの自由な雰囲気のなかで学んでいた学徒兵の多くにとって（中略）人目を忍んで付ける日記は、一種の精神安定剤のような役割を担っていた」と述べている（土田、二〇一一、八・九）。軍隊生活における日記の意味の簡潔的確な表現といえる。

敗戦後の日本では長い間、『きけ わだつみのこえ』以降、リテラシーが高く、数多くの文章を遺した学徒兵に注目が集まり、志半ばで非業の死を遂げた若者たちの悲劇性が強調されてきた。しかし、日記をつけたり若くして亡くなったのは、けっして学徒兵のみではない。岩手県農村文化懇談会『戦没農民兵士の手紙』は、学徒兵とその日記や遺書のみが取りあげられる状況へのアンチテーゼとして、農民兵士たちの残した手紙や日記、遺書を収めたものである（同会、一九六一）。しかし同書が農民兵士たちを純朴な戦争の犠牲者として描いたことをめぐって批判が起こり、農民兵士論争と呼ばれる論争へと発展した。

この論争の最大の論点は、同書が農民兵士たちの戦争協力や平和意識の欠如、下級者に対する暴行などにふれないまま、彼らを善良な弱者、戦争の犠牲者として一様かつ感傷的に描いたことの是非であった（赤澤、二〇〇〇）。これらは佐藤日記とは直接関係ないだろうが、我々が従軍日記を読むさいに留意すべき重要な点であるのは間違いない。

2. 遺書について

一方、兵士たちの遺書についてはどうか。従軍日記ほど体系的な研究はないが、藤井忠俊は比較的年齢の高い、すでに妻子ある兵士の遺書をとりあげている。ある兵士は分家という弱い立場の妻に充てて、不動産の処理に「優先権を取れ」と断固たる指示を遺した例を挙げ、「自分の戦死とひきかえに妻を中心に自分の家を立てようとする涙の文書」という（藤井、二〇〇〇、七二)。我々は、遺書を通じて生活者としての貌をみるのである。

森岡清美はそれらの兵士より若い、一九二〇年(大正九)から二三年にかけて生まれた世代を「決死の世代」と名付け、その遺書を分析した(森岡、一九九三)。

森岡は、「決死の世代」の遺書の書き手を、特攻をはじめとする戦死者と、降伏後に行われた戦犯裁判での刑死者にわける。両者に共通して読み取れるのは、自己の死の意味づけである。その論理はいうまでもなく人それぞれで多様だが、前者には戦局の打開や天皇、国のためといった文言が並ぶし、後者には戦死者への謝罪や祖国再建のための人柱、といった一種の自己説得的な記述がある。

森岡は刑死者の遺書の特徴として、責任逃れをはかった上官への憤りや告発を挙げている。もちろん読み手に分かってほしいという痛切な思いがある。この点も戦争のなかで書かれた遺書の特徴として記憶しておきたい。

以上、従軍日記と遺書に関する先行研究の整理により、従軍日記や遺書が兵士たちにとってはある意味で死を意味づけるものであり、それは国家や軍の示した論理と一定度重なるものの、時に彼らはそこからの「逸脱」を行っていた、ということがわかった。これを踏まえて佐藤冨五郎の日記を読んでいきたい。

3. 一九四四年の佐藤冨五郎日記

一九四四年(昭和一九)六月、マリアナ諸島の攻略をめざして来襲した米機動部隊と、迎え撃つ日本艦隊との間で大規模な決戦が繰り広げられた(マリアナ沖海戦)。佐藤は同年六月二三日の日記に「戦艦一隻航空母艦五隻以上撃沈破ノ久振リノ足ガケ三ヶ年振リトモ言ヘ」る大戦果で「一同満足ノ色メキ」たったと書いたが、実際の海戦は日本側の一方的な敗北であった。七月一九日にサイパン島陥落の報を聞き、「僕ハ先ズダメダト思ツタ　併シドウアロウト生ルト云フ信念一心デアル　生ンガ為メニハドンナ苦労モ凌グ積〈つもり〉ダ」と書いている。軍人としての死ではなく生を願うこの一文は、まさに西川祐子いうところの「逸脱」である。

しかし、そんな彼の体を栄養失調に起因する病がむしばんでいく。八月一日の日記に「今日□シ僕モ営〈栄〉養不良カ足が「ムクンデ」驚。悲惨タ」とある。

足がむくむのは、同じウォッチェにいて生還した海軍士官・土屋太郎の記録によれば、「脚気兼栄養失調」のためであった（土屋、二〇一二、一五二）。しかし冨五郎は続けて「苦シイガ将〈尊〉ブ可キ任務ガ有ル、イタズラニ死ヲ急グモノニアラズ　自分デ自分ヲ「ムチ」打テ頑張ツテ居ル」と書いている。この時点では帝国軍人としての使命感や規範に拘束されている。死なないで任務のため邁進するという決意は、飢えの苦しみのなかで自らを鼓舞するせめてもの試みといえようか。

一〇月三日、海軍部隊司令の訓示を小隊長が伝達した。それは「本島三千五百人ハ既ニ二千七百名滅〈減カ〉ス」、食糧備蓄は一二月分までで「後ハ無クナリガシ〈餓死〉スルノデ急ニ農園作業開始」、「一、思様食事シテ居ナイ体デハアルガ全力ヲ儘〈尽〉シガ死〈餓〉セズ本分ヲ儘〈尽クス〉コトデアル　ソレガ為メ不平不満ノモノ銃殺。見込ナキ病人モ自ケツ〈決〉　ヌス〈盗〉人モ銃殺其他悪行意〈為〉ハ厳罪ニス」「作業一日中ニ同ジソレガ為メ病斃ルモ其ノ儀〈犠〉セ〈牲〉イハ止ムヲ得ナイトノコト（シヨン〈哨〉）戒ハ之ヲアヤシイト見レバ発砲ナスコト」という厳しいものであった。

佐藤は「見込なき病人も自決」という過酷な訓示に何の感想も記していない。前述のように生を願いつつも、部隊全体の存続のためには個人の犠牲をいとわない軍の論理のまえに立ちすくむばかりであったのだろうか。

一〇月二三日、第一中隊長が司令の訓示を通達した。「本島ヲ離レル者ハ、天皇陛下ヲ後ニ日本国土ヲ出ル様ナモノデ甚ダ違〈遺〉感〈憾〉デアル。其ノ者ト料〈糧〉食尼〈泥〉捧〈棒〉ハ今後死罪ニナス」。逃亡し、米軍の庇護下に入る者が現れていたのである。

4. 離島で

佐藤は四四年一一月二五日、離島のアグメジ島に移った。人の多いウォッチェ本島以外の島々は比較的食糧に余裕があった。同月二九日の日記には、「近頃ハ魚モ少々頂ケル何んと有難イ話シ　本島ニ居ツタ時ヨリモ働ケル様ニナツタ」とある。

彼は依然として戦況報道に関心を持ち続けていた。すでに日米の主戦場はフィリピン・レイテ島に移っていた。四四年一二月九日には「ミンダナヲ方面ニ於テ敵輸送船ガ四ツ別チテ見居トノニユースヲ聞イタ　又本島デハ病死ガ一増〈層〉多クナツタ事モ耳ニセリ」と不吉なニュースを記している。

彼の関心は迫り来る餓死から救ってくれるかもしれない味方の「助ケ手」に集中していた。一二月一五日には、レイテ島の三箇所の飛行場のうちひとつを味方が占領したこと、のこりも全部占領するだろうし、「サイパンマアシャル方面ニモ助ケ手ハ一月伸ルダロウノ感〈観〉測〈測〉デアル」と、味方の救援にわずかな望みをつないでいた。

しかし一二月一六日、冨五郎は食糧の乏しいエネヤ島へと移動を命じられた。「困ツタモノタ命令ナル致方アルマイ」。
同月二六日には「レテ〈レイテ〉湾ハ陸軍ノミニテヤッテ居るトノ事ダ　近々海軍ノ作戦モ始マリ一月中旬ニハ輸送モ付〈着〉クトノ見解ダ、早ク其ノ様ニナレバ良ト言フ　僕モ近頃魚モ食ナイ為メカメッキリ参ッタ」と書いて味方の勝利と戦局の好転に希望をつないでいる。だが、実際には前日の二五日、レイテ島の戦いは日本軍の敗北で終結していた。

　そんな彼にとって、翌一九四五年一月一二日のニュースは衝撃的であった。ルソン島に米軍の大部隊が押し寄せたのである。「此レデハマアシャル食料輸送モ仲〈中〉々ダ　本島一日平均十五名病死ト聞ク　川田兵曹ニ寄〈依〉ルト間兵長栄養失調ニテ死亡ト聞ク　海兵団ニ有テハ同ジテイブル〈テーブル〉ソシテ六名来タ内四名、死、残ハ阿部ト僕二名ナリ何時マデ頑張レルカナ」。すでに多くの戦友が亡くなっており、この状況ではいずれ自分も後を追うのだろう、となかば諦めているようだ。

　一九四五年一月二〇日の日記には、昨夜妻子の写真を見たためか「夢デ子供、妻ニ出ヒ思シ〈思ヒ出〉テ泣カサレタ」とある。妻子は生への努力を鼓舞する存在だったのかもしれない。

　二月七日にはマニラに敵が侵入したこと、「補給ノ見込ナシ日本本国ト南方一時シヤ〈遮〉断サルモ必ズ我軍友撃シテ最後ノ勝利ヲ得　ウオッチエハ本年十一月頃助ノ手ガ出ルトノ副長見カイ〈解〉」を書いている。もはやこの空疎な「見カイ」を信じてはいなかったろうが。

　それでも、よいこともあった。昭和二〇年二月二〇日に先任下士官より生ヤシ一個をもらい、この親切とトウモロコシの毛を煎じて飲んだのが功を奏し、足のむくみが大分よくなったという。翌二一日にも、「今日モ晴、足のムクミモ取レテ気持良シ　之ノ様ニ早ク全快スルトハ夢ニモ思ハザルナリ神ノ御助ケカナ　全クウレシカッタ」。一度は生への希望が湧いてきたのである。

5. 絶望

ところが佐藤は三月一日、とつぜん本島に帰るよう命じられた。それは事実上死の宣告であり、仕事も手につかなかった。「ドウセ一度ハ死ヌンダ　本島デハ一日平均二十五、六名死ンデ行クト聞ク。僕モ其ノ一名カナ」、「モウ本島ニ行ツテハ飯モ、米ヲ食ベラレナイ」。離島生活で体力がいささかなりとも回復したと思ったのに、死が突きつけられたのである。

三月四日、佐藤は顔や足のむくみを訴え、「何ント苦痛例様モノナシ」、三月五日、「昨日カラ急ニ体ガ弱ツタ、本日ニ至ツテモウ夕刻ハ歩ケナイ程」ということで遺書を書き、日記もしばらく休んでいる。遺書は誰宛で、何が書かれていたのか。

三月一七日に日記は再開されるが、分隊にいると寝てばかりいると言われ、「全ク弱キ身体ハ残念デナラズ　モー一度達者ニナツテ見タイモノダ」とその辛さを書いている。

佐藤はこのあたりから、自分よりよけいに食べている者たちへの怨み言をつづっていく。

三月一九日には「ウラムベキ先任下士」とある兵がカボチャを茹でて分配しているのをみて「何んトシテ□心デアロウ　僕ガ体ガ丈夫デアツタナラトツク〲思ハザルヲ得ナイ」と書いている。すでに亡くなったある戦友も「良ク斯ノ如キ悪行意〈為〉ヲ認メテ僕ニ話シタ事ガアツタ」、「死ンデ行クモノハ衰〈哀〉レナリ」。日記は自分の死後に他人が読むことを前提にした、上官たちの悪行を告発する遺書になっているようだ。

三月二一日、「トウミギ」を煎じて飲んだが効果はなく、「僕ハ増々晴〈腫〉レ上リ歩ク事全ク困難トナル」、「モ早ヤ自命モ之迄デカナ」。

その後の四月九日、ある上等水兵が無断でカボチャを食べたことについて、「（僕モ見ルニ見兼ね）注意ヲウナガシタ、（再三ノ悪行為）ニクム可キナリ」、「粟田分隊下士　千葉上水　（悪）」と怒りの念を記している。ここでも日記は自らの死後、読む者に彼らへの処罰を依頼する遺書として書かれている。

しかしその後の四月一二日には、上官による配給の不公平や「カクシ喰イ」は再三のことであるから日記に書くのを止めよう、「早ク丈夫ニナリタイガ斯クアレバダメダ」とある。もはや心身衰え、怒る気力もなくなってしまったのか。

四月一三日には、かつて佐藤に隠れてカボチャを食べていた兵が死んだ。「雨の降ルノニ南瓜喰タイトセガマレタ」が食べさせることのできないまま、大きな声で独り言をいいながら死んでいった。「ドンナニ喰ヒタカツタデウ　僕モ彼ノ死トハ知ラナカツタ　ウラムナヨ　故沼宮内」。

四月一三日、「本日十二時ルーズベルト原因不明ナルモ死セトアリタリ」との報を日記に記しながらも、さしたる関心を持っていたとは思えない。せめて応召満二年の四月二八日までは生きたいと考え、妻子の写真を拝んで気力を奮い立たせるのみであった。

四月二〇日には「床ニ付イタ、命モ之レマデ後余ス所幾日モアルマイ　ヒザ全クキカナイ　ノモハン〈ノモンハン〉、ガダルカナルヨリツラカツタ事ハ実際ダ　オキナワ方面ハ追撃戦モウツタ□□テ□僕ハ無念。ナラズ」。味方の反撃になお期待を寄せる心情と諦念とが死の床で混淆しているようにみえる。

四月二四日、若い兵士が死の直前まで歩いていたことに驚き、「僕ハ床ニ付タ儘マ働〈動〉ケズ、其ノ苦シミタヤ〈タル〉不自由ヤラ　大シタモノダ早ク行キタモト〈タイモノ〉考ヘテ居ル」。ここで気力が尽きたのか、死を希うに至っている。ここで死は恐怖の的から救いへと変わった。

そして翌四月二五日「全ク働ケズ苦シム　日記書ケナイ　之ガ遺書　昭和二十年四月二十五日　最後カナ」との一文で日記は終わる。

6. 救済としての死

本稿の主題は、日記にみる兵士の死生観である。佐藤冨五郎にとっての死は、当初厭うべきものであった。皇軍兵士としての壮烈な死よりも生を希うという、あるべき国民像からの「逸脱」がそこには見られた。しかし飢えと病気の苦しみの中で、日記は遺書へ、生は苦痛へ、死は救いへとそれぞれ転化した。

前述の土屋太郎によれば、ウォッチェ島で栄養失調により亡くなった者は、顔が水ぶくれとなった者も痩せた者も「いずれも何等の苦痛の跡もなく、愛憎の人間社会を超越したかのような温和な顔をしていた」、「みな仏そのものの顔であった」という（土屋、二〇一二、一五二・一五三）。生還者として遺族感情に配慮したともとれる書き方だが、佐藤たち餓死者は死によって苦痛を脱し救われたのかどうか、知ることはできない。

佐藤の日記は、そのように安らかな死に顔を得られなかったであろう自殺者の存在についてもふれている。一九四四年一一月一日の日記には、「三名連行中一名　主ハン〈犯〉ト見ナス可キ人物海中身投ゲ　自サツ〈殺〉ヲ行フ」とある。何らかの罪を犯して連行される途中で覚悟の自殺を遂げたとみられる。

土屋太郎によれば、四四年五月上旬に「自分は身体が弱っているので、活きていてもどうせ何のお役にも立たないだろう」との遺書を遺して自殺した者があらわれ、以後次々と同じような遺書を残して自殺する者が現れたという（土屋、二〇一二、一四四）。多くは生の苦痛から免れようと刹那的に自殺を選んだのではないか。そうであるなら、ウォッチェ島での死は佐藤のみならず自殺者たちにとっても救済であった。

【参考文献】

岩手県農村文化懇談会編『戦没農民兵士の手紙』（岩波新書、一九六一年）

森岡清美『決死の世代と遺書――太平洋戦争末期の若者の生と死　補訂版』（吉川弘文館、一九九三年）

赤澤史朗「「農民兵士論争」再論」（『立命館法学』二七一・二七二、二〇〇〇年）

藤井忠俊『兵たちの戦争兵たちの戦争　手紙・日記・体験記を読み解く』（朝日選書、二〇〇〇年）

西川祐子『日記をつづるということ――国民教育装置とその逸脱』（吉川弘文館、二〇〇九年）

土田宏成「プロローグ　昭和前期の日記」（同編『日記に読む近代日本――四　昭和前期』吉川弘文館、二〇一一年）

土屋太郎『ウォッゼ島――籠城六百日』（光人社ＮＦ文庫、二〇一二年、初刊一九九五年）

柿本真代「教育手段としての日記が定着するまで――明治期少年の『日誌』にみる指導と規範」（田中祐介編『日記文化から近代日本を問う――人々はいかに書き、書かされ、書き遺してきたか』笠間書院、二〇一八年）

第6章

冨五郎日記を体験する

「————皆んな元気ですか
孝子も信子も勉ム元気デ仲良く元気で学校に通ツて居ますか
お父さんもほんとうに元気で、遠イ遠い戦地で御奉公して居ります」

家族との再会を誓い、1943年（昭和18）7月に横須賀を発った冨五郎は、
その前後から日記を綴り始めた。それは死の前日まで書き継がれることになる。
次々と死んでいく戦友たち、徐々に衰弱していく自分自身。
絶望的な状況下で、冨五郎は何を思い、何を伝えようとしたのか。
書き遺された言葉から、冨五郎の足跡と心情を想像する。

佐藤冨五郎、三九年の生涯

一九〇六年（明治三九）三月四日、佐藤冨五郎は父冨太郎、母なつの五番目の子として、宮城県亘理郡逢隈村（現在の亘理町）で生まれた。兄冨治郎、冨吉、姉よしの、マチ、弟広、妹トミヨの七人兄姉弟妹であった。

逢隈尋常高等小学校卒業後、宮城県亘理蚕業学校（現在の宮城県亘理高等学校）へ進学。卒業後は家業の農業に従事した。

二〇歳で横須賀海兵団に志願兵として入団。海軍四等機関兵となる。約半年の基本教育を受けた後、一九二七年（昭和二）、二一歳で戦艦「長門」乗組員となる。当時、「長門」は姉妹艦「陸奥」とともに世界最大の戦艦であった。

「長門」での暮らしぶりは不明な部分が多いが、一九二九年（昭和四）一月には「長門」で冨五郎と寝食をともにした人物から、乗船中の厚意に対して感謝の意が綴られた手紙が父冨太郎宛に届いている。同年一一月末、現役満期除隊。（冨五郎の乗っていた「長門」は敗戦後米軍に接収され、一九四六年（昭和二一）七月、ビキニ環礁で行われた核実験の標的艦となり、沈没。現在もビキニ沖海

底に眠っている)

冨五郎は三年間の海軍生活に幕を下ろした後、東京市芝区白金の自動車学校へ入学。卒業後は教育助手を務め、自動車免許証取得後、東京でバスの運転手となった。

一九三四年(昭和九)九月一一日に仕事仲間のひとりであった山田一治の妹シズヱと結婚。二年後、早稲田車庫近くの東京市牛込区山吹町へ転居。同年五月四日、長女の孝子誕生。二年後の三月二七日には、二女の信子誕生。この頃、一家は隣の牛込区榎町に転居する。

一九四一年(昭和一六)七月三日、長男勉誕生。同年一二月、日本軍がハワイ真珠湾を攻撃し、アジア・太平洋戦争開戦。この頃、東京市はバス事業者を買収して路線を延長、戦時需要を最優先した体制となり、バスをトラックに改造して貨物輸送を行った。翌一九四二年(昭和一七)、東京市がバス事業を統合すると、冨五郎は東京市職員として練馬自動車営業所勤務となる。

一九四三年(昭和一八)四月、三七歳の冨五郎に召集令状が届く。「自分が召集されるということは、日本はこの戦争で負ける」と家族に言葉を残し、四月二八日、横須賀第一海兵団に徴兵入団。同年七月一〇日、横須賀から「沖鷹」に乗船。トラック島、クワジェリン環礁を経由して、八月一日、海軍第六四警備隊が防備するウォッチェに入港。

冨五郎が比較的平穏な状況下で、内地の家族や同僚と手紙のやりとりができた期間はわずか三カ月。制空海権を奪われ、補給路が絶たれた敗戦までの約一年九カ月、約四〇〇〇人の兵士が自給自足生活を強いられた。冨五郎はその間、日々の暮らしの記録と遺書を、二冊の手帳に細やかに記した。

一九四五年(昭和二〇)四月二六日午前四時、三九年の生涯に幕を閉じる。栄養失調による餓死であった。

(大川史織)

佐藤冨五郎日記

【凡例】

・翻刻にあたっては原本の表記を尊重したが、読みやすさを考え、旧字・略字などは常用字体に直し、適宜改行するとともに句読点を補った。
・明らかな誤字や脱字は正しいと思われる文字や表記を〈 〉に入れてルビとして補足した。また、意味の取りづらいカタカナ表記についても想定される漢字を〈 〉に入れて示した。

・断定できない場合は〈～カ〉とした。
・原文にあるルビは〈　〉を用いず、そのまま表記した。
・判読できない文字の箇所は、その文字数だけ□を入れて示した。
・日付がなく、記述時期の特定が難しい箇所は点線で囲んだ。
・「ウオッチェ」「ウオッゼ」「ウオッチ」など、地名を中心に異なる表記が混在する場合があるが、すべて原文のまま表記した。
・ページ上部には、当該時期における重要な歴史事項や南洋に関する動きを補足情報として付した。その作成に際しては、以下の文献を参考にした。
吉川弘文館編集部編『日本軍事史年表 昭和・平成』（吉川弘文館、二〇一二年）、吉田裕・森茂樹『戦争の日本史23　アジア・太平洋戦争』（吉川弘文館、二〇〇七年）、近藤新治編『近代日本戦争史　第四巻　大東亜戦争』（同台経済懇話会、一九九五年）、秦郁彦『日本陸海軍総合事典（第二版）』（東京大学出版会、二〇〇五年）、防衛庁防衛研修所戦史室編『戦史叢書　中部太平洋陸軍作戦（1）』（朝雲新聞社、一九六七年）、防衛庁防衛研修所戦史室編『戦史叢書　中部太平洋陸軍作戦（2）』（朝雲新聞社、一九六八年）、その他百科事典・歴史事典。
・日記の翻刻は以下の一〇名で分担した。
中野良（監修）・今井勇・大川史織・帶谷俊輔・柏原洋太
河野保博・斉藤涼子・番定賢治・福江菜緒子・森巧

（編集部注）

本史料には個人を特定できる、もしくは個人に対して不適切な記述・表現があるが、筆者が故人であることおよび史料の時代的背景と価値を鑑み、そのままとした。

ウォッチェ到着まで

（1943年4月10日〜7月31日）

召集令状を受けた冨五郎は
親戚や知人との面会など入営の準備を進めていく。
入営後出航までの外出や面会の記録、
航海や初期のウォッチェ島の兵営生活も含めて淡々とした記述が続くが、
これらはひとりの兵士の生活の記録として貴重であろう。
同時に、その淡泊さが時たま混じる子どもたちに残した
訓戒や手記に込められた感情をより引き立てる。

《手帳一冊目》

陸戦隊
分隊下士[*1]　1名
1ヶ分隊　10名
軽機ハ二番の者ガ持つ事

分隊番
2　4　6　8　10
1　3　5　7　9

＊1―軍隊組織における最小単位。基本単位である中隊は三〜四個小隊からなり、小隊はさらに数個の分隊からなる。一分隊はおおむね一〇名前後で構成される。

一小隊　四ヶ分隊チチタ□
敵□□
12歩　3歩
~~銃隊ト共力シテ戦□ヲ行フ~~
~~ソシテ銃隊ノ後方ニ居ル~~
来~~　670最大　~~中

火ノ用心シテ、火事ナド起サイ〈サナ〉コト

夏休ハ自由ダガ、帰リハ気車ガ混雑スルカラ、早ク帰ツテ来ルコト

サラシ切レ　少シ
フロシキ　1
（イト）　黒白　1
留守中ハ体ヲ大切ニシテ　病気等　シナイ様ニ
富国徴兵ノ生命保険＊2 1時払　221円
山本君ノ（保険）10円

＊2―富国徴兵保険相互会社の保険か。一般の生命保険などに加えて、一九四三年四月より戦争死亡傷害保険法などが施行され、戦争による死亡や障害に備えた政府引き受けによる戦争保険が制度化された。

良ク虫芋〈干〉ヲスルコト、二重廻シ＊3
シャツ〈シャツ〉ヤ靴下ヲ良クツクロッテ〈繕って〉置クコト
国民服＊4一着分、買ツテ置クコト

8月分　酒保代＊5　—21.67　送金
9月分　酒保代　544　残り　853　送金　30.—
10月［分］　酒保代　10.74送金　20.50—　雑費　残金11.47
11月［分］　酒保代　5.61　送金40.—残高3.61　捧〈俸〉＊6 38.40　雑　1.66
12月［分］　酒保代　8.75　送金賞與　152.00　内150—送　残高
33.80　捧〈俸〉39.12　雑253
1月［分］　酒保代　送金　残高
2月［分］　酒保代　送金　残高

信子ハ勉ハ　イツモハイキウ〈配給〉ノオカシヲ　マツテ
マイニチ　ナニカ　ナニカトオカアサンニ　イツテヰルダロウ
シカシ　ガマンヲ　シナクテハイケナイ
ナゼ、ガマンシナクテハ　イケナイカ
イマ　日本ハセンソウヲ　シテヰル
オ父サンモ　◯◯行ツテ
テキ〈敵〉　アメリカヲ　タタキツブサウト　ガンバツテヰル

＊3—男性用の和装防寒コート。トンビコート。

＊4—一九四〇年一一月一日勅令七二五号「国民服令」で法制化された日本国民男子の標準服。合理性も考慮されたデザインで、繊維材料の資源節約と戦意高揚に一定の効果を発揮した。

＊5—軍隊の駐屯地（兵営）・艦船内などに設置され、主に日用品や嗜好品を安価で提供した売店。食料品や生活用品の他にも、新聞、碁、将棋など娯楽用品も用意されていた。

＊6—俸給のこと。金銭給与と被服や食糧など現品支給の物品給与がある。金銭給与は本俸（基本給）に当たる俸給と手当、加俸などがあり、職種や状況に合わせて加算されていく。

信子達ハ　マイニチ　オイシク水ヲノンデ
オフロニ　ハヰッテ　キレイニナッテ　学校にイッテヰルガ
オトウサンノ　水ハ　水道ノ水・井戸ノ水デモナイ
オフセ〈お布施〉ワ　天カラフッテクル雨水ヲ　ノミ
又　カラダヲ　アラッテ　フロノカハリダ
信子もゼイタクキマ、モ云ズ
学校にアリテワヨク　先生の教ヲヨク守り
家に有リテワヨリ　オカアサンノ　教ヘニシタガッテ
勉強シナサイヨ
サテ　オトサンワ　ナンヤウト〈南洋〉云トコロノ〇〇〇ニガンバッテヰマ
スガ　ナンヤウト云フ所ワトンナトコロデセウ
サツソク　オカアサンニ

コラム 1

戦時下兵士の収入と支出

今井　勇

「10 月〔分〕酒保代 10.74 送金 20.50 雑費 残高 11.47」――おそらく、1942（昭和 17）年 10 月は兵営に設けられた日用品や嗜好品を販売する売店である酒保に 10 円 74 銭支払い、家族へ 20 円 50 銭の仕送りをおこなった結果、残金 11 円 47 銭になったという明細を書き記したものであろう。海軍機関兵長であった冨五郎氏の給与は月額 20 円程度であったが、戦時加算などが加わり、毎月 40 円ほどの収入とその他に賞与を得ていたことが日記の記載からうかがうことができる。当時の陸海軍給与は准士官以上が年俸制、下士官・兵は月給制がとられ、戦地における支払いは、本人が根拠地で直接支給を受けるか、家族に送金するかが選択できた。冨五郎氏も、少なくとも 1944 年 2 月にクワジェリン島の第 6 根拠地隊が玉砕するまでは、根拠地隊を通じて家族への送金が可能だったのではないかと考えられる。

太平洋戦争下の主な物価としては、ハガキ 2 銭、たばこ（ゴールデンバット）15 銭、米（10 キロ）3 円 36 銭、日本酒三級（一升瓶）5 円などであり、同時期の巡査の初任給が 45 円であったことからも、妻・子ども 4 人を抱えながらの軍隊生活は、金銭面でも決して楽なものではなかったであろう。

ちなみに、死の直前まで夢見たであろう天丼は、1 杯 50 銭程度だったようであるが、1941（昭和 16）年以降は戦時統制のため販売中止となっていたようである。冨五郎氏は、最後にいつ「カドヤノ天丼」を口にしたのだろうか……。

参考文献
週刊朝日編『値段史年表　明治・大正・昭和』（朝日新聞社、1988 年）、大濱徹也・小沢郁郎編『帝国陸海軍事典』（同成社、1984 年）

1943.04.07　日本海軍、「い」号作戦（ラバウル方面での航空戦）を発動。（4月16日終了）

父ガ丈夫ナ十八年頃　カイタノダ*7

三月分

給63.—　20.—　11.85　1.03　100.12

賞二百五拾円

皆んな元気ですか

孝子も信子も勉ム~~元気ず~~仲良く元気で学校に通ツて居ますか

お父さんもほんとうに元気で、遠イ遠い戦地で御奉公して居ります

そして、非常に暑い夏で、

バナ、ヤ　ヤシノキ、ヤシノミ等ノ多い事

珍らしいものばかりです

○○艦で来ましたが、非常な静かな航海でした

又○○から○○丸で来たのですが、

又、静かな鏡ノ如キ海を航海が続けられたのですが、

余り遠イ遠イので、山も兵も見えません。

見えるのは太陽と御月様、

又、時々、トビ魚ヤ、フカ等も見ました

〔丰四月〕*8

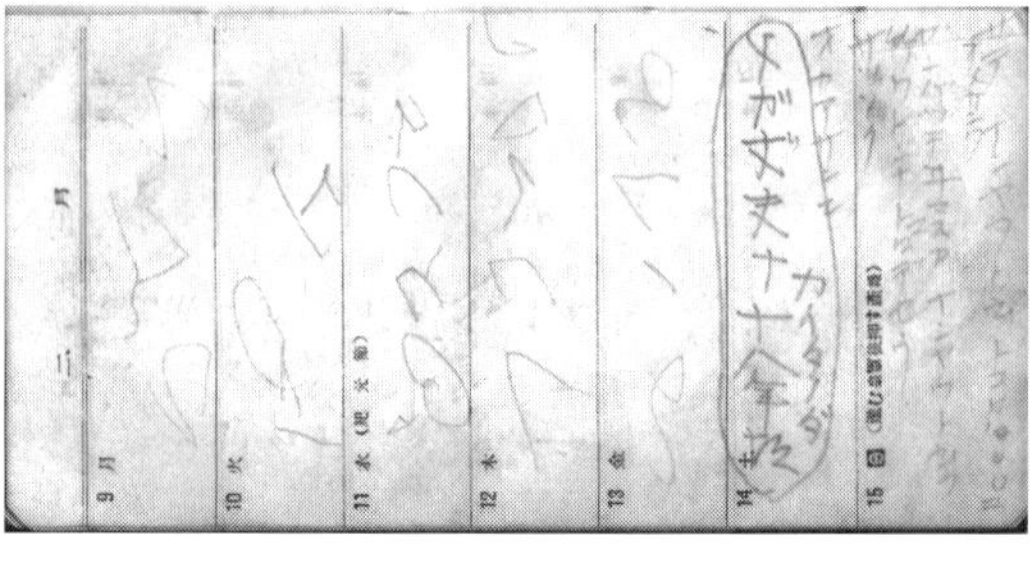

*7—「父ガ丈夫ナ十八年頃書イタノダ」を丸く囲い強調している。記号のような文字が続いている。

コラム 2

軍事郵便

柏原洋太

日記には、家族や友人に向けた冨五郎氏の想いをうかがい知ることができる記述が、数多く綴りこまれている。日記の前半部には、家族に宛てた手紙の下書きと思われる文面が存在する。戦場の兵士とその無事を願う人々を結ぶ唯一の手段が、軍事郵便であった。

冨五郎氏が持っていた 1942（昭和 17）年の手帳には、今日のスケジュール帳と同じように付録がついており、軍事郵便の料金表が収録されている。軍事郵便とは、戦地もしくは準戦地に在り、または該地に派遣する軍隊や艦船に所属する軍人・軍属等が発受する郵便のことである。郵便物の種類は書状・葉書・小包等で、戦地・準戦地から差出す場合は、郵送料が無料となっていた。郵送物については重量制限があり、戦地から書状を送る場合、公用であれば 600 グラム、私用であれば 20 グラムまでとなっていた。内地から投函された郵便物は、内地区間については逓信省が運搬し、内地の最後の郵便局にて部隊ごとに区分された。現地に到着後は、野戦郵便局または海軍軍用郵便所に届けられた。

冨五郎氏にとって、最初で最後の海外経験となったマーシャルは、彼にとって人生最期の地でありながらも、驚きの連続であったのだろう。マーシャルに到着後ほどなく作成されたと考えられる、孝子・信子・勉に宛てた手紙の下書きには、家族の生活を気遣いながら、戦地となるマーシャルや、日本から遠く離れた太平洋の様子が活き活きと描写されている。

例えば、マーシャルへ向かう航海は、「静かな鏡ノ如キ海」を進み、「余リ遠イ遠イ」海に山や兵は見えず、ただ太陽と月、そして時々、「トビ魚」が見えるのみであったと表現している。マーシャルの地は、非常に暑く、バナナやヤシの実が多く、「珍らしい」ものばかりだと記されている。

手紙のその部分だけを抜き出せば、“ 戦争 ”ではなく“ バカンス ”にでも行き、高揚した気持ちを家族に伝えようとしたようにも見える。もちろん、手紙には「戦地でご奉公」していることが書かれ、日記には多くの苦難とそれに立ち向かい、懸命に生きようとした姿が克明に記録されている。

冨五郎氏は遠い南の島に降り立ち、何を感じてこの文面をしたためたのであろうか。戦地に向かう父・夫として、家族の無事を祈り、自身の無事を伝えたいという想い。家族を不安にさせまいと、まるで楽園にでもいるような情景を敢えて書き示したのか。初めて触れる異国に高揚する気持ちが、彼の中にひょっとすると、あったのであろうか。あるいは、これから始まる戦争への不安と、これらの想いが綯交ぜになっていたのであろうか。

この文面が、実際に投函され家族のもとに渡されたのか、定かではない。しかし、この手紙の下書きは、日記の一部として残り、家族への想いは、彼の死後に確かに伝わった。日記の冒頭と最後からは、まだ自分の最期を知らない冨五郎氏と、自分が死ぬことを知ってしまった冨五郎氏の対比が浮かび上がる。

参考文献

「週報　65 号」（ヨ 310-0109、国立公文書館デジタルアーカイブ）、「週報　114 号」（ヨ 310-0109、国立公文書館デジタルアーカイブ）

（10火）　釜石ノ方ノ　附添ヲナシ　亘理着[*9]　亘理ニ一泊ス

（11水）　本日長町ニ向途中　亘理駅ニテ令状[*10]ヲ兄ヨリ受ク

＊8―スケジュール帳の「三月」を「四月」に書き換え、四月の日記として記録している。

1943.04.18　連合艦隊司令長官山本五十六、ブーゲンビル島上空で戦死。
1943.04.21　連合艦隊司令長官に古賀峯一大将が親補される。

（12木）長町[11]ニテ一泊
（13金）亘理ニ亦一泊　後上野ニ向フ
（14土）自宅着[12]　会社ニ行ク
（15日）勝俣様[13]ニ行ク
（16月）王子ニ行ク
（17火）御徒町
（18水）二長町[14]
（19木）成田参拝[15]

仲良　元気　真剣
厳正ナル軍紀　揮身努力
必勝ノ信念
練〈束〉縛ノ努力
名利ノ努力
興味ノ努力

（24金）日下様[16]目黒ニ候ス
（25土）風〈風邪カ〉引キ　床ニ付ク
（26日）本局高槻田辺様　楠見様ニモ便ルセリ

昭和十八年　月　日

＊9―現在の宮城県亘理郡亘理町。冨五郎氏の出身地。

＊10―冨五郎氏はこのとき三七歳。出身地の亘理で充員召集を受けた。兵役の区分についてはコラムを参照のこと。

＊11―現在の宮城県仙台市太白区長町。

＊12―冨五郎氏の住居は現在の東京都豊島区椎名町五丁目である。

＊13―冨五郎氏の妻シズエの妹清子の嫁ぎ先が勝俣家である。

＊14―浅草の旧町名。現在の台東一・二丁目。

＊15―成田山新勝寺。陸海軍に寺の名前に因んだ戦闘機を献納するなどしていた。

＊16―日下光子氏。冨五郎氏は【遺書】で自身の死を彼女に伝えてくれるように書いている（２８０頁）。

宮城県亘理郡
逢隈村鹿島字
吹田七拾番地—二
戸主　佐藤冨次郎
弟　冨五郎
横須賀人事部長
戸籍異動届
一、横徴機[*17]六五六三号
海軍機関兵長　佐藤冨五郎

＊17—海軍の兵士ひとりひとりに与えられた兵籍番号。漢字は横須賀海兵団所属・徴兵・機関兵であることを示す。

コラム 3

兵役区分

帯谷俊輔

冨五郎氏は37歳で充員召集を受けて戦地へと向かった。実のところ満20歳の若者が徴兵検査を受け兵役に服するイメージはあっても、このようにアジア太平洋戦争で中年までが召集を受ける前提となった制度については知らない人の方が多いだろう。

冨五郎氏が海軍機関兵として現役であった1927（昭和2）年に徴兵令の全文改正の形で兵役法が定められ、常備役（現役、予備役がある）、後備兵役、補充兵役（第一と第二がある）、国民兵役（これも第一と第二がある）の兵役区分が設けられた。徴兵検査で現役には適するとされたが入営はしなかった者（日中戦争開始まではだいたい格付け甲乙丙のうち甲は現役で入営、乙が補充兵役、丙が第二国民兵役とされた）が繰り入れられる補充兵役以外の、常備兵役のうちの予備役、そして後備兵役、国民兵役が現役を終えた冨五郎氏に関係してくる。

1929（昭和4）年11月に3年（陸軍は2年、海軍は3年）の現役生活を一等海軍水兵として終えた冨五郎氏はまず予備役に編入された。予備役の年限は陸軍5年、海軍4年であり、冨五郎氏も1933（昭和8）年11月に満期を迎えている。そのあと後備兵役に編入され（陸軍10年、海軍5年）、これも1938年11月に終えている。そして軍隊で教育を受けた補充兵役及び後備兵役を終えた者の編入される第一国民兵役（満40歳まで、1943年10月から満45歳まで）を迎える。国民兵役まで召集を受ける事態はよほど兵員の足りない限りでなければまずありえないはずであった。しかし、アジア太平洋戦争の進展がこの前提を変える。1941年の兵役法改正で後備兵役が廃止されて予備役が大幅延長され（陸軍15年4カ月、海軍12年）、1943年10月には兵役の上限が45歳まで引き上げられるように、人員の大幅な不足は明白となった。そして、ミッドウェー海戦とガダルカナル島の敗北後の1943年4月に冨五郎氏は充員召集を受けることになる。

参考文献

大江志乃夫『徴兵制』（岩波新書、1981年）、吉田裕『日本軍兵士——アジア・太平洋戦争の現実』（中公新書、2017年）、「御署名原本 昭和二年 法律第四七号 徴兵令ヲ改正シ兵役法ト改ム」（A03021636200、アジア歴史資料センター）、「御署名原本 昭和十八年 法律第一一〇号 兵役法中改正法律」（A03022789200、アジア歴史資料センター）

1943.05.12　北アフリカのドイツ軍が降伏。
1943.05.29　アッツ島の陸軍守備隊が全滅。翌日大本営は「玉砕」と発表。

一、妻シズヱ　四十四　一月二六
一、長女　十年　五月四日
一、二女　十二年　三月二十七
一、長男　十六年　七月三

〔六月〕

（1月）　土　半玄〈舷〉上陸*18泊番
家族一同集会場マデ面会　記念写真真〈衍カ〉ヲ撮シ　夕刻帰京ノ途ニ付カシム

（2火）　日　武・体・　夕方酒保通ヒ　二合有付ク

（3水）　同年兵戦病死身送リ方　手先信号有リ*19
徒手教練*20及ビ順示〈訓〉有リ　（山本　渡芳、六）

（5金）　水　入港後集会場満員ノ為メ帰団セリ

（6土）　木　発表有リ　謹〈僅〉カナリ

（8月）　土　体操休養　兵科変〈編〉*21入ノ話シ有リ

（9火）　日　半玄〈舷〉午前十一頃集会場デ待合ス
葛捻菓子少々持参サセ帰セリ　途中鎌倉リ〈に〉寄リ二時位休□

（10水）　日　練馬斎藤君十五日入団ノ知〈知ラセ〉有リ

（11木）　火　山本氏ニ返信ス

（12金）　水　午前休　午後月例検査*22有リ

*18―半舷上陸。乗組員の半数を当直として残し、交代で上陸させた。

*19―海軍で使用されていた、左右の手指を用いて命令や指示を伝える伝達法。

*20―基本教練のうち、敬礼や行進など執銃せずに行うことができる基本動作の教練のこと。

*21―当時の海軍士官制度では、兵科と機関科は分かれており、その他複数の科があった。

*22―日本軍では、兵員を選抜する徴兵検査に加え、軍隊入営後も定期的に検診を行っていた。徴兵検査の時点では健康でも、入営後に疾患が発見されて除隊になる者もいた。

（13土）木　入湯外出市内散歩靴ノ用具等買求メタリ
　集会場 10.30　帰府セリ　午前靴ノ修理ヲ酒保ニテ行フ
（14日）金　洗濯当番
（15月）土　新入半玄〔舷〕外出番ナリ　仙台ノ兄面会ニ来テ下サル
（16火）日　日曜　（自動車検査有リ　不合格
（17水）月　姉及ビ家族面会　上リ宿リ　集会場ニ於テ入湯
　午後四時三十分頃帰レリ

山梨県北臣〔巨〕摩郡
江草村市一七四七三
小沢徳重（砲現）＊23

（29月）土　半玄〔舷〕帰リ番　靴羽毛　其ノ他買求ム
（30火）日　高槻様ヨリ端〔葉カ〕書有リ　猿島＊24作業

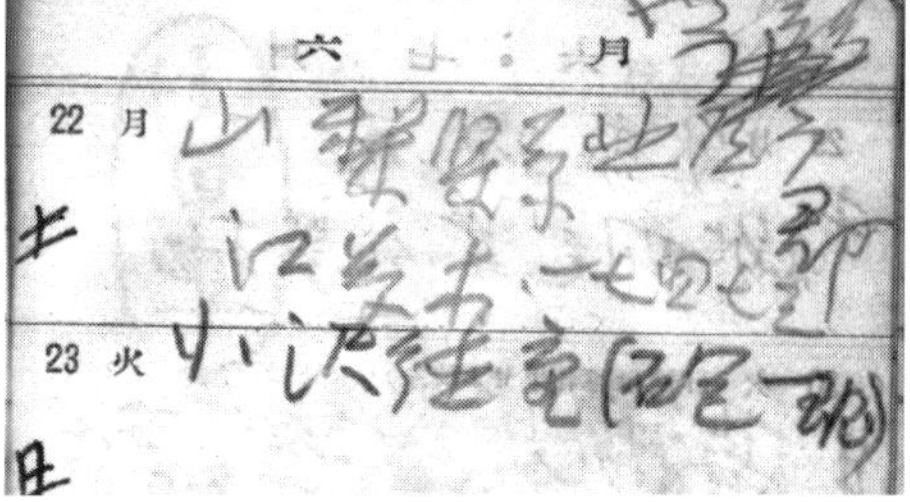

＊23—小沢徳重氏が直接書いて住所交換でもしたようである。砲現は砲手現役の意か。

コラム 4

海軍警備隊

今井　勇

海軍における警備隊は、占領地の防衛・治安任務のため編成される専門の陸上部隊である。警備隊は、いわゆる陸戦隊である陸上警備科（陸警科）と沿岸用の小型艇を持つ水上警備科（水警科）から成り、地上戦闘と沿岸警備の両方を担う能力を有した。規模は中隊から大隊相当で、司令は中佐か大佐が一般的であった。太平洋戦争中には島嶼防衛の必要性から多数が編成され、根拠地隊や各艦隊の隷下に置かれた。冨五郎氏の所属した第 64 警備隊もマーシャル諸島を担当地域とした第 6 根拠地隊に属した。1941（昭和 16）年 11 月に編成された第 53 警備隊がウォッチェに進駐し、1942（昭和 17）年 4 月に第 64 警備隊に改編された。1943（昭和 18）年 9 月には陸軍歩兵 122 聯隊第 2 大隊も第 64 警備隊の指揮下に入ったため、日記にも登場する陸軍部隊との交流もあったのであろうか。結局、第 6 根拠地隊本隊はクワジェリンに置かれたため、米軍の侵攻によって玉砕し、第 64 警備隊は米軍包囲下のウォッチェに取り残される形となったのである。

参考文献
防衛研修所戦史室『戦史叢書 陸海軍年表 付・兵器・兵語の解説』（朝雲新聞社、1980 年）、「海軍」編集委員会編『海軍』第 12 巻（誠文図書、1981 年）

〔七月〕

（1水） 月　新入第三有り

（7火） 一同面会ニ来ル　皆健デ有ッタ

＊24―海兵団のある横須賀の沖合約一キロにある島。東京湾要塞を構成する沿岸砲台のひとつが置かれた。

コラム5

航海

福江菜緒子

ウォッチェ環礁到着までの24日間（7月9日－8月1日）を、冨五郎氏は3隻の艦船にて洋上を過ごした。

7月9日から16日まで、横須賀―トラック間に乗船したのが、改造航空母艦の冲鷹である。元は日本郵船の貨客船・新田丸（1940年竣工）で、日本初の日本人建築家による日本風内装の施工、タービン機関のエンジン搭載など新鋭の船であったが、1942（昭和17）年海軍省に買い上げられ、空母に改修された。

7月16日から21日まで、トラック―クワジェリン間に乗船したのが、特設運送船（甲）のさんとす丸（徴用後は満珠丸）である。元は大阪商船の南米移住客船（1925年竣工）で、日本初のディーゼル機関搭載航洋大型客船のひとつであり、1941（昭和16）年に徴用船となるまで南米航路に就航していた。

クワジェリン―ウォッチェ環礁間に乗船したのが、元漁船の特設監視艇（甲）・第五愛鷹丸（1931年竣工）である。クワジェリンにて各種作業に従事したのち7月31日に乗船し、翌8月1日、冨五郎氏は80名余の仲間と共にウォッチェ環礁へと足を踏み入れた。

乗船した三隻は、開戦以前は民間海運企業の客船または民間企業の漁船であったが、いずれも海軍の徴用を受け海上輸送の任に当たっていた。1942（昭和17）年の戦時海運管理令の公布以来、同令に基づき設立された船舶運営会によって国内全船舶の運航は国家の管理下に置かれ、同会を通じて陸海軍が船舶を徴用し運用する体制が敷かれていたためだ。冨五郎氏が南洋に向かった1943（昭和18）年夏は、中部太平洋地域への米軍進出に対抗し、日本が当該地域へ改造航空母艦により航空機及び操縦員輸送を行った時期の一部にあたる。空母による横須賀―トラック間航海は、その作戦の一部であったことを表していよう。

召集された兵員を、民間から徴用された艦船が運ぶ――冨五郎氏の日本から南洋への航海は、市井の人々が総力戦に巻き込まれていく過酷な時代の、ひとつの縮図であった。一方で、過酷な状況の渦中であっても、当時の一線級の客船において快く過ごしたひとときが、冨五郎氏にもあったかもしれない……。しかし、機密保持のため自制が見える記述の日記のみが残り、航海について語りうる氏は南洋から帰らなかった。そのひとときを知るすべは、もはやない。

参考文献

石川島重工業（株）『石川島重工業株式会社108年史』（石川島重工業、1961年）、上野喜一郎『船舶百年史〈後篇〉』（1957年）、大阪商船三井船舶株式会社『大阪商船株式会社八十年史』（大阪商船三井船舶、1966年）、野間恒『商船が語る太平洋戦争――商船三井戦時船史』（私家版、2002年）、防衛研修所戦史室『戦史叢書（62）中部太平洋方面海軍作戦〈2〉――昭和17年6月以降』（朝雲新聞社、1973年）、「昭和17年11月1日～昭和18年11月30日　第64警備隊戦時日誌」（C08030497100、アジア歴史資料センター）、「昭和18年6月1日現在　徴傭船舶名簿」（C08050007800、C08050008000、アジア歴史資料センター）

1943.07.25　米機動部隊がウェーク島を空襲。
1943.07.25　伊首相ムッソリーニが逮捕され、27日にバドリオ内閣が成立。

（8水）　不信文ヲ出ス
（9木）　横団退*25　冲鷹*26乗船　40.—送

昭和十八年　横出発

（10金）　午前4.00出発　第一日目
（11土）　第二日目
（12日）　第三日目
（13月）　第四日
（14火）　第五日
（15水）　午後6時入港*27　健在ナレド水虫甚シ
（16木）　本日午後退艦　三トセ丸*28　便乗一泊
（17金）　午前七時　出港　波静カナリ　クリゼリン*29
　　　　水虫珍〈診〉察始む
（18土）　スコール朝来ルヲ利用シ身体ヲ洗ヒタリ
（19日）　航海第三日
（20月）　第四日
（21火）　本日入港夕食事〈時〉入港　膳ニテ食事ス
（22水）　砲台クリゼンノ築城　作〈作業〉*30　休ケイ〈憩〉ニサイダ〈サイダー〉頂キタリ
　　　　本日何日目か始メテノ入浴
（23木）　第二日　身体水洗ヒヲ行フ

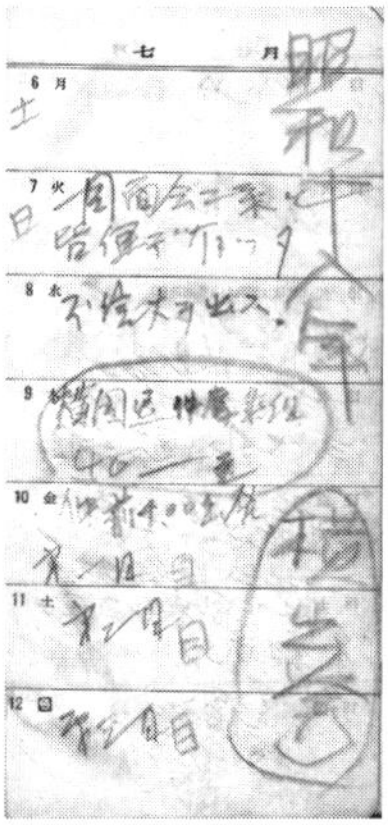

*25—横須賀海兵団。冨五郎氏は海軍の警備隊に所属した。コラム「海軍警備隊」参照。

*26—冲鷹は日本郵船の貨客船「新田丸」を改造した海軍の低速小型の航空母艦。横須賀出発に際して文字を赤で囲んだり、青い色鉛筆で記したりして強調している。当時の航海や船舶についてはコラム「航海」参照。

*27—冲鷹がトラック島に入港。空母による輸送はトラック島まででであった。その後冲鷹は日本に戻り、九月一一日に第二回目の輸送で再びトラック島へ。九月二六日に横須賀へ帰還。

*28—「さんとす丸」か。大阪商船の貨客船を海軍が徴用し、特設潜水母艦や特設運送船として運用した。一九四三年当時は特設運送船。

*29—マーシャル諸島のクワジェリン環礁。現在は米軍のミサイル迎撃場に使われている。

1943.07.29　キスカ島撤退作戦。海軍水雷部隊が在島陸海軍の収容に成功。

（24金）　本日本部ニ移転　築城作業直モ続断
（25土）　第二日　身体ハ毎日水洗ナリ
（26日）　第三日　四銭　ホマレ[31]配給アリ　十箇
（27月）　本日木工作業ニ従フ、煙草ハ間ニ合フ
（28火）　水虫珍〈診〉察ス　午後築城作業ニ従事ス
（29水）　酒保売出シ全クナシ
（30木）　（ラタクレット）[32]ウオッチ[33]
　　　　　（ラリック）[34]クリゼリン
（31金）　クレゼリン出港ス、途中カツヲ釣等行フ[35]

＊30―旧陸海軍では要塞やトーチカ（鉄筋コンクリートの防御陣地）の構築を築城と呼称した。

＊31―軍用タバコの銘柄「誉」。コラム「戦地の煙草」参照。

＊32―ラタック列島（マーシャル語で日の出を意味する東側の環礁の総称）。

＊33―ウォッチェ環礁。

＊34―ラリック列島（マーシャル語で日の入りを意味する西側の環礁の総称）。

＊35―クワジェリンからウォッチェまでは、元漁船「第五愛鷹丸」で移動している。

コラム 6

戦地の煙草

河野保博

冨五郎氏の御息女は親戚から「あなたのお父さんは煙草が好きだったのよ」と教えられ、慰霊祭に向かう勉さんに煙草を託している。冨五郎氏は当時の多くの紳士がそうであったように煙草を愛飲していた。兵士にとっても煙草は欠かせないものであり、国もその有用性を認めていた。平時は酒保において販売され、戦時になると「戦時特別給与品」（戦給品）として手拭いや石鹸、また鉛筆、便箋といった日用品、酒や甘味品といった臨時飲食物などのひとつとして、戦陣の労苦を慰労するために支給されていた。しかし、補給が絶え、食料品すら制限されるようになると煙草の支給も途絶えたようで、日記では1943（昭和18）年12月10日の「光」10個の支給が最後となり、1944（昭和19）年1月16日には尽きたことを記している。忘れがたく4月26日、5月27日には煙草や酒に思いを募らせており、8月1日にはパパイヤの葉を巻いて吸うことを試しているが、その後は食事にも窮しており、紫煙に思いをはせる余裕もなくなっていたようだ。

参考文献
海軍歴史保存会『日本海軍史　第6巻、部門小史・下』（第一法規出版、1995年）

ウォッチェ到着から一年

（1943年8月1日〜1944年7月31日）

ときに体調を崩し体重を落としつつも一見平穏な兵営生活が続く。
この時点では酒類も含めた飲食物の配給が
定期的に行われていた様子がうかがえる。
しかし一九四三年一一、一二月頃から空襲が始まり、
冨五郎個人も悪化する水虫に悩まされ始める。
一九四四年に入ると激しい空襲が繰り返されるなかで
食糧事情も急速に悪化していき、
冨五郎含む兵士たちは食用の野草取りに励んでいく。
（原史料ではこの部分の余白に後から、死の直前に記したと思われる
遺書が記載されている。ただし、本書では書かれた時期通りに280
—284頁に収録している）

〔八月〕

（1土）　入港ウオッチ（入浴）　銃、毛布等渡サル

（2日）　午前二時三十分[36]起床　煙草　洋カン（羊羹）配給　銃隊教練ヲ行

（3月）　本日ヨリ胃病ノ為メ軽業　カユ（粥）食トナス

（7金）　本日ヨリ機銃隊変（編）入ス

十八年八月一日
マアシャル
ウオッチェ目的ニ着シタ[37]　配□

＊36—マーシャルと日本の時差は三時間。マーシャル時刻では「午前五時三十分」である。冨五郎氏は日本時間で記している。

＊37—ウォッチェ到着は青い色鉛筆で強調している。冨五郎氏はたびたび色鉛筆を使って強調したい事柄を記しているようだ。

1943.08.15　古賀長官がマーシャル諸島方面での決戦「Z 作戦」要領を発令。
1943.09.01　米機動部隊、南鳥島を空襲。

（10月）御徒町下谷目黒
沼田　子供　亘理　長町
長田　伊藤　荒木　古屋　高槻
楠見　田部　大沼　秋田　山本諸氏ニ便リ出セリ
（11火）配置ニ付ケ等有リ　溜□有リ　午前　土塁[*38]作業
（12水）本日二ケ年以上本隊ニ居レタ方退隊クレゼリンニ向フ
配給ビール　足跡摺ノタメ珍〈診〉察行ッタリ　ヤシノ酒等御馳走ニナル

350 − 70 ÷ 3[*39]
990 − 198 ÷ 3

（22土）デング熱ノタメ入室[*40]ス、発熱甚シ40度
（23日）食欲全クナシ、時々注射等行フ
（30日）本日退院ス
（31月）金銭ノ報告ス残高21―，　自宅へ80，―円送金ス
〔九月〕
（5土）酒一合配給有リ
（6日）本日使用シタトラック、運転片山君デアッタ
思ワズ暫ラク久シブリデアッタ

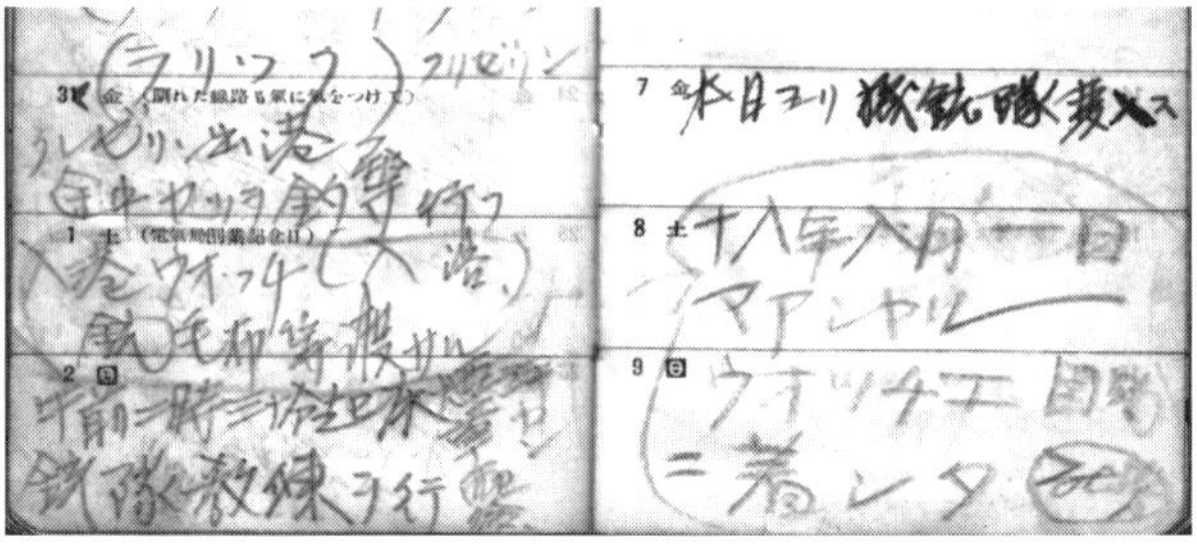

＊38―敵の侵入を防ぐために築かれた土製の堤防状の壁。
＊39―手帳には日記だけではなく、計算式やメモが多数残されている。

1943.09.07　歩兵第122連隊がマーシャル諸島に増派される。
1943.09.08　イタリアのバドリオ政権、連合国に無条件降伏。

月例検査　51キロ

（7月）本日仕事終了後夜ニ至、片山君舎ニ遊ニ行ク
ナシカン〈梨缶〉菓子等御馳走ニナル
（8火）本日参拝分隊順話〈訓〉アリ後、陣地構築ヲ行フ
（9水）当分も亦午前午後陣地構築
（10木）王子隆君にも便り出す
（11金）本日夜当直ヨリ寒気シテ
（12土）身体ノ調子甚だ悪シ
（13日）本日午後ヨリ遂ニ頭痛目廻〈眩〉の為め休みたり
（15火）14日ヨリ珍〈診〉察軽業トナル
（17木）本日ヨリ四日間入室ス、風〈風邪カ〉ノ為メ高熱有リ
片山氏モ見舞ニ来る
（21月）本日ヨリ夜間当直ニ立ツ活動*41有ルモ見ル事アタワズ
□動キニ午後ヨリ附ク
（22火）本日警備ノタメ陸軍*42ウオツチ来ル
僕本日ハ出勤トナル　奉〈俸〉給日
（23水）内に参拾円送金ス　亦便モ出シ　糸等送ツて貰便ス
（24木）亦第三種軍装*43ニテ式有リ
渡辺君妻君に便り出す病毎日働て居ので全快して貰たク

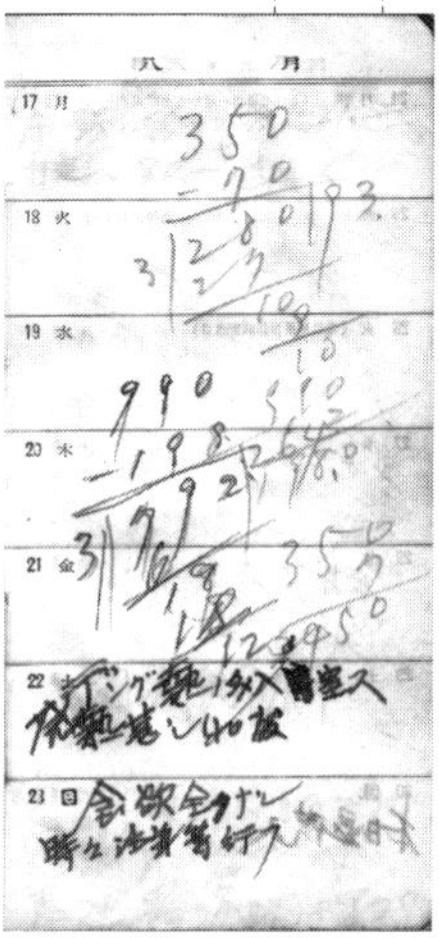

＊40—デング熱は感染症のため隔離された。翌二四日から二九日まで一週間日記の記述を休む。

＊41—活動写真か。映画を指す言葉。「動く写真」という意味合いが強い。日本に映画が輸入された明治時代から戦後しばらくまで使われた。

＊42—一九四三年一一月、島嶼上陸作戦を専門とする陸軍部隊として海上機動旅団が編成された。四個旅団のうち第一旅団がマーシャル諸島に配備された。

＊43—海軍の通常軍装は三種あり、一種（紺色）は冬用常服、二種（白色）は夏服、三種（青褐色・開襟）は陸戦用・略装である。

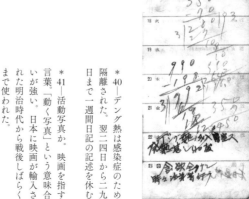

武士沢君ニ頭刈つ〈つて〉貫ひたり
（29火）本日島民跡ヲ見学ス

〔十月〕

（2金）土　大掃除ヲ行フ
亦七月ケ〈ヶ月〉にして予備の方々内に帰りの身〈見〉送りを行ふ
（3土）日　湯本友辺山よし様方にはがき出す
（5月）内海陣地消〈哨〉戒砲撃
行空省*44健〈建〉築ノ一部ヲ借リ宿舎となす
（6火）本日大鳥島*45ハワイ艦隊空襲有リ
為メウオツチエニオイテモ配置ニ付ク
（7水）夜間第三配備　毎日行空省ニテ電〈伝カ〉令ヲ行フ
（8木）5時30分艦離陸ス
調子良ケレバ帰ル（セット）
調子悪ケレバ涙〈戻〉ル（ロット）
（9金）亦寝冷ス腹痛セルモ大シタ事ナシ
六日より顔も洗フ事なく本日に至るも着のみ着た儘なり
（10土）大掃除ヲ行フ　勝どき餅配給
（11日）梨カン〈缶〉配給 40,—
ものすごい配置寝間ナシ

＊44—「航空廠」の当て字か。ここでの航空廠は、戦地の飛行場等に設置された、航空機の整備・修理・補給を行う特設航空廠のこと。

＊45—中部太平洋における重要な拠点のひとつであったウェーク島のこと。日本軍は一九四一年一二月八日の開戦以降直轄地として敗戦まで領有した。

1943.09.19　米機動部隊がギルバート諸島に来襲。
1943.09.30　御前会議で「絶対国防圏」を決定。

第四艦隊司令来*46
分隊□□配置ニ付ケ

若もと*47新飲始ム

（12月）早朝□順〔訓〕練ヲ行フ
寝冷の具合良シ
勝どきあめ等配給になる
（13火）本日月例検査　（ビール配給）
身体の調子消〔稍〕良とするも体重全ク下り50.50粁〔瓩〕*48となる
（14水）銃隊教練午后陣地構築*49
（28水）本日ノ交通艇ニテ来ルヤト思シ便モナカッタ
今月最初ノ酒ノ配給一合有
（29木）別科*50降雨休業トナル
片山君ニ屋根、トタン等戴ク、又パンモ同様
（30金）我等待被〔避〕場ドウヤラ全クナリ
〔十一月〕
（2月）内、目黒王子便出セリ
昼休ニ於テ髪理等行イタリ

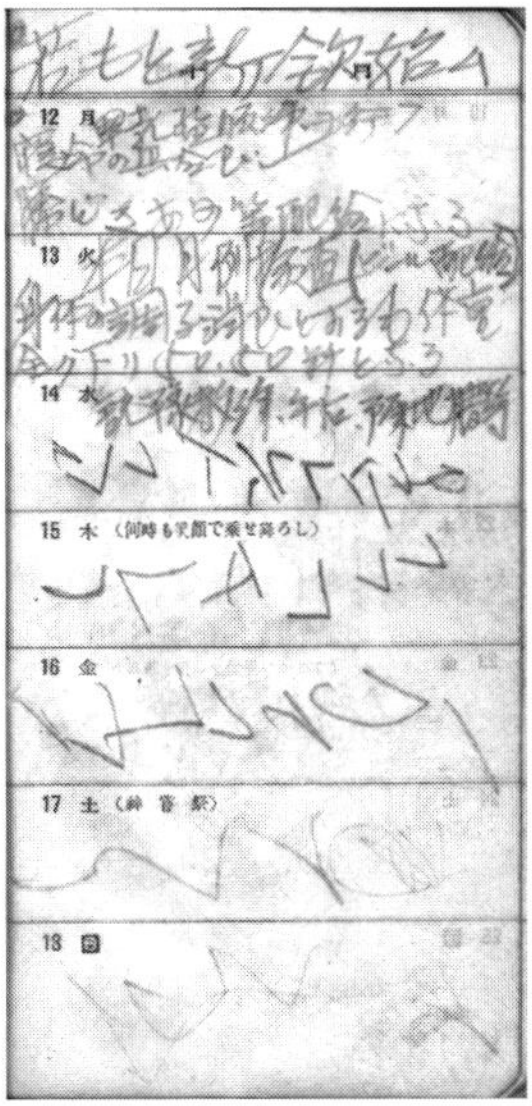

＊46―この時期の第四艦隊司令長官は小林仁中将（一九四三年四月一日～一九四四年二月一九日在職）。

＊47―胃腸薬「強力わかもと」（一九二九年発売）か。

＊48―キログラムの意。

＊49―余白に記号のような文字が続く。暗号のようにも見えるが……。図版参照。

＊50―本来は特別な教育科目の意味だが、日記では農作業等の労働を別科と呼んだものか。

1943.10.06　米機動部隊、大鳥島（ウェーク島）に来襲。
1943.10.14　フィリピン共和国が成立。日比同盟条約調印。

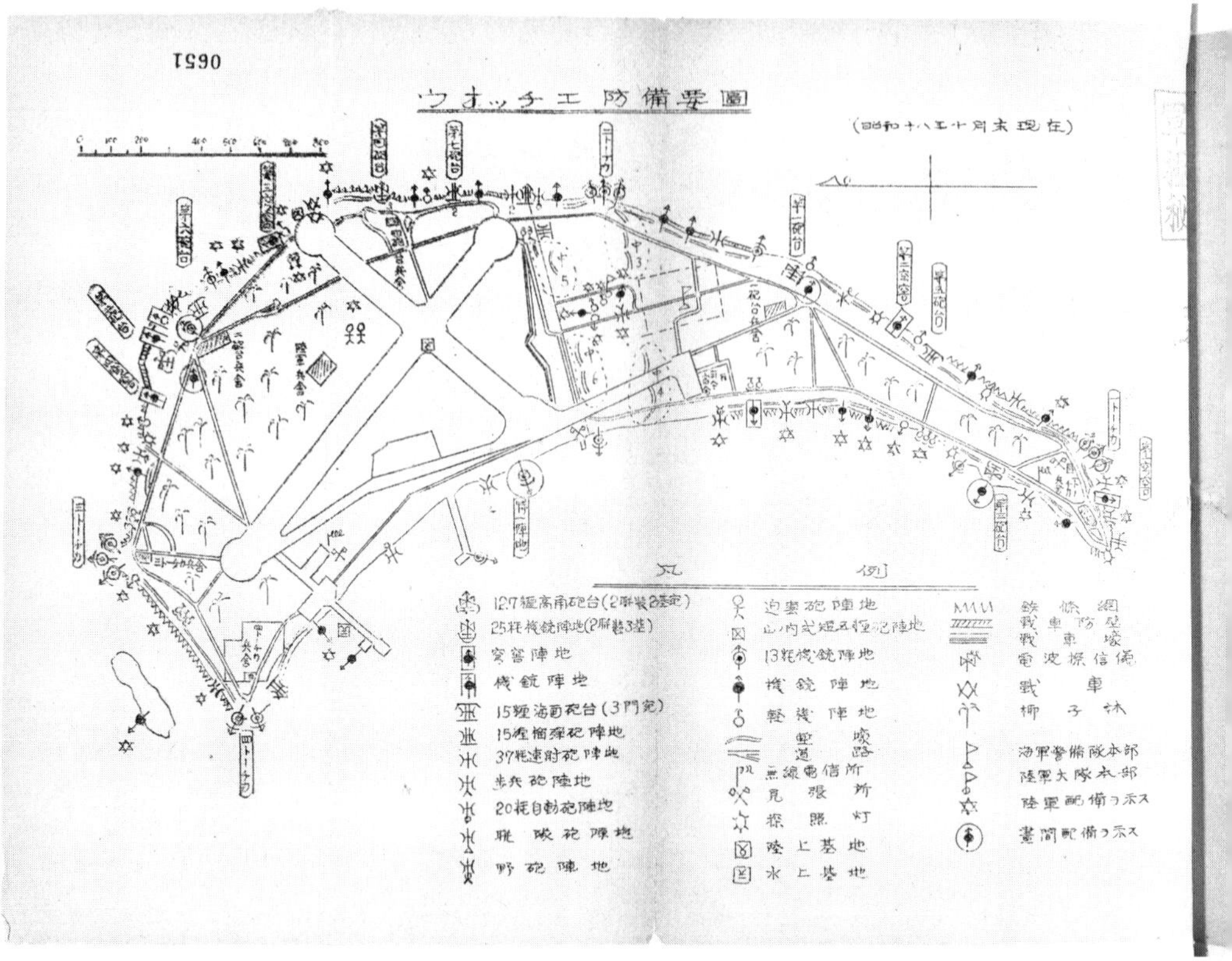

ウォッチェ防備要図　出典：「④艦船・陸上部隊――戦闘詳報戦時日誌――615」
防衛研究所戦史研究センター所蔵（C08030497300、アジア歴史資料センター）

＊51―海軍において、正規の給養（食料支給）以外に、将兵に配給された物品のこと。タバコや葡萄酒などの嗜好品が中心。

＊52―青の色鉛筆で大きく記している。冨五郎氏はこの日を重要な日付と思っていたか。

1943.10.19　ソ連のスターリン、モスクワで米外交代表に対日参戦を非公式言明。
1943.10.21　学徒出陣壮行会が明治神宮外苑競技場で挙行される。

亦月最初戦給品[*51]等有リタリ
午後雨天
（8日）手紙来ル（11月18日）
営業所長町亘理赤星大沼、高村古屋、初代
（16月）ホウレン草ノ缶詰配給
（17火）パイン配給アリ
（18水）適〈敵〉機来タル数機　↑　コレヨリ戦事ダ[*52]
十八年十一月十八日
（20金）便リ　山田。孝子。山本。大沼。斎藤。
長町亘リ〈理〉二長町御徒町
吉村　沼田　営業所　二十八日分
（28土）交通艇ナシ

〔十二月〕

（5土）敵機ノ空龍〈襲〉ヲ受ク[*53]
（7月）賞与32.0円家族年金[*54]120.0円
試計152,00円ノ支給アリ
（8火）早朝移動訓練ヲ行フ
送金150.00円
課業止メ時間通り　9.——ニ止メタり

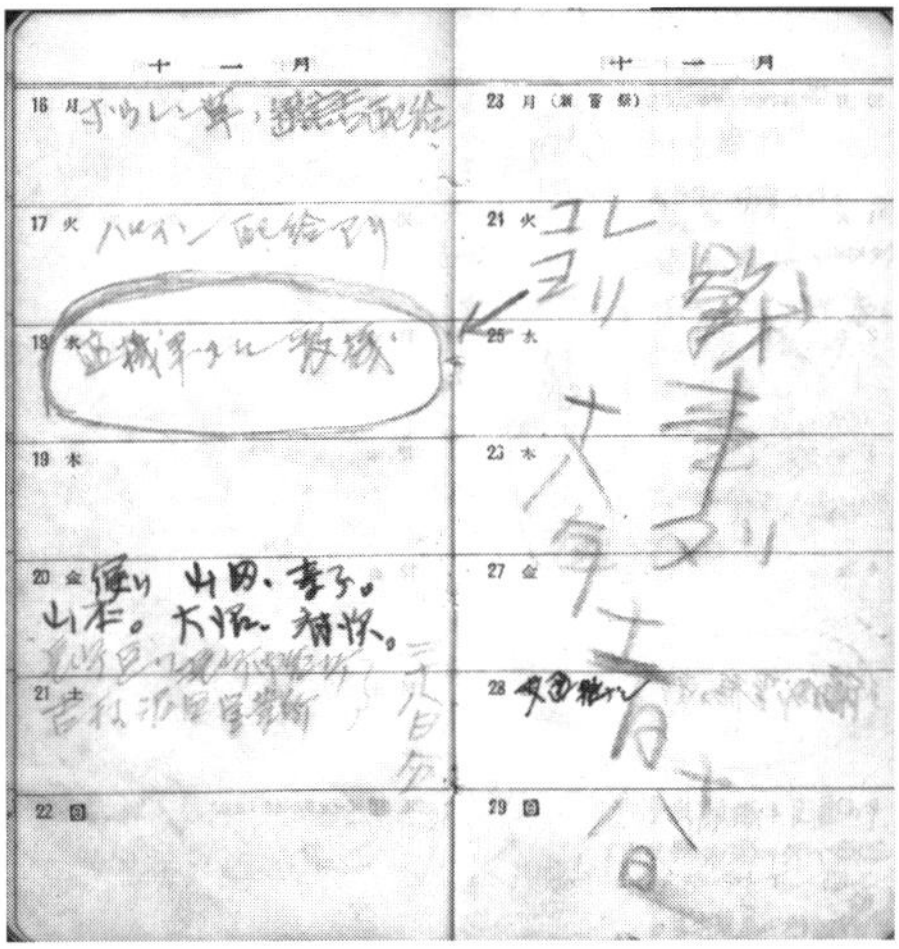

＊53——文字を赤で囲んでいる。

＊54——「海軍給与令」により、志願兵の家族に年二回（三月と九月）支給された扶助金のことか。しかし、冨五郎氏の兵籍番号は「横徴水」であり、徴兵であれば扶助金のの対象とはならず、また支給された時期も異なるため、兵士への給与の一部が家族に支払われた留守宅給与を年金と呼んだ可能性も考えられる。

1943.11.05　東京で大東亜会議を開催。
1943.11.15　海上護衛総司令部を新設。司令長官及川古志郎大将。

時ニ軽機分隊*55下士先任*56デ有ツタ

（9水）本日夜当□直全ク水虫痛ミ苦痛ヲ感ジタリ
又本日ヨリ五直配置ニナル

（10木）水虫ノ為メ珍〈診〉察ヲ受ク
戦給品光*57 10ヶ果子1ケアリ

（13日）本日午前八時頃敵機ト見違ッテ
高射砲*58普〈並〉ニ機銃射激〈撃〉ヲ行ヘ共モ
幸ヒ飛行キ〈機〉ガ落下スルコトナシ
但シ僕の陣地ハ僕の見方〈味〉発見ニヨリ射ゲキ〈撃〉セズ

（14月）本日ヨリ水虫全ク悪化シ痛ヲ感ジ遂ニ休業スルニ至ル

（15火）水虫特別治療スルモ尚ホ痛ム

（16水）本日モ五時三十分頃ヨリ敵機来ル、被害大ナリ
水虫以〈依〉然トシテ痛シ、直〈治〉ラズ悪化スル一方ナリ

（17木）病院船ニテ生分ガ帰ッタト報アリ
遂に会ズ残念ニ絶〈耐〉ズ
水虫今〈未〉だ意ノ如クナラズ

（21月）内及ビ一富君*59ニ手紙を出
水虫大分良好ニナレリ痛マズ
本日ヨリ戦闘機6機ウ*60ニ来□

（29火）僕の住ム隣島ギルバ島*61敵ノ手ニ落
来ル可キハ僕ノ島ノ番カナ

＊55―軽機関銃分隊のことか。

＊56―先任とは、同格の階級・職掌の軍人兵士のうち、最初に昇任・着任した者を指す語。ここでは、海軍において上等兵曹の最先任者のなかで人格、勤務成績ともに優れた者が任命された「先任下士官」を指す。

＊57―タバコの銘柄「光」。

＊58―地上から上空の航空機を攻撃するための、長砲身・高角の火砲。海軍では艦艇に搭載するものを高角砲と呼ぶが、ここでは地上配備用の高射砲が用いられたと思われる。

＊59―冨五郎氏の従兄弟。冨五郎氏の父の弟の長男である。この後召集され、北ボルネオで帰らぬ人となった。

＊60―「ウ」はウォッチェ島。

＊61―ギルバート諸島。現在のキリバス共和国。

1943.11.19　米機動部隊がギルバート諸島を攻撃。
1943.11.21　ギルバート沖航空戦始まる（29日まで）

敵ノ空襲モシキレツ〈熾烈〉化ス
夏冬ナシノ温度モ高ク湿気モ多イ下痢伝専〈染〉病多シ

（31木）
僕の住ムウオッチェ島ハ食ルモノ何モナシ
椰子ノ実位ノモノナリ
山モナシ川モナシ

54.—　7.月
52.—　8.—
51.—　9.—
50.50—　10.—
51.50—　11.—
52—12月*62
横須賀ニ有シ体重五四杆〈瓩〉
南方ウオッチイ島ニ来テヨリ左の順に低下スル ニ至ル
昭和十九年度　杆〈瓩〉
1月ー53.—
2〃
3〃
4〃

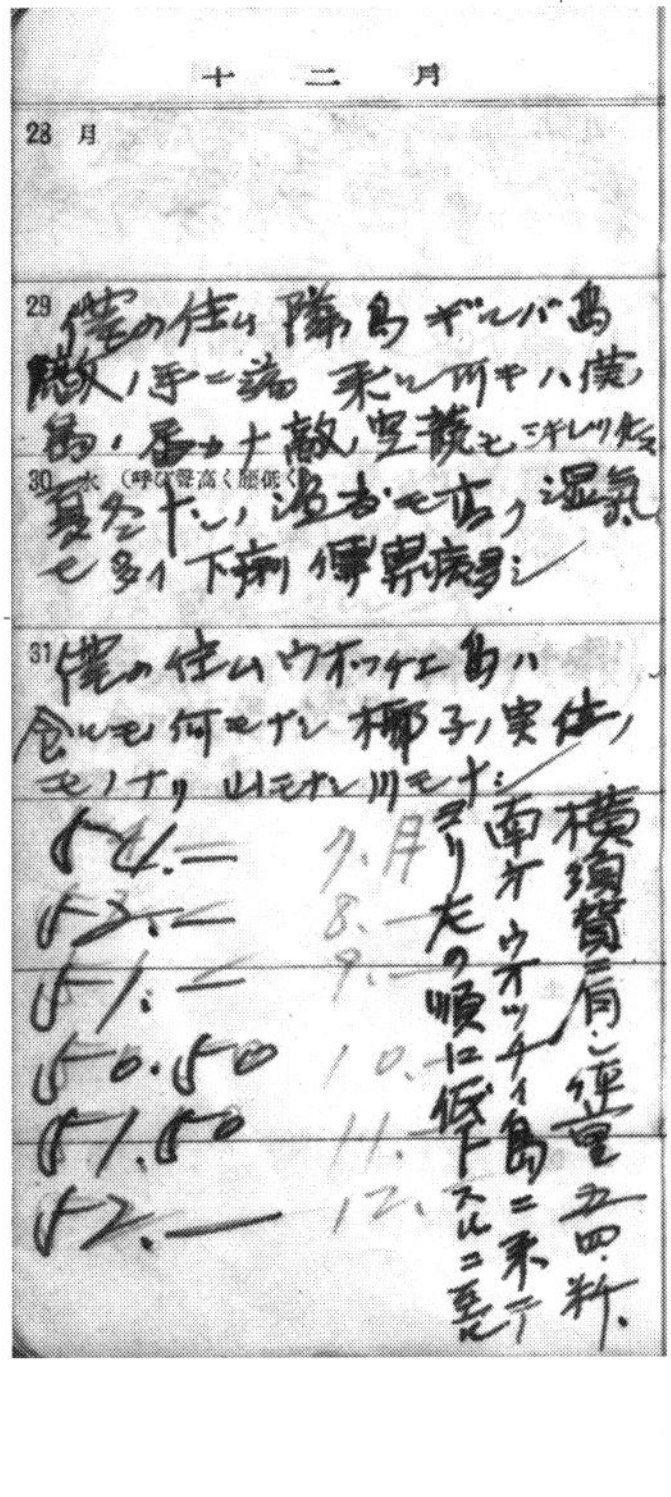

*62—冨五郎氏は体重の増減を細かく日記に記した。

1943.11.25　この日までにマキン島とタラワ島の守備隊が全滅。
1943.11.25　米英中の３国首脳による「カイロ宣言」を決定。

5〃
6〃
7〃
8〃
9〃
10〃
11〃
12〃

18.12.25　佐藤一富　静江ニ手紙ヲ出ス
18.1.13　下痢ノ為メ苦痛
18.1.14　同ジ
15日　珍〈診〉察ヲ受ク
空襲も早や40数日高度ヲ高ク
或ハ低空ニテ種々の爆弾投下機銃掃射
全ク悲惨ナルモノ有リ
片山君も入室ナレド結果も余りニモ良くナキ様子
僕モ見舞ニ二回程行クモ僕モ唐突ノ下痢ニテ全ク致方ナシ

1943.11.28　米英ソの３国首脳によるテヘラン会談でスターリンが対日参戦を示唆。
1943.11.29　第６根拠地隊指揮官に秋山門造少将を任命。

16日　朝食迄デ三日絶食サル
病原モ悪井戸水スコールボーフラ入リ
水ノ為メニ原因スルコト大ナリト思フ
煙草モ全く数日前ヨリ無クナリタリ
今ハ瀬〈頻〉ルモノハ防空ゴウ〈壕〉以外何モノモナシ
其レモ時々直激〈撃〉ヲ受ケ一時ニ四十数名死者ヲ出スコト有リ
舟モ持論〈轟〉ゴー沈スルモノ有リ
悪イ水ト申スモボーフラ入ノスコールト云フ
雨ハ全クナシ
一時ハ飲水ニモ欠ボウ〈乏〉ヲ来ス恐レ有リ

19.1.19日
下痢モ肖〈稍〉ヤ良クナリ退室トナル、然ルニ今尚粥食ナリ
交通艇*63本日ニナルモ今グ〈未ダ〉入港セズ

1.25.　尚ホモ物スゴイ空襲オバ繰返サル、夕刻ヨリ夜分カケ
僕の陳〈陣〉地の前ニモ爆弾落下ス
品川ニモ手紙ヲ書イタ然返信モ無シ
亦本日棒〈俸〉給日25.—円也ヲ送金ス

＊63—人員や物資の輸送に使用された舟艇を指す語。日記の255頁で大発（大発動艇）が登場することから、大発を交通艇と呼んだものか。

1943.12.01　出陣学徒の入営が始まる。
1943.12.15　連合国軍、ニューブリテン島に上陸。※水木しげる（武良茂）が日本軍守備隊に所属。

19.1.28日　空襲警報ニヨリ夜間一寝モセズ
29日早朝ヨリ戦爆練〈連〉合*64の空襲
早朝ヨリ三日間ニ渡ル三日三夜ハ飲ズ食ズの状態ナリ
29日夕刻ヨリ全ク我方飛行キ〈機〉激撃〈激撃機カ〉減サル
敵米国の成空*65伴トナルト同ジニセイ海伴モ彼等ニ覚ト〈獲得〉クサルニ至ル
自分達モ生タ心地ナシ
写真トモ別レヲトゲタリ
身モ軽クナリ頗ル元気ナリ

十七日　片山君に金拾円借与ス
□佐藤新造君ニ魚の天プラ

十八日　―

三月二十一日　食量〈糧〉輸送セン〈潜〉水艦入港の予定なるも
米国の艦隊動揺激シキ為ニ入港シアタワズ
二十五日頃にエン〈延〉期の予定
朝夕の順〈訓〉練全シ
食事の減食等
軍服のボロニテ修理ヲ多忙

＊64―爆撃機と護衛戦闘機が合同で編隊を組んで攻撃すること。日本軍では一般的な攻撃法だが、戦闘機の航続距離が短い米軍ではアジア太平洋戦争末期まで一般的ではなかった。
＊65―制空権、制海権の当て字か。

1943.12.29　ダンピール海峡が失陥し、ラバウル・ニューギニアとの連絡が絶たれる。
1944.01.31　米機動部隊、マーシャル諸島に来襲、日本海軍の航空戦隊が壊滅。

ソレニ昼休の少イ事等ニテ休身〈身体〉全ク疲労ス
今日の昼休時ニ於テモボロヌヰ〈縫い〉ヲ行フ等

3.24　勢空海ケンヲギ、ラレテ〈ニギラレテ〉以来実に二ヶ月目の現在でワ
食事も砂入レノ外米ナルモ今日ラシク〈珍シク〉シル〈汁〉粉食ナリマズカツタ

四月廿日　敵ワ以前〈依然〉トシテ「ウオッチ」爆撃の手ヲユルメズ
一日ニ二回ノ貞〈偵〉察ヲナシ、爆撃モ三回ワ必ズ行フ
日ニ日ニシキレツ〈熾烈〉ノ度ヲ加ヘツヽアリ
一方食事は全く半減ノ止ムナキニ至リ
交通ヲ断〈たた〉レシヨリ早ヤ三ヶ月
全ク島流の状態に侵〈陥〉り待ツモの交通艇我飛行機ノミ
敵の本島毎日の爆撃にテ全ク見ル影モナシ
ヤケ〈焼け〉野原と化シテ仕舞ツた事は今アラタメテ記入ニ及ズモ
尚ホモヒツコク〈シッコク〉落下機銃ソウ〈掃〉射ニサラサレ乍らも
亦腹ガ空イ〈イテ〉動キガトレズ
四月ニ至ツテ僕モ半病人の如くナレハ然レ共モ
朝晩の煉〈練〉レ順〈訓〉作業の手も緩メナイノニワ全く生死の思アリシモ
良く部下トシテノ本分ヲ儘〈尽〉シ居ル
四月廿一日　亦々大型機来襲、被害著シク大ナリ

1944.02.01　連合国軍、マーシャル諸島メジュロ環礁に、翌日にはクワジェリン環礁の各島に上陸。
1944.02.06　クワジェリンの戦闘が終結。秋山司令官以下第６根拠地隊の主力が壊滅。

三分隊ニテモ三橋堪五郎一水[*66]　二五〇爆弾[*67]　直撃命中
遂に最後ナセリ
幸いにシテ僕五キ窖窖〈穹窖〉[*68]当直中左側に落下セルモ
約四間[*69]程離レテ居ツタ為メ無事デ有ツタが
全ク生タ心気はシナカツタ

四月廿四日　至るも爆撃の度も日一歩〳〵増すのみ
食料も全く半減される
昼食の如きはオジヤ或ハ粥食となるに至る事は四月の初め頃からと思ふ
朝食の如きはオガズ〈カ〉無くは十二日から今になっても全くなし
只今は腹一ぱい食事見たい如き感有り
明日なったら理髪に行ク予定なり
身体の具合全く披〈疲〉労して居るがどうやら軍務に差しなし
自分ながら野営に将又〈はたまた〉粗食に絶〈堪〉へても
割合丈夫には感心せさるを得ない。
之レ銃後[*70]の御陰に寄〈依〉るものと感謝に絶ず

仙台市　片平町
佐藤信子　佐藤信子　佐藤孝子
亘理郡　郡

＊66―一等水兵。
＊67―二五〇キロ爆弾。
＊68―五穹窖はウォッチェ島中心部の内海に面した場所にあった。２９２頁参照。
＊69―一間は約一・八メートル。
＊70―「銃の後ろ」。戦時中の社会では、前線にいる兵士を支えるとして町内会や学校を通じて生活が統制されており、「銃後の守り」と呼ばれていた。

1944.02.07　連合艦隊、トラック島からの転進を下令。
1944.02.17　米機動部隊、トラック島を大空襲。日本側の被害甚大、根拠地機能を喪失。

困苦欠乏ニ堪良く難打開
広々トシタ野山ニ春夏秋冬の草花ガ自ら咲出る
強冷タイ風ガ吹テモ又刺様ナ雨風ガ降ツテモ注イデモ
芽草木ハ強烈ナル意志ヲ持ツテ
ジツト春ノ来ノヲ待ツテ居ル
其内ニ暖イ春風吹始めると花ハ□□□

軍令部総長海軍大尉〈将〉　永野修身*71
横鎮長官　中将代理　三川軍一*72
参謀長小〈少〉将　藤田利三郎
機関長大佐　日高為範
第一海兵団長少将　森国造
福〈副〉長大佐　加藤栄吉
機関長中佐　林眞治
第六分隊長少佐　吉岡太郎吉
第六分隊士少佐　宮本貞重
第六分隊主席下士官
海軍上等兵曹　早野叶*73

戸籍異動届横須賀海軍人事部長宛

＊71―海軍で連合艦隊長官・海相・軍令部総長の三職についた唯一の人物。一九四六年A級戦犯容疑者として起訴され、裁判中に病死。

＊72―一九四二年八月の第一次ソロモン海戦を指揮した人物。一九四三年第二遣艦隊長官、一九四四年南西方面艦隊長官。

＊73―ここに並んでいる上官の氏名は、覚えるためのメモであるようだ。当時の日本軍では、軍人勅諭と同じように、上官の名前を覚えなければならなかった。もし忘れたり間違えたりしたときは、体罰を加えられることもあったからである。冨五郎氏はこれを海兵団入団時に記したのだろうか。

1944.02.18　米機動部隊、マーシャル諸島エニウェトク（ブラウン）環礁に来航。23日失陥。
1944.02.21　陸相東条英機と海相島田繁太郎がそれぞれ参謀総長と軍令部総長に親補。

至急提出方願ヒ申候

謹啓若葉繁候益々御清祥奉賀候陳者小生儀
今般出征に際しては御繁忙中態々御見送りまで亦その上御餞別まで
辱し等誠に有難く厚く御礼を申上候

御蔭様にて本日無事左記入団仕り此の上は充分軍職に励み
そして皆様の御厚意の万分の一にも報る覚悟に御座候
何卒今後共御指導御便鞭撻の程を御願ヒ申上候
先は取急ぎ入団御一報旁々御厚情御礼まで申上候　敬具

昭和十八年
横須賀海兵団佐藤冨五郎

メシロ
ミッドウエー
ハワイ
ジヨンスト
ハウランド
ベーカー
タラワ

1944.02.23	米機動部隊、マリアナ諸島に来襲。日本海軍航空部隊が全滅。
1944.02.25	大本営、第31軍の戦闘序列を発令。連合艦隊の下で中部太平洋方面の陸上部隊を統率。

カントン
ヤールト
ナール
ダカルカナル
クサイ
ドラホール
クレゼント
ポナベ
トラック
ルオット
ブラウン
サイパン
風向　風速
天気　曇量
型状
展望　気圧
温度

午前
6時（四）
半（五）

1944.03.04　大本営、中部太平洋方面艦隊を新設し、8日に南雲忠一司令長官がサイパン島に進出。
1944.03.08　インパール作戦始まる。

7〃（六）
半（七）
8〃（八）
半（1）
9〃（2）
半（3）
10〃（4）
半（5）
11〃（6）
半（7）
12〃（八）
半（1）
午前
1〃（二）
半（三）
2〃（四）
半（五）
3〃（六）
半（七）
4〃（八）

1944.03.08　古賀連合艦隊司令長官、新Z号作戦（マリアナ・カロリン等での迎撃決戦）要領を発令。
1944.03.12　米統合幕僚会議、ニミッツ海軍大将にマリアナ・パラオ攻撃を指示。

四月二十六日　以後配食満足ナラズモ
日夜激務ニ絶〈耐〉へ自分乍ラモ驚ク可キ働キヲナセリ
後の時にハ服針仕事。
亦考へ時思出ス時ハドンナ事デセウ
先ズ腹一パイ食事ヲシタイコト、煙草等吸いタイコト
オシンコノ一切モ食テ見タイ
酒の少シモ飲タイコト等
あわれ本日至ルモ見方〈味〉の舟モ見えヌ
今日の爆撃も凄かツタが被害も安〈案〉外少ナイモノダ
四月二十九日　天長節*75始めて普通食の御馳走ニナル

半	5〃	半	6〃	半	7〃	半	8〃
(1)	(2)	(3)	(4)	(5)	(6)	(七)	(八)*74

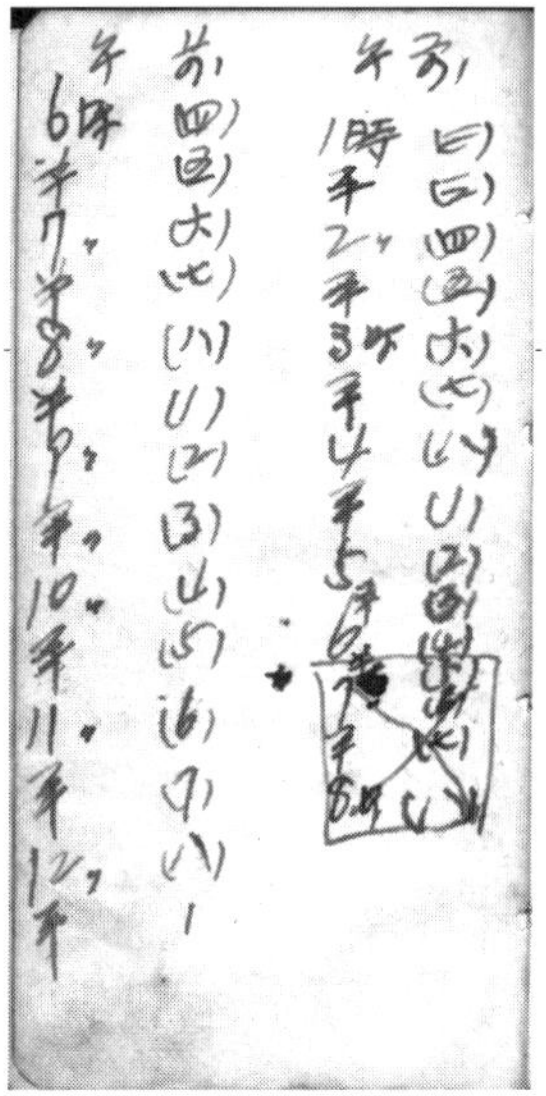

*74—当番の順を示したものか。

*75—天皇誕生日の祝日。朝昼は七割、夕は一〇割の臨時増食があった。夕食にはぼた餅が出たが、小豆がないため缶詰のグリーンピースで代用したという。米軍はこの日に最初の宣伝ビラを上空からばら撒いた。

1944.03.13　海軍軍令部、「雄作戦」（マーシャル方面の米艦隊に対する艦隊奇襲作戦）の研究開始。
1944.03.30　米機動部隊、パラオ島・ヤップ島方面に来襲（31日まで）。

朝表〈麦〉食昼銀飯夜餅米飯ノキントンノ様ナモノ付キ、虫付キノカヅノ子等有り
敵機ハ珍ラシクモ貞〈偵〉察に来ルモ
一月二十九日以来始めテ爆激〈撃〉セズに帰リタリ
本日ダケ空腹モ感ゼズ、ソレモ今日一日デアッタ
三十日　靖国神社大祭[*76]ノ為め休業
午前針仕事午後ヨリアサリ取ヲ行フ
斯クシテ腹の為メニト
五月七日　配置変換　五〈四カ〉番機銃ニ変換ス
五月八日ヨリ練習ク三日間滑走路作業不眠不休
夜間九時間労働ギ、リ〈ニギリ〉飯小一ヶ配給サル
尚ホモ爆激二日間ヲ要スルも日本の飛行機見えズ
五月十四日ヨリ一晩中夜間ノ爆撃アリ
十五日　又同ジ小型ノ戦闘機、本日モ珍ラシク見えぬ
五十九日[*77]　相変らず昼夜ノ別ナク間断ナク爆撃は続行サル

＊76―春季例大祭。靖国神社についてはコラム「靖国神社」参照。
＊77―五月一九日のことか。

五月廿日　早朝双発四〈四機〉[*78] 又来襲、滑走路爆撃開始ス
我等午前十〈十カ中カ〉　相変ラズ元気で陣地講〈構〉築
昨夜ヨリ下痢ヲ行フモ大シタ事ナイ
原因は草食即チ雑草の名前知ラザルモヲ食シタ為と思フ。
減食の為め全く腹が空いテタマラナイ
勝チ抜ク為メニワドンナ我満〈慢〉モ致シマショウ
五月廿六日　夜空龍〈襲〉コソナキモ昼間ハ全ク凄ク
早朝ヨリタ方マデ双発及ビ六キウ八ドン〈ト〉[*79]、グラマン戦闘キ〈機〉[*80]

*78―一機にエンジンをふたつ搭載し、馬力を高めた航空機。当時の米軍の主力双発機としては、P-38ライトニングが著名。

*79―六級八トンか。

*80―アメリカのグラマン社が製造した戦闘機。当時制式採用されていた機種はF4FワイルドキャットとF6Fヘルキャット。

コラム7

靖国神社

中野　良

靖国神社は「国事に奔走し殉難した」幕末の志士と、戊辰戦争以降の戦争で「官軍」に属して死没した軍人・兵士を祭神として顕彰する神社である。1869（明治2）年に「東京招魂社」として創建され、1879（明治12）年に靖国神社に改称された。社格は別格官幣社で、湊川神社（祭神は楠木正成）など国家的功績のあった人物を祀る神社と同格であった。一般の神社が内務省所管であったのと異なり、1945（昭和20）年の敗戦まで陸海軍の管理下に置かれた。

同社に合祀される死者には一定の基準があり、基本的に戦死者もしくは戦傷死者が合祀対象であった。同じく戦争に関わって死亡した者でも、戦病死者や戦場での事故死者、公務従事中に傷死・病死した軍属等については、アジア太平洋戦争期には合祀にあたって厳格な資格審査が実施されていた。

戦闘中の自殺や犯罪等による処刑は、一部の自殺者を除き原則として合祀の対象外であった。また、戦闘中に生死不明となった者については、アジア太平洋戦争期の合祀基準では、死体が収容されるなど死亡が確認されるまで合祀を留保し、特に捕虜となり帰還した者は、帰還後に戦傷等が原因で死亡した場合も合祀されなかった。

靖国神社では過去も現在も数多くの祭礼が挙行されている。現在の靖国神社では8月15日の終戦記念日や7月のお盆祭り「みたままつり」に注目が集まっているが、戦前においては春秋2回の例大祭と、戦死者を合祀する臨時招魂祭が中心的祭礼であった。

冨五郎氏の日記のなかで靖国神社にかかわる記述は、上記の春季例大祭への言及が1944（昭和19）年4月30日条にあるのみで、直接的には関心が払われていない。しかし、「第64警備隊戦没者集計表」の解説でも触れたように、ウォッチェでは靖国の合祀基準を踏まえた死因の偽装が行われており、冨五郎氏を含めた兵士たちに靖国の存在は重くのしかかっていたのである。

参考文献

大江志乃夫『靖国神社』（岩波新書、1984年）、赤澤史朗『戦没者合祀と靖国神社』（吉川弘文館、2015年）

日米開戦後には、「南方行愛国勤労出動隊」などの呼び名で、いっそう多くの朝鮮人が送り出された。ミッドウェーやガダルカナルで日本軍が敗退し、南方からの資源補給が絶たれて以降は、南洋群島に資源開発の重点が置かれ、加えて、駐留する日本軍向けの食糧の増産も必要となり、さらなる労働力を求めたのである。

このときは、農夫や採鉱夫として単身の男性が多く送出された一方、労働力たりえない人々（老人、幼年、病弱者など）には引揚げが命じられた。それでも約 6000 人の朝鮮人が南洋群島に動員されていた。

企業は朝鮮人の募集、移送、現場での監督などに関与したが、朝鮮半島からの渡航中に契約内容を一方的に変更したり、あるいは契約期間が終わっても残留させたこともあった。これらの補償や未払い賃金のため、日本敗戦後に争議が起きたりもした。

また、南洋群島の住民も軍事施設の工事や防空壕掘りに動員されたが、なかには戦場に送られた人々もいた。「パラオ挺身隊」や「ポナペ決死隊」と名付けられてニューギニアに送られたが、多くがそこで死没した。加えて、島の住民のなかには日本軍に「処刑」された人たちもいた。ミリ島では日本軍が島内の食物を管理したうえ、住民はスパイの嫌疑で、または反抗したという理由で少なくとも 198 名が殺されたという。このことは、戦後 1995（平成 7）年になって、マーシャル共和国の上院議員が「日本市民に訴える」とした公開書簡の中で触れている。

マーシャルは 1942（昭和 17）年から爆撃を受けるようになる。日記には「滑走路作業」という言葉がたびたび登場するが、冨五郎氏が従事したのは爆撃後の修復作業であったのだろう。いっぽう、滑走路建設に動員された囚人のうち、テニアン赤誠隊はトラック諸島春島（チューク諸島ウェノ島／モエン島）の基地建設に再動員されている。「トラック島図南報国隊」として約 1300 人が投じられたが、米軍に制海権を握られ、補給路が断たれると、ネズミやトカゲを追う飢餓地獄で次々と命を落とした。

1943（昭和 18）年からは船舶の撃沈も増えた。1944（昭和 19）年 5 月にはパラオ諸島沖で朝鮮人を乗せた大阪丸が撃沈され、49 名が犠牲になった。

映画『タリナイ』には現在の様子として、往時の赤誠隊が思い出される碑や、朝鮮語で残された詩が壁一面に広がっているところが映されている。「あの戦争」が今も生々しく残るウォッチェ。ぜひ映画もあわせてご覧いただきたい。

参考文献
井上亮『忘れられた島々「南洋群島」の現代史』（平凡社新書、2015 年）、今泉裕美子「南洋群島への朝鮮人の戦時労働動員」『戦争責任研究』（第 64 号、日本の戦争責任資料センター、2009 年）、小林玲子「植民地朝鮮からの朝鮮人労働者移入制限と差別問題」（浅野豊美編『南洋群島と帝国・国際秩序』慈学社、2007 年）、山田昭次・古庄正・樋口雄一『朝鮮人戦時労働動員』（岩波書店、2005 年）、藤原彰『餓死した英霊たち』（青木書店、2001 年）、「戦後補償の訴え日本政府が無視、マーシャル諸島議員から手紙」（『朝日新聞』1995 年 6 月 26 日、東京、夕刊）、防衛庁防衛研究所『戦史叢書　中部太平洋方面海軍作戦（1）』（朝雲新聞社、1970 年）

コラム 8

滑走路と囚人、朝鮮人

斉藤涼子

1941（昭和 16）年、1500 メートルおよび 1050 メートルの滑走路がウォッチェに完成した。マーシャルの航空基地整備は 1939（昭和 14）年から重点が置かれるようになったが、この工事には刑務所の受刑者（囚人）が多くたずさわっていた。

軍事施設の工事や軍需物資の生産には、多くの囚人や朝鮮人、島の住民が労働力として動員された。日記には冨五郎氏の戦友や上官が登場するのみだが、南洋で戦争を体験したのは兵士だけではなかったのである。ここではそんな日記の外側をのぞいてみたい。

航空基地建設が本格化すると、労働力の確保が課題となった。軍事施設であるため、機密保持に注意を払う必要があったのである。そこで囚人が動員されたのだが、彼らは特別口が堅かったわけではない。帰国後も刑務所暮らしであるため、漏洩の危険が低いと判断されたのである。孤島であることも逃亡防止に有利だった。1939 年末から、ウォッチェとテニアンに「赤誠隊」と名付けられた囚人が送り出されはじめ、最終的にその数は約 2000 名に達した。酷暑の重労働に加え、アメーバ赤痢、デング熱、腸チフスなどがはびこり、ウォッチェ・テニアンあわせておよそ 60 名の犠牲者を出すことになった。

一方、朝鮮人は委任統治以前から送り出されていた。日本企業が甘藷、マニラ麻、椰子などの産業に目をつけ、ここに労働力として投入されたのが最初である。1937（昭和 12）年、日中戦争が開始すると、朝鮮人人口は増加の一途をたどった。日本内地にともなって、南洋群島経済も戦時化し、軍需資源となる作物の増産（ポナペ島では甘藷を原料に無水酒精の製造がはかられた）などに従事させるため、政策として大量動員されるようになったのである。

これには南洋興発や南洋拓殖といった国策（的）企業が関係した。企業は南洋庁経由で朝鮮総督府に斡旋を依頼し、農業移民のかたちで朝鮮人が送り出された。選別にあたっては、農業経験者であることや家族持ちであることなどが重視された。永住が前提だったため、開拓地を拡げ、植栽に安定して従事できる者を選んで動員したのである。

「無情なる故郷山川」で閉じる望郷の詩。すべてハングル混じりの漢詩調で、書き手の教養の高さがうかがわれる。現在も第 64 警備隊本部の一角に残されている。

1944.03.31　連合艦隊司令長官古賀峯一、飛行艇で移動中に行方不明。翌日殉職認定。
1944.04.12　古賀司令長官に同行の福留繁参謀長らを救出。新Z号作戦などの機密書類をフィリピンゲリラに奪われる。

其ノ他デ防空壕ヨリ出ル暇モナシ
全ク日中ハ穴グラ生活ノミ続ケラル
然シドウヤラ食事ハ出来生（イキ）ヲ断〈継〉グ幸有リ
去月五月二十三日ニハ又モヤ艦砲ノ射撃有リ
全ク唐〈突〉然ノ事故驚カザルヲ得ナカツタ
イヤナ月日続ク

明五月二十七日海軍記念日*81
早朝一時三十分ヨリ演習有る恥〈はず〉ズ
毎昼食ハオジヤノ少食デハ有るガ大イニ張切ツテヤロウ
昼間ニ於テ適〈敵〉ノ空爆ダケハ大イニシキ〈熾〉烈ニナツタ事ダケハ確実デアル
僕ハ神様の御蔭の御賜カ身体ダケワ丈夫で何ヨリ幸福ト思ふ
適〈敵〉ハ又モヤセン〈宣〉伝ビラ*82ヲ又観〈街〉詰等降り巻〈まい〉タ様デ有る
明朝の食事ハ夜る貰ニ行ク様にナツテ居る
扨〈さ〉テハ変化シ悪クナルノデ
適〈敵〉の空龍〈襲〉下の内穴グラノ中で食事
ナベノスダレ綱〈網〉ナド行フナリ
酒モ草煙〈煙草〉モ□□モ戴ケナイ不便サ
之レデモ不平モ不満モナク
我軍ノ出激〈撃〉ヲ楽シミニ毎日夜頑張ツテ居るノミ

*81—海軍により制定された日露戦争戦勝記念日。一九〇五年五月二七日に日本海海戦に勝利したことにちなむ。毎年記念行事が行われた。敗戦後に廃止された。

*82—「宣伝ビラ」か。当時の日本では「伝単」とも呼ばれた。航空機で散布され、兵士や民間人の戦意をくじくため戦況情報や指導者批判、郷愁を誘うイラストなどが掲載された。

1944.05.03　連合艦隊司令長官に海軍大将豊田副武が親補される。
1944.06.06　連合国軍、フランス・ノルマンディに上陸

五月二十八日　艦爆双発戦闘機何レモ物凄イ爆激〈撃〉は点開〈展〉サル
幸イニシテ不〈負〉傷者ハナイラシイ

五月二十九日　滑走路作業午後三時ヨリ開始サル

六月八日　朝早空襲為

六月九日　早朝大隊長順〈訓〉示有リ、後相変ラズ空襲
我等ノ期待セシ六月ハ来レ共モ我軍飛行機隊艦隊今〈未〉だに見えズ
然レ共モ落タン〈胆〉スルコトナク
セツセト順〈訓〉練作業に邁進シツヽ、有ルガ
六月七日ヨリ作業激務ノ為め遂ニ右ノ胸痛ヲ感ジ
心配セシモ本日ニ至り稍痛無ク安心セリ

六月十六日　右アバラ軟骨ト思所痛ミ出シ
去ル六月十一日、遂ニ珍〈診〉察ヲソシテ本日ニ至ル
目下「イヒチオール」*83 塗リ休業中
但シ当直ニ立ツナリ
敵飛行機昼夜共ニ爆撃以前〈依然〉トシテアルモ昨夜ヨリ夜間機見えズ
我軍ニテモ戦果ポチ〳〵有ルモ本島ニハ今〈未〉ダ見えズ違ツテ
食料今迄五割減食ナルモ

＊83―イヒチオール軟膏。イクタモールとも呼ばれている。患部の消炎鎮痛のために用いられた。

1944.06.11　米機動部隊、マリアナ諸島に来襲。連日の爆撃で日本航空部隊に大損害。
1944.06.13　ドイツ、ロケットによるロンドン攻撃を開始。

本月十六日ヨリ皿〈更〉ニ六割減実行サルニ至ル
六月十九日　本日デ八日日位痛止ズ骨接〈ほねつぎ〉ニ見テ貰フ
曰ク肋感神径〈肋間神経〉痛トの事
寄〈依〉ツテマッサージ治療ヲ行フ

廿日　又同ジ四、五日前ヨリサイパン敵前上陸アリタリトノ報ニ接ス
亦硫黄島方面敵機百機来襲トノ報モ有リタリ

六月廿一日　待チタル新聞電報＊84ニテ
左の如ク発表アリタリ戦艦（一）、巡戦艦〈洋〉（二）撃沈了
次ニ戦艦（二）巡洋艦（四）駆チク〈逐〉艦（一）　混〈潜〉水艦（七）
空母（四）以大破セリ
尚ホ僕病気モマッサージ治療等三日目ニ至リシガ
全く気が良〈好〉行ニシテ全快近シ
亦本日モ明日モト敵来襲ハ稀レナリ
サイパンモ本日の発表ニ於テハ敵上陸セル部隊と我が警備隊トハ激戦
亦昨日モ本日モ昼食ハコプラ＊85一ヶ
明日当リハ又大型機来襲ノ頃ダ
片山君ノ所ニ行ツタ、麦及ビコプラ少量有リ
彼ハ新発ニテ車輌ハ既ニナシ塩取ノ大タキ〈炊き〉等セリ

＊84―ラジオが受信できない洋上船舶や離島向けに、同盟通信社が行っていたモールス信号によるニュース配信事業。
＊85―ヤシの実の胚乳を乾かしたもの。

1944.06.15　米軍、サイパン島に上陸開始。
1944.06.19　マリアナ沖海戦。連合艦隊は主力航空母艦や大半の航空機を喪失。

本島ニハ二ヶ年ニナラントセシガ
身体モ一見ガタ〳〵ノ様ニテ気毒ナ様ニ思フ
相変ラズ減食カナトモ思ッテ帰ッタ

六月二十三日　マッサージ五日目ニナルモ呼吸如〈ごと〉クニ右肋骨痛出ス
小林片山君ノ所ニ立寄ヤシノミ一ヶ頂キ、彼ウレシ涙デアッタ
又十番[*86]ハ平日ヨリ航空隊ヨリ食事ヲ受ルトノ事デアッタ
又今日ハ孝子練習帳ナド休ミ乍ら見テハ思出シテ何ン共言ヌ気持
小林モ大部分隊ノ悪者ガ居ッテ仲〈中〉々苦労ラシイ
僕は大イニイタワッテ上ゲタ
世ニモ軍隊ニモ鬼バカリハ居ヌ
今日モ幾度トナク空襲爆撃ガアッタガ
今デハ練〈なれ〉ッ子ニナッテ驚カズ

六月廿三日　午后四時頃発表大本営
十九日戦艦一隻航空母艦五隻以上撃沈破ノ
久振リノ足ガケ三ヶ年振リトモ言ヘ様
大戦果爆激〈撃〉発表セラレ、一同満足ノ色メキ
然シ敵ハ艦十隻空母二十数隻ヨリナル大機動部隊[*87]ニテ
マリアナ諸島ニ出激〈撃〉シテ居ルトノ事デアル
我方損害空母一隻油槽船（二）飛行機五十機アリ

＊86―機銃番号のことか。
＊87―海軍において、航空母艦（空母）を基幹とする航空機主体の艦隊を指す表現。正式な部隊名ではなく、日本海軍の場合は第一航空艦隊や第三艦隊などが、米海軍の場合は第三八任務部隊が機動部隊と呼ばれた。

1944.06.22　英印軍の反攻により、インパール作戦の成功が絶望的となる。
1944.06.23　大本営海軍部、サイパン奪回作戦を断念。

六月二十四日　午前六時二十分第二回目空襲爆撃有リ
マッサージ治療良行〈好〉痛ミモ稍ヤ離ル
一方独〈独逸〉デハ流星弾ヲ使用シテ居ルトノ事
小〈子〉供達ハ何ヲシテ居ルカ、体ガ悪イト彼様ニ思イ出サレテナラヌ
弱クナッタ体ハアワレナリ
午前八時頃来襲ノ敵戦争〈闘〉機前面内海ニ激遂〈撃墜〉ス
夕刻ニ至リ水警*88引上作業中

六月廿五日　七日目マッサージ深イ呼吸ヲナスモ痛マズ
但シ過激ナル労働ハ全く無理ト云ヒ渡サル
身体モ全く被〈疲〉労シテ居ル、ドコトナク痛ム
同日空母二隻撃沈ノ報アリ

六月二十六日　マダ右ガ痛ム
軍医*89曰ク四、五日休業ナセトノ申渡有リ
本日久振ノ大型爆撃機数機来襲、滑走路投弾
班長ヨリヤシリンゴ*90戴ク

六月二十九日　相変ズ空爆有リ
昨日四機撃遂〈墜〉珍ラシイ本島ノ戦果デ有ッタ

192
193

*88―水上警備科のこと。海軍の警備隊は、純粋な陸戦隊勤務の陸上警備科と、沿岸用小型艇を保有する水上警備科に分かれていた。

*89―海軍の正規軍人将校。六四警備隊の医務隊員は一〇名程度であった。

*90―ヤシの実の別名。

片山君ニ歯磨粉一ヶ差ゲ〈差上〉タ、彼ハ塩取ナドシテ居ッタ
僕も次第ニ快方ニ向ツテ本日ハ大部〈分〉楽クニナッタ
近イ内全治ニナルト思フ
休ミ乍ら手箱＊91ノ正整〈整理〉等行フ
亦今日ヨリ五時　九時三十分　二時三十分ノ食事時間トナス
相変ラズ軽キ食事デ有る腹モ空ク
何時ニナツタラ腹一杯食スル事ヤラ
大宮島＊92一日ヨリ六月二十五日迄ノ間
敵小型実ニ伸〈延〉数三千機内撃遂〈墜〉謹〈僅〉ニ弐百機トアッタ
サイパンハ今尚未定デ我等モ少ナ必〈から〉ズ不案〈安〉ナリ
大部〈分〉暑クナッタ

七月一日　心配シタ病気モ御蔭デ全治
直ニ作業ニ取カヽルモ、ソレハ何ント鉄骨カツギ
午前敵飛行見えズ
全治実ニ三週間ニ及ブソノ内一週ハマツサジ〈マッサージ〉ヲ行フ
後ハ「シヒキオール」＊93塗察〈擦〉ヲ行ヒタリ

七月三日　自分自身デハ少シ無理ト思イシ右作業
普〈並〉ニ海水中ノ作業ナレド全ク全快ト見えテ
人普〈並〉ニ行フニ致〈至〉リ自分乍らウレシク思ふ

＊91—海軍手箱のこと。石鹸、文房具、裁縫道具などの日用品を入れていた。腰かけ代わりの椅子として使ったり、机代わりにして手紙を書くこともあった。

＊92—グアム島の呼称。

＊93—イヒチオール軟膏。

1944.07.04　大本営、インパール作戦の中止を命令。
1944.07.07　サイパン島で南雲忠一司令長官らが自決し、サイパン島守備隊が全滅。

手榴弾〇〇ニテ魚取ナド行フニ参加シ又生デモ食シタ
（原田）兵長戦友。暑イ日デ空爆激シ

七月五日　本日も海水作業鉄骨運搬等行フ
左スネ「リフ」[*94]ニテ負復〈傷〉
骨ガ見えルモ然シ謹〈僅〉カデアル少々痛ム
空爆数回ニ及ブ
昨夜原田戦友[*95]木草等御馳走サル、ヨモヤマ話シ

七月七日　思出サル昨年ノ今日[*96]ソレ共モ知ラズ
於テ横須賀妻子ト別レヲツゲタ日
忘レモシナイ本日デアッタ
子供達ニハヨク一人々リ頭ヲナデアゲ将来ノ事モ話シテ上ゲタ恥〈筈〉ダ
若シヤコンナ具合ニナルノデアッタラ
妻トモ又話ガアルノデアッタガト今思フガ既ニ間ニ合ズ
然シ今ハ何モ考ヘマイトノミ思ッテ居ル
唯四番機[*97]ニテ不愉快ノ日ヲ日夜送ッテ居ルノミ
相変ズ昼間爆撃甚シ。了。

七月十日　又朝食オジヤトナル
今迄七割減食デアッタ、亦五分減ラシイ

＊94―リーフ（サンゴ礁）のこと。

＊95―兵長の原田豊秋氏。冨五郎氏の同年で、「戦友」と記されている。この日記が記された二冊の手帳を持ち帰り、家族に届けた。

＊96―冨五郎氏は家族と一九四三年の七月七日に最後の面会をし、一〇日に冲鷹で横須賀を出発している（163頁）。

＊97―役立たずの意。

之レモ致方アルマイ
大イニ賛成モ協力モスベキデアルト思フ。
昨年九日「中〈沖〉鷹」便乗、十日午前七時頃横須賀出港でアッタ
今時ノ事ヲスラ〳〵思イ浮ンデ来ル

七月十一日　且ツテナキ空爆ダ
午前六〇機、午后四十八機ダカ幸イ被害ナシ
朝オジヤ昼モ同ジ
併シ昼ニ至ッテ椰子一ケ配給アリ

七月十三日　早朝四分隊カラモ墓掃除一名、鳴々〈嗚呼〉オ盆ダ

七月十四日　二時三十分起床
相変ラズ昨日ノ続キ土方作業三時三十分止メ
墓参リ戦士〈死〉者ノ初盆デアッタ
朝食後僕石坂等空腹ヲシノグ為ニ雑草取リヲ行フ
身休〈体〉全ク本日至ッテダルイ
其ノ筈朝昼ハオジヤ少量夕食ハ普通
斯クシテ淋シイ頼りない日ハ幾日続クでアロウ
今月何モ考ヘマイと言ふが時々色々と浮ンデ来ル
僕の口ハ哀レナリ

1944.07.17　島田繁太郎海相が辞任し、軍令部総長専任となる。後任海相は野村直邦大将。
1944.07.18　東条英機内閣が総辞職。重臣会議で後任に小磯国昭大将を決定。

七月十六日　当直了後草取等行フ
関兵曹病死葬ヲ行フ
内地デアツタラ病気治療充分ニシテ死ス病人デハナカツタガ
戦地故止ムヲ得ナカツタ

七月十七日　夜ノ当直十一―二時
全ク寝間〈ねるま〉モナク寝〈眠〉カツタ

七月十八日　本日ヨリ皿〈更〉ニ減食
細ク長ク生〈いき〉ンガ為ニハ止ヲ得ズ

七月十九日　当直中デアツタ　五穹窖〈きゅうこう〉*98前ニ於
亦モヤ大型機六機来襲時一帯爆弾ノ雨ヲ降ス
僕ハ幸デアツタガ気毒デアッタ人モアル
尚ホサイパン日本軍モ遂ニ落タトノ悲報ガアツタ
僕ハ先ズダメダト思ツタ
併シドウアロウト生ルト云フ信念一心デアル
生ンガ為メニハドンナ苦労モ凌グ積〈つもり〉ダ

七月廿日　小型機来襲昨日ト異ナル

＊98―「穹窖」とはアーチ状の穴蔵を指すが、ここでは岩などを洞窟状に掘り込んだトーチカのこと。

1944.07.18　陸軍大将梅津美治郎が参謀総長に親補される。
1944.07.20　陸軍大将小磯国昭に大命降下、22日組閣。陸相は杉山元大将、海相は米内光政大将。

其ノ数少クナル先ノハ前戦〈線〉ニ送り出シタデアラウ
今日ハ食事場のヤ〈屋〉根掛ケ等行フ
相変ラズ減食ニテ空腹故草ヤ（ヤドカニ）*99 手数モカヽルガ
亦タコ*100少々等混入シテノ食事
亦椰子ノ実等摺ツテ少々浸、斯シテ食事ヲシテ居る
ドウシテモ生キ伸ル積リデ有ル
幸ひ昨今日僕の休〈体〉モ全〈全く〉　栄養ガ無ク脊〈痩〉セテハ居るガ
其ノ割合ニ健在デ御奉公致シ居ル
斯ノ如ク生活の状況ハ何モ同ジデ有ル
故ニ日記ニ書クノモ省クト思フ
日課当直ノ外非番ニハ午前六時カラ一時間作業。

1000 前後中攻　離陸ノ予定
90.0 ― 22.40

十月八日*101
4カンタク〈艦隊〉司令長カン〈官〉
8日○○　クリゼリン発　セラム島*102予定
四艦隊長艦*103　9日4．30時
10日　0.700　クリゼリン発飛来来島ノ予定

*99―ヤドカリか。

*100―パンダナス（タコノキ）の果実のこと。幹が四方にタコの脚のように生えることからタコノキと名付けられた。

*101―この部分のみ、一九四四年一〇月八日の日記のようである。

*102―インドネシア・モルッカ諸島に属する島。日本海軍の航空基地が置かれていた。

*103―第四艦隊の旗艦は、一九四一年一二月以来巡洋艦「鹿島」であったが、一九四四年四月一日より軽巡洋艦「長良」が旗艦となった。

1944.07.24　米軍、テニアン島に上陸開始。8月3日失陥。

七月廿三日　日曜、草取食料用
時ニ片山君ノ所ニ寄リコプラ半分位専之ヲ乞フ
彼ハ十八日の空襲ニ於テ頭部（ヒタイ）ニ弾片ガ入リ治療中
大部〈分〉張〈腫れ〉リテ居ツタ
敵飛行機三日間程来襲セズ
扨〈さ〉テハサイパンニ前戦〈線〉ニ行ツタカナトモ思ハル、

七月二十四日　午前小型午後大型機来襲
南崎*104宿カニ取リ、午後（イソギンチヤク）取ヲ行フ
去ル七月二十三日ヨリ我ガ小隊モ作業中止トナル
其レヨリ食料取ニイソシム、併シ思フ様ナ食料モナシ
宿カニ、イソキ〈ギ〉ンチヤク、草位ノモノデアツタ
病人続出スルモ僕ハ今ノ所至極壮健ノ観アリ

今日七月二十六日　水曜朝軍歌
夕食後ヨリ石坂十一分隊ニ小林ハ本分隊ニ配置変換有リタリ

七月二十七日　小型数機変態〈編隊〉
第三回ノ爆撃有リ大型モ又再三来襲
食事ハ増々謹〈僅〉カトナリ
草食ナド「イソギン」チヤク等ヲ食シ謹〈僅〉カニ生伸テ居ル

*104―ウォッチェ島の南端一帯の呼称。

病人の続出様デアリ亦「テニアン」[*105]ハ敵前上陸サレタトノ報アリ
七月二十八、九日　共ニ例ニ寄〈依〉ッテ二時三十分起床[*106]
五時朝食其間教練其の他畠起シ
雑草取野菜ノ手入、時ニハ水、土、軍歌
其の他朝食後、午后野戦ニ揃エマデ大概休養ナルモ
午前ハタイ〈待〉機所作リ
午後ハ食事マデ貝取リカニ取リヲ行フ
身心被〈疲〉労ト食不足デ綿ノ如シ[*107]
今日モ午后ハイソカイ〈磯貝〉取ヲ行ヒ多少腹の為メニト働いテ居ル

七月三十日、今日モ何んノ楽シミモナシ
オジヤ食デ被〈疲〉労ノ身乍らモ待假〈機〉所作リ少シヤリ
同ジ様ナ事ヲ繰シテ居ル
只日本軍ノ来ル日ヲ待ツノミ

七月三十一日　去年ノ今日クレゼリン出港ウオッチエニ

七月三十一日　今日ノオジヤハ米が無キガ如シ致シ方ナシ
朝カラ草の料理ハ草ヲ多量ニ混入
昼食全く気持悪ク身が□ニナリサウデアル

＊105—マリアナ諸島テニアン島。一九四四年七月二四日から八月三日早朝まで日本と米国が戦闘した。これによれば、ウォッチェには戦闘が開始した三日後に報せが入ったようである。

＊106—マーシャルの時差は日本より三時間早いので、実際は五時三〇分。時計は日本時間のままのようである。

＊107—「綿のように疲れる」（くたくたに疲れるさま）。

早く米の飯を食シタイト思ツテ居ル

目白四・一九五一・〇八自
五・二四─目白
品川五・五七─横須賀七・〇〇
荏原区荏原町[*108]一─三一一　青木一郎様
秀之
役場逢隈村[*109]銃後奉公会[*110]御中

□□様
板橋区豊玉北四ノ二八　湯本重三郎
主任殿
板橋区豊玉上二丁目七番地練馬営業所
新潟県南魚沼郡六日町字大月　山崎新吉
早稲田鶴巻町　青木信之
青木一郎

＊108─現在は品川区の一部。町名として残っている。
＊109─当時の宮城県亘理郡逢隈村。
＊110─徴兵者・出征者の留守家族や戦死者遺族の援護を目的として、市町村単位で設置された団体。

東京都板橋区豊玉上二―七
東京都バス練馬営業所[*111]
車輌科
職員御一同様
南品川　四丁　四九七　日下光夫

浪花（67）四四八七　鈴木正次
国産ミシン株式会社
三丁二〇三六　山本

＊111―都営バスの北自動車営業所練馬支所。現在も同所にある。

コラム 9

冨五郎氏の自動車運転免許

河野保博

冨五郎氏は出征前、東京でバスの運転手をしており、本書に収載される手記の前半は東京市電気局産業報国会の会員手帳に記されている。当時の自動車免許は現在よりも取得することが難しく、いわば特別な技能であった。「自動車取締令」（大正８年制定）に規定される免許には甲乙の二種があり、各種の自動車を運転できる甲種と限定された車種・種類の自動車を運転できる乙種があった。試験は自動車に関する法規と構造についての筆記、運転技能の実技が主なものであった。現在の試験と異なり、自動車の構造に熟知し、筆記だけでなく口頭でも説明できなければならなかったこともあり、自動車学校に通い、自動車の構造や運転技術を学ぶ者も多かったようである。冨五郎氏は芝の白銀三光町にあった自動車学校に学び、フォードとシボレーに習熟したようで甲種の免許を取得している。一時、自動車学校の教育助手もしており、このあたりは機関兵として長門に乗船していた経験と技能がいかされていると思われる。

冨五郎氏は東京府でバスの運転手となっているが、免許は山梨県で取得している。これは山梨県が本籍であった旧友の原田豊秋氏を連想させ、当初は山梨県で就業する予定だったとも考えられるが、「速やかに且つ容易に免許証を得る」方策であったかもしれない。当時の運転免許制度では、主たる就業地の地方長官が免許を交付しており、異なる府県に移転して就業する場合は改めて試験を受ける必要があった。しかし、この就業地変更試験は基本的に法規のみの試験であった。地域によって試験の難易度に差があったことを利用して、取得の際は比較的容易な試験地で受験し、合格ののち就業地を変更することがおこなわれていたようである。冨五郎氏がこの手を利用したかどうかはわからないが、当時の手引き書に書かれている方策であった。

冨五郎氏の御子息は早期退職後、タクシーの運転手をされているという。市民の足として今日も自動車を運転する姿に冨五郎氏の姿を重ねてしまうのは筆者だけではあるまい。

参考文献

東京自動車学校受験指導会編『各府県別自動車運転手試験の実際と受験法』（東京自動車学校受験指導会、1927 年）

三丁二〇〇二　今野
三丁目　二〇三五来倉
兵席番号　七三四二七

東京市北多摩郡保谷町上保谷新田坂上四一　勝俣明　2
○岩手県釜石市南町一丁目　内澤友三　11
下谷区御徒町一―一六　菅原栄治　10
下谷区二長町五二　佐藤廣　9
中目黒三―一九七七　上田三郎　8
王子区志茂町六四九
　一ノ六四九　山田一治　7
仙台市長町北町二八　6
〃　長町南町六七　岩佐兵壹　5
宮城県亘理郡亘理町　下木戸　4
〃　佐藤羽志芽　3
〃　安井仁吉　2
〃　渡辺圭吉　1
〃　北新町　佐藤澤治
北多摩郡保谷町上保谷新田坂上四一　勝俣明

コラム 10

冨五郎氏の東京時代

河野保博

マーシャルに行く前の冨五郎氏はどんな暮らしをしていたのだろうか、氏の見ていた風景が見たくて編者と筆者は追想の旅に出た。冨五郎氏は東京でバスの運転手をしていた。1942（昭和 17）年 10 月 1 日現在の『東京市職員録』には電気局内の練馬自動車営業所に冨五郎氏の名前が見える。しかし、それ以前の職員録には見当たらない。東京都心のバス路線は 1942 年 2 月に大統合され、市バスに集約された。関東大震災以降、東京の都市化と人口増加に呼応して、多くの交通機関が作られ、バス会社も雨後のタケノコのように新設されていった。昭和初期には無統制の弊害が悪化し、交通調整の必要が叫ばれていた。1938（昭和 13）年に「陸上交通事業調整法」が制定され、全国の交通事業が統制されていき、東京では 1942（昭和 17）年に八社の路線が東京市電気局のもとに統合された（翌年 10 月に都制が施行され、東京都交通局となった）。

冨五郎氏がいずれのバス会社に所属していたのか、記録が残されていないので不明といわざるを得ないが、運転手ということもあり、基本的に職場の近くに住むと思われるので住まいを頼りに探ることにした。我々は出征前に住んでいた椎名町 5 丁目――現在の豊島区南長崎 3 丁目――に向かった。冨五郎氏の旧宅を探していると著名な漫画家の集ったことで知られる「トキワ荘」を紹介する「豊島区トキワ荘通りお休み処」が目に入った。この地域のことを尋ねようと入ると、親切にも地元の古い地図を持つ方を紹介していただき、小出幹雄氏に出会うことができた。氏はこの地域の歴史を研究しており、貴重な地図や写真をお持ちだった。突然押しかけた我々を笑顔で迎えてくれ、冨五郎氏の旧宅跡地まで案内してくださった。さらに近くの道を「ダット」というバスが走っていたことも教えてくださった。旧目白通りを走り、練馬と早稲田を結ぶ路線、それは冨五郎氏が住んでいたもうひとつの地、山吹町へつながっていた。

ダット乗合自動車は、豊島区長崎南町に本社を置き、練馬から目白を結んでいたダット自動車合資会社と、牛込区若松町に本社を置き、早稲田界隈を結んでいたダット乗合自動車とが 1935（昭和 10）年に合併してできた会社で、都心と目白文化村や豊島園などを結んでいた。ダット乗合自動車は 1936（昭和 11）年に王子環状乗合自動車・日比谷乗合自動車と合併して東京環状乗合自動車株式会社となり、1942（昭和 17）年に東京市に統合された。この路線は現在も継承され、練馬から目白を経由して新宿を結ぶ「白 61」系統となっている。冨五郎氏が東京市バス時代に所属していた練馬営業所は東京環状乗合自動車――そして前身のダット乗合自動車――から引き継いでいること、椎名町と山吹町にあった冨五郎氏の自宅の近くにはどちらにもダット乗合自動車の車庫が置かれていたことから、冨五郎氏の勤め先はダット乗合自動車そして東京環状乗合自動車ではなかっただろうか。

我々は旧目白通りに面した南長崎花咲公園――ダット乗合自動車の車庫のあった――そばに立つ南長崎 3 丁目のバス停から都営バスに乗り込み、山吹町に向かった。1937（昭和 12）年発行の『大東京交通図』（帝国鉄道協会）に載る路線とほぼ同じ経路で走るバスの流れゆく景色を眺める一瞬、冨五郎氏が運転するバスに乗っていた。

参考文献
鉄道省編『全国乗合自動車総覧』（鉄道公論社、1927 年）、東京市電気局編『東京市交通調整史』（東京市電気局、1943 年）

東京市中野区新山通三丁目二十四番　高槻紀美雄　○
杉並区高円寺一丁目八番地　大沼利政
杉並区和田本町一〇七七　秋田幸兵衛
ミシン　日本橋区小伝馬町三丁目五番地　鈴木正次
宮城県名取郡玉浦青島　菅原源三郎
検車　東京市淀橋区戸塚一―二八六　渡辺亮様
スマトラ派遣　第三四六野戦郵便気付　司三八九四隊小隊　渡辺芳
松[*112]
福島県田村郡飯豊村字浮金　大久保健吉
渡辺タケノ

○　五丁目二一五九　山口鶴松　○
〃　二一五八　吉村卯之助　○
〃　沼田養之助　○
〃　三枝善太郎　○
〃　佐藤スミ　義雄○
〃　三原三五郎
〃　土屋武雄
〃　宮入乙二郎
○　五丁目二一五九　宮入庫光

＊112―渡辺芳松氏は練馬自動車営業所の同僚である。冨五郎氏と同じく運転手であったか（『東京市職員録　昭和一七年一〇月一日現在』より）。

二一五八　島田よし
〃　瀬浦犀次郎
〃　田口常春
〃　（山下ハナ

弾　大　一四五　一五五　一五五
ケン　一三一七三一
銃　皮七五　①三一八二方

（局名）下谷（局番）呼出（電話番号）九二七〇（住所）下谷区二
長町五二
（局名）練馬（局番）二〇三（電話番号）二〇八（住所）板橋区豊
玉上二丁目七練馬営業所
（局名）王子（電話番号）三七二〇
宮城県宮城郡松馬町上竹谷　早川亮倍
早川義一君
東京都城東区亀戸町九ノ二五〇番地
尾嶋勇
二月五日爆撃大型

《手帳二冊目》

13＋17＝30－6＝24÷3　一人三匹　余リ三*113

大分県東国東郡武蔵野一一三九番地
　佐藤克己
福島県信夫郡大笹生村字苧（オ）畑六十二番
　父渡辺春雄（治）
岩手県岩手郡沼宮内町字館
　沼宮内徳弥（清一）

東京都板橋区練馬仲町一ノ七五三
　中村久男
池袋（上板橋下車）廿年一月廿記入ス
東京都浅草区寿町一ノ二五
東京都淀橋区成子坂上二ノ六二八　白須甚作様方
　桜井幹男

本籍地

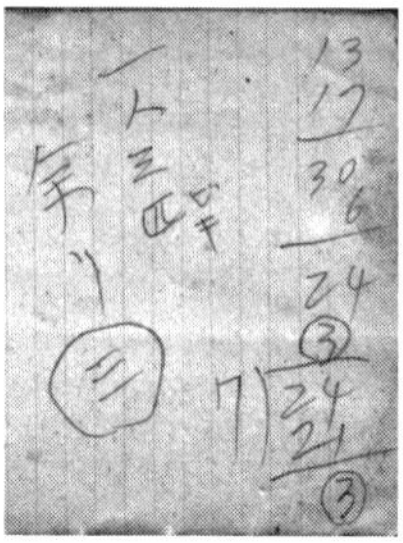

*113—魚を等分しようとしたか。

群馬県碓氷郡東横野村大字鷺之宮(ノミヤ)二一五
桜井幹男
北海道古宇郡泊村字臼別
本間藤雄*[114]

二曹　旧225—　現在270—
一曹　旧250—　現在255—
上曹　1日280—　現在300—
(一年七月加ル)*[115]
現役　3ケ年
十八年四月二十八日
18.7.31　3ヶ月2日
19年8.1
20年—　5カ月
加算
3.—
3
+20ヶ月　1.8
=4.11ヶ月*[116]

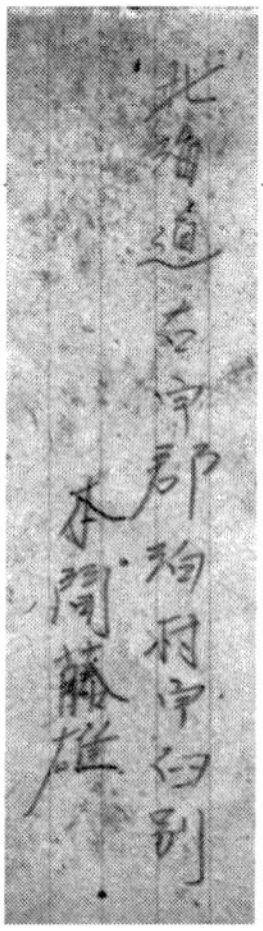

＊114—本間藤雄氏本人の筆によるものか。続くページもそれぞれの直筆で名前や住所が寄せ書きされている。

＊115—戦地にいる日数を数えているようだ。一年と七カ月は一九四三年八月一日ウォッチェ入港から一九四五年一月時点まで。

＊116—一九四三年召集からの期間を計算しているようだ。

一、夢デハナイカ夢デハナイデセウカトドンナニ驚クデセウ
然シ夢デハアリマセン
タシカニ（確ニ）父ガ書タ便リデアリマス
何ント㐂〈よろこ〉んデ下サイ
石ニカジリ付イテモ草ノ根木ノ実
良ク其ノ任務ヲ全ウシテ今御蔭デ生テ居リマス
ヤガテハ皆ンナト又御内デアノセマイ四畳半一所ニ
家内揃ツテ　御飯ヲ食ラレ〈ラレル〉日モ　遠クハナイデセウ
ホントウニ　御飯ヲ　御腹一パイ食テ見タイトノミ
思ツテ居リマス
然し今マデ御内デハ父ニ蔭善〈陰膳〉ヲ　スヱテ〈据えて〉下サイマシタ＊117
其ノセイカホントウニ丈夫デ生キ残ツテ居リマス。
オカズハ・ゼイタク　ハ申〈もうし〉マセン。　セメテ　タクワンノ半切レデモ、
父ハドンナニ㐂〈よろこ〉んデ頂ク事デセウ
デモ御互ヒ今後共モ体ニ充分ニ気ヲ付ケ
丈夫ナ体デ皆サント御会スル事ニイタシマセウ

二、母、孝子、信子、勉君赤ちゃんモ皆ンナ元気デセウカ、
暫ラク会フ事モ見ル事ガ出来ナカツタ皆ナサンノ顔
ドンナニ大キクナツタ事でせう

＊117―出征などで遠出している人が飢えないことを願って食べ物を据えること。冨五郎氏は家族から陰膳を据えていることを知らされていたようだ。手紙に書いてあったのか。

就中(なかんずく)勉君ハ一番変ツ居ルデウ(デセウ)
父ハ早ク皆ナサント会う其ノ一日ヲ薬ニ待ツテ居りマス
ドウカソノ間孝子ハ御家ニアリテハ良ク母ニオシエニシタガイ
妹ヤ弟ヲ親切ニシテ上ゲル事デス
ソレハ父ノタノミトスル所デアリマス
ソレカラオ隣ノ方々　親セキノ方々ニモ良シク
デハサヨウナラ

十一日十時夜出発、其日ニ帰ル予定其ノ朝帰ル
忘レル事ノ出来ナイ　此の一夜　何んと　例様物ナシ
フルイ上ツタ　彼ノ寒サ、水辺ノ流ニ流サレ

横須賀海軍人事部長殿
戸籍異動届
一、本人　横徴水*118　七三四二七号　海軍水兵長　佐藤冨五郎
一、妻　シズヱ　四十四年　一月二十四日生　九年五月十五日入籍*119
一、長女　孝子　十　五月四
一、二女　信子　十二　三月二十七　〃
一、長男　勉　十六　七月三日　〃

*118―兵籍番号。漢字は横須賀海兵団所属・徴兵・水兵を意味し、横須賀出発時とは兵種が変わっている。
*119―九年は昭和九年。戸籍上は一九三四年九月一一日に結婚。

一、三女　十八　十二月[120]　〃

御主人様御父上、其の午前八時頃
思バ〈ヘバ〉昭和十九年九月三十日三十九才ノ時デアリマシタ
敵米国の艦上爆撃機アツト言う間ニ急降シ
物凄いイ〈威〉力ノアル新発新〈弾〉[121]　二ヶ落下スルヤ
其レガ不幸ニシテ　間近ニサク烈〈炸裂〉
其ノ弾片ニヨリアノ赤道直下マアシヤル郡〈群〉島ニテ
朱ニ染ツテニツヨリト笑ツテ死ンダ僕ノ無二ノ親友。
覚悟ハ既ニ出来テゐるモノ。
東洋平和ノ為ナラバ[122]

ア丶大君ノ御為メニ死ぬワ兵士ノ本分ト
爆弾新発　残る恨みノ弾片
あゝ堂〈堂々〉の輸送船[123]さらば祖国よ栄えあれ
遥かに拝む飲ず食ずの日三日
捧げた生命これまでと　弾丸の雨降る

苦シイ時ハ救合ヒ　イツデモ明ルク楽シク

＊120—三女誕生の予定日が一二月であることを記している。

＊121—「瞬発弾」の意か。時限信管などと異なり、地面に着弾すると同時に爆発する。地面にめり込まないため、弾片と爆風がより広範囲に広がる。

＊122—一九三七年古関裕而作曲、藪内喜一郎詞『露営の歌』五番では「東洋平和のためならばなんの命惜しかろう」と歌われた。

＊123—一九四〇年映画『暁に祈る』主題歌の歌詞を冨五郎氏が替え歌にしている。

元気デ励ミ合フ

一、あゝあノ顔で　あの声デ　手柄頼むと妻や子が
ちぎれる程に　振ツタ旗　遠い雲間に　また浮ぶ

二、あゝ堂々の輸送船　さらば祖国よ栄あれ
遥に拝む宮城の　捧た生命これまでと
空に誓ツた　この決意。「月の光で走り書き」

六、あゝあの島も　この島も　赤い忠義の血がにじむ
故国（クニ）まで届け　暁に　あげる興亜の　この凱歌

勉君ドウシタカナー
過る十七年　十八年春
即チ二才暮レ三才ノ春デアッタ
彼ハ耳垂レ*124デアッタ　僕ハ其の治療当ツテヤッタ
トコロガ其の后ハ良ク「オキシユール」*125「脱シ〈脂〉ユ綿」サヘ見ルト
其レヲ持参シテ僕の所ニ寄ツテ来
口ハ勿論キケナカッタガ
自分の耳ノ苦痛ニ絶ヘ兼ねて

*124―中耳炎。
*125―オキシドール消毒液。

耳ノ手入、掃除、ヲシテ呉レと　セガムノデアツタデセウ
今コンナ事モ思ヒ出シタ
其ノ後耳ハドウナツタガ
医者の治療デ〈モ〉ヲ受ケレバ良イト思ふ
此ノ日忘れまい

戦地デ夕陽ヲ見ル事ハ実ニ深イ感慨ノ湧クモノガアル
見レバ同ジ分隊ノ者達モ皆ンナ黙ッテ夕陽ヲ見キル
誰モ彼モノ湧テ来ルモノハ懐郷ノ念テアッタ
僕でサエシキリニふる里ヲ想フノデアル
足掛二年*126　戦地ニ居◯そゞろ故郷ヲ想フノハ当り前デアラウ
夕陽ト同ジ感慨ヲ与ヘルモノハ月デアッタ
美イ月晩ハ眠レヌモノデアル
私ハ◯◯　戦地ハ何ニ付イテモ故郷ヲ想出ス
出サヌモノハ日本ノ兵隊デハナイけれども
一旦戦闘トナ〈ナル〉ト私達ハ故郷ノ事モ
何モ彼モ忘レテソシテ勇敢闘フ
困苦缺乏ニ堪ヘ良ク難局打開

＊126—ウォッチェに到着した一九四三年八月から数えている。

広々トシタ野山ニ春夏秋冬ノ草花ガ自ラ咲出ル
強冷(タイ)ナル風が吹テモ亦刺様ナ雨が降り注イデモ
草木ハ強烈ナ意志ヲ持ツテ　ジツト春ヲ待ツニ居ル
其ノ内暖イ春ノ来ルヲ待ツテ居ル風が吹始メルト
花芽一斉ニ

太陽ハ海カラ出デ海ニ入ルトハ

楽シイ時モ　苦シイ時モ
オ前達ハ　互ヒニ　信ジ合　嬉シイ事ハ　分チ合ヒ

四番機銃員
分隊下士一曹　阿部義明
二曹　若狭忠一
兵長　佐藤冨五郎
兵長　倉島忠隆
上等水兵　沼宮内清一
一等水兵　松村健
一等水兵　馬場三郎
一等水兵　石坂綾雄

挿[*127]

海軍大臣　海軍大将　野村直邦
十九年六月中　戦果
七月十八日発表

北九州　B29　7
南太平洋　165
中太平洋　897
支那方面　81
ビルマ　24
北太平　11
計　敵　一五六〇[*128]　我方　三六九

山梨県東八代郡柏村下曽根　甲府駅下車　小林大樹
長野県南安曇（アヅミ）郡温（ユタカ）村　五千五百拾八番地　楡小路（ニレコウジ）（大西千国）
松本駅　乗換　大糸南線一日市場（ヒトイチ）下車
千国今丙午（ケエゴ）[*129]

青森県上北郡天間林村
大字天間館字白石二十八番地　坂本兼松

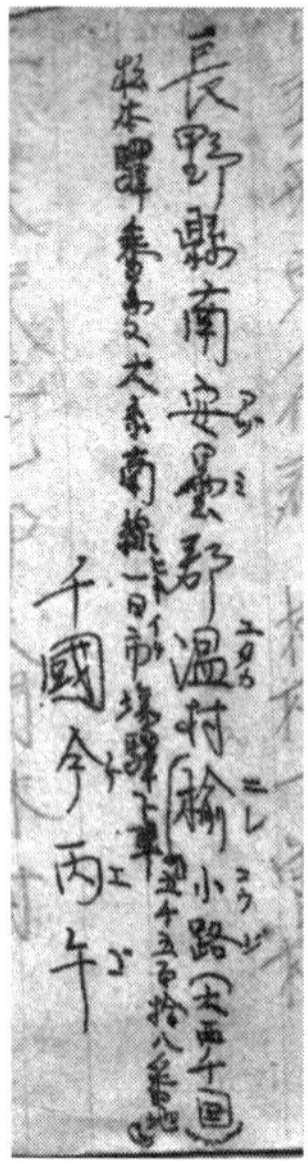
長野縣南安曇郡温村楡小路（大西千国）
松本驛乗換大糸南線一日市場驛下車五千五百拾八番地
千國今丙午

＊127—発表された戦果を後から余白に挿入したようだ。

＊128—文中に記された地域別の数値を合計すると一一八五となり、合計と一致しない。

＊129—千國今丙午氏本人の筆による。今丙午氏の息子である温氏は、マーシャル諸島方面遺族会で冨五郎氏の息子である勉氏と出会い、この日記により父今丙午氏の筆跡を見ることができた。戦後六〇年経ってからのことであった。

コラム 11

戦友との再会を夢見て

河野保博

その地図は戦友と再会するための羅針盤であった。水野一郎氏は冨五郎氏の手帳に住所と母の名を書きつけ、略地図を添えた。水野氏の住所は東京都豊島区西巣鴨、冨五郎氏の住む椎名町とは山手線を挟んで東西の際とはいえ、区を同じくする間柄であった。地図を描きながら地域の話で盛り上がったかもしれない。地区は違えども冨五郎氏は東京市の運転手であり、土地鑑はあっただろう。目印を記した地図からは来訪を楽しみにしている姿が思い浮かぶ。しかし、それが果たされることはなかった。

冨五郎氏が訪れたかった場所はどこなのか、編者と筆者は雪の残る 1 月下旬、地図を頼りに現地を訪れ、水野氏宅を探った。戦前と変わらぬ路線を走る都電荒川線を巣鴨新田駅で降り、地図と同じ直線道を東に進む。地図に「養育院」と記される広い空間は現在、東京都立文京高等学校となっている。養育院は渋沢栄一の主導で作られた困窮救済のための施設であり、大塚に本院、巣鴨に分院が置かれた。水野氏の家は養育院に面する東西路と大塚駅から庚申塚に向かう南北路の交差点の西南角に位置していた。地図には「湯屋」と「玉突」とが記され、その奥に水野氏の家があった。戦前の住宅地図である「火災保険図」（『豊島区戦前住宅地図』都市製図社、1986 年）を参照すると、ちょうど記載の番地に浴場と玉突とが描かれており、略地図の位置とも一致する。

巣鴨新田駅から 150 メートルほど東に進むと浴場のあった場所になる。保育園の向かいあたりが浴場のあった場所となろう。豊島区は空襲の激しい地域であり、このあたりは残念ながら焼け野原となってしまった。湯屋も水野氏の家も残ってはいなかったが、道路と住宅の奥にひっそり広がる北大塚二丁目公園との間に水野氏の家があったものと思われる。雪の残る公園で澄み切った青空を眺めながら、湯屋でくつろぎ、ビリヤードに興じるふたりの男の姿を思い浮かべた。あのときは苦労の連続だったなと、笑いあっていた。

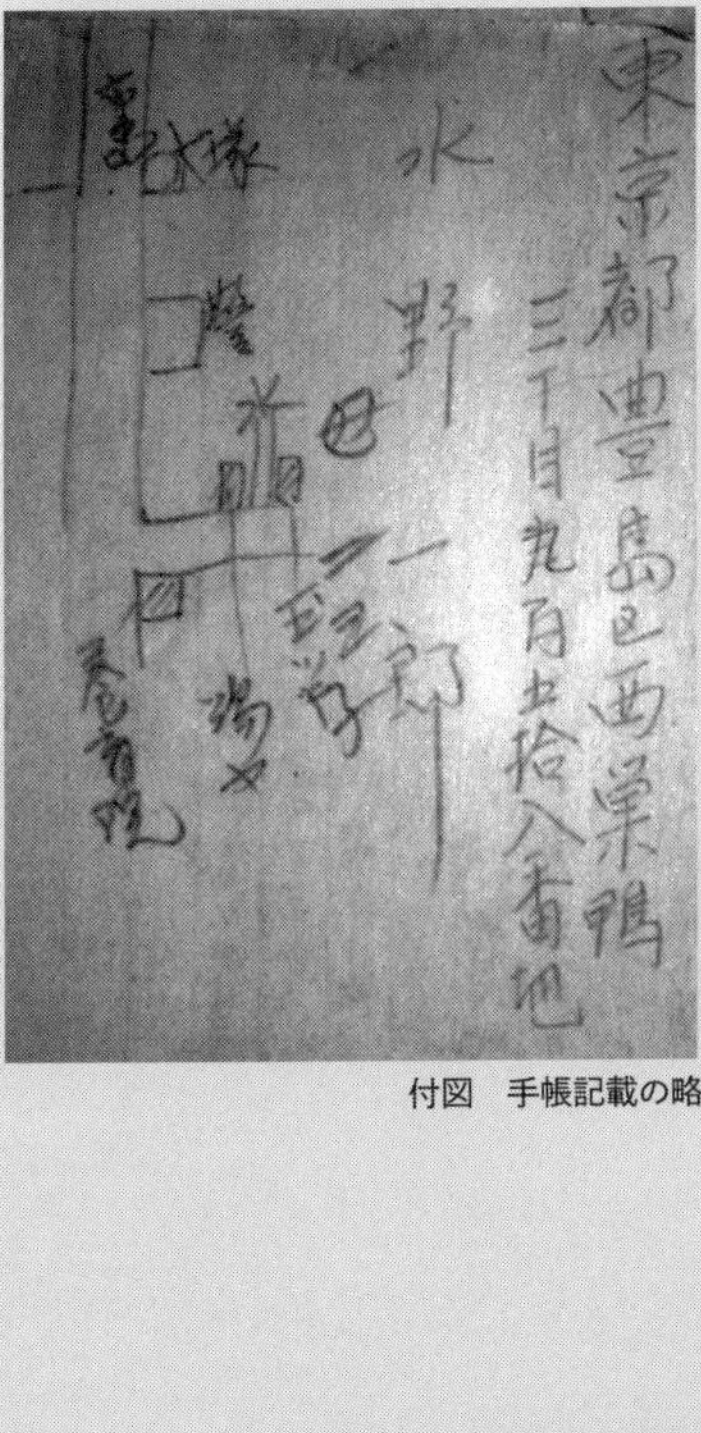

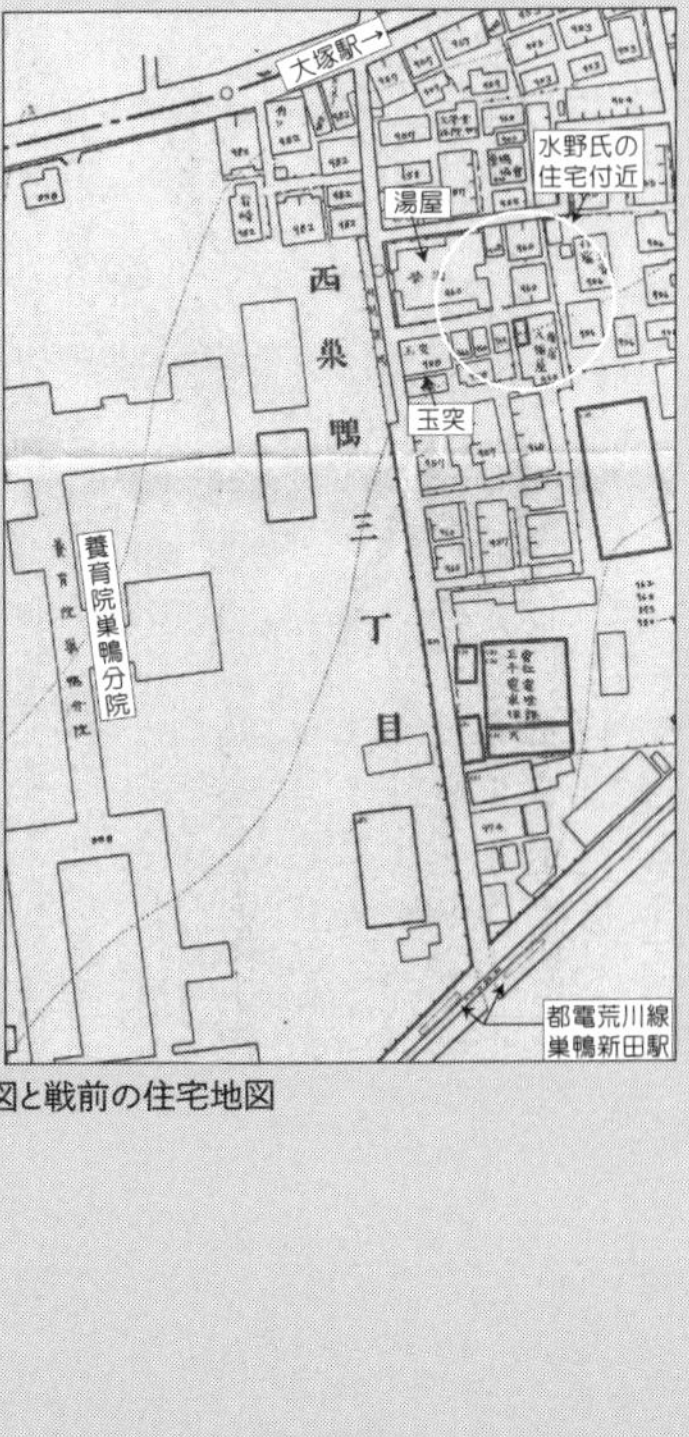

付図　手帳記載の略地図と戦前の住宅地図

東京都豊島区西巣鴨三丁目九百五拾八番地
水野一郎
母　二三子[*130]

福島県安達郡戸沢村大字南戸沢字松島二
菊地辰睦　ハルヱ

㉓　兵席番号　横徴水　七三四二七
海軍水兵長
明治三十九年　三月四日
本籍地　宮城県亘理郡逢隈村字鹿島
吹田七拾番地ノ弐　戸主　冨次郎
現住所　東京市豊島区椎名町五丁目二一五八
佐藤　シズヱ
入団年月日　大正十五年　十二月一日
現官拝命　昭和四年　十一月一日
現有善行章[*131]附与　昭和四年　十二月一日
次回付与　昭和二十一年　五月一日
現役満期及ビ帰休　昭和四年　十一月三十日
応召　昭和十八年　四月二十八日

＊130―冨五郎氏の家があった椎名町と水野一郎氏の家は近所である。水野氏は帰国後の再会のために地図を記したようだ。コラム「戦友との再会を夢見て」参照。

＊131―海軍軍人への表彰制度として用いられていた徽章。山型をしており、右腕に縫い付けて佩用した。在営三年ごとに一本ずつ、最大五本まで与えられ、そのたびに積み重ねる仕様であった。

入隊年月日　十八年　八月一日
現有勲記章ナシ

飢えとの闘い

（1944年8月1日～11月13日）

ついに冨五郎にも栄養失調による不調の症状が出始める。
病死する戦友たちに自分の運命を先見しつつ、
離島管理作業員の任務や農園作業を遂行する。
空襲が続くなか、台湾沖航空戦やフィリピン航空戦、
レイテ沖海戦の戦果が華々しく発表される一方、
脱走や食糧泥棒が厳しく咎められるなど
軍紀が大きく乱れていることにも冨五郎は気づいていたであろう。

1944.08.01　海軍、特攻兵器回天（人間魚雷）を兵器として正式に採用。
1944.08.02　海軍大将及川古志郎が軍令部総長に親補される。

日記
八月一日　昨年ノ今日ウオッチェ入港
平和な暑イ日デハアッタガ思ヒ出多キ芽出度イ日
記念スベキ日デアル
然ルニ本年一月三十日ヨリ敵ニ観〈缶〉詰状態ニサレ
減食ニ減食ヲ重ネ今日□シ
僕モ営〈栄〉養不良カ足が「ムクンデ」驚。悲惨タ
苦シイガ将〈尊〉ブ可キ任務ガ有ル、イタズラニ死ヲ急グモノニアラズ
自分デ自分ヲ「ムチ」打テ頑張ツテ居ル
子供達ハ八月一日デ休暇デアラウ等ト思フト
郷里ノ事等思ヒ出シテナラズ

八月三日昨夜ハ良イ月デ南白月トモ云フ可ベキデアラウ
併シ一夜中夜間爆撃有リ
午前中身体ノ疲労モイトイ〈厭い〉ナク南崎ヘトヤドカニ取リ
昼食後頭刈金十銭デ有ツタ
午后カラ労レテ休養ダ。パ、イヤノ葉デ煙草等制作シテ吸フ。

八月七日。午前五―八時当直五穹窖前□
目ガ悪ヒタメ盛ンニ目ガ痛ミ涙ガ出ズル
七日戻〈涙〉早朝ヨリ甚だシ、止ムナク午前三時整列の時病室ニ行ク

コラム 12

マーシャル諸島の気候

番定賢治

1944（昭和 19）年 8 月 1 日、冨五郎氏はちょうど 1 年前にウォッチェに入港した日を振り返り、「昨年ノ今日ウオッチェ入港平和な暑イ日デハアツタガ思ヒ出多キ芽出度イ日　記念スベキ日デアル」と記している。冨五郎氏はどのような気候風土の中で従軍体験を過ごしたのだろうか。

南洋庁発行の『昭和十二年度　内南洋気象年報』に、当時のウォッチェ島の観測所における気象観測の数値が残されている。それによれば、ウォッチェではほぼどの月でも最高平均気温が 30 度台、最低平均気温が 24 度台であり、昼夜の気温差は穏やかである一方、1 年を通して暑い日が続いていることがわかる。また、湿度はどの月でも 70 度以上、月により 80 度以上となり、マーシャルが海洋性の多湿な気候で、灼熱の熱帯とは異なり過ごしやすい風土であることが伺える。風向きは 1 年を通して東からの風である。

マーシャルでは 5 月～ 11 月が雨季、12 月～ 4 月が乾季であるが、降水量は最も多い 10 月で 220.0 ミリ、最も少ない 1 月で 68.8 ミリ、年合計で 1645.3 ミリであり、現在の東京の年間降水量の平年値が 1528.8 ミリであるのに比べ、意外にも雨は多くない。実際には雨季の間でも日照りが続くことは多かったようで、例えば雨季にあたる 1944 年 9 月 25 日の日記でも「最近ハ以前トシテ暑くスコール全ク無シ（水不足）」との記述がある。また、日記において暑さに言及する記述は雨季の間のほうが多く、雨季の間でも湿度により暑さを強く感じやすかったのではないかと考えられる。

降水をもたらすスコールには暑さを緩和する働きがあり、実際に 1945（昭和 20）年 4 月 13 日の日記には「夜珍ラシク雷稲光有リ　スコール甚シ　三枚着テ寝テ毛布二枚掛ケテモ暑クナカツタ」と記されている。また、良好な井戸水が少ないマーシャルではスコールが貴重な飲料水の供給源としての役目を持っており、多くの建物に雨水採取装置が取り付けられていた。

参考文献
土屋太郎『ウオッゼ島籠城六百日――孤島で生き抜いた将兵たちの記録』（光文社 NF 文庫、2012 年）

1944.08.05　大本営政府連絡会議が廃止され、最高戦争指導会議を設置。

（目医）無ナシ、只ダ洗篠〈浄〉ノミデアッタ
然ルニ以前〈依然〉トシテ目痛ト疲レ
午前大型空爆有リ。
出ルハ止ズ時ニ珍ラシク大スコールデアッタ
本年穴倉生活故恵レテスコールモ少デアッタ、実ニ全員助ル次第ナリ
七月下旬ヨリ時々ノスコールアルモ夜ノミナリ、全ク珍シイ
今日ハ目ノ痛モ頑満〈我慢〉シテ「スベリ草*132」苗ヲ見付ケタノデ
自分ノ畠ニソシテ其ノ一部ニ植付ケヲ行フ。併シ苗タルヤ少デアッタ
其ノ苗モ昨日当り唯〈誰〉カガ忘レニ行ツタデアロウ。
今日目ノ痛ミニモ之タケヲ記シタ

八月八日　家族手当ノ申請ヲ行セラル
午前目痛ムモ、午后ヨリ若狭兵曹ノロード〈ト〉目薬*133ヲサシタラ
大分良くナリタリ

八月九日　朝病室ニテ目ヲ洗フ、目ニテ二日間休ミタリ
今朝二時カラノ当直ハ相変ラズ行フ
午前「マクワ*134」瓜ノ種ヲ黒沢上水ヨリ貰ヒ穡〈播〉種セリ
下肥等モ施シスベリ草モ植付ケ
午後ハ海ニ行キ「リフ」カツギ大シテ収穫ナシ
班長モ足ヲ張〈のば〉シ若狭兵曹モ暫ラク休

*132—野草スベリヒユのこと。食用可である。

*133—点眼薬「ロート目薬」（一九〇九年発売）。

*134—ウリ科キュウリ属。メロンの一変種で果実は食用。

1944.08.11　グアム島日本軍守備隊が全滅。第31軍司令長官小畑英良中将が自決。

昨日シツノ〈シャッカ〉修理、黒ノフンドシ作リヲ行ヘ共モ目ガ痛
桜井兵長ヨリ足袋ノ底ゴム等貰ツテ来タ（腐ツタコプラ）
八月十日　種々ナル草食ヲ行ヘ共モ昨夜ノ赤草食ノ勢〈所為〉カ
腹痛下痢等行ツタ為メ
規律有ル朝ノ二時四十五分起床ノ順練〈訓〉ニハ全ク骨ガ折レタ
亦五穹窖一水田辺遂ニ病ト聞ク、全く衰〈哀〉レナ病死デ有ツタ
僕モ其ノ様有リタクナイト思ツタ。
昨夜ハ夢見モ悪ルカツタ

八月十五日　十五日目（ビスケ）二枚位ノ配給有リ
椰子ノ配給一ヶ有リタリ。昼夜ノ別ナク爆撃ハ以前〈依然〉タリ
僕ハ上塩〈上げ潮〉ノタメ（カニ）取リニ行カズ、草取ナド行ヒ当分草食デ有ツタ
朝ノ教練ハキツイ
午前ノ作業一時間位有ツタリ又ハ休養
今日ハ小隊農園作業ニ出タ、虫取デ有ツタ、虫付
ウオツチエ中区内海ニ面シタ方ハ野菜ハ全滅ダ
水警ノ前浜ニ時々遊ニ行ツタオ〈テ〉ル
仲々波信〈クミ〉ハ□ダ今ダ僕ノ所ニ来レタガオ湯モ出し廉〈兼〉ネタ
僕人糞吸取デアッタ
腹ガ空イテハ目廻〈目眩〉ガスル、昨夜ハ歯ガ痛ンデ泣カサレタ

今日風〈風邪〉気カ頭ガ重シ亦発熱ノ様ダ
午前洗擢〈濯〉等行ツタ
同年兵二名（原田桜井）共モ体悪ク休ンデ居ル

八月十八日　四日目デ椰子ノ配給一ヶ有リ、食事等混入シテ食ス
十一時三時当直午前大砲台ノ方にテ食事ノ混入
草取リカニ取等小林上水*135ト行フ
敵ノ飛行機四五日見ヘズ、至極呑気ダガ薄気味モ悪イ
全員モ脊〈痩〉セ行ク〳〵僕モ人一倍脊〈痩せ〉行クガ
思ツタヨリ健在ニハ自分デ自分ヲ驚ク位ダ
デモ両足ノ力ナクタク〈クタ〉〳〵ダ

八月十九日　早朝軍歌終ツテ外海甲配備有リ
サスガニカケ〈駆〉ラレナイ　ガマンシテカケタ
何ント申シテモ分隊下士沼宮内上水等張切リデ有ツタ。
僕ハ電令〈伝カ〉ヲ行ヒタ□ツラサ此ノ限リニアラズ
今ノ減食デハ既ニカケ足出来ズ心体被〈疲〉労有ノミ
午前ハカニ取リニモ行カズ休ンダ、作業ハ分隊下士ガ行ツテ呉レタ。
八月廿一日　暫ラク久リ〈振〉ノ雨ダ　午前降雨午后赤草下肥ヲ施ス
ドラム缶ニ相変ラズ入浴、近頃ハ石ケンヲ余リ使用セズ只コスルノミ

＊135——上等水兵。

1944.08.25　連合国軍がパリに入城。

腹ハ何時モ空腹、特ニ今日ハ何モ雨天ニテ収穫ナシ。「オ当リ」有ルノミ
普通デハ一食分足ズノヲ現在デハ三食ニシテ食□
身体ハ次第ニ衰ヘルノミデアル、然シ僕ハマダ健在デアル

八月二十二日　五―八時当直、午后赤〈亦〉食用草取リ
班長善行章受取リ
僕ハ四ヶ月分三円六拾銭戴ク
相変ラズ空爆小型有リ

八月二十三日　草取リ等分隊員デ行フガ其ノ夜下痢デ有ツタ
□番機重〈銃〉上山ガ見えなくナリ尋ね方ヲ行ク□□□頃見えた空爆有リ
八月廿四日　朝食后水警ニテ椰子四ヶ貰ヒ分隊デ食ス
残ハ夕食ニ櫂ツテ混入当〈直カ〉□□―五時
朝カラ雨天ニテ骨休ミ　出カケナカツタ

八月廿五日　午前二―五当直後草取等行ヒ
早午食シ□□等取リヲ行イ夕食ノ善〈膳〉ニ供ス
倉島モ歩ケタ帰リハ遅カツタ
午前空襲有リ急□班長□ノウ□砲リ半クツナクナツタトノ事デアル

1944.09.04　日ソ中立条約存続のため、最高戦争指導会議で広田弘毅のソ連特派を決定。
1944.09.15　米軍、ペリリュー島への上陸を開始。

八月廿七日　久しブリニテ外海ヨリ砲撃ヲ受ク、被害無キ模様ナリ
我砲射テ共モ不明中ノ僕ハニゲ去ル
時ハ午前六時、僕ハ食用草最〈取〉中デアッタ
南洋トハ申スモノ、暑イ日デアッタ、「ハダカデ歩イタ」

八月三十日　二、三日空襲コソナイガ南洋トハ申モノ、全く暑イ
昨日ハ「アジ」モ取レタガ取上ゲラル
残ハ少ナカッタ、小隊量〈糧〉食ヲ収メタ

八月三十一日　離島管理作業員トシテ午後南崎出発予定、
午前其ノ準備ヲ行フ。水警ニ行□
椰子五ヶ戴キ分隊員一同ニテ午食ニ供ス、イヨイ〈イヨ〉出発
営〈栄〉養□ク成ル郷里友人ハ有難い

九月十五日　十五日間ノ任務モツ、ガナク
離島ヨリ本島*136ニ徒歩ニテ約二時間以上、大分前日ノ労ト被〈疲〉労ス
来テ見レバ空襲デアッタ
分隊員ノ中産物トシテ何モナク　コプラ位ノモノデアッタ

九月十六日　空襲アリ、大分本島デモ被害大ノ見込ナリ
僕ハ本日前日ノ疲労トデ全ク体ガ痛メリ

*136—ウォッチェ環礁の本島、ウォッチェ島。六四警備隊本部があった。

二十日ブリニテヒゲソリ等戦地デ何んトモ云ヘナイ平和ナ気分デアル
何彼ぞ戦争シテ居カノ感有リ
五日の作業モ了ヘテ本島に帰リナバ
ソノ様に良く命ニ従ツテ国ノ為ニ尽スハ本分ダ、大イニ努力仕様。
九月カラ減食ダ
本隊ニ帰ツテ見テモ矢張リ減食ダ驚カザルモ得ナイ
良ク生テ居ノハ不思義〈議〉ナ位イダ
飯ワン中ニ草ヤ木ノ葉ダケアルノミ、米ガ見ヘナイ
離島作業中トレッ島[*137]約二時間歩イタガ
不幸にシテ何の収カク〈穫〉モナシ労シ損
朝□ダシ夜、帰ツタ。
リ〈陸〉スツタイノ道モ仲〈中〉々困難デアツタ
又腰マデ　コギ歩キモセリ。二度ト行ク所ニアラズ
暫ク振リノドラム缶入浴ダ、而シ入浴トモアレ気持の良イモノダ
亦本日本部作業ダ。手首ガムクンタラシイ腰モ痛ム
又　四時ニナルト暗クナル。
十五日前ハ明ルカツタ之〈ダケ〉レダ違フカナ
大分日ガ短クナツタ事ハ実〈事実〉ツダ

九月十七日　昨日ト同ジ七・八十機ヨリ成小型変タイ〈編隊〉空襲アリ
片山君モ直撃昨日有リシモ無事デアリタリ

＊137—ウォッチェ環礁の離島、トレッ島。ウォッチェ島から約一〇キロ。

本日作業帰リニ見舞ニ行ク
午后三時十五分本部ニ於テ軍歌等行フ　黄海々戦[*138]
九月十八日　例ニ寄〈依〉ッテ三時十五分前起床
明ルイ謝〈射〉法終ッテ爆弾穴ウメ
心身綿ノ如シ、何ンノタトヒ様ナシ
朝食後南崎宿カニ拾（ヒロイ）暑イ日デアッタ
明日松〈薪〉集メ
九月二十日　五日間ノ大空襲有、病舎ヨリ松山通リ[*139]ニ至ル
被害ジン〈甚〉大ナリ、南崎海ニ行ク午前中
九月二十二日　三時十五分前起床　墓ノ掃ヲ行ヒ後
昨日ノ労レモ厭イナク南崎足ガ重苦シクテ歩ケナイ
顔モムクム、身体ノ具合悪化ス
食物ハ三度ノ重湯以外ニ何モナシ。木ノ葉草ノ葉アルノミ
九月二十四日若狭二曹トウトン[*140]見張員トシテ午后三時頃出発
十月九日頃約十五日間滞在ノ予定ナリ
本日小型・大型ノ空爆有リ
僕ハ南崎、午后袋縫等行フ

*138―日清戦争の黄海海戦を題材にした軍歌は多数存在するが、タイトルに黄海海戦を謳った作品としては、明治天皇作詞、田中穂積作曲の「黄海の大捷」が最もよく知られている。

*139―本島・ウォッチェ島西岸、内海側の病舎に続く道か。

*140―ウォッチェ環礁内の離島、トウトン島。ウォッチェ島から約一七キロ。

1944.09.21　米機動部隊、マニラ方面を空襲。
1944.09.28　最高戦争指導会議、ドイツ崩壊に対応しソ連を利用した情勢好転に努める方針を決定。

九月二十五日　昼十二時草取ニ行ク。
途中水警ニ立寄リ、コプラ等戴キ分隊員一同ニテ食ス
最近ハ以前（依然）トシテ暑くスコール全ク無シ（水不足）

九月二十七日　又モヤ中型機来襲七機小型二十機、実ニ不気味ヲ呈セリ
今日モ畠作り（タビヌイ）（足袋縫い）等行フ、後、油虫取リモ行フ
スコール全クナシ班長ハ良ク働ク

九月二十九日　不思議ニ九ノ字ガック。三十九年三十九才
昭和十九年、九月二十九日トハ本年ノ悪日ハ之レデ了ツタカナ
本日早朝午前六時空爆有リ
又総員起ト共ニ本部ニ行ツテ陣地ノ材料集ヲ行フ
小隊長ツキキリ、マルデ地ゴク（獄）ノ様デアツタ
減食ハイゼン（依然）トシテ実施中ノ今日、全クフラ／＼デアツタ
又明日モ有ルカナ、僕ハ八―十一時穹窖当直。

九月三十日　午前八時過ぎ小型二十機ヨリナル爆撃アリ
遂ニ佐藤兵長三十九年生ノ三十九才、九月三十日ニ戦死セリ
場所水警待機場（新発）シンカン　アト（跡形）型モナシ
彼モ自分ノボークウゴウ（防空壕）ニテ胸、首ニ弾片ヲ受ケ（ソク死）ス

彼ハ立派ナ最後ノ戦ヲトゲタリ
悪イ年三十九歳、十九年九月でアッタ。　僕ハ早速参拝ス
時ハ既ニウォッチエノ土ニ彼ハウズム

十月一日　当直五—八時。朝食前本隊農園作業開始ニ参加。
前ニモ行ヘ共モ爆撃ニテ全部皆滅ニ期〈帰〉ス
第二回日〈目〉開始ス、二百坪ヲ開根〈墾〉シテコーリヤン*141ヲ植付トノ事。
朝食後当直、午食後午休ヲナシ
夕食後本部作業二時三十分ヨリ三時三十分迄。
馬場一水オリメージ*142保養ダ出発ス

十月二日　身体全ク衰弱ス、南崎マデ（シザガ〈膝〉）痛、ヤット歩タ
珍ラシク雨ノタメ何の収穫モナシ帰レリ
本島デ農園作業本腰ナレド、僕等身モ体モ全ク動ケナイ有様ニ弱ツタ
輸送潜水カン〈艦〉モ入リ様モナシ
各分隊ニ（三砲台ヨリ六人来ル）兵隊ノ分配有リ
内ハ高見沢兵曹十五日ニ来予定ナリ
今日ノオジヤ又（ネズミガ入ツタ）味ノ良イ事日本一
毎日新シイ事ガ続テ居
夕食後（二時三十分）本部農園作業主計長*143激励アリ
コプラ一箇ヅ、特ニ配給アリ

*141—このコーリャンは満洲から送られた。コラム「満洲からの高粱」参照。
*142—ウォッチェ環礁の離島、ウォルメージ島。ウォッチェ島から約一四キロ。
*143—北島秀治郎主計大尉。

食料ニハ日一日ト困難ナリ
各自南瓜五本唐モロコシ十本ト
小隊農園南瓜五百本唐モロコシ千本コウラヤン〈コーリャン〉
ジャツカン〈若干〉栽培ノ割当アリ

十月三日　小隊長順示〈訓〉、司令通達。先ズ箇條書ニシテ見様

一、本島三千五百人ハ既ニ二千七百名滅〈減カ〉ズ
一、食料ハ四月迄デアツタガ引伸シテ十二月半迄
一、後ハ無クナリガシ〈餓死〉スルノデ急ニ農園作業開始
一、主トシテコウラヤン、カボチヤ、トウモロコシ
一、思様食事シテ居ナイ体デハアルガ全力ヲ儘〈尽〉シガ〈餓〉死セズ
本分ヲ儘〈尽クス〉コトデアル　ソレガ為メ不平不満ノモノ銃殺。
見込ナキ病人モ自ケツ〈決〉。ヌス〈盗〉人モ銃殺其他悪行意〈為〉ハ厳罪ニス
一、作業一日中ニ同ジソレガ為メ病斃ルモ其ノ儀〈犠〉セイ〈牲〉ハ
止ムヲ得ナイトノコト
（シヨン〈哨〉戒）*144ハ之ヲアヤシイト見レバ発砲ナスコト等
僕ハ二十四粒ノカボチヤノ種イタミ〈伊丹カ〉ニ貰ヒ
床ノ作ツテアル所ニ早速午前中穡〈播〉種ス。時ハ十月三日午前中。
十月六日　（イタミ〈伊丹カ〉）改全〈カイゼン〉*145島夕食後出発ノ様ダ、一ヶ月

＊144—文脈からして、「哨戒機」の意か。本来は対潜哨戒機をさすが、ここでは偵察機・対潜哨戒機全般を指していると思われる。

＊145—ウォッチェ環礁の離島、カイゼン島。ウォッチェ島から約四〇キロ。

慰問袋に入れて送った。
1944（昭和 19）年 1 月の便りを最後に、百次郎からの音信は途絶えた。2 度目の秋が来ても、ひで子は菊の花びらをちぎっては手紙に入れて送り続けた。秋の終わり、満鉄社宅の裏庭には白い小菊がよく咲いた。かつて百次郎は「こうしてみると、なかなかいい花じゃあないか」と、顔を寄せて菊の香りを楽しんでいた。
1944 年 9 月 16 日未明。百次郎の机がある部屋で、突然窓が揺さぶられ、ガタンという音にひで子は目覚めた。スーと鳥が天井をかすめて飛ぶ気配に続き、バタバタと畳の上で跳ねている様子。飛び起き襖を開け、電灯をつけた。窓は閉まっており、机の上には何事もなかったように百次郎の写真と、そばに白い菊が飾ってあった。
手紙が途絶えてから 1 年が過ぎ、ひで子は海兵団に消息を問い合わせた。
1 カ月後、短い電報が届いた。
〈キタハラモモジラウ　一九ネン九ガツ一六ヒ　ナンヤウグンタウハウメンニテセンシセリ〉
9 月 16 日、ウォッチェ本島を米軍機が襲った。百次郎は直撃弾を受け即死。33 歳であった。
戦死日を見て、ひで子は鳥の正体がわかった。確かにあの時、百次郎の机の上には白い菊の花があった。第 64 警備隊作成の「残務整理簿（戦病死者名簿）」によれば、百次郎の死亡時刻は朝 6 時。奉天では午前 3 時頃の出来事であった。

――鳥になりみ霊は家に帰りしか朝まだき部屋に羽ばたきの音

ひで子が 3 人の子を連れて引揚げ船で帰国できたのは、1946（昭和 21）年 6 月だった。百次郎の実家に帰ると、片腕を失った戦友、荻原晃が届けてくれた一片の骨と遺品があった。遺品の中には、ひで子に便りを綴った万年筆と、最後の朝に手渡したハンカチ、爆風でガラスと針が飛散した腕時計があった。
1980（昭和 55）年、ひで子は靖国神社で開かれたウォッゼ島戦友会に招かれた。戦後続いた会も、その年解散を迎えるため、元 64 警備隊司令長官の吉見信一が是非ひで子に会いたいという。吉見はひで子に会うなり手を握り「あなたが送ってくれた高粱を蒔いた後、ご主人は戦死されました。あの高粱のおかげで、どれだけみんな助かったことか……」と、何度も礼を述べた。その話を聞いたひで子は、のちに次の短歌を詠んでいる。

――慰問袋に入れし高粱一粒が南の島に生くるのありや

第 64 警備隊作成の「功績整理簿」功績特殊事項欄には「高粱ノ種子ヲ本島ニ伝ヒ」と百次郎の「功績」が記されている。

参考文献
北原ひで子『黄塵』（武蔵野文学舎、1986 年）、
北原ひで子『鎮魂の海』（武蔵野文学舎、2006 年）、
辺見じゅん『戦場から届いた遺書』（文藝春秋、2003 年）、
辺見じゅん『女たちの大和』（ハルキ文庫、2005 年）、
「功績整理簿」（登録番号：⑧参考－人事－ 121、部署等：第 64 警備隊、防衛省防衛研究所）、
「残務整理簿（戦病死者名簿）」（登録番号：⑧参考－人事－ 155、部署等：第 64 警備隊、防衛省防衛研究所）

コラム 13

満洲からの高粱

大川史織

高粱（コーリャン）は、アフリカ原産のモロコシの一種。中国東北部などで多く栽培され、食用、飼料、高粱酒の原料となる。冨五郎日記では、1944（昭和 19）年 10 月 1 日に爆撃で壊滅した本隊農園 200 坪の土地を開墾して高粱を植え付け、5 日後の 10 月 6 日に芽が出ている。生還者が「命の高粱」と呼び、珊瑚礁の土地で栽培すべく、手間暇かけて栽培した高粱。そのルーツを辿ると、戦時下に 37 通の手紙でつながり続けたある夫婦の存在があった。

1943（昭和 18）年 4 月 10 日。冨五郎氏が召集令状を受け取りに亘理へ戻ったその日、満洲の奉天にいた北原百次郎にも充員召集の令状が届いた。百次郎は海軍生活を経験した後、満鉄（南満洲鉄道）職員として奉天で妻と 3 人の子供と暮らしていた。応召手続きのため郷里の長野へ戻った百次郎は、生家から便箋 9 枚の手紙を妻ひで子に送った後、横須賀海兵団に入隊。わずか 2 カ月余りの間に 20 通の手紙を奉天に送り、冨五郎とともに 1943 年 7 月、横須賀を発った。

前線ウォッチェ到着後も、百次郎は方眼紙やザラ紙に 17 通の手紙と葉書 1 枚を送っている。「妻よ、今日も元気だ」とはじまり、ひで子の便りで知る子どもの成長を「ウフフフ……」と悦ぶ。「この美しい夜空を君に見せたいと思う」と記した第 3 便には、静かな海の景色をこんなふうに綴っている。

「……遠く水平線の彼方に、黒い尾を曳いた雲の一点が漂う。それが次第に移動していく。スコールの一群であろう。そのスコールを背景に、取り残されたものの如く白い帆をかけたカヌーが二つ、三つ、帆はふっくらと風をはらんで水平線の彼方へと消えてゆく……」

秋になると、満洲では高粱が紅い実をつける。満洲国の主食、紅米（ホンミー）で家族を思い出してほしい。長期戦に備えて蒔いてくれたら、と願ったひで子は、その頃米の代わりに配給された高粱の実をひと握り、

撮影：森山史子

1944.10.10　十・十空襲。沖縄本島など南西諸島一帯に対し米機動部隊が空襲。

僕モ彼モウラヤマシク感ジタ
午前中南瓜稲〈播〉種ヲ行フ、之デ了リ
次ニ（コーラヤン）ノ芽ガ出タ、早イモノダガ肥料ガナイ
午前（ドテ〈土手〉ノ開根〈墾〉）ヲ行フ、夕食後ハ本部農園トヤラ暇ナシ
五日久〈振〉リデ小型ノ空爆アリ南ノ方。

十月七日　午前（タイド）開根〈墾〉ヲ行ヒ、八―十一当直
食後軍歌書き等行ふ夕食後又作業ダ

十月八日　日中ダケ究〈穹〉宮〈窖〉ノ当直　夜間分隊ノ農園ノ当直トナス。
本日発令午前午後タイド開根〈墾〉ヲ行ヒコウラヤン稲〈播〉種ス
身体全く被〈疲〉労ス

十月九日　午前六時空襲本日ハ安〈案〉外早カツタ
ビンボー暇無シ、身体ハ満足ニ食ズ為ニト被〈疲〉労トデ全く綿ノ如シ
若狭兵曹トウトンヨリ帰ル午后入□

十月十日　午ヒル〈昼〉若狭兵曹帰祝コプラデ腹ヲフクラス
大シタ今時トシテハ何ヨリ御馳走様デアッタ。何ント例へ様無シ
又今日カラ一部日課ガ変ル、起床後三時五十分迄教練後農園
敵上陸算大なりと司令訓示有リ。何んとした事だ

1944.10.12　台湾沖航空戦（16日まで）。大本営が誤認にもとづく過大戦果を発表。

亦パラオの離島[*146]ニモ敵前上陸アリと以前知らせラレタ
其レハ何んと大飛行場ガ有ルトキク
ソシテ「パラオ」ハ空襲と砲撃サレテ居るトキク。
敵はオソラク「ランイン（蘭印）」[*147]ヲ根キョ（拠）トシテ
戦場ハ日本海デ行フトノ予カン（よ感）デアル
マアシヤルハ敵の手中に有ルトキク

十月十一日　昨夜珍シク少量でありしがスコール有リ
ショ（哨）戒機ハ一夜中飛ビ廻ツテ居ル　㊓
午前午後小隊農園作業二分隊
渡邊上水にシヤジ（匙）二本作ツテ貰フ。了。感謝ス。

十月十六日　戦果ガ発表サレタ
空母　二十三隻　計艦船　五十三隻トアリ
何レモ台湾方面ノ戦果ラシイ[*148]
高見沢兵曹分隊下士トシテ来レタ
阿部班長ハ先任下士官トナラレタ
然し分隊下士ハ病気中休業デアツタ
食事も今日ヨリ行ツタ
小隊の農園ハ大タイ（体）済ンダガ本日ヨリ陣地作リヲ予定ナリ
僕は稀ニ見ル（エボジ（いぼ痔））デ困ツテ居ル

＊146―ペリリュー島。
＊147―オランダ領東インド（蘭印、現在のインドネシア）。
＊148―台湾沖航空戦を指す。コラム「台湾沖航空戦」参照。

1944.10.18　連合艦隊、「捷一号作戦」（レイテ決戦）を発令。
1944.10.19　アンガウル島守備隊が全滅。

十月八日〈十八〉　昨日ヨリ陣地作リ
六―七・三〇午后二・三〇　三・三〇。
但シ外海陣地見ルモアハレナ姿陣地トナッテ居る
次に大戦果アリタリトの事　母艦十隻以上激沈、台湾方面デノ事
仕事の間ニハ農園作業、二、
小隊農園ヨリ南瓜一ヶ（ヌスマレ）日中モ当直立ツ様になつた。

十月十九日　日デリ続行中デアシ〈アリシ〉モ本日十時頃ヨリ
珍ラシクスコールアリ
先任下士若狭兵曹前ニテナマコ取（昼休中）
本日朝四番。桜井兵長にコプラ御馳走ニナル
何ヨリデアッタ
僕ト原田同年デアッタ。夕食カボチヤ飯何ヨリ

十月二十日　早朝（五・―）敵小型機空爆アリ、僕ハ本部作業員
外海陣地小隊作業員ヲ以テ作業に罹〈掛〉レリ。
朝食トカゲ食フ。

十月二十二日　昨夜ハ珍シクモスコールアリ
作物ニハ絶好ノシーズ〈シーズン〉デアッタ

空襲ナシ前戦〈線〉ニ行ツタラシイ、　定期は来テ居ル
僕は作物ニ肥料施セリ
僕脊〈痩〉セテ骨ガ折レテ仕方ナシ、　夜モ死ダ様ニ被労〈疲〉シテ寝ル
本日昼ニ小隊ノトウミギ一本配給アリ。之が最初ダ
夕食後沼宮内上水椰子取作業員トシテ出発。
二十七日帰リの予定ナリ

十月二十三日　総員起床後直ニ発電機前ニ於テ

コラム 14

台湾沖航空戦

今井　勇

「我部隊は 10 月 12 日以降連日連夜台湾及「ルソン」東方海面の敵機動部隊を猛攻し其の過半の兵力を壊滅して之を潰走せしめたり」。1944（昭和 19）年 10 月 19 日の夕刻、大本営は台湾・フィリピン方面における戦果を総合して敵機動部隊の壊滅を大々的に発表した。その戦果は、空母 19 隻・戦艦 4 隻の轟撃沈・撃破をはじめとして、フィリピン方面にせまる米機動部隊の全滅を意味する決定的なものであったといえる。しかし、それは完全な誤報であった。日本海軍は先のマリアナ沖海戦（1944 年 6 月）に完敗し航空兵力の大半を失ったため、来たるべき米機動部隊の侵攻に対応すべく、荒天や夜間でも攻撃可能な部隊（T 攻撃部隊）の編成が急がれた。その T 攻撃部隊を中心に 10 月 12 日～ 14 日にかけて荒天・薄暮・夜間攻撃が繰り返され、味方の未帰還機が増大する一方で正確な戦果の確認もままならず、未確認の戦果が現地部隊から大本営に向けて発信され続けたのである。その結果、大本営は届けられた戦果をそのまま合計して発表したため、先の大戦果の発表に至ったのである。

冨五郎氏も 10 月 16 日の日記に「戦果ガ発表サレタ　空母二十三隻　計艦船　五十三隻トアリ　何レモ台灣方面ノ戦果ラシイ」と記し、続く 18 日にも大戦果として空母 10 隻以上撃沈の情報を記している。そのような大本営発表以上に過大な戦果は、もはや当時の米軍が保有した正規空母の数を凌駕する数の撃沈数となっていたが、戦地における情報の混乱と、それを上回る戦局を挽回する劇的な戦果への期待が存在していたことを示して余りあるのではないだろうか。そして、その過剰な戦果への期待は、続くフィリピン方面における神風特別攻撃隊の大戦果などによって戦局挽回の期待にまで高まり、冨五郎氏も「此の戦果に乗ジテ一日モ早ク我ガ軍ノマアシヤル進出ヲ望」むまでに至ったのである。あまりにも空虚な期待であったと評することは容易であるが、想像を絶する苛酷な戦場において冨五郎氏をはじめ兵士達が抱いたであろう一縷の望みの大きさを思うとき、発表された戦果が誤報であることを認識しながらも隠蔽し続けた軍上層部の責任は、作戦指導上の責任以上に深刻重大なものであったと言わざるを得ない。

参考文献

防衛研修所戦史室『戦史叢書 海軍捷号作戦（1）台湾沖航空戦まで』（朝雲新聞社、1970 年）、辻泰明・NHK 取材班『幻の大戦果 大本営発表の真相』（日本放送出版協会、2002 年）

1944.10.20　米陸軍、レイテ島への上陸を開始。
1944.10.21　海軍神風特別隊が初出撃。

第一中隊長ノ司令順示〈訓〉通達有リ
一、七月十三日少隊通達同ジ事でアッタ
一、本島防備ニ当ッテハモット〳〵悪ジョ〈条〉伴〈件〉ヨリ見れバ
大平楽デアル、大イニ自張〈重〉
ソレヲ見バ頑張ラナケレバイケナイ
一、本島ヲ離レル者ハ、天皇陛下ヲ後ニ日本国土ヲ出ル様ナモノデ
甚ダ違〈遺〉感〈憾〉デアル。其ノ者ト料〈糧〉食 尼(トロ)〈泥〉捧〈棒〉ハ今後死罪ニナス
一、食物ハ十二月現在ニテ全ク絶ヘル違〈遵〉ツテシンケン
農園ヲ行ヒ休業軽業ト言共モ働クコト
(草取等行フ)又病床ニ有者ニ対シ親切丁寧ニナスコト
一、警ヲ了ヘ帰ツ来レタ者に対シテモ亦同ジ
一、行ツ(ヤ)テハイケナイト言フ事ヲナサザルコト
一、次ノ戦果　空母二、戦艦二、駆逐一、輸送船一、
場所　フィリンピントミンダナヲトの間に於行ツタ戦果ナリ
今朝発表

十月二十五日　昨日ノ空爆小型二十四機デアッタ
本朝司令小〈少〉将＊149ニ進級遊レタト受給ル
但シ下士官等ニハ本年三月モ辞(ジ)令ガ来ナイ
十一日ニナッテモオソラク来イダロウ、可愛〈哀〉想ダ
僕ノ(ジ)〈痔〉モ間モナク御蔭デ治療モナサズモ全快ダ

＊149―第六四警備隊司令官の吉見信一のこと。着任時は少佐であったが、一九四一年一〇月一九日に少将に昇進した。

ダガ食フモノハナシ、身心綿の如ダ。止ムナク動イテ居ル
夜ニ至リ戦果大本営フィリッピン方面ニ於テ左ノ如クアリタリ
空母六　戦艦一巡洋艦五。輸送船四。駆逐艦一。

十月二十六日　空襲小型、午后三時三十分至九・三〇
中功〈攻〉*150の空襲アリ丁度僕ハメッチン行*151
新サン橋〈桟〉ニ居リ爆撃甚ダシ、遂ニ同時刻中止ニナル
（メッチンニハ）片山君居る筈サゾ会ルデアロウ。小銃武装取調任務。
就床十時頃全クキツカツタ。
此ノ日又（フ）*152ニ戦果アリ
此の時内小隊長エメージデアッタガ僕ト同ジク取止メ。
二十六日出。二十九日帰ル予定デアッタ。行先（メッチン）

*150―中型攻撃機の略。日本海軍では、中型以下の爆撃機を攻撃機と称したため、中型爆撃機を中攻と略称した。

*151―ウォッチェ環礁の離島、メッチン島。ウォッチェ島から約二一キロ。

*152―フィリピン決戦を指す。コラム「捷号作戦」参照。

コラム 15

捷号作戦

今井　勇

1944（昭和 19）年 6 月のマリアナ沖海戦における敗北とサイパン島・テニアン島などマリアナ諸島の失陥によって、いわゆる絶対国防圏が突破され、日本本土と南方資源地域が分断される危険が現実的なものとなった。それを阻止すべく、連合艦隊の残存戦力、陸海軍基地航空兵力、陸軍地上兵力を結集し、日本本土・南西諸島・台湾・フィリピンを連ねる線において米軍の本格来攻を迎撃する作戦計画が 1944 年 7 月に捷号作戦として裁可された。担当方面によって捷一号から捷四号までに区分された捷号作戦のうち、米軍のフィリピン・レイテ島侵攻によって 1944 年 10 月 18 日捷一号作戦が発動されたのである。しかし、当初の計画に反して台湾沖航空戦など基地航空部隊が壊滅的打撃を受けた結果、航空支援が得られない状況で戦艦大和・武蔵などの連合艦隊残存兵力によるレイテ湾突入作戦が決行されることになり、連合艦隊もまた壊滅的な損害を受けることになった。一方で、そのような基地航空兵力の壊滅的な状況が、少数機による体当たり攻撃=神風特別攻撃隊の編成に直結することになったのである。また、台湾沖航空戦の「誤報」大戦果を信じた陸軍は、従来のルソン島決戦方針を覆しレイテ島決戦方針に急遽変更したことで、兵員輸送時の損耗や兵力分散を生じさせ、結果的にのちのルソン島における苦戦の主因を生じさせることになった。

参考文献

防衛研修所戦史室『戦史叢書 海軍捷号作戦（1）台湾沖航空戦まで』（朝雲新聞社、1970 年）、防衛研修所戦史室『戦史叢書 捷号陸軍作戦（1）レイテ決戦』（朝雲新聞社、1970 年）、服部卓四郎『大東亜戦争全史』（原書房、1965 年）

1944.10.23　フィリピン沖海戦。(26日まで)戦艦武蔵以下多数の軍艦・空母等を喪失。

十月二十七日　五日間ノ椰子取作業モ了テ沼宮内モ夜ノ七時帰ル。
僕ハ三日間予定ニテメッチン行予定

十一月一日　午前二時四十五分頃新桟橋着。会散〈解〉
途中三名連行中一名　主ハン〈犯〉ト見ナス可キ人物海中身投ゲ
自サツ〈殺〉ヲ行フ、時ハ午前一時過ギ　片山君ニモ会タ
橋爪　伊藤　斉藤　三名　危人

三十一日出発は午后七時頃ナリシモ敵飛行機激シク
亦○島。トウトン島に立寄タル為め相当オソクナリ
亦飛行機ガ三回ニ渡リ舟の上空通セリ
全ク月夜デアッタ。敵ハ見ツケナイト見ヘル
先ズキモ〈肝〉ヲツブシタガ任務モ恙〈つつがな〉ク了ル
無事デアッタガ帰ル日腹ヲ起シドウヤラ舟ニ乗ジタガ亦痛ミ
新田兵曹に話シテ遂ニ甲板ニ雨衣マクラニ寝テ来タ
帰ッテ一日、二日ト又少々痛ムのデ休ンデ居ッタ
身心被〈疲〉労中〈昼〉間爆撃ナシ
夜間ノミ戦果トシテハ相当有ツタラシイ、結好〈構〉ナ事ダ
新船艦合セテ二百十四隻ト聞ク
亦今日ノ発表ハ（レテ〈レイテ〉湾）*153内ニ有
輸送船六十隻　巡洋艦三隻、被害ヲナセ〈ナセリ〉ト聞ク。

*153—フィリピンのレイテ島。

此の戦果に乗ジテ一日モ早ク我ガ軍ノマアシャル進出ヲ望ンデ居ル
十一月二日　メッチン滞在三日の予定デアリシモ
一日延期シテ四デアッタガ
（カンゴク〈監獄〉ノ）カンシ〈監視〉ノ様ナヤク〈役〉目デアッタ
此の島に六・七十名ノシセツ〈施設〉部の軍夫[*154]ガ住デ居ル
片山君モ居ッタ

十一月三日　明治節[*155]式有リ。午前三時十五分司令宿舎前司令講話有リ
了ッテ休業トハ実に珍シ。スコール有リ
昔鎌倉時代支那元寇が九州上陸セントスル国内、一大事有リ
時の北條シッケン〈執権〉九州の兵ヲ上ゲテ之ニ当リ
時アタカモ七月末（旧）二百十日頃神風アリテ之ヲ打平ゲタリ
昔ト異ナリ今ハ風位ニハ平ゲル事アタハズ
自ラ日本デハ神風ヲ作ッテソシキ〈組織〉シタノハ神風特別功〈攻〉撃隊有リ
其レニハ敷嶋、大和、朝日。菊水隊の五種アリ[*156]
其の内ノ一部朝日隊ハ十月三十一日攻撃ニ出デテ
空母三隻其ノ他ヲ撃沈セリトアリ。
此の時司令長宙攻撃隊の順示〈訓〉ニハ
「オ前達ニハ戦果ヲ知セル事ハ出来ナイノハ残念デアルガ」
而シ英レイ〈靈〉に報告感謝後陛下ニ御数告ヲナストノ事デアッタ

＊154―朝鮮人軍属、島民が施設部の工員として主に作業していた。

＊155―一九二七年制定。明治天皇の誕生日（現在の「文化の日」）。一九四七年まで明治節と呼ばれていた。

＊156―神風特別攻撃隊についてはコラム「神風特別攻撃隊」参照。当初編成されたのは敷島隊、大和隊、朝日隊、山桜隊の四隊であり、それに続いて菊水隊などが編成されていった。

又ラジオニテノ戦果知ラセラル
戦若シクハ巡艦一隻撃沈　戦艦三隻大破　駆艦一
十一月四日　サイパン我ガ空襲大爆アリト
ウレシイニース〈ニュース〉ヲ耳ニス。此の日午后四時発トウトンニ行ク
帰リハ何んト雨に打タレ朝帰り五日休業ス
目的前日デアッタ。身捨ヲ行ッタ危人ヲ連行ニ行ク

十一月五日　空襲十八機来ル。最近雨料〈量〉多シ

十一月七日　暫ク久り〈振〉にて外海ヨリ艦砲夜間射撃アルモ
三、四十分間にして了。被害なき模様
昼間於爆撃ニシテ井上兵曹外一名ノ戦死アリ

十一月九、〈九日〉　朝昼食ノミニ於テ又モ減食身心共ニ綿ノ如シ
気ノ毒ナ倉島兵長（営養失張〈栄養失調〉）スッカリ朝カラ弱ッテ
昼ニハ全ク弱根〈音〉ヲ吐ク様になつた
カンセツ〈間接〉ニハ米国ノヤツラニヤラレタ様ナモノダ
早ク輸送ガ付ケバ此ノ種ノ病モ多数助カルガ。
今日カラ少々オジヤニマグモック[*157]混入ラシイ
僕ハ昨日マグモック作業

＊157—マゴモックか。マーシャル諸島に自生している芋状の球根。デンプンを取ることができる。

十一月十一日　小型早朝空襲アリ被害大戦死者十名、負傷者多数アリ
十一月十二日　午前分隊ノトウミギ稲〈播〉種完了　450粒。
（昨日アジヒロイ三〈ヒカ〉ツキ）然ニ、今日空隊連中ノミ
我等ハダメナリ。
十一月十三日　本部作業帰ツテ来テ見レバ隊〈隣〉分隊
古川上水戦士〈死〉、病名栄養失調トノ事　本日之デ三人目
昼休中先〈先任〉下士ヨリ（コウロギ）御馳走ニナル
内ノ分隊倉島モ食普通ナルモ床ニ付テ居ル
僕モ全ク被労〈疲〉セリ。食不足

コラム 16

神風特別攻撃隊

今井　勇

1944（昭和 19）年 10 月のフィリピン決戦（捷号作戦）に際して、航空兵力の不足を補うために採用された「十死零生」の体当たり作戦。1944 年 10 月 20 日海軍第一航空艦隊司令長官として着任した大西滝治郎中将の提唱によって、フィリピンマバラカット基地の第二〇一海軍航空隊本部において編成された。9 月以来の空襲によって可動飛行機が極端に不足するなか、水上部隊支援のためには、爆装ゼロ戦の体当たり攻撃によって米軍空母の飛行甲板を使用不能にさせる以外に方法はないとして採用された。24 名の隊員が選ばれ、本居宣長の「敷島の　大和心を　人問わば　朝日に匂ふ　山桜花」にちなんだ敷島隊・大和隊・朝日隊・山桜隊の各隊に編成された。翌 10 月 21 日以来出撃を繰り返すが悪天候のため目標を発見できず、10 月 25 日に指揮官関行男大尉の指揮する敷島隊が米軍護衛空母に突入・撃沈するなど戦果をあげた。この敷島隊の戦果の発表は 10 月 28 日の海軍省布告で発表され、翌 29 日の新聞各紙に大々的に掲載されることになった。

冨五郎氏も 11 月 3 日の司令訓示を通じて神風特別攻撃隊の存在を認識していたようであるが、元寇を撃退した神風に由来する逸話や、各部隊名、さらには第一航空艦隊司令長官が出撃する特攻隊員に対して「陛下ニ御報告ヲナス」と約束した内容まで記されている点には驚かされる。米軍包囲下にありながらもウォッチェにおける通信が確保されていた状況が明らかになると同時に、神風特別攻撃隊の戦果発表について絶好の戦意高揚の機会と考えた海軍省などによって、その発表内容が事前に準備・調整されていたとの説を裏付けるものでもあると考えられる。

参考文献

「神風特別攻撃隊」（秦郁彦執筆）『国史大辞典』第 3 巻（吉川弘文館、1983 年）、森本忠夫『特攻』（文藝春秋、1992 年）

アグメジ島とエネヤ島

（1944年11月16日〜1945年3月1日）

食糧事情に若干余裕のあるアグメジ島の任務に就くことで、
冨五郎の体調も幾分か回復した。
しかし一カ月も経たずエネヤ島に移されてこの小康状態も終わる。
とはいえ、農園の虫取りと相変わらず下痢には悩まされながらも、
病死者の激増が伝えられるウォッチェ本島にそのまま残るよりは
良好な環境であることは冨五郎もよく分かっていた。

十一月十六日　午前四時三十分出発予定　離島管理
十五日倉島病死午前八時頃。僕ハ穴掘等行フ
十六日午前八時頃エメージ着小隊長ニ会ヒ
注意事項ヲ受ケ自分ノアグメージ*158ニ着
タダチニ自分ノ住ム小屋ノ修理ヲ行フ

十名。　李沢、千国、佐藤、萩原、
長大久保、松平、斉藤、伊藤、千葉、坂本*159、
十一月二十五日　アグメージヨリ本島連ラク〈絡〉ニ来
午前二時頃今尚暗キ内出発

*158―ウォッチェ環礁の離島、アグメジ島。ウォッチェ島から約五キロ。

*159―同じ分隊に所属した一〇名をページ端に記している。アグメジ島勤務のメンバーか。

1944.11.23　ペリリュー島の守備隊が全滅。
1944.11.24　マリアナ諸島のB29による東京初空襲。

本島四時前ニ着く、色々用ヲ了タノハ九時頃デアッタ
十時敵小型来襲セリ。僕ハ夕食後ダイ入ニテ帰ル。
爆撃被害謹〔僅〕少ナリ。
一、小林ニ針ヲ御返シタ。
一、先任下士官ニハ少ナカラズ感謝シタ。
一、午后五時頃アグメーチニ着。皆ンナ床ニ着テ居タ

二十六日　早朝本島爆撃アリ又九州東京（池袋）空襲*[160]アリト聞ク。
今朝魚（ヤキ）御地〔馳〕走ニナル何んトオイシイデハアリマセンカ

二十八日　夕食後量〔糧〕食搭載ウオッチ行千國兵長、斉藤、坂本、千葉ノ四名。
二十九日　午前八時頃本島着。

二十九日今日（エネヤ*[161]）本部へ二回使ニ行ク
二度目ニハ塩〔潮〕ガ増シテ全ク（ヌレタ）
午前午後作業大分農園ラシクナッタ働キガイモアル。
亦近頃ハ魚モ少々頂ケル何んと有難イ話シ
本島ニ居ツタ時ヨリモ働ケル様ニナッタ
三十日　例ニ寄〔依〕ツテ椰子林耕耘ヲ行フ僕ハ矢張リ虫取作業
朝食後トウモロコシ稲〔播〕種ヲ行フ

＊160―一九四四年一一月二四日の空襲以降、米軍の日本本土への爆撃は精密爆撃から焼夷弾主体の無差別爆撃に転換した。
＊161―ウォッチェ環礁の離島、エネヤ島のこと。ウォッチェ島から約六キロ。

早朝本島爆撃有リ、当島ニハ銃撃アルモ被害ナシ
カボチャニ灰肥料ヲヤル、魚モ少々トレタ。
最近風強クシテ時々スコールアリ
作業ニハ幸ニシテ差ツカイナシ

十二月一日　朝食事ニ応モシナイ、サメ*162ノオジヤダ
昨夜千國兵長内海ニ流掛ケタモノダ
又昨夜一晩中四機位ニテ爆撃アリ
八時頃伊藤交代ノ為メ本島に帰ル中井兵長代リトシテ来ル
僕の足少々の傷ダガ今タ〈未ダ〉尚〈治〉ホラズ手入自分デ行ツテ居る
全ク困難ノ極デアル、農園拡張

二日　今月ニ入ツテカラメツチリスコールガ多クナツタ
左(ムコ)凄〈腫〉晴レテ気ニナル痛ハ大シタ事ナシ
又腹具合悪シ
サイパン、テニアン、我方ニテ爆激〈撃〉シテ居ト聞ク
其ノ為メカ本島ニハ敵機ガ見ヘナイガ夕刻ニ至リテ
二機（貞〈偵〉察）来襲四、エネヤ、ネビレン*163午前の貞〈偵〉際〈察〉機ヨリ
機銃ソウ〈掃〉射爆撃サレタリ
作業僕ハ虫取近頃メツチリ虫ガ増シ来タ
仲〈中〉々困難ト同ジニ作物被害大ナリ

*162―時には体長二メートルを越える大鮫がとれ、貴重なタンパク源となった。残り肉は干物にして食べたという。

*163―ウォッチェ環礁の離島、ネビレン島のこと。ウォッチェ島から約五キロ。

1944.12.07　東海地震発生。マグニチュード7.9。津波による被害甚大。

五日モ又同じ（エネヤ）虫取リ南方の害虫ニハ全ク驚ク程多シ
夕食事ニハ魚肉付草葉ダンゴ入オジヤ満ヲ感ジタ
稀ニ見タ身ノ調子モ良イ
足の腹〈傷〉モ次第ニ快方ニ向ツテ来テ居ル（六日休ミ）

七日　朝サメガトレタ、オジヤトニ魚セリ全ク何んトモ言ズ
午后少々仕事セルモ気持悪クテ静江の送ツテ呉レタ
セイロガンヲ呑ンダ気持モ落付イタ、

八日　敵ノ定期ガ遅カッタ午前七時頃シカモ低空ニテ
李沢兵曹七日十二時半頃出タキリ帰ラズ
今日トウモロコシノ虫取物凄イ虫ダ全ク恐ル可〈可キ〉ダ

十二月九日
早朝エネヤヨリ内務長巡視ニ来ル間モナル〈ク〉帰途セリ
ミンダナヲ方面ニ於テ敵輸送船ガ四ツ別チテ見居トノニユースヲ聞イタ
又本島デハ病死ガ一増〈層〉多クナッタ事モ耳ニセリ
僕等も二、三日前ヨリ朝午ノオジヤハ米ガ一粒モ入混シテ居ラナク
木ノ葉草ノ葉ノミナリ
七日ニ不明ニナツタ李沢兵曹八日尋ネ方ヲ行ヘ共モ見ズ
八日ニハ内務長ニ其ノ旨班長届出デ手配ヲ行フ

九日ニナツテモ見ヘズ哀レ気ノ毒ニナツテデアロう

十日　班長本島連絡ニ早朝行フ夕方帰レリ、相変ラズ北砲台爆撃有リ
僕ハ下痢ノタメ全ク弱レリ

十一日モ一増〈層〉下痢ナルモ仕事続行ス　ウリ稲〈播〉種ス
昨日ハ魚ヲ食セリ夕ハオジヤノ二ハイ全クオイシイ
昨日モ今日体ヲ水ニテ流セリ暫ラク久〈振〉リデアツタ
戦況大局ヨリ見レバ勝テ居ル如マアシヤルヲ助ケル等トハ
考ヘラレナイト言フ事でアリ、
先ズ食料謹〈僅〉カデハアルガ一月中ニ無クナツテ
三月頃若シカ（スクイ）ノ手ガ出ルトノ話シダ。
（内務長*164）其レ迄ハトウモロコシモウマク行カナイ
南瓜ノ栽倍〈培〉ヲ盛ニ行フベシトノ事ダ
今日カラ其ノ積リデ昼休ミモナク頑張ツテ居ル
夕食草ダンゴ、オカシラ付キト来タ

十二日　ジヤングルノ方の畑三分一ハ一夜ニシテ虫ニ食レ御気悪シ
十一日ハ中井ガ虫取ニ当ラシメタ、
今日ハ珍ラシク少々仕事セシモ、一日中雨天夕方晴、
瓜ノツボ堀ヲ行タ亦千國氏ト今日カラ虫取リヲ行フ様ニナリ、

*164—田幸忠雄。第一大隊副官兼内務長。

僕ハ二、三日下痢デアッタト思ッテ居ル内ニ
ネン〈粘〉液便ヨリ今日ハネ〈亦〉血便ガ出タ
少々不案〈安〉ニナルダカ数ハ三回デアッタ

十三日　虫取リ外南瓜ノツボ堀デアッタ
又朝班長ヨリ薬ヲ頂イデ呑ンダ
便二回液便デアッタ、爆撃アリ
十一日頃ヨリ盛ニ家ノ方バカリ思イ出サレテナラヌ矢張リ体ガ悪イ
ダメカナ。一日中休セテ頂イタ昼ハ絶ヲ行フ

十四日　食料塔〈搭〉載、オギ〈荻〉原、松平、斎藤、坂本四氏爆撃アリ
本日虫取。便具合良クモ今朝液ガ少々出ル
足ノ方ハ約一ヶ月ニナリシモ全快ニ等シ自分デ治療ヲ行ヘリ
トウモロコシ朝夕二回虫取
又今日ノ貞〈偵〉察機ハ物凄キ低空ニテ矢張リ二機デアッタ
夕食事ハ（YU KOTI EI）*165

十五日　食料塔〈搭〉載員午前八時頃帰レリ九名分デアッタ
斉藤坂本、本島配置変換ノ為メ帰ル様ニナッタ（十六日ノ朝）
又腹具合良ト思テ居、矢張又モヤ続ケニ参回行ク。
戦況レテ〈レイテ〉湾、三ヶ所飛行場アル内一ヶ所センレウ〈占領〉セリトノ事ダ

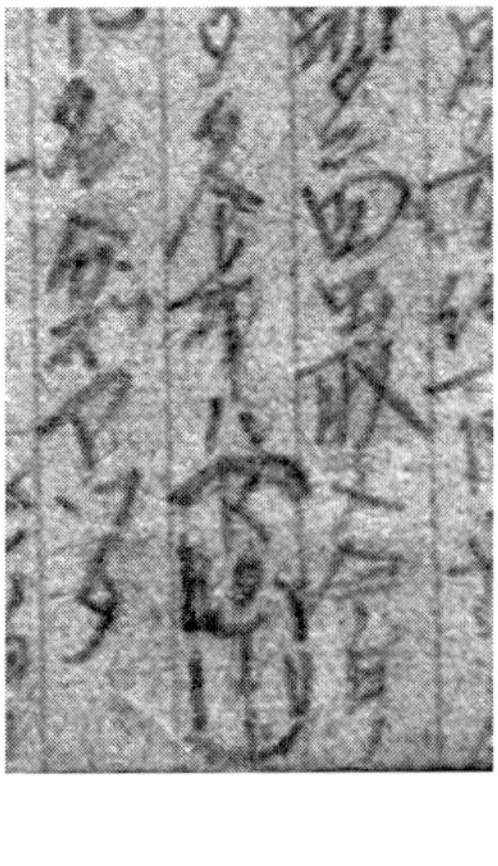

*165――（ ）内にアルファベットを記しているが、何を意味しているのだろうか。

間近ニ全部センレウスルデアロウト同ジニサイパン
マアシヤル方面ニモ助ケ手ハ一月伸ルダロウノ感測〈観測〉デアル

十六日　今日モ又近頃ハ本島爆撃最モ盛ンデアル二、三十機
斉藤坂本兵長帰ツタ、エネヤニ阿部ガ居ツタガ本島ニ帰ルトノ事ダ
マアシヤルニ六名ノ内先ず三名今の処生存シテ居るガ
衰〈哀〉レ間君ハ病気シテ居ると聞ク
栄養薬ノナイ今日全ク同情ニ絶ヘナイ
今日モ物凄キ虫ダ、夕食タコ飯、マゴモツクダ〈タ〉ント出ダ
便モ日ニ一回、
夜ニ至リ下士官三名来ル、僕ハ違ツテエネヤ島*166行ニナツタ事デアル
困ツタモノタ命令ナル致方アルマイ
アキメージハ実ニ食料ハヨカツタ事ハ自〈事〉実ダ

十二月十八〈七〉日ヨリ命ニ寄〈依〉リ　エネヤ島勤務ヲ命ゼラル此島ハ十六名、
先ズ食物島ノ草ト称スルモノヲ食シテ居る
午後ハ日曜ニテハ巻〈薪〉ニ囲取シ運搬シテ休業ゾーリ〈草履〉作リヲ行ヒタリ
原田兵長ネビレンニ来レリ
本人ノ曰ク本島ニアリモヲ仲〈中〉々キツイトノ事ダ
内先任下士ハ足ガ晴〈腫〉レテ休ンズ〈デ〉居ルトノ事ダ
赤坂少尉*167ハ中隊長廉〈兼〉務ヲヤツテ居トノ事ダ

*166―冨五郎氏はエネヤ島勤務を一九四四年一二月一六日に命じられ、翌一九四五年三月一日に本島であるウォッチェ島へ帰還した。

*167―赤坂栄太郎少尉。

十~~五~~八日　エネヤニテ虫取ヲ行フ食後ネビレンアキメージニ使ニ行ク
班長ニ会ヒ魚一匹御馳走ニナル別科南瓜イ〈移〉植ヲ行
十九日　離島ニマグモック堀リニ行ク午后マグモック摺ヲ行フ
夕食ニハコプラダンゴ五ケ配給ニナルオイシカッタ
草ダンゴ三ヶモ有ッタ

二十日　相変ラズ本島ハ爆撃デ作業午前タイ〈堆〉肥場作リヲ行フ
又離島カニ取ヲ行フモ何モ取レズ謹〈僅〉カデアッタ。午后虫取作業
昼休ニハ水野水長、ハキモノガナイ困テ居ルカ
休マズニゾーリ一足作ッテヤッタ。彼ハ㐂〈よろこ〉んデ居タ
実ニ可愛〈哀〉想デ見テ居ラレナカッタ、其内ワラジ〈草鞋〉デモ作ッテヤルカナ、
富田兵長（連絡）

二十一日　朝食前南瓜虫取一方積肥作りジヤングルヨリ運搬
又本間水長ヨリコプラ一片頂イタ感謝ニ絶ズ
午前離島マデマグモック堀リ作業モ
少々デアッタガ MAMI - tako KUCITa＊168
二十二日　相モ変ラズ暗ノ内総員起シ

＊168—アルファベットを記しているが、何を意味しているのだろうか。

虫取マグモック擢リ、食料尋ネ、積肥作リ
夕食済ンダ頃ハ既ニ日落テ暗ダ、身体ハ全ク被〈疲〉労ダ
食事ハ一日一回夕食アルノミ、後ハ木、草ノ葉ダ
此ノ日ハエメージデハ三名ノ病人ガ出テ居る、
原因ハ被〈疲〉労ト栄養不良ハ勿論デアルガ斯ノ如く多忙
暗イカラ暗イ迄デハ僕ノ身モ思ヒヤラレル
（アクメージハ）食物ダケハタシカニ良カツタ
今ハ其ノ反対、オカシラ付キモ一度モナイ有様
何時モ腹ガ空腹之レデハ作業能率モ上ラナイ
箇人仕義〈個人主義〉モ出デ居ルモ無理ハナイト思フ
禁ジラレテモヤツテ居ル
之の島ハ皆ンナ勝手ニオカズヲ作ツテ食事又ハ休時ニ食シテ居ル
僕カラ見レバ全ク見苦シイガ被〈彼〉等トシテモ腹ガ空テ居ルカラ
同情モスル。之ハ主トシテ成〈制〉度ガ悪イト言フ
アクメージノ如キ食事ナラ病人モ少クナイト言フ

二十三日　病人今日ハ四名トナル、相変ラズ僕ハ元気で働イテ居ル
暇ヲ見テワラジ等作ツタガ余リニモ小サクテ不出来ダ
二十年久〈振〉リデ作ツタ

二十四日　本島爆撃アリ早朝。トウモロコシ肥料施シ方

食後木ノ葉取リ木ノ草ダンゴ焼方昼食事ダンゴ
腹満食ルモノガナイオ〈オイ〉シカツタガ後デ気持悪クテ下痢ダ
午后キノコ取リ。ドラムカン入浴、食事ダ
日曜モ了リ別科ナシ
先任下士ユ〈ヨ〉リ僕ノシヤツヨリ程度ノ良イボロシヤツ頂イタ
休時間ヲ理〈利〉用シテゾーリ一足作ツタ
エネヤハ夕食銀飯ダガオジヤヨリ具合悪イ
何んト云フテモアキメージハ良イ

佐藤上曹　林兵長 安岡兵長、渡辺 川田兵曹、山口 佐藤水長、富田、田尻リ、松田、薄葉、渡辺、渡
辺、平野 水野

十二月二十五日　先任下士本島朝塩〈潮〉ニテ行カレタ、本間兵長引率
早朝パンノ木ノ下ニテ積肥集メ一方南瓜ノツボ堀ヲ行フ、
後先任下士ニ頂イタシヤツ洗濯ヲ行イ針仕上ゲ行イタリ
夕食ハ椰子飯、汁ダガ、ホンノ少々ノミダ
勿論エネヤハ人数モ多イ

二十六日　朝ノ塩〈潮〉ニテ先任帰任ス、
レテ〈レイテ〉湾ハ陸軍ノミニテヤツテ居るトノ事ダ
近々海軍ノ作戦モ始マリ一月中旬ニハ輸送モ付〈着〉クトノ見解ダ、

1944.12.27　陸海軍両総長がレイテ決戦断念を天皇に上奏。

早ク其ノ様ニナレバ良ト言フ
僕モ近頃魚モ食ナイ為メカメツキリ参ツタ
今朝 南〈南瓜〉肥敷込方ヲ行フ食後、カニ取リ
三名本島ニ病ニ帰ラレタ
此の時イカダヲ八名デカツイダ何んトキツイ作業
此レデハ身モ参ル僕モ足ガムクミ加減ダ
夕食珍ラシク明イ時了ツタ何時モ暗イ

二十七日　南瓜ノ移植、トウモロコシ畦立ヲ行フ。
キノコトリ、休時ニゾリ〈草履〉作ヲ行フ一足。

二十八日　同作業カニ取リ昨日ト今〈今日〉タコ少々配給アリ
夕食タコ飯椰子モ少々混入セリ、
木ノ葉コプラ腐レモノニテエリマゼ飯ヲ行
休業ノ水野帰ツテ来ラレ働イテ居ル、安岡兵曹タコ三匹取ル

二十九日　渡辺兵曹渡辺水長交代ニナリ帰レリ

三十日　食〈食糧〉塔〈搭〉載七名、ウオツチエ一泊
当日小林兵長下痢ノ為メ死亡ト受給ル。朝デアツタ

三十一日　午前五時主計科集合荷物ヲ受取出発
約一時間四十分ニテエメージ着
椰子正月用二ヶ配給アルノミ淋シイ正月デアル
其レモ元旦ノダンゴニ使用ノ予定ナリ
午前、午後各作業休時食料取方ヲ行ヒ
戦時故、年トリノ様ナ気分モ徳〈特〉ニナシ
十六日分ノビスケノ配給有ルモ一夜ニシテ食セザルヲ得ナカッタ
腹ガ空イテ

昭和二十年度、一月元旦
此の御芽出度キ良キ日エネヤ島ニ有テモ
午前二時四十三分総員起シ三時遥拝式、並ニ目頭〈黙祷〉一分間ヲ行フ
了ッテ南瓜花粉交配、巻取〈薪〉、僕ハセロノス網等ヲ行フ、
後草食、〈午後〉午南瓜ノ種花ノ腹綿、入ノオジヤ之ガ上等食科〈料〉。
夕食コプラダンゴ配給七ヶ、バントノ金具等富田兵長ニ作ツテ戴ク
又、内ノ写真ヲ取出シ掃除ヲ行ヒ之ヲ拝ム。
内ノ事等モ思出サルテナラム
又タコノ実十ヶヤシノ実二ケコプラダンゴ七ヶヲ
内ノ写真ニ向ケテ手ヲ合セタ後之ヲ頃〈頂〉キ、満腹ヲ感ジタ

二日　作業二時四十分起シ朝食後

昨夜取ツタネズミヲ草葉トカキマゼテ食シタ、
タコノ心〈芯〉モ少々食ベタ戦時ノ正月何モナシ、作業アルノミ
一日ハウオツゼ爆撃アリ、十二時頃デアツタ。二日ナシ、
水野兵長ニゾーリ一足進古〈呈〉シタ
彼ハ何ノハキモ〈モノ〉モナシ哀デアツタ
今日ハ昨日ノ残リノ配給ヲ食シタ、
明日カラハ何ノ余分ノ食料何モノモナシ、又空腹ガ続クデアロウ
バンド昨日夜ニ至リブタモ食ハナイヤケコプラ
草入ニテ食シタ為メカ下痢三度
貞〈偵〉察機ハヒン〈頻〉般デアル別科入浴ドラム観〈缶〉

三日本島又モヤ爆撃アリ
朝畑耘ヲ行ヒカニ取リ別科入浴正月気分、魚トレズ
先任下士ノタコ入飯ヤシタケ飯ヲ頂ク、夕刻ヨリ寝冷ヒカ頭ガ重イ
三ヶ日モ了ヲツゲタ

四日　予定作業アグメージ爆撃サル（三潑〈発〉）夕食ハ
全ク暗カツタガタコ四ヶ配給ウレシカッタ（カイ食タコ入レ）

五日　トウモロコシ稲〈播〉種ヲ行フ
巻〈薪〉取リ、カニ取リ又本島連絡二名行ク、明日帰ル予定ナリ

銀飯（タコ入レタ食）僕等ハ外ニブタモ食ハザル腐コプラヲ拾(ヒロ)イ
草ヤ木葉ト（エリ）テ食シテヰル食朝ハネズミヲ食ス
第二匹目デアッタ

六日　連絡員昼頃帰レリ其の話ニ寄〈依〉レバ
元日の爆撃ニテ大洸〈発〉＊169一隻新桟橋ニ於テ沈没セリトノ事
又内地台湾空襲モアリト聞ク
予定作業夜ニ至リ一日置キニカイ食デアルガ
木の葉混入セズ南瓜新〈芯〉ト花ガ混入セリオイシイ、
タコ七ヶ配給アリタ刻桟橋カツギ

七、日、日曜日ノ七草ト来テ居ル朝変ラズ作業続行但シ別科ニ休ミ
タコ、ヤシタケ飯ヲ頂ク入[土+谷]〈浴〉
水野兵長明日珍〈診〉察ウオツチエニ行クトノ事
僕モ同感大イニ進メタ一日モ早ク全快スルヲ望ム。
大分弱ク身体モ居ツタ
先日水野兵長ニゾウリヲヤツタノデ
休時理〈利〉用ゾーリ作リヲ行フ。
タコ４ヶ配給

八日　深や〈夜〉小勝兵長トウボウ〈逃亡〉。
ソウサク〈捜索〉隊五、六名本島ニテ小憩後オリメージ方面ニ向ツタ

＊169―大発動艇。エンジン付きの上陸用舟艇のこと。

被〈彼〉ハカンメンポ〈乾麺麭〉＊170一箱参持セルトノ事
正月中台湾方面来襲セル敵艦ヲ我方之ヲセン滅〈殲滅〉セリトノニース〈ニュース〉アリ
朝ネズミ食ス

九日　朝耕耘行フ増産カニ取リ余リ取レザル為メモンク〈文句〉アリ（タコ五ヶ配）

十日　連絡員川田、松田予定作業入浴、
此ノ朝五日目ニテトウモロコシ芽ガ生タガ今〈未〉ダ乾繰〈燥〉死スコールナシノ
井戸水飲料山口長又モヤ腹痛休業ナリ
ヤシ一ヶ生配給。

十一日　本島ヨリコプラ二ヶ配給連絡員帰ル、
ダイ澆〈大発〉作業ナルモ、来ナカツタ

十二日　腐タコニヶ配給。貞〈偵〉察機昨日夕、今日珍ラシク来ナカツタ
水野兵長特選場ニテ直激〈撃〉戦死サレタトノ事。
今松本兵長代理トシテ来レタ
被〈彼〉ハモウダメ死ヌト申シテ居ツタ
本島ニ向フ時有合セノ僕ノワラジヲ差上ゲタ
昨日ソウサク〈捜索〉隊大川兵長ヲ連レテ来タ
（クマ）カツギ、半死半生デアツタ、

＊170―乾パンのこと。欧米の軍用ビスケットを手本に日本軍が開発した軍用携帯糧食。

マタモヤ今別ノ隊来る二、三日内ニ四、五名ダ
戦況ルソン島ニ十万余ノ敵ガ来タソウダ
母艦六、輸送船四十隻、此レデハマアシヤル食料輸送モ仲〈中〉々ダ
本島一日平均十五名病死ト聞ク
川田兵曹ニ寄〈依〉ルト間兵長栄養失調ニテ死亡ト聞ク
海兵団ニ有テハ同ジテイブル〈テーブルト〉ソシテ六名来タ内四名、死、
残ハ阿部ト僕二名ナリ何時マデ頑張レルカナ、
午后稲〈播〉キ付ケタトウノ虫取ヲ行フ全滅ラシイ

十三日　予定作業ソサク〈捜索〉隊帰リニ寄リ高橋兵曹長ヨリコプラ一ヶ配給
夕方本島ニ向フ
何ノ手ガカリモ無イラシイ
又生ヤシ一、タコ二有リ
ニユース、ルソン島敵二百隻大小艦艇約十万ノ敵現レ
我ガ艦隊出動命令アリタルトノ事

十四日　貞〈偵〉察機来ルモ爆撃機暫ラク見えズ
僕等相変ラズ腐コプラヲ拾ヒ食シ、ブタ、ネズミニモ劣ル生活ナリ
トウモロコシ第一回収穫行フ。日曜ナルモ休ナシ
十六日、内務長、主計長、副長*171来島予定ト聞ク

＊171―佐々本健爾大佐。元第五三一海軍航空隊司令。

十五日　爆撃有リ大溌〈発〉ハ毎日ノ様に沖通過ス。畑ノ廻リ草取リ
トウモロコシ穡〈播〉種9.60粒、食料搭載有リ八名
残リヤシタケ飯、タコ二ヶ、誠ニウレシカツタ、
ワラジ本間水長ニ借〈貸〉与ヘリ
食事足ノ手入十ヶ所音〈青カ〉クナル、腐コプラヲ食フ

十六日　朝食後搭載員帰レリ。ヤシ一ヶ配給アリ、
交代田中兵曹、山口、増田、
今日遅イカラ明日帰ル予定タコニヶ桟橋上、下ヲ行フ
エライ人ハ来ナイトウボ〈逃亡〉者サガシヲ行フイナカツタ

十七〈八〉日　サガシ方予定作業見当リ河田、渡辺本島連行セリ二人目
昨日、今日、犯人トウモロコシ、ヤシ等アラセリ
後ヤシ二ヶタコ五ヶ、中艇爆撃アリ

一月十九日　トウモロコシ耕耘ヲ行ヒ巻〈薪〉集メ食事魚〈漁〉ロウ〈撈〉
子供写真等取リ出シテハ拝ムナリ
生ヤシ一ヶタコ五ヶアリ
之ガ何無上ノ楽シミダ

一月廿〈廿日〉　本間兵長連絡、福井兵曹病気。昼食後帰ル
昨夜ハ写真ヲ見タ其ノ為メカ夢デ子供、妻ニ出ヒ思〈思ヒ出〉シテ泣カサレタ
十二月中旬頃ヨリ全クスコールナシ
一月ニナツテ悪トハ知リツ、井戸水飲料ダ
木林兵長銃ニテ海鳥ヲ射テリ昼食ダシニ供ス
午后増産、別科、

二十一日　相変ラズ天気続ク日曜珍ラシク朝虫取リアツテ日曜日科、
昼食後増産、朝食後ハ整烈〈列〉アリ
夕食ハ椰子タケ食ヲ行ハル
ワラジ一足、針仕事休養。写真ヲ取出シテ拝ムナリ、
朝、昨夜ノ下シタイカダ上ゲヲ行フ。
重カツタ腐レコプラヲヒロイ食セリ
又夜釣ノ為メイカダ下方初メニ南瓜モ混入オイシカツタ
福井兵曹ノ変〈代〉リ田中来ル
僕モ四十才ニシテ本年初メテ海中目鐘〈眼鏡〉ヲシテ貝取ヲ行フ
人ノ半分シカ取レナカツタ、亦今日ノ日ハ短カカツタ。タコ二ヶ

二十二日　早朝爆撃（本島）予定作業ヤシ一ヶ拾ヒ
先任ニ届ケ其レヲ戴キ飲ミタリ
我ガ艦隊出動ハデマニテ目下陸軍航空部隊ニテ

フイリッピン方面ノ敵キト激戦中とのニュースアリ
内地ハ相変ラズ爆撃アルト聞ク、タコ五ヶ
田尻(ジリ)長交代来る　兵曹、

二十三日　トウモロコシ畑草敷込人糞掛ヶ土掛ヲ行フ、
唐モロコシ収穫モ行フ
昨夜ネズミ取リ今朝食セリオイシカッタ。
体ハ相変ラズ被〈疲〉労デナラヌ

二十四日　総員起シ后、本島カボチヤ唐モロコシ輸送ス
分隊ニ付タノハ、八時過ギ、朝食ナシ一日二回デアッタ。
夜ニ至リ先任下士官ニ四人ニテカボチヤ一ヶ食べオイシク戴タ
高見沢、若狭、休業。小笠原夕刻病死。
二十五日総員起後エネヤニ向フ
ソシテ朝食后被〈疲〉モヌケナイ内ニ増産ニ出サレタ
全ク、被〈疲〉労ニテドウニモナラヌ
ヤシ配給アリ（本島持参品）別科ジニダル日山兵曹掃サク〈捜索〉）了ッテ
夕食事生ヤシ一ヶ水ナシ
二十六日　唐モロコシ稲〈播〉種ヲ行フ珍ラシク昨日一昨日スコール有リ
早朝ヨリ中村ノ交来〈交代〉ル中村帰ル

昨夜富田兵長病気ノ為メ本島ニ帰ル

二十七日〔同〕　唐モロコシ⿰禾番〈播〉種全部完了ス

食后大洑〈発〉作業員海岸ニ出見ツテ居ツタガ用ナシナウスト通過ス、

入浴床ニ付ク

二十八〔七〕日　新地耕耘ヲ始ム富田ノ変〈代〉トシテ桜井来ル

相モ変ラズ昼休中巻〈薪〉集メ（ジャングル）本間ニゾーリ一足呈セリ

子供ノ写真ヲ亦拝ム

今時畑ノ耕耘ハ実ニキツシタ方生椰子一ヶ

二十八日、日曜早〈早朝〉耕耘ヲ中途ニシテ島荒仕〈シ〉スルモノ、

ソウ作〈捜索〉ヲ行フモ見当ラス食事トナス、

カニ取リ午后日曜日科〔ゾーリ作 タコ二ヶ〕リ針仕事等行フ

桜井兵長ニワラジ一足差上ル夕食〔本日ヨリ 夜当直、〕

二十九日　本日モ耕耘身体全ク被労〈疲〉足ガムクミ出ス　清掃〔カニ取 別科〕

タコダケ食生ヤシ一ヶ

三十日　耕作積肥引込　早〈早朝カ〉食後本島食料搭載労〈疲〉レタ、

高見沢寝込ミ若狭ヲ〔モ〕休業。顔ノムクミアリ先任下士元気

カボチヤ、コウレヤン、トウモロコシ、混合オジヤ二回御馳〈御馳走〉ニナル
オイシカツタ

三十一日　朝食後出発、帰島スネズミヲ食ス
髙見沢兵曹ヨリ手袋、クツ下一頂キタリ
戦況悪シ。フィリッピンマニラ郊外ニ敵来襲アリト聞ク、
亦補給ノ道モナキモノ、如シ
松村オリメージデ銃撃戦死、時ハ一月二十五日トアル
僕ガ二十四日頃帰ツタ時ハ元気デ居ツタ
而シ自分デハモウダメダ死ンダラ私ノ内〈家〉ニ行ツテ下サイト云ハレ
ソレガ最後デアツタ
僕ハ彼に少量ノコプラヲ差上タ大変ナ㐂〈よろこ〉ビデアツタ
今日ハ珍ラシクエネヤニ来テカラスコールアリ、午后休業ナリ
桜井兵長ニボシ〈帽子〉ヲ頂ク其ノ変〈代〉リ石ケンヲヤル約束セリ
昨年ノ今日ノ思出恐シカツタ本年二月一日カラ十日ニ一回夜ダケ
カタ飯少量全くノ減食デアル今迄ノ半減食ナリ

二月一日　シバシ爆撃機ガ見エナイ寄□前戦〈線〉ニ行ツテ
ウオツチニハ来ナイダロウ
桜井昨夜当直ノ事ニテ小銃ニテ足ヲナグラレ今朝カラ休業でアリ
亦本月カラ本部デ十日ニ一回ノミ夜ダケ堅飯ト聞ク

1945.02.04　米英ソの３国首脳によるヤルタ会談（11日まで）。ソ連の対日参戦を決定。

エネヤデハ十五日ニ、二回夜ダケ。カタ飯タコ六ヶ
イカダ作業多忙デアツタ
四、五日前ヨリ今尚ホ夜間トウモロコシ、南瓜畑当直ニ時間。
一直ニ名僕ハ六―八。

二月二日　トウモロコシ虫取リ、カニ取、別科虫取、同ク虫取

二月三日　夜釣イカダ上ゲ。田中兵曹（カツケ）〈脚気〉*172デ本島ニ帰ル
昨夜尺五寸位ノ（フカヲ）釣ル。
安岡、高橋、午前虫取カキ取リ別科。
近頃ハ全ク爆撃機見ナイ貞〈偵〉察機ノミ。一日ヨリ米ガ食ヘナイ
夜ノオジヤニ少シ米粒ナ〈ラ〉シイモノガ混入シテ居ルノミニテ
全ク身体被〈疲〉労甚シ。
今夜ハ木村、高橋夜釣ニ出レタ　リウ〈漁／量カ〉ナシ
夜十時頃ニ至リ渡部兵曹、大塚兵曹ヲ連セリ

二月四日　月曜。河田、渡辺、本間朝食後本島連。
塩ガリ午后トナス作業モロコシノ種播〈播〉ヲ行フ
午后キノコ取別科休、生椰子一ヶタコ五ヶ。降雨有リ
五日　朝ヨリタコ二ヶ有リ。モロコシ播〈播〉種了リトウミギ取リ

*172―脚気のこと。ビタミンB１の欠乏により発症する。末梢神経の障害や心不全（脚気衝心）を引き起こし、死に至ることもある。

雨為メトウミギ全部発芽良好。トミギ〈トウミギ〉ノ収穫午后木葉取リ別科
今日ネビレンヨリトウボー〈逃亡〉者四人トラエテ来る
二月六日　内一名又モヤトウボウ〈逃亡〉セリ、三名連行木村兵長本島行
亦夕刻ノ大溌〈発〉ニテ副長内務長来島
作業昨日ニ順〈準〉ゼリ

七日　島内三ヶ所視察サル副長本島ノミ。
七日帰リ夕刻大溌〈発〉ニテ帰ル。此ノ日生ヤシ一ヶタコ一ヶ
トウミギ畑耕耘一部虫取リ
戦況ヒ島マニラ敵侵入ト聞ク、而シ戦軍事的トシテ何等郊〈効〉ナシ。
補給ノ見込ナシ日本本国ト南方一時シヤ〈遮〉断サルモ
必ズ我軍友撃シテ最後ノ勝利ヲ得
ウオツチエハ本年十一月頃助ノ手ガ出ルトノ副長見カイ〈解〉

八日　初メテ夕食米ノ八日目、御飯良クモ生テ居ルモノダ。
ヤシダケモ混入、食事ノ事ニテツマラヌ□烈ガアツタ
別科珍ラシクモ休業。先任下士ヨリヤシ一ヶ

九日　昼休ワラジ作リ先任下士ニ差上ル、亦南瓜収穫本島収メ分
トウミギ畑耕耘、虫取リ、キノコ取、モロコシ発芽セリ四日目

1945.02.14　近衛文麿が天皇に早期和平を上奏（近衛上奏文）。

十日　記〈紀〉元節*173ノ椰子取本島七百ヶ送ル
エネヤ三百五十ネビレン二百五十ヶ、アグメジ百ヶ、
夜開ト同ジニ夜十時頃マデ当直モアリ、多忙ナル一日デアッタ

十一日　御芽出度記〈紀〉元節皇キヨ〈居〉拝シ目頭〈黙祷〉、キノコ取リ
夕食一時頃演説会ヲ行フ、五等マテ賞品アリ
其ノ他ヤシ二ヶタコ10ヶ、御飯モ珍ラシクヤシタケ南瓜小々混入、
コプラダンゴ4ヶ等頂キ、稀レニ見る御馳走デアッタ
賞品三等ヤシ一ヶタコ三ヶ有リ
愉快ナル一日一夜ヲ過シタ

十二日　食料塔〈搭〉載ヲ行フ為メウオッチニ向フ
高見沢、今野兵曹病死若狭モ重体デアッタ
先任下士官ヨリノ送モノ五ヶ小隊長に御届ス、後休養ス

十三日　ウオッチエ朝食ナシデ帰リ別科虫取、
トウボ〈逃亡〉者四名トラヘル、エネヤ島

十四日　渡部、河田、本島ヘトボー〈逃亡〉者二名連行後ハ昨夜三名トボス〈逃亡〉。
当直ハトボウ〈逃亡〉者二、トウミギ畑人糞掛ケ、

＊173―一八七三年制定。神武天皇の即位日二月一一日を記念した（現在の建国記念日）。一九四八年まで紀元節と呼ばれていた。

カニ取別科、タコ三ヶ生椰子一ヶ
十五日　爆撃機ハ皿〈更〉ニナキモ（双発貞〈偵〉）度々有リ
単発相モ変ラズ一日二、三回
トウミギ畑耕作方、カニ取リ雨ガ全クナシ。モロコシ発芽不動ナリ
昨日先任ヨリ水ヤシ一ヶ恵レル等有難キ極ナリ
小型機十機来襲セルモ爆撃ナシ
双発又モヤウオチエ上空ニテ音楽放送等行ツテ居ツタトノ事
ナホ早朝ヨリ畑耕ヲ行フ今ノ食料トシテハ全無理デアル身体綿ノ如シ
トウミギ収穫、カニ取リ余リ今日ハ取レナカツタ。
両手首ガムクンダ労働ガスゴイカラデアロウ
昼休　今日モ巻〈薪〉集ダ。又写真子供達ノモヲ拝ンダ
ネズミ取機オカゲデ今朝一匹丸煮デ食シタ、全ク助カツタ
唯一（イッ）ノ楽シミトスル。タコヤシナシ

十七日　昨夜空腹ト被〈疲〉労、当直デ寝レナカツタ
（先任下士モ休業デアル）皆被〈疲〉労
鹿島大明神*174ヲトナエタ。生椰子一ヶヒロウ事ガ出来タ
今朝御届ケシテ頂タ、有難キ極デアル
手足ハ又モヤムクム。畑耕耘巻〈薪〉集メカニ取リ別科タコ二ヶ
虫取リ全クオシカツタ（ユ〈唯〉一）ノ楽シミダ

＊174―鹿島神宮の祭神であるタケミカヅチ（武甕槌大神）のこと。武神として武士や軍人、武道界などで信仰を集めた。なお冨五郎氏の出身地である逢隈の隣は鹿島であり、鹿島天足和気神社がある。

1945.02.19　米軍が硫黄島に上陸を開始。

十八〈八日〉　日曜日晴スコール最近ナシ。虫取休業、パンノ花ヒロイ
ムクンダ足ヲ引摺リ廻シテ腐コプラヒロイヲ行フ
トウミギノ毛ヲセン〈煎〉ジテ飲ミ始メタリ
昨日龍〈瀧カ〉沢ヤケドノ為メ帰ル。本間送リ今帰ツテ来タ、
代リトシテ元二番機銃佐川兵長来ル
十七日夜ハ恐シイ夢ヲ見タ全ク苦シカツタ、二廻目デ目ガサメタ
生ヤシ一ヶ有難キ極ミ

十九日　晴。畑清掃、増産足ノムクミノ為メ休ム
別〈別科〉虫取タコ三ヶ生ヤシ一ヶヒロウ、頂ク
壁巣兵長オリメジ行ク途エネヤニ寄リ
ワラジゾーリヲ恵ンデヤ古物デアツタ

二十日　木村兵長本島連絡行キ落葉集メ引込方。
ワラジ作リ林兵曹安岡兵曹ニ差上タ
先任下士官ヨリ生ヤシ一ヶ頂ク、御蔭デ死ノ一歩前ト云フ可キ足ノ
ムクミモ斯クシタ親切トトウモロコシノ毛ヲセン〈煎〉ジテ飲ンデハ
大部〈分〉良クナツタ

二十一日　虫取リ木葉摘ミ別科今日モ晴、足のムクミモ取レテ気持良シ

之ノ様ニ早ク全快スルトハ夢ニモ思ハザルナリ神ノ御助ケカナ
全クウレシカツタ。トウモロコシノ毛ヲ尚ホ続行飲料ス。生ヤシ一ヶ
タコ四ヶ先任下士官一ヶ持

二十二日　晴。昨夜ネズミ二匹有リ。
戦況本土空襲千機ヨリナル小型機ナル様イオウ〈硫黄〉島上陸サレタ。
比　島〈フィリピン〉順調ト聞ク。豆ヤシ一ヶ常食ニ混入ス

二十三日　晴。草取リ風呂ノ大タキ〈炊〉巻〈薪〉集メタコ四ヶ。
午后別科、草取リ内ム〈務〉長魚ロウ〈漁撈〉二名来ル

二十四日　先任下士外一名、本島連絡早朝畑増産別科、
最双発ノ貞〈偵〉察ヒンパン〈頻繁〉ナリ

二十五日　晴、先任帰ラレル、佐川交代渡辺来ル
敵機盛ンニ近頃ビラ等投下セルトノ事。
比島黄島〈硫黄島〉方面作戦順調ニ進ツ、アルトノ事、別科スコールノ為メ休ミ
タコ五ヶ日曜日デアツタ、間モナク晴。四―六当直。本島死病大ナリト

二十六日　晴。大溌〈発〉作業、八名ニテ全クキツカツタ
渡辺本島帰リ務マラズ労働激シキ為メ。

コラム 17

自給自足した食べ物

森　巧

冨五郎氏の日記のうち、最も多くを占めるのは戦況の変遷ではなく、日頃口にした食べ物に関するものであった。その記述は、実に日記全体の約 1/3 にも及ぶ。マーシャルに向かった冨五郎氏たちが日々戦ったのは米兵ではなく飢えであった。

近代戦争において、飢えと病による戦病死者数が戦死者数を上回ることは度々見られた。しかしアジア・太平洋戦争における日本軍の戦病死者数は、歴史上類を見ない膨大な数となった。戦死者数全体の 4 割弱から 6 割は飢えと病による戦病死、つまり広義の餓死者であったという。かように多くの餓死者を出したのは、伝統的な日本軍の兵站・補給軽視に加えて、次々と制海権・制空権を喪失し補給路が寸断され、深刻な食糧不足が続出したためである。当時、日本軍衛生関係者は、栄養失調状態のため兵士が赤痢やマラリヤ、腸炎に罹患する症状を「戦争栄養失調症」と呼称していた。近年の研究は、「戦争栄養失調症」が単なる食料不足に起因するものではないことを指摘する。「戦争栄養失調症」は、戦闘による心身の疲労、戦場の過酷さによるストレス、不安、緊張、恐怖によって、体内環境の調整機能が異常をきたした兵士たちの摂食障害でもあった。

それでは戦争末期、冨五郎氏のいたウォッチェ島で兵士たちは日々どのようなものを食べていたのであろうか。1944（昭和 19）年 2 月、米軍はマーシャル諸島における日本軍の拠点クワジェリンを占領し、同地に貯蔵されていた食糧を奪取した。これ以降、日本軍の配給は減食につぐ減食となり、兵士たちは自給自足を強いられることとなった。冨五郎氏の日記のなかで、最も多く登場する自給自足の食べ物は「タコ」である。この「タコ」というのは海の蛸ではなく、ウォッチェの原住民が食すパンダナスの果実の意味である。その他には椰子（コプラ）などの記述も多い。ウォッチェでの過酷な状況のなかで生き抜くことができたのは、この椰子のおかげであったと回想する生存者もいるほど椰子は重要であった。自給自足のために島内に作られた農園では、「トウモロコシ」（もしくは「トウミギ」）や「カボチャ（南瓜）」、そして満洲から持ち込まれた「コウラヤン（高粱）」が主要作物であった。珊瑚礁の土壌であるマーシャルは農耕に向かず、様々な工夫がなされた。元兵士の回想によれば、初めに穴を掘ったのちに草木を穴につめ、1 週間ほど水をかけ続けることで腐敗させて土壌を改良したという。「マグモツク（マゴモック）」は在来の芋の一種であり澱粉が採取できたため、米や小麦の配給が困難になると、主食の代用として配給された。また「（ヤド）カニ」取りなどの漁労も畑の耕作とともに冨五郎氏の日課であったことも看取できる。同様にネズミやトカゲなどの小動物も貴重な栄養源であった。冨五郎氏の日記には、ネズミをお粥や草葉と混ぜて食していたという記述が見られ、彼はネズミのお粥を「味ノ良イ事日本一」と皮肉を交え賞していた。

冨五郎氏の最後の日記は 1945（昭和 20）年 4 月 25 日である。当該時期の日記をみても食べ物は完全に枯渇していたわけではなく、自給自足の食べ物はいくらか存在していた。しかし冨五郎氏にはそうした食糧を食べる意欲が完全になくなっていたのである。筆者の憶測に過ぎないが、彼も「戦争栄養失調症」の罹患者ではないだろうか。最低限の食べ物が確保できたからといって、兵士たちが餓死から逃れられたわけではなかったのだ。

参考文献

「鯉医第 530 号　戦争栄養用失調症に関する件（野戦衛生長官指示写）　昭和 19 年 11 月 21 日」（C13120688600、アジア歴史資料センター）、吉田裕『日本軍兵士――アジア・太平洋戦争の現実』（中公新書、2017 年）、土屋太郎『ウオッチェ島籠城六百日――孤島で生き抜いた将兵たちの記録』（光人社 NF 文庫、2012 年）、NHK 戦争証言アーカイブス『証言記録　飢餓の島　味方同士の戦場　～金沢　歩兵第 107 連隊～』http://www2.nhk.or.jp/archives/shogenarchives/bangumi/movie.cgi?das_id=D0001210035_00000&seg_number=001、2018 年 5 月 30 日閲覧。

一号畑トウミギ巻〈播〉附ケ千粒位イ。六—八。南瓜二十五ヶ発送ス。
エネアデハ一ヶモ食セズ。原田兵長ニ会ツタ、本島。

二月二十七日　料〈糧〉食塔〈搭〉載僕ハ残組。
木葉摘ミ、トウミギ畑耕作キノコ取リ大〈大量〉レウ。別科畑整備。
残大名デアッタ。ヤシ一ヶ

二十八日　送別会林兵曹。夕食後午前畑、カニ取リ、キノコ取
タコ十ヶヤシ二ヶ。夜休デアッタ、愉快ナ一日デアッタ

三月一日　僕ガ帰レノ令来ル、死ノセンコク〈宣告〉ノ様ナモノダト思ツタ
仕事モ手ニ付カナイ、此ノ報御昼頃デアッタ致シ方ナシ
ドウセ一度ハ死ヌンダ
本島デハ一日平均二十五、六名死ンデ行クト聞ク。僕モ其ノ一名カナ
朝食後林兵曹帰ラレタ。僕ヨリ一日早イ
昨夜ハヤシダケ食、南瓜入レデアッタ。暫クブリデオイシカッタ
アレガ今考ヘル時僕ノ送別モ兼ネ事ダロウ。
モウ本島ニ行ツテハ飯モ、米ヲ食ベラレナイ。

本島帰島から絶筆まで（遺書含む）

（1945年3月2日〜4月25日）

ウォッチェ本島への帰還を命じられた冨五郎は
それを「死ノセンコクノ様ナモノ」として受け止めた。
帰島後すぐに栄養失調の症状は悪化し、
既に「死ノ一歩前」にあることを悟る。
床に就いた冨五郎は妻子の写真を拝み、
同じく床に就いた仲間や少し前まで歩いていた若い兵士の死を
同じく死にゆく者として眺める。
動かなくなっていく体で
最期を明確に自覚した言葉で冨五郎日記は絶筆となった。

1945.03.03　米軍、ルソン島マニラを完全占領。

三月二日　途中被労〈疲〉シテ五回休デ、ウォッチエ分隊ニ落付〈着〉イタ
既ニ十二時過ギ一時半食事。内ム〈務〉長甲板士官用済マセ休ム
エネヤ指揮官ヨリ、贈、手拭（一、沓下（二）頂テ来タ。生椰子一ヶ
此ノ度一度ノ小便モナク六―朝ノ三時マデ一寝〈眠〉リ
何人ト限リ無キ被労〈疲〉デアッタ。
モウ此ノ上ハ暇有ル限リ農園ヲヤッテ作物ヲシテ
食善ニ当以外何モノモナイト思ッタ

三月三日　被労〈疲〉足カキズ〈キカ〉午前休ミ午后ヨリ働キ初メ。
三番四番合併テイブル。五名、
沼宮内、成田、木葉取リ離島ニ向ッタ

正月中ヨリ来ナカツタ爆撃機三月一、二日ト来タ
ウオツチエ午后三時半湊ギヨイ風ガ吹テ来ル
間モナク夜戦ニ備ヘ三時四十分ダ。スコール全クナシ。
スヾシイ風デ人殺シウオツチエニモ見えナイ陽気ハ罪ハナイ
ヤサシイモノダ
高見沢、若狭、渡辺モ死んダ、残ルハ二名ト僕ダ

三月四日　晴、爆撃アリ。覚語〈悟〉シテ来タ僕モトウ〳〵顔ハムクミ足モ同ジ
何ント苦痛例様モノナシ
午前虫取リ草リハダシ、午后ハ、タオレタ。
オ昼持ニ（コウラン、カボチヤ）アリ
糧食倉七、三〇　九、三〇　本日ヨリ当直アリ。
日曜、軍歌アリ。足ハ増々モ〈ム〉クミ一方ナリ

三月五日　昨日僕ノ延〈誕カ〉生日デアツタ
昨日カラ急ニ体ガ弱ツタ、本日ニ至ツテモウ夕刻ハ歩ケナイ程。
足ガムクムナリ。人生モ之レ迄デ、今マデ良ク御蔭デ頑張抜イタ
気ハシツカイシテ居るが足キカズモウ死ノ一歩前ト思フ。
日誌記入モ暫ラク書ケナイ休ム、遺書モ単文ニ、別封記入スル。
昨夜当直、料〈糧〉食倉番兵デアリシモ徳江ガ起サズ
最初ニテ時三十分モ切ツタ。

1945.03.09　東京大空襲。（〜10日）

哨兵長、兵ニハ申訳ナカツタガ止ムヲ得ナイ
三月八日 三月九日　晴　料〈糧〉食倉番当直ナリシモ身体ハ冷ル
足ノムクミ甚シ歩ケナイ、足ヲ引摺リ当直。
足ガシビレ来ル。ヒザ上、モヽマデムクミ致方ナシ。
モウ既ニ働（ウゴ）ケナイ　ムクミ甚（ハナハダ）シ

調　現両方ノ財布（ヒシーズ）デ　三十五円位イ有ル

三月十日　晴。

三月十一日　曇リ日曜。モロコシ鉄カブト中ニテ昨日ヨリ小物
去ル八日ヨリ分隊下士トシテ栗田二曹来ル、千葉同く一砲ヨリ
僕歩ク全ク困難ナル為メ五窖〈穹窖〉当直ス。
原〈現〉場マデ実ニ二十五分ヲ要ス。
今少々気分モ良イ方ナリ。午前十時ヨリ晴天トナル
三月十二日　雨。珍ラシイスコール有リ。当直八―十時
重イ足ヲ引摺リ乍ラ務メタ、帰ツテ床ニ付ク。
フンドシボロ〳〵金玉カユクナル。薬ヲ付ケテフンドシ換ル
モノ、晴〈腫〉レハモノ凄イ、晴〈腫〉レハ少シモ引カス心配デナラヌ

1945.03.13　大阪大空襲。
1945.03.17　海軍、特攻兵器桜花（ロケット式滑空機）を兵器として正式に採用。

椰子ノ配給ガ有ツタガ先ズ申スマイ
三月十三日　小雨。珍〈診〉察ヲ得〈受〉ケタ。今〈未〉ダ自分ノ足ノ様ニアラズ、
ゾーリ一足作ル。午後、休業ス。

十七日　千葉離島ヨリ帰リ十七日畑ノ方ヲヤツテ貰フ等
小魚一匹御馳走ニナル
僕ハムクンダ足ヲ引摺リ乍ラ南崎マデカニ取ヲ行フ足増々ムクムニ至ル
十七日ブリニテ入浴ス、金玉マデ晴〈腫〉レテ居ツタ。
分隊ニ居レバ寝テバカリ居ルト云レル、全ク弱キ身体ハ残念デナラズ
モー一度達者ニナツテ見タイモノダ。三—六当直

千葉魚採リニ出カケタ後、僕ガ草取リヲシテ昼寝中。

三月十九日　晴。午九時二十分頃、南瓜ヲウデ〈茹で〉テ
ウラムベキ先任下士、沼宮内トガ丸ウデカボチヤヲ分配中デアタ
何んトシテ□心デアロウ
僕ガ体ガ丈夫デアツタナラトツク〲思ハザルヲ得ナイ
彼等ノ悪行意〈為〉話ニハ聞イテ居ツタガマサカト思ツテ居ツタ。
僕ダケデモ二回ヲ見テ居ル
若狭、高見沢、松村モ良ク斯ノ如キ悪行意〈為〉ヲ認メテ僕ニ話シタ事ガアツタ

1945.03.23　閣議で国民義勇隊の組織を決定。
1945.03.26　硫黄島で栗林忠道中将（小笠原兵団長）が戦死し、日本軍の組織的戦闘が終了。

今考ヘルト実際ノ事デアッタ事ガ判ル。
死ンデ行クモノハ衰〈哀〉レナリ。（三月十九日ノ出来事ナリ）
僕ガ右記便所ニ行ク途ニ於テ発見セルモナリ
十二―二当直。

三月二十一日　晴　千葉小魚少々採リ来ル
夕食御馳走ニナル元気付ク。其ノ時ヨリトウミギセン〈煎〉ジテ飲メ共モ
先任ハ次第ニ良ク〈クナ〉リ、僕ハ増々晴〈腫〉レ上リ歩ク事全ク困難トナル
ヒザノ上、モ、驚ク可キ晴〈腫〉レテ来タ
トウミギノセン〈煎〉ジガ悪カッタカト思ワレル、モ早ヤ自命モ之迄デカナ
先任下士カイゼン島行キノ身体検査ニ行キ、僕ハ止ムナク床ニ付ク
エネヤ島ヨリ帰ッテ来タ僕ガ見タ目ジヤ死ニソウモナカッタモノガ
成田モ死ンデ行午前十時頃マイソウ〈埋葬〉ヲ行ッタ。斯シテ兵ハ死ニ行ク

二十三日　先任下士　カイゼン島　保養ニ行カレル。

三月二十九日　晴。千葉当直、沼宮内珍〈診〉察
僕朝食用意ヤットノ事デアッタ。
二十四日頃ヨリ当直休スマセテ頂テ居ルガ増々病気デ歩ケナクナル
一方、今日ハ反対ノ右足腫レル、腹モ足モ大分苦シクナッテ来タ
顔ノムクミモ甚ダシ但シ両方ノウデ全ク細クナッテ仕舞ッタ

1945.04.01　米軍、沖縄本島に上陸を開始。
1945.04.03　小磯首相の推進する繆斌工作（対中和平工作）につき、天皇が中止を指示。

夜ニ至リ当直中千葉盗ゾク〈賊〉ヲトラヘリ甲〈申カ〉、
而シ彼モ銃撃サラ〈レシ〉モ一命ヲ取リ止メタ
亦の日千葉□〈円カ舟カ〉アジ取リ来リ、初物トシテ御馳走ニナル

三十日　床ニ付ク事千葉ニ僕。
本日晴。沼宮内モ床ニ付イテ三、四日枕〈マクラ〉ヲ並ベテ寝テ居ル仕マツ
働イテルモノハ班長一人、気ノ毒次第。
原田様来る矢張リ親切デアッタ、手袋、沓下ヲ各一差上げた
椰子一ヶ配給有リウレシカッタ八日。
内総ジ〈辞〉職ト聞ク。*175 食料ハ六月迄アルソウダ。其ノ後何モナシ
僕ノ足□悪化ス。

今日四月八日。オシヤ〈御釈〉迦様ダ思ヒ出ス
ダガ今ジヤ何テ〈モ〉食ルモノナシ哀レナリ死ヲ待ツアルノミナリ

四月九日　千葉（悪行意見届ク〈為〉ナリ）
一、無断（カボチヤ）三ヶ取リ　赤草ノ混合喰盛リタル
一、配食ナベニカクシテアッタ
一、カン〈缶〉ニ入レテ　ユデテアッタ（僕モ見ルニ見兼ね）
注意ヲウナガシタ、（再三ノ悪行為）ニクム可キナリ
僕ト沼宮内、床ニ付イテ居ル　仕方ナシ

＊175—小磯内閣は一九四五年四月五日に総辞職（辞表奉呈）した。

1945.04.05　小磯首相が天皇に辞表を奉呈。
1945.04.05　ソ連、日ソ中立条約の破棄を通告。

栗田分隊下士　千葉上水　(悪)*176
四月十二日　又モヤ　中隊長殿ノ　（エー魚）配給アルモ
良イ所　ヤキ魚ニシテ二人デ処分ス
僕等残念ニナラズモ床ニ付イテ居ルノデ仕方ナシ
セメテ配給オアタリ位ハ同ジク頂キタイモノダ。
イツモダシニサレ魚ト云フ魚ハ喰セラレズ之デ魚ノコトモ再三、デアル。
ドウシテ僕等二人ハキラハレルデアロウ、病人ナル故カナ。
要スルニ（カクシ喰イサル）致シ方ナシ
再三ノ事ナレバ　日記ニ書クノヲ止メ様
早ク丈夫ニナリタイガ斯クアレバダメダ
沼宮内モ大〈大分〉弱ツテ来テ居ルガ僕モ歩ケナイ
配給ノ不行〈公〉平。伴分隊下士。栗田兵曹。
以上午前の出来事沼宮内ヨリキイタ
(雨)ナリ
四月十三日　悪日ダ
松本兵曹長、佐藤時□〈三カ〉分隊下士沼宮内三人七時頃デ死シタ。
昨夜沼宮内ト話シタ、十一時頃デアツタ。
雨の降ルノニ南瓜喰タイトセガマレタ

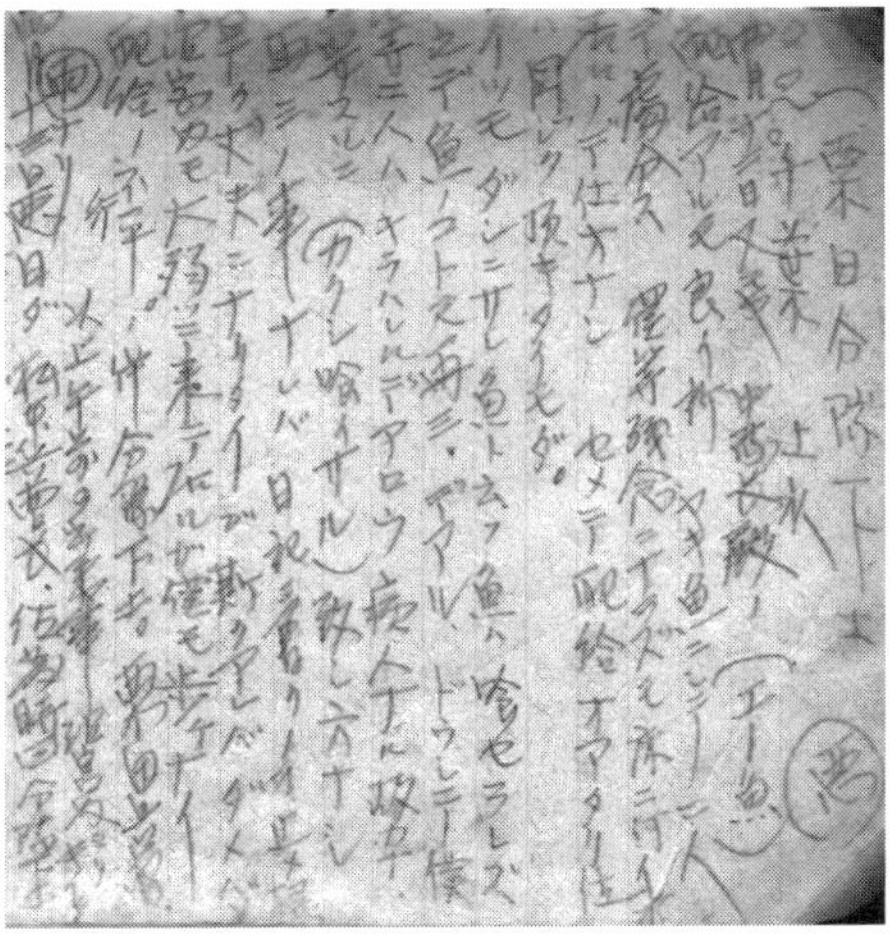

*176——「悪」「雨」を丸で囲んでいる。このときすでに寝たきりになり、食事ができなくなっている。そのせいか、文字や行間が大きくなっていくようである。

1945.04.07　戦艦大和以下の沖縄海上特攻部隊が米艦載機の攻撃により壊滅。
1945.04.07　鈴木貫太郎内閣成立。陸軍大臣は阿南惟幾大将。米内海相は留任。

私ハ一ヶノモノモナシ、困ッタ。到々喰セズ喰ズニ死シテ行ッタ。
十二時頃ハ大キナコヒ〈声〉デ一人リ事〈言〉ヲシテ朝方ナクナッタ
ドンナニ喰ヒタカッタデウ
僕モ彼ノ死トハ知ラナカッタ　ウラムナヨ
故沼宮内。僕ノ病気増〈益々〉ムクム一方ナリ足キカズ　（床）付ク
同日　中隊長　報達
本日十二時ルーズベルト原因不明ナルモ死セトアリタリ＊177（夕刻）発ス
十三日夜珍ラシク　雷稲光有リスコール甚シ
三枚着テ寝テ毛布二枚掛ケテモ暑クナカッタ
最モ休〈体〉ハ悪化シテ来テ居ル、腹ガ潮〈萎〉レル足手ハムクミ
何タル不幸ゾヤ早ヤ死モ一歩前
セメテ応召記念日、四月二十八日満二ヶ年　生テイタイト拝ンダ
又妻子の写真モ拝ンダ
四月十四日　晴。身体全ク具合悪オアタリ食ノミ、昼食　絶食
之レデ今月一パイモタナイ無念ナリヌ
何モ食セズモ下痢モスル、胃腸ガ弱ッテ居ル事ダ
昨夕艦砲射激〈撃〉アルモ被害ナキ模様ナリ
日記モ手ガムクミ、丈〈杖カ〉モツケナイ有様故思様に筆採〈執〉レナイ
貞〈偵〉察機厳重

＊177―ローズヴェルトは一九四五年四月一二日（ワシントン時間）に死去。翌日に報せが入っている。

1945.04.12　米大統領ローズヴェルトが死去し、トルーマン副大統領が大統領に昇格。翌日海外へ放送。

十五日　待チニ〳〵タル増食日ナルモ至ツテデアツタ
（カツカンコブ入レ）銀飯少量。赤草入、南瓜ノ半ジク入レ
マズイ料理日本一。汁ナシ
内デ作之ハ南瓜入レオイシイ。栗田兵曹料理。

四月十六日　曇リ　亘理ノオ際〈祭〉*178リ

十六日　病室□□、舟田来ル
オリメージ先ノ離島魚〈漁〉ロウ〈撈〉ニ行ク、今日出発。
魚送ル約束デ僕モ、沓下一、手拭一、沓下留一、洗石一、ジ古下一、ケン
パス*179小二、袋一、風呂敷一、恵ンデヤツタ当テナルマイ。チリ紙一、
病状十三日頃ヨリ　オアタリ食ノミ腹ガフクレ草喰ヘナシ。
ナイフ、一　計八点ナリ
衣ノウ〈嚢カ〉カラ褌下出シヤツトノコト中ハヌレテヰタ、ホス元気ナシ
物忘ハスル、生キレス。歩ケナイカナリ足ガ痛ム。
モウ長イ事ナシ、セメテ今月一パイ生キタイモノダ。

四月十九日　十三日目デウレシヤ椰子配一ヶ配給アリ
然シモウ半分モ食ヘナイ　草モ食ヘナイオアタリノミ
二十日　床ニ付イタ、命モ之レマデ後余ス所幾日モアルマイ

＊178―毎年四月一六日（二〇一八年現在は前後の日曜日）に亘理神社で例祭が行なわれている。
＊179―海軍では木材としてハンモックの釣床などに使用していた。

ヒザ全クキカナイ
ノモハン〈ノモンハン〉、ガダルカナルヨリツラカツタ事ハ実際ダ
オキナワ方面ハ追撃戦モウツツタ□□テ□
僕ハ無念。ナラズ

【遺書】

之ノ手紙文ダケヨク見テクレ
後ノ日記ハオ前ガ見テワカラナイ
僕ダケノ　キオクニ　書(カイ)タノダ
今思イ付タ事書イテ見タ
二十年四月廿日　床ノ中

戦死シモ〈シテ〉　力　落スナ
オ前ガシツカリセズト子供ハ只レガ育ツ元気デ育テ、クレ
僕モ心棒〈辛抱〉シテ少々ノタクワヘモアル筈ダ　安心シテヤツテクレ
東京品川区南品川四丁目四九七番地　日下光子様ニ知ラセテクレ戦死　御世話ニナッタ　厚ク御礼ヲ申シテ呉レ
亘理アラハマ〈荒浜〉＊180同年兵戦死爆単〈弾〉デ
十九年九月三十日午前八時頃ダ

＊180―荒浜は一九五五年亘理町と合併。佐藤新造氏は同郷の同年兵。

（佐藤新造）年39才。
僕ハ四十才二十年四月末カナ。戦死ダ
病死ハ絶対シナイゾ。
〈餓〉ガ死ダ食モノナシ*181

僕ノ分マデ子供ヲ可愛ガッテ
四人ノ子供ヲ育テテ呉レ
暮ハ東京ガ良イデセウト思フ
僕ハ分隊デモ最後マデ頑張ッタ

東京市*182ト統合ニナル時　電気局ニ（千00円カ／1千3百円位）　位預カッタ　ヨ
受取書ハ家ノ桐箱有リ
忘レズ受取リ子供ノ教育費ニ
二十年四月二十日　妻　シズエ

四月二十一日　床ノ中デハ字モ書ケナイ
時々足ガ全々〈動〉働ケズ、手糸ノ如クナリ冷タシ
今朝カト思ッタ、明朝死スカ、生ルカノ□

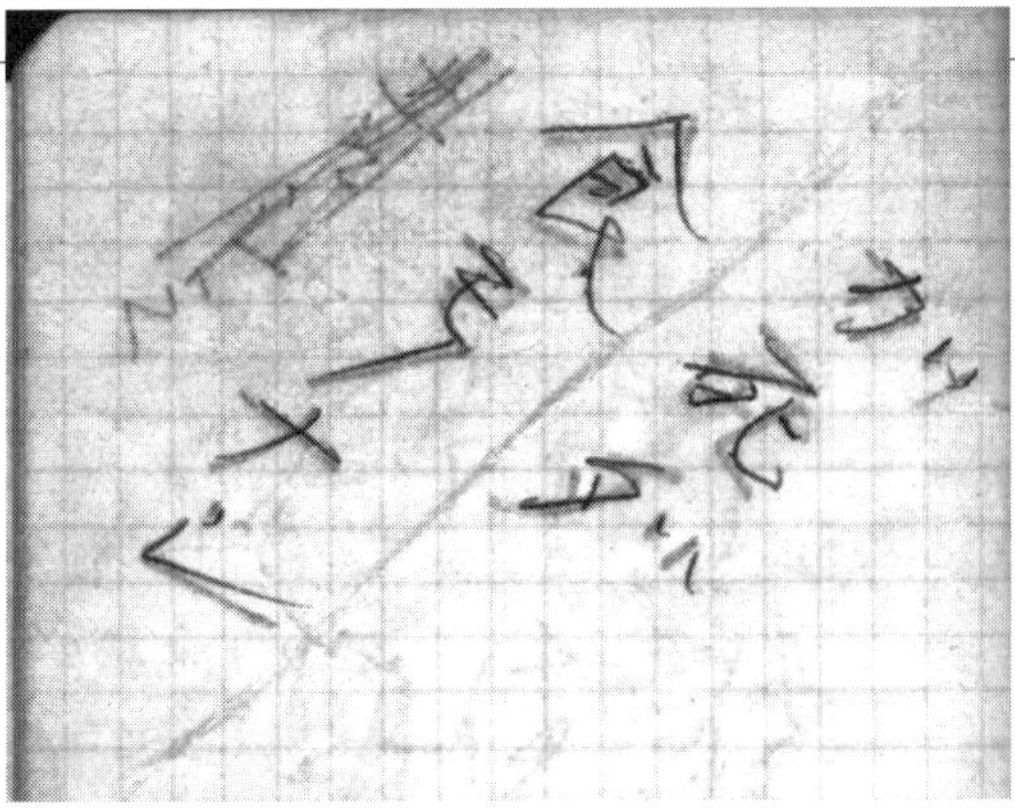

*181—鉛筆書きをペンでなぞり、強く記している。

*182—一九四三年七月一日に東京都制が施行。東京府と東京市は廃止され、「東京都」となった。

十九日ノウレ〈レシ〉カツタヤシモ今日一ヶマデ食べ
何時モ一度デ喰モノヲ、之デオシテ知ル
暫ク久〈振〉リニテ爆撃機午前十機来ル
腹全般ハレ〈腫〉テ苦シクテナラズ草食クナツイニナリシヨリ
九日中シカ　カボチャ、トウミギ食タキモ自由ニナレズ。
床ニ付イテレバ仕方ナイ。
曹長、栗田、千葉等ノ人民〈ミン〉攻思ハヤメテ置キマセウ。無念ダ

【遺書】

コレヨリ家庭覧〈欄カ〉ニシテ有リマスカラ
ヨク読ンデ下サイ

孝子、信子、勉、赤チヤンモ。
父親ニ儘〈尽〉ス　親孝行ハ皆ンナデ
母親ニ孝行ヲ　ツクシテ下サイ。父ノ分マデモ
ソシテ家内仲良ク　兄、弟、姉、妹、仲良ク　クラシテ下サイ。
父ナキ　オマイタチモ　何ニカニ　不自由デセウガ
イタシ方ナシ　之モオ国ノタメダ。
元気デ、ホガラカニ　オイシイモノデモタベテクラシテ下サイ
亘理ニアル田地ハ困ラナイ限リスグウリハラツテハナラナイ
感情ヲ害スル三年キ〈忌〉位後ノ事デモ良ロシイ

銀行ニ預ケルヨリモ　良イト思フカラダ
僕ノ墓所ハ　金ノ余リカヽラナイ所ニ致シマセウ
ナゼナラ　コレカラ金ノ入ルトコロハナイカラデス
亘理ニ　スルカ　良ク考ヘナサイ
妻シズヱ殿
僕ナキ後ノ暮シハ　ヤハリ東京ニ居ルカ。　舎囲〈田舎〉ニ引上ゲルカ
引上ゲテモシ方〈仕〉アルマイ
暮ラセタラ東京ニスカ〈スルカ〉最モ暮ラスニ　良イ道ヲ　エラビナサイヨ。
二十年四月二十一日書ク
後七日デ○〈まる〉二年ダネ
過テ見レバ早イモノ
戦況モ次第ニ良クナツテ来テ居ルノニ無念。
僕ハ反対ニ沈ンテ行ク
セメテ　カドヤノ　天丼デモタベタイ*183
クサレタ　タクアンデモ良ロシイ
良ク木葉、草ノ葉、砂ヲカギリ〈カジリ〉ツイテ
今マデ　頑張ツタガ残念ダ
手紙ノヤリ取モ十八年八月カラ十一月頃マデダ　謹〈僅〉カナ期間デアツタ
四、五ヶ月食物デ〈ヲ〉送ツテホシカツタ
一度ダケ十二月頃小包付〈着〉イタアリガトウ
二十年四月書ク

＊183―現在の東京都台東区浅草のそば店「かどや」の天丼か。冨五郎氏が通っていた当時は浅草象潟三―一六にあり、路地の角にあったことから「かどや」という店名になったという。

一、家内五人デ撮ツタ写真ヤキマシ〈焼き増し〉シテ親類方一枚ヅ、差上ゲルコト
一、僕ノ命日ニハ小〈子〉供達ニ沢山御馳走スルコト
一、火ノ用心最モナスコト火事等起サナイコト
一、父ノ四十才簡〈易〉イ保険満期ノモノ一ツアリマネ〈ス〉。　オタノシミ
一、掛金モラクニナルデセウ
一、今度掛金モシナイ様ニ。ナゼナラ
一、収入ノ道モナクナルカラデス

四月二十二日　一・二、三・四合併
食事三、四一ヶ所トナル。
二十三日　アジ二匹宮森ニイタダイタ、ウレシクテ涙ガ出ソウ
之ガ最初デアリ最後デセウ
松岡兵長親切ダ僕ニ一頭二ヶイタダイタ
助ケノ神モアルモノダ。
快　晴。川村ニモ世話ニナル
二十四日　六時半頃マデスコール有リ後、晴。
昨日迄ニ来テ寝コロガツテ居タ伊丹ガ今朝七時頃

1945.04.30　独総統ヒトラー、ベルリンで自殺。

早イモノダ若イ者死マデ約介〈厄〉ニモナズ歩ケルモノダネ。
僕ハ床ニ付タ儘マ働〈動〉ケズ、其ノ苦シミタ〈タル〉ヤ不自由ヤラ
大シタモノダ早ク行キタモ〈タイモノ〉ト考ヘテ居ル

四月二十四日　夜一人ネ　二五日—
非常ニ朝方苦シムナリ、死カト思フ
神様の御蔭デ助ツタ。

二十五日　全ク働ケズ苦シム
日記書ケナイ
之ガ遺書
昭和二十年四月
二十五日

最後カナ

佐藤冨五郎　年表

年齢	年号		歴史上の出来事
0歳	１９０６（明治39）年	3/4 父・冨太郎、母・なつの五番目の子として誕生。	2/1 韓国に統監府が設置され、伊藤博文が初代統監となる。6/8 南満州鉄道株式会社に関する勅令公布。
1歳	１９０７（明治40）年		2/4～7 足尾銅山で争議。7/30 第一回日露協約に調印。
2歳	１９０８（明治41）年		
3歳	１９０９（明治42）年		10/26 伊藤博文がハルビンにて安重根に射殺される。
4歳	１９１０（明治43）年		8/22「韓国併合ニ関スル条約」が締結。朝鮮が日本の植民地となる。
5歳	１９１１（明治44）年		10/10 清国武昌の新軍蜂起。辛亥革命はじまる。
6歳	１９１２（明治45/大正元）年		12/19 憲政擁護運動がおこる。
7歳	１９１３（大正2）年		2 第三次桂太郎内閣総辞職（大正政変）。
8歳	１９１４（大正3）年		8/23 日本がドイツに宣戦布告（第一次世界大戦に参戦）。10/14 日本海軍が赤道以北のドイツ領南洋諸島を占領、軍政を開始。
9歳	１９１５（大正4）年		1/18 対華二一か条の要求を中国大総統袁世凱に提出。8/18 第一回全国中等学校優勝野球大会開催。
10歳	１９１６（大正5）年		12/9 夏目漱石死去。
11歳	１９１７（大正6）年		11/2 石井・ランシング協定締結。
12歳	１９１８（大正7）年		7 米価暴騰。8/2 シベリア出兵を政府が宣言。
13歳	１９１９（大正8）年		1/18 パリ講和会議開催。3/1 朝鮮全土にて独立運動がおこる（三一独立運動）。6/28 ヴェルサイユ条約調印。
14歳	１９２０（大正9）年	3/25 逢隈尋常高等小学校卒業。	1/10 国際連盟発足。3/15 株式市場株価暴落（戦後恐慌はじまる）。5/2 日本最初のメーデー。12/17 国際連盟、南洋群島に対する委任統治条項を作成。
15歳	１９２１（大正10）年		11/4 原敬首相刺殺される。12/13 ワシントン会議で四か国（日英米仏）条約調印。
16歳	１９２２（大正11）年	3/27 宮城県亘理蚕業学校卒業。11月 一六～一九歳まで四年間農蚕業に従事。	2/6 ワシントン海軍軍縮条約調印。3/31 南洋庁官制公布。7/15 日本共産党結成。
17歳	１９２３（大正12）年		9/1 関東大震災。首都圏で死者一〇万人、住居焼失者二〇〇万人を超えた。また流言によって朝鮮人が虐殺された。
18歳	１９２４（大正13）年		1/10 第二次護憲運動。6/11 加藤高明内閣（護憲三派内閣）発足。
19歳	１９２５（大正14）年		1/20 日ソ基本条約調印。4/22 治安維持法公布。5/5 普通選挙法公布。
20歳	１９２６（大正15/昭和元）年	12/1 横須賀海兵団入団、海軍四等機関兵を命じられる。	
21歳	１９２７（昭和2）年	4/28 海軍三等機関兵として長門に乗組。	3/15 金融恐慌はじまる。4/22 支払猶予（モラトリアム）の実施。5/28 政府が山東出兵を声明。

22歳	1928（昭和3）年	5/1 海軍二等機関兵を命じられる。11/20 第一艦隊機関員検定に参与し優等の成績を得る。	2/20 第一六回総選挙（初の男子普通選挙）。3 済南事件（第二次山東出兵）。6 国民政府軍が北京に入城。6/4 関東軍が張作霖を爆殺。
23歳	1929（昭和4）年	11/1 海軍一等機関兵を命じられる。11/5 現役満期のため軍艦長門退艦、横須賀海兵団に入団。11/30 普通善行章一線付与。12/1 予備役編入。	10/24 世界恐慌はじまる。11/21 金解禁の大蔵省令公布。
24歳	1930（昭和5）年	1/24 東京市芝区白金三光町八木自動車学校本科卒業。2～9 東京市芝区白金三光町八木自動車学校において教育助手に採用服務。10/1 運転免許証取得のため山梨県に転居。12/9 警視庁第2種自動車運転手免許証取得。	1/21 ロンドン海軍軍縮会議。4/22 ロンドン海軍軍縮条約調印。
25歳	1931（昭和6）年	（この頃、東京に転居し就業したようである）	3 軍部クーデターによる宇垣内閣樹立計画（三月事件）。
26歳	1932（昭和7）年		1/28 第一次上海事変。2/29 リットン調査団来日。3/1 満洲国建国宣言。5/15 海軍将校ら首相官邸などを襲撃、犬養毅首相射殺（五一五事件）。9/15 日満議定書調印。
27歳	1933（昭和8）年		3/27 日本、国際連盟脱退を通告。5 滝川事件。5/31 塘沽停戦協定成立。
28歳	1934（昭和9）年	9/11 山田シズエと入籍。	4/18 帝人事件。12/29 ワシントン海軍軍縮条約廃棄通告。
29歳	1935（昭和10）年	東京市牛込区山吹町三〇一番地に居住。5/4 孝子（長女）誕生。	2/18 菊池武夫、美濃部達吉の天皇機関説を貴族院にて攻撃。
30歳	1936（昭和11）年		1/15 ロンドン軍縮会議脱退を通告。2/26 皇道派青年将校によるクーデター（二二六事件）。5/18 軍部大臣現役武官制復活。11/25 日独防共協定調印。
31歳	1937（昭和12）年	この頃、東京市牛込区榎町四八番地に居住。3/27 信子（二女）誕生。	7/7 盧溝橋事件（日中戦争開始）。12/13 日本軍、南京を占領、捕虜や一般市民に対する虐殺が発生（南京大虐殺）。
32歳	1938（昭和13）年	11/30 後備役満期。12/1 第一国民兵役編入、服役優等証を授与。	4/1 国家総動員法公布。10/27 日本軍、武漢三鎮占領。12/22 近衛三原則（第三次近衛声明）。
33歳	1939（昭和14）年		5 ノモンハン事件。7/8 国民徴用令公布。7/26 アメリカ、日米通商航海条約破棄を通告。
34歳	1940（昭和15）年		3/30 汪兆銘政権樹立。9/23 日本軍、北部仏印へ進駐。9/27 日独伊三国同盟調印。10/12 大政翼賛会発会式。
35歳	1941（昭和16）年	この頃、豊島区椎名町五丁目二一五八番地に居住。7/3 勉（長男）誕生。	4/13 日ソ中立条約調印。7/28 日本軍、南部仏印へ進駐。12/8 日本、英米に対して宣戦布告。
36歳	1942（昭和17）年	2 東京市の交通事業の統合により東京市電気局練馬自動車営業所勤務となる。11/1 海軍機関兵長となる。	4/30 第二一回総選挙（翼賛選挙）。6/5 ミッドウェー海戦。8/7 米軍、ガナルカナル島上陸。
37歳	1943（昭和18）年	4/28 充員召集により横須賀第一海兵団に入団。6/1 海軍水兵長を命ぜられる。7/7 家族面会、最後の別れ。7/9 第六四警備隊配属。7/10 横須賀出発。8/1 ウオッチェ入港。8/22 デング熱に罹患。10/13 体重50・5キロに減（横須賀では54キロ）。11/末 この頃を最後に内地との手紙のやりとりが不通になる。	2/1 日本軍、ガダルカナル島撤退開始。9/8 伊、無条件降伏。9/30「絶対国防圏」からマーシャルが外れる。
38歳	1944（昭和19）年	1/9 三女・智恵子誕生。6/16 食料六割減食。6/19 肋間神経痛と診断。11/16 アグメジ島管理。12/17 エネヤ島管理	7/7 サイパン島守備隊全滅。7/18 東条英機内閣総辞職。10/24 レイテ沖海戦。
39歳	1945（昭和20）年	3/2 ウォッチェ本島帰島。4/20・21 遺書を準備。4/25 最後の日記を書く。4/26 死去。5/1 給一級俸（昭和二十年官房人第七六号）。	3/9～10 東京大空襲。4/1 米軍、沖縄本島に上陸。5/7 独軍、無条件降伏。7/17 米英ソ、ポツダム会談。8/6 広島に原爆投下。8/8 ソ連、日本に対して宣戦布告。8/9 長崎に原爆投下。8/15 天皇、終戦の詔書放送。

死因からみる戦没状況

S19.11	S19.12	S20.1	S20.2	S20.3	S20.4	S20.5	S20.6	S20.7	S20.8	総計
5	2	2	0	0	4	2	1	2	0	186
21	46 *11	46	83 *16	77 *20	50	29	11	9	2	441
3 *9	0	1	0	0	0	2	0	1	0	14
0	0	3	2 *17	3 *21	1	0	1 *28	0	1 *33	38
2 *10	3 *12	1 *14	2 *18	2 *22	6 *24	3 *26	1 *29	1 *31	0	27
0	1 *13	2 *15	8 *19	3 *23	11 *25	7 *27	2 *30	5 *32	1 *34	41
31	52	55	95	85	72	43	16	18	4	747

*21　2人栄養失調　*22　2人ハッパ事故　*23　3人自殺　*24　2人自殺、2人漁撈中の溺死　*25　10人銃殺及び射殺　*26　1人他殺、1人ハッパ事故、1人溺死　*27　2人自殺、2人銃殺、2人射殺、1人不明　*28　栄養失調　*29　ハッパ事故　*30　殺人罪による銃殺　*31　ハッパ事故　*32　2人自殺、2人逃亡により銃殺、1人窃盗により射殺　*33　溺死　*34　作物窃盗により射殺　（河野保博）

この集計表は、防衛省防衛研究所戦史研究センター所蔵の『残務整理簿　第六十四警備隊』（中央⑧—人事—155）から、第六四警備隊における死者を死因別・月別に集計したものである。戦場での死因や死亡状況は、彼らの死後の取り扱いに大きく影響する要素であった。

死因のうち「戦死」は戦闘中に戦闘が原因で死亡した者、「戦傷死」は戦闘中の負傷が原因で後に死亡した者、「戦病死」は戦場・戦地で罹患した疾病が原因で死亡した者、「事故死」は不慮の事故が原因で死亡した者である。

これらの死亡状況が死後にもたらす影響として、靖国神社の合祀基準と扶助料（遺族年金）が挙げられる。靖国神社の主たる合祀対象は戦死者・戦傷死者であるが、アジア太平洋戦争期の合祀基準では、戦死や戦傷死に加えて戦病死も積極的に特別合祀された。対象となる疾病としては感染症が重視されたが、1943年7月以降は行軍中の熱中症や栄養失調による「餓死」も戦病死として認定されるようになった。集計表で栄養失調死が「戦病死」なのはそのような事情による。なお、戦地での自殺者は合祀の対象外であった。

扶助料については、当時の恩給法（1923年施行、

第 64 警備隊戦没者集計（昭和 18 年 12 月～昭和 20 年 8 月）

区分け／年月	S18.12	S19.1	S19.2	S19.3	S19.4	S19.5	S19.6	S19.7	S19.8	S19.9	S19.10
戦死	15	29	28	15	10	27	3	13	2	20	6
戦死扱	0	0	0	0	0	0	0	19 *2	14	23	11
戦傷死	0	0	0	0	0	0	4	3	0	0	0
戦病死	0	0	0	4	8 *1	5	8	0	0	1	1 *7
戦病死扱	0	0	0	0	0	0	0	2 *3	1 *4	2 *6	1 *8
事故死	0	0	0	0	0	0	0	0	1 *5	0	0
合計	**15**	**29**	**28**	**19**	**18**	**32**	**15**	**37**	**18**	**46**	**19**

※集計および注記は（中央⑧―人事―155）『残務整理簿　第六十四警備隊』の月別集計に拠った。
註：*1　1人自殺　*2　1人自殺　*3　1人自殺、1人ハッパ事故による爆創　*4　ハッパ事故　*5　自殺　*6　1人自殺、1人メチルアルコール中毒　*7　溺死　*8　自殺　*9　1人ハッパ事故　*10　2人自殺　*11　1人ハッパ事故、1人射殺　*12　1人自殺、2人溺死　*13　自殺　*14　自殺　*15　2人自殺　*16　2人他殺される　*17　2人栄養失調　*18　1人自殺、1人ハッパ事故による爆創　*19　7人自殺、1人射殺　*20　1人他殺される

1942年改正）の規定では、例えば一般兵の場合、戦死もしくは戦死に準ずる公務中の死（準戦死）は普通恩給の約5割増額、それ以外の「普通公務死」（公務従事中の死）は約4割増額であった。

ところで、集計表のなかには「戦死扱」「戦病死扱」という奇妙な分類が存在する。原史料にはこれらの死亡者の実際の死亡状況が記されている場合があり、他殺（戦闘以外で殺害される）や爆発事故など本来は「事故死」や「普通公務死」とすべき事例、自殺や銃殺による処刑など合祀対象から除外されるべき事例が含まれていることがわかる。

実は、陸軍の現地部隊では、死亡状況が死後の取り扱いを大きく左右する事情を踏まえ、死亡状況を偽って軍中央に上申する行為が蔓延していた。ウォッチェでの死亡状況の操作については第六四警備隊の主計長による証言があったが、集計表の記述はそれを裏付けている。（中野良）

【参考文献】

赤澤史朗『戦没者合祀と靖国神社』（吉川弘文館、2015年）、島山郁男『新版　恩給法概説』（ぎょうせい、1987年）、北島秀治郎「マーシャル諸島ウオッゼ島の惨状」（井畑憲次・野間弘編『海軍主計科士官物語』浴恩出版会、1968年）

南洋群島図

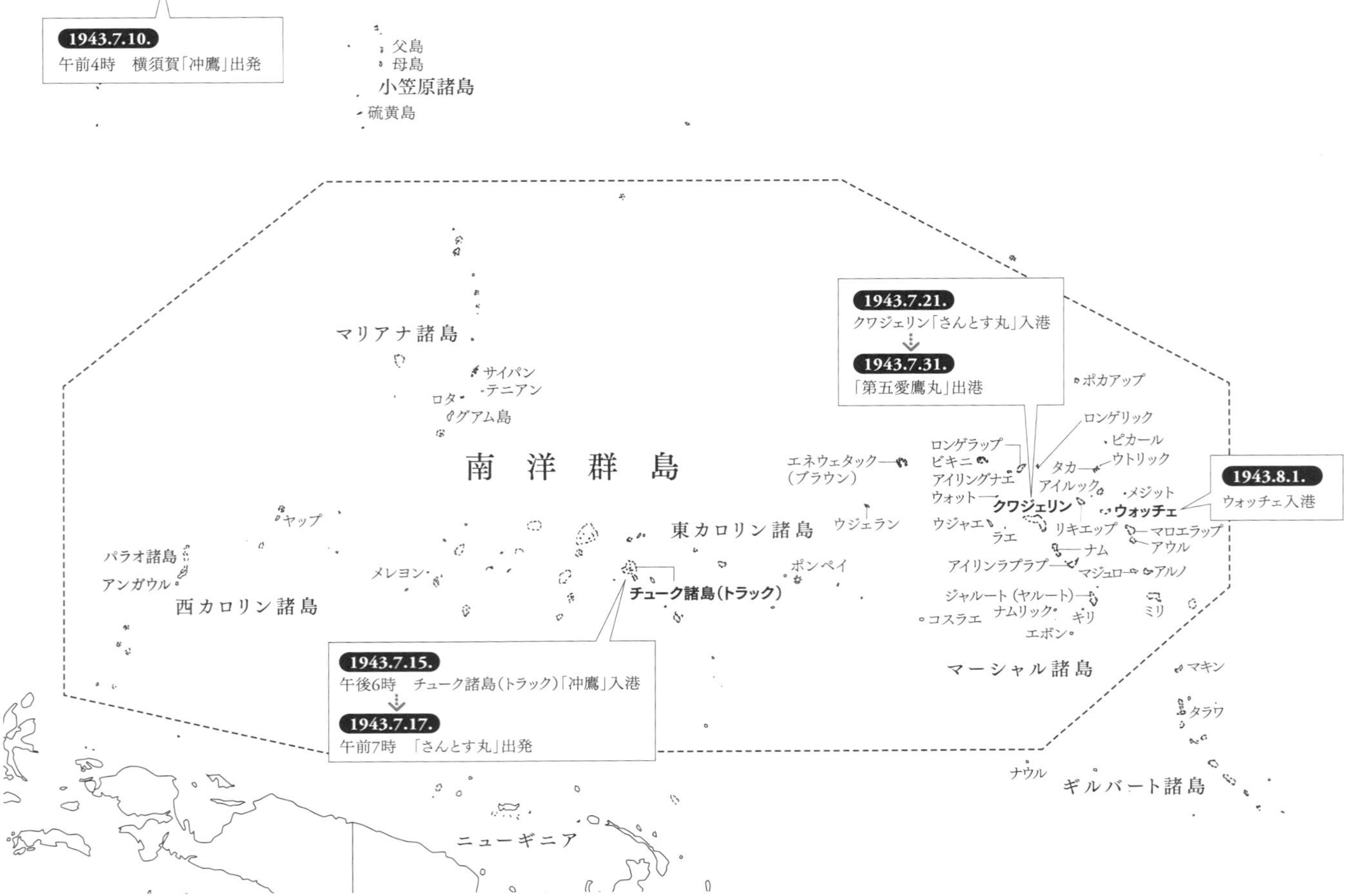
1943.7.10.
午前4時　横須賀「冲鷹」出発
父島
母島
小笠原諸島
硫黄島
マリアナ諸島
サイパン
テニアン
ロタ
グアム島
南洋群島
ヤップ
パラオ諸島
アンガウル
西カロリン諸島
メレヨン
東カロリン諸島
チューク諸島（トラック）
ポンペイ
ウジェラン
エネウェタック
（ブラウン）
1943.7.15.
午後6時　チューク諸島（トラック）「冲鷹」入港
1943.7.17.
午前7時　「さんとす丸」出発
ニューギニア
1943.7.21.
クワジェリン「さんとす丸」入港
1943.7.31.
「第五愛鷹丸」出港
ポカアップ
ロンゲリック
ロンゲラップ
ビキニ
アイリングナエ
ウォット
ピカール
ウトリック
タカ
アイルック
メジット
クワジェリン
ウォッチェ
1943.8.1.
ウォッチェ入港
ウジャエ
ラエ
リキエップ
マロエラップ
アウル
ナム
アイリンラプラプ
マジュロ
アルノ
ジャルート（ヤルート）
ナムリック
キリ
ミリ
コスラエ
エボン
マーシャル諸島
マキン
タラワ
ナウル
ギルバート諸島

ウォッチェ環礁図

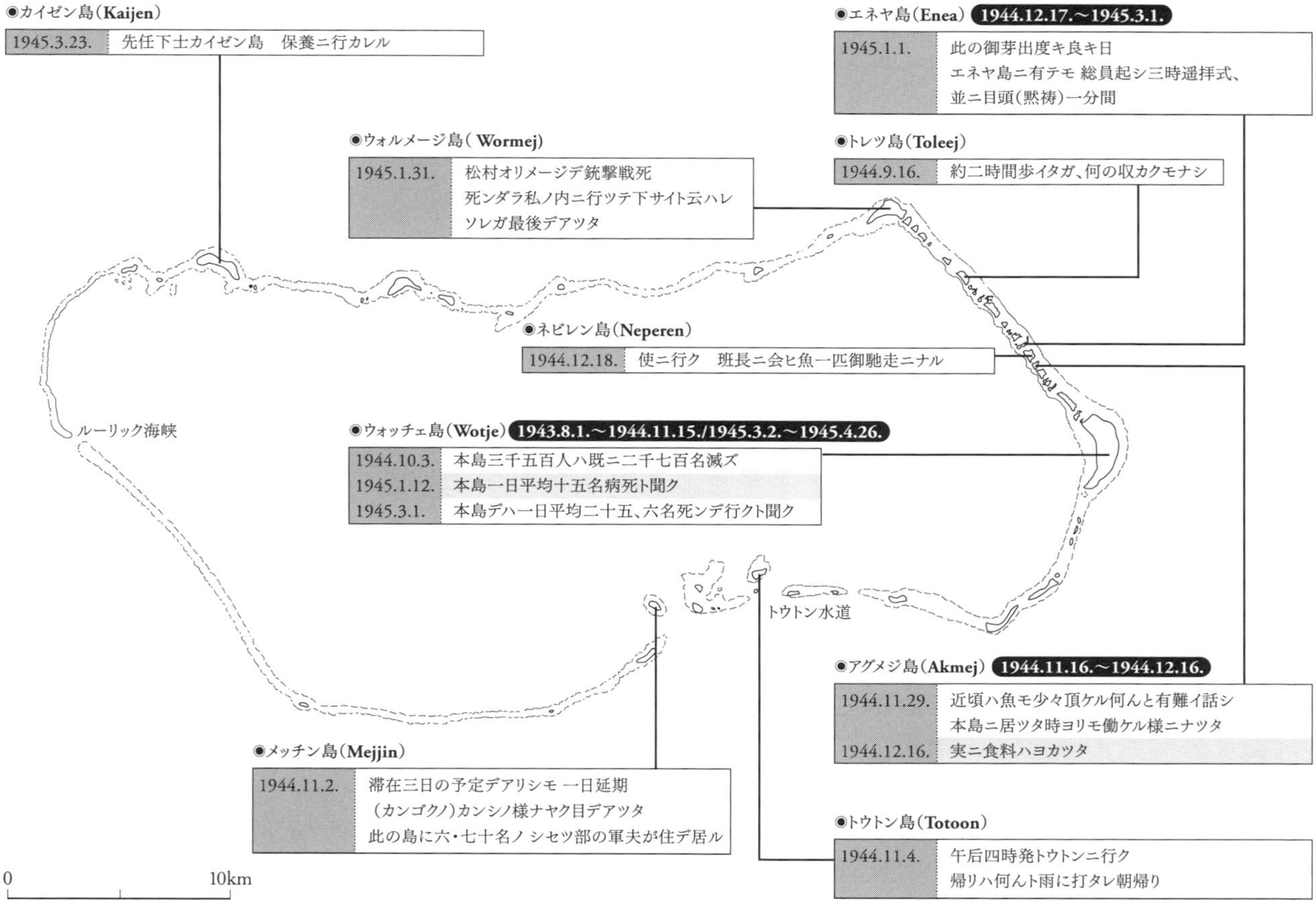

●カイゼン島(Kaijen)
1945.3.23. 先任下士カイゼン島　保養ニ行カレル
●エネヤ島(Enea) 1944.12.17.～1945.3.1.
1945.1.1. 此の御芽出度キ良キ日
エネヤ島ニ有テモ 総員起シ三時遥拝式、
並ニ目頭(黙祷)一分間
●ウォルメージ島(Wormej)
1945.1.31. 松村オリメージデ銃撃戦死
死ンダラ私ノ内ニ行ツテ下サイト云ハレ
ソレガ最後デアツタ
●トレツ島(Toleej)
1944.9.16. 約二時間歩イタガ、何の収カクモナシ
●ネピレン島(Neperen)
1944.12.18. 使ニ行ク　班長ニ会ヒ魚一匹御馳走ニナル
ルーリック海峡
●ウォッチェ島(Wotje) 1943.8.1.～1944.11.15./1945.3.2.～1945.4.26.
1944.10.3. 本島三千五百人ハ既ニ二千七百名滅ズ
1945.1.12. 本島一日平均十五名病死ト聞ク
1945.3.1. 本島デハ一日平均二十五、六名死ンデ行クト聞ク
トウトン水道
●アグメジ島(Akmej) 1944.11.16.～1944.12.16.
1944.11.29. 近頃ハ魚モ少々頂ケル何んと有難イ話シ
本島ニ居ツタ時ヨリモ働ケル様ニナツタ
1944.12.16. 実ニ食料ハヨカツタ
●メッチン島(Mejjin)
1944.11.2. 滞在三日の予定デアリシモ 一日延期
(カンゴクノ)カンシノ様ナヤク目デアツタ
此の島に六・七十名ノ シセツ部の軍夫が住デ居ル
●トウトン島(Totoon)
1944.11.4. 午后四時発トウトンニ行ク
帰リハ何んト雨に打タレ朝帰り
0
10km

ウォッチェ島図

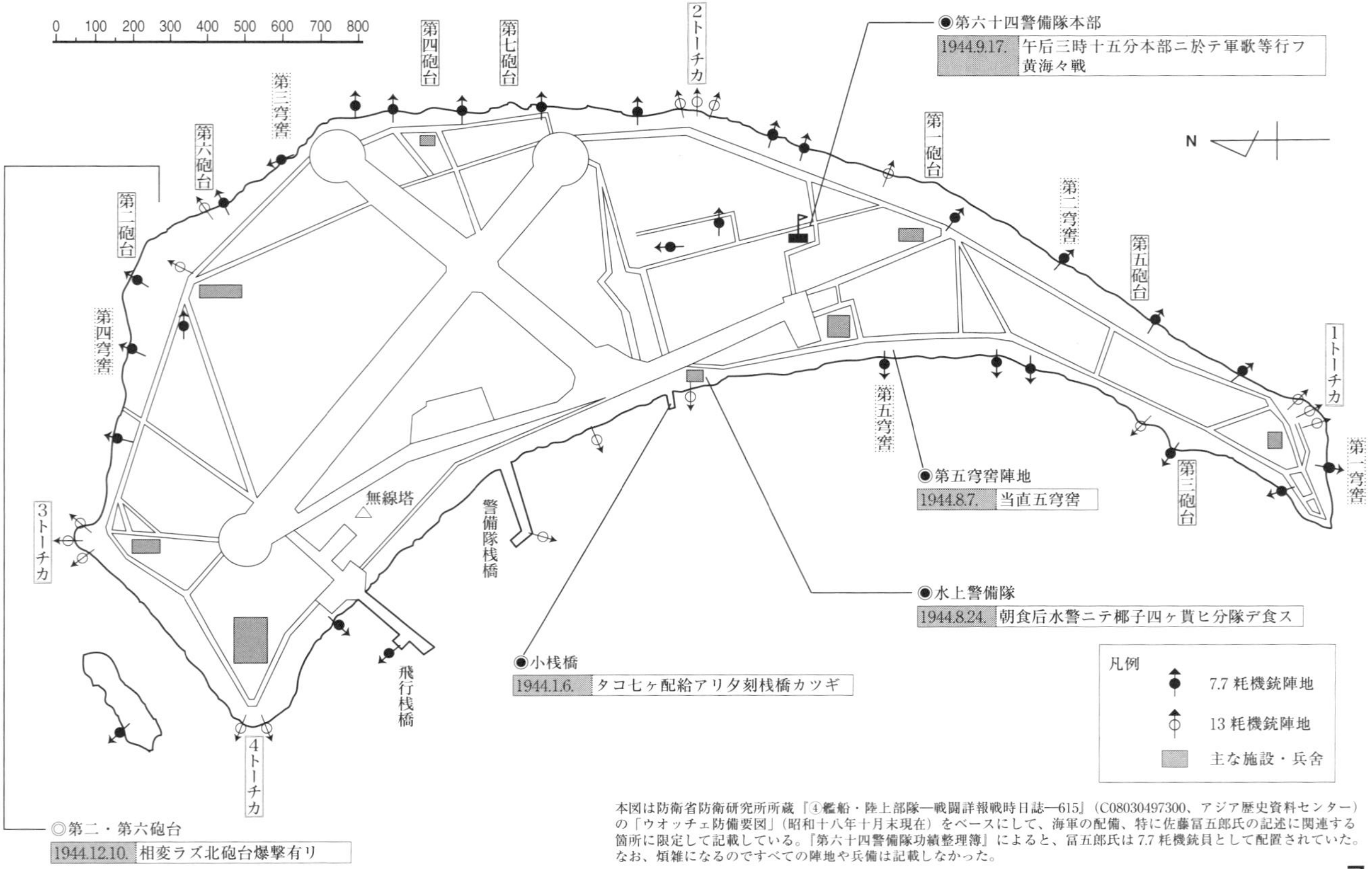

本図は防衛省防衛研究所所蔵『④艦船・陸上部隊―戦闘詳報戦時日誌―615』（C08030497300、アジア歴史資料センター）の「ウオッチェ防備要図」（昭和十八年十月末現在）をベースにして、海軍の配備、特に佐藤冨五郎氏の記述に関連する箇所に限定して記載している。『第六十四警備隊功績整理簿』によると、冨五郎氏は7.7粍機銃員として配置されていた。なお、煩雑になるのですべての陣地や兵備は記載しなかった。

Illustration by Z 1981

第64警備隊、主要人物階級表

海軍武官・兵職階表
（兵科） S17.11.1 ～

(S20.4 現在）

士官	将官	海軍大将	
		海軍中将	
		海軍少将	司令 吉見信一
	左官	海軍大佐	副長 佐々本健爾
		海軍中佐	大隊長兼四隊長 永尾直孝 / 軍医長（軍医中佐） 若田三郎
		海軍少佐	大隊長 土屋太郎 / 二大隊長 菅野正晴
	尉官	海軍大尉	主計長（主計大尉） 北島秀治郎
		海軍中尉	
		海軍少尉	中隊長兼小隊長 赤坂榮太郎
准士官		兵曹長	内務長兼大隊副官 田幸忠雄
下士官	上等下士官	上等兵曹	小隊附下士官 阿部義明
	一等下士官	一等兵曹	7.7㎜機銃員 若狭忠一 / 分隊下士 高見沢榮
	二等下士官	二等兵曹	7.7㎜機銃員 佐藤冨五郎 / 7.7㎜機銃射手 原田豊秋 / 7.7㎜機銃員 水野一郎 / 一番銃射手 千國今丙午 / 12㎝高角砲員 倉島忠隆 / 12㎝高角砲員 栗田義男 / 銃隊員 佐藤新造
兵	兵長	水兵長	7.7㎜機銃射手 沼宮内清一 / 7.7㎜機銃員 桜井幹男 / 7.7㎜機銃員 本間藤雄 / 三砲台砲員 富田芳雄
	上等兵	上等水兵	7.7㎜機銃員 馬場三郎 / 7.7㎜機銃員 石坂綾雄 / 7.7㎜機銃員 松村健 / 7.7㎜機銃員 千葉忠平
	一等兵	一等水兵	
	二等兵	二等水兵	

本図表は「佐藤冨五郎日記」および『第六十四警備隊功績整理簿』をもとに作成した。

「佐藤冨五郎日記」に登場する人物は実線で囲い、他の資料から判明する人物は破線で囲った。

階級は昭和20年4月段階とし、4月以前に没していても死後の特進は含めなかった。

	昭和19年6月	昭和19年7月	昭和19年8月	昭和19年9月	昭和19年10月
1	21日　片山のところに行った 23日　小林片山君のところに立ち寄りヤシノミ頂く 29日　歯磨粉一ヶ差し上げた	23日　立ち寄りコプラ半分位乞ふ　彼は頭部ひたいに断片入り治療中		17日　片山君空襲直撃、作業帰りにお見舞いに行く	26日　僕はメッチン行き、片山君おるはず　さぞ会えるであろう
2			◇ 9日　足袋の底ゴムもらう 15日　同年兵二名（原田・桜井）共体悪く休んでおる		
3		3日　「戦友」 5日　木草等ご馳走さる　ヨモヤマ話	15日　同年兵二名（原田・桜井）共体悪く休んでおる		19日　僕と原田同年であった
4 倉島忠隆			25日　倉島モ歩ケタ帰リハ遅カツタ		
5 若狭忠一			8日　ロード目薬借りる ○	24日　トウトン見張員として出発	9日　トウトンより帰る 10日　彼の帰りを祝いコプラを食べる 19日　先任下士若狭兵曹前にてナマコ取り
6 沼宮内清一			◇ 19日　外海甲配備に張り切りであった		○ 27日　5日間の椰子取り作業終わり帰島
7 千國今丙午			◇		
8 千葉忠平					
9 富田芳雄					
10 水野一郎			◇		
11 高見沢榮					○　○
12 本間藤雄			◇		

○：言及があるが省略した箇所
◇：自筆で住所が書き込まれている箇所
◎：同部隊と思われる者の名が記されている箇所
なお、昭和19年7月と8月の間で日記は2冊目に移る

日記に見る交友関係——主な人物12名から

氏名	昭和18年8月	昭和18年9月	昭和18年10月	昭和19年1月	昭和19年4月
1 片山	6日　トラックの運転手が片山君であった	7日　会いに行く ナシカンなど ご馳走になる 17日　風邪をひく 片山氏も見舞いに来る	29日　屋根、トタン、パン頂く	14日　片山君も入室（入院）、あまりにもよくなき様子	17日　金10円借す
2 桜井幹男			19日 コプラご馳走になる 何よりであった		
3 原田豊秋					

日記をめぐる「ささえあい」は、冨五郎氏が築いたウォッチェにおける交友関係から始まった。日記には90余名の他者が登場するが、その関係性の疎密は、面識も無くただ話題に上っただけの人から、内地にいたときから交友関係を継続した人まで幅広い。本表では、冨五郎氏が日記に書き留めた多くの人々から、特に親しいやり取りを行った12名を抽出し、その交友関係の可視化を試みた。なお、本表は冨五郎氏の日記内記述を元とし、名前や没日等について日記に十分な記述がない場合は「功績整理簿」（防衛研究所所蔵）を参照した。

交友関係の可視化を通して見えた、日記及び冨五郎氏の特徴はふたつある。

ひとつは、冨五郎氏の日記を書くことへの意識の変化である。ふたつの手帳で構成される日記は、時間経過により記述の趣が変化している。日記1冊目（1943年4月～1944年7月）の前半はメモのように簡素な記述が続くが、後半へ進むに連れ行動記録が詳しくなり、かつ心情描写が増加する。2冊目（1944年8月1日以降）からは記述量も増え、1日の出来事やそれに伴う心の動きを細かに記すことが多くなる。日記を書く目的が、1日の要点記録から、日々の生活全体の活写に変化したとも捉えられよう。その変化を受けてか、時が経つにつれて他者との関わりへの言及は増加していった。

もうひとつは、冨五郎氏の他者との関わりへの能動性である。冨五郎氏は異動により何度か所属部隊が変わっており、主に2冊目にその形跡がみられる。登場人物は2冊目から飛躍的に増加したが、これは新たな部隊に配属されるたび交友関係を広げていったことに他ならない。また異動後に距離を越えて関係性を継続している場合もあり、日々の記述から見える他者への関心とは異なる、マクロな視点から能動性が見て取れよう。

ふたつを合わせて表を見ると、1冊目から抽出対象となったのは親交の深い一部の人々にとどまるが、2冊目からは日々を共に過ごしたと思しき各拠点での同部隊の方々が多く抽出されている。つまり、多くの人との関わりの中で生活していた冨五郎氏の姿が、日記記述の内容変化により立ち現れた、と言えるのではないだろうか。

本表は既述の通り交友関係の密な部分のみを取り上げており、冨五郎氏の他者との関わりの一端を紐解いたに過ぎない。本表で抽出の対象外となった他者との交流に関する記述は非常に多く、その関係性の疎密の幅広さからは、冨五郎氏が終生他者との関わりへの関心を持ち続けたことが伺える。この、日記に息づく冨五郎氏が戦地にあっても他者に向けた心こそ、日記をめぐる「ささえあい」の淵源のひとつなのだと、改めて気づかされよう。

（福江菜緒子）

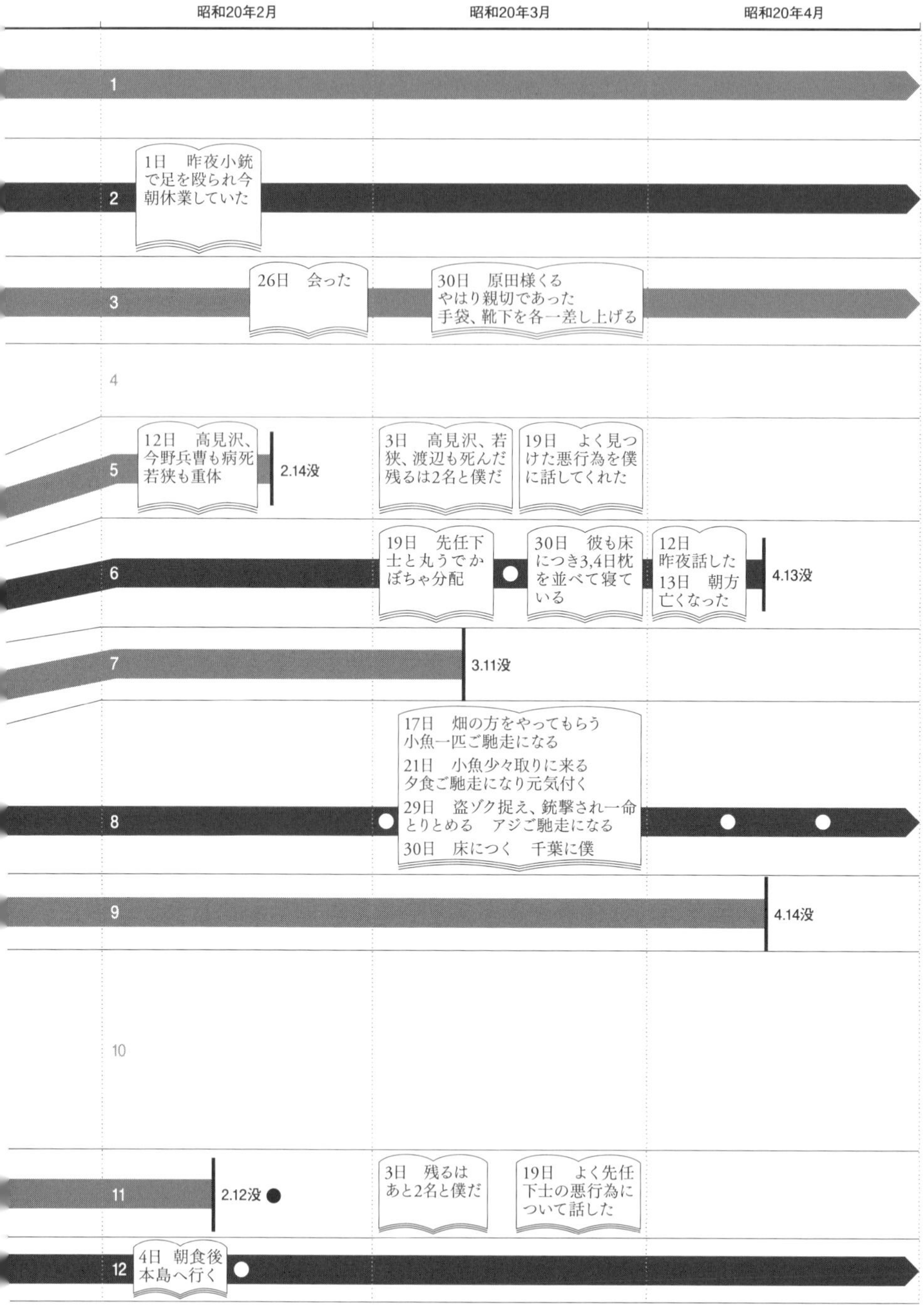

昭和20年2月
昭和20年3月
昭和20年4月
1
2
1日　昨夜小銃で足を殴られ今朝休業していた
3
26日　会った
30日　原田様くる やはり親切であった 手袋、靴下を各一差し上げる
4
5
12日　高見沢、今野兵曹も病死 若狭も重体
2.14没
3日　高見沢、若狭、渡辺も死んだ 残るは2名と僕だ
19日　よく見つけた悪行為を僕に話してくれた
6
19日　先任下士と丸うでかぼちゃ分配
30日　彼も床につき3,4日枕を並べて寝ている
12日 昨夜話した 13日　朝方亡くなった
4.13没
7
3.11没
8
17日　畑の方をやってもらう 小魚一匹ご馳走になる
21日　小魚少々取りに来る 夕食ご馳走になり元気付く
29日　盗ゾク捉え、銃撃され一命とりとめる　アジご馳走になる
30日　床につく　千葉に僕
9
4.14没
10
11
2.12没
3日　残るはあと2名と僕だ
19日　よく先任下士の悪行為について話した
12
4日 朝食後本島へ行く

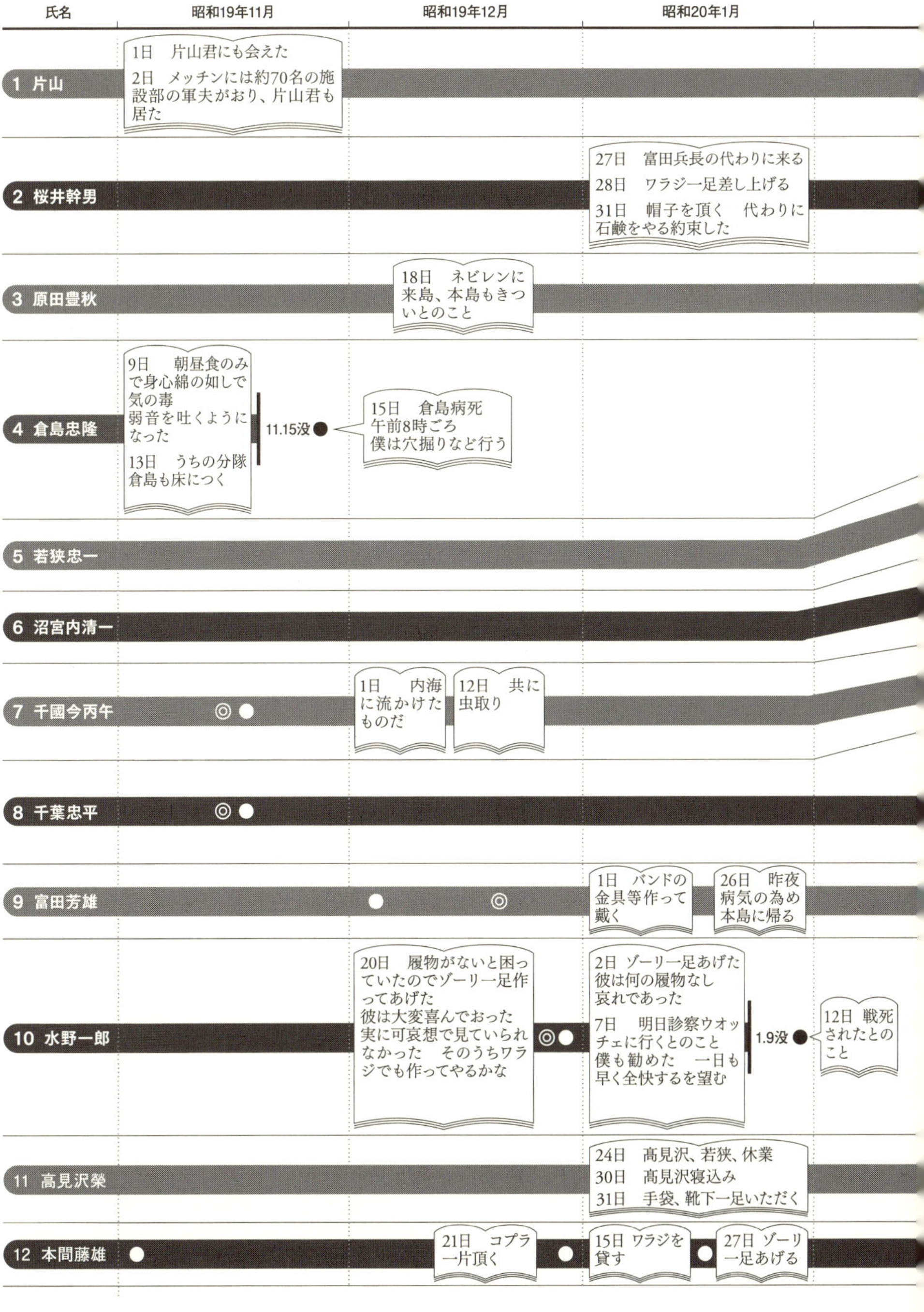
氏名
昭和19年11月
昭和19年12月
昭和20年1月
1 片山
1日　片山君にも会えた
2日　メッチンには約70名の施設部の軍夫がおり、片山君も居た
2 桜井幹男
27日　富田兵長の代わりに来る
28日　ワラジ一足差し上げる
31日　帽子を頂く　代わりに石鹸をやる約束した
3 原田豊秋
18日　ネビレンに来島、本島もきついとのこと
4 倉島忠隆
9日　朝昼食のみで身心綿の如しで気の毒
弱音を吐くようになった
13日　うちの分隊倉島も床につく
11.15没
15日　倉島病死
午前8時ごろ
僕は穴掘りなど行う
5 若狭忠一
6 沼宮内清一
7 千國今丙午
1日　内海に流かけたものだ
12日　共に虫取り
8 千葉忠平
9 富田芳雄
1日　バンドの金具等作って戴く
26日　昨夜病気の為め本島に帰る
10 水野一郎
20日　履物がないと困っていたのでゾーリ一足作ってあげた
彼は大変喜んでおった
実に可哀想で見ていられなかった　そのうちワラジでも作ってやるかな
2日　ゾーリ一足あげた
彼は何の履物なし
哀れであった
7日　明日診察ウオッチェに行くとのこと
僕も勧めた　一日も早く全快するを望む
1.9没
12日　戦死されたとのこと
11 高見沢榮
24日　高見沢、若狭、休業
30日　高見沢寝込み
31日　手袋、靴下一足いただく
12 本間藤雄
21日　コプラ一片頂く
15日　ワラジを貸す
27日　ゾーリ一足あげる

日記に見る交友関係——主な人物12名から

第7章

古代史と現代史をつなぐ——日記解読のおわり

「不思議である。それまで、
どうがんばってもまったく読めなかった字が、
ある瞬間、四人が同時に読めたのである」

風雨にさらされた紙に鉛筆で細かく書かれた文字は、
かすれて消えかけた箇所も多く、判読がきわめて難しい。
肉眼で読むことが限界に達しはじめたころ、
赤外線観察というアイデアが生まれる。
最新の研究技術が冨五郎の最後の声を浮かび上がらせ、
日記解読はクライマックスを迎える。

「佐藤冨五郎日記」を映し出す
――赤外線観察を通じて考えたこと

Mikami Yoshitaka
三上喜孝

1. 一通のメールからはじまった

二〇一七年一二月二五日、私のもとに、一通のメールが届いた。国立公文書館アジア歴史資料センターの河野保博さんからである。

いま、同僚と共に、アジア・太平洋戦争で没した方の日記を読んでおります。南方戦線で孤立無援のなか、米軍の襲撃に怯えながら、飢えに苦しむ様子を克明に記した日記であり、本人は終戦直前に亡くなり、日記だけが遺族のもとに戻ってきたものです。遺族の了解を得て、何人かで読みすすめておりますが、手帳に鉛筆で細かく書かれた文字は読みにくく、一部判読不明なところがあります。

類推しながら読んではおりますが、すっかり擦れてしまったところなどもあり、難儀しております。

そこで同じカーボンであれば、赤外線写真で読み取れるのではないかと思い付き、ご連絡を差し上げました。

素人考えの思い付きで、三上先生を煩わせ、歴博の機材をお借りしてしまうことになるので、大変恐縮でございますが、できるだけ文字を読み取り、没した兵士の思いを記録できればと考えております。

先生のお時間のよろしいときに同僚と共に参上できればと存じます。ご許可が頂ければ、先生のご都合の良い日をお教えください。小生の事情で年末のお忙しい時期となってしまいました。改めてお詫び申し上げます。

お忙しい中に恐縮ではございますが、前向きにご検討くださいますようお願い申し上げます。


メールを送っていただいた河野さんは、日本古代史を専攻している方で、私と専攻が同じだったこともあり、以前何度かお目にかかったことがある。そのご縁で、メールをくださったのだろう。

メールの文中に出てくる「歴博」とは、私が勤務している国立歴史民俗博物館（千葉県佐倉市）の略称である。歴博の地下にある調査室には、もう三〇年も前から赤外線ビデオカメラの装置が設置されている。今となっては年代物の、いつ壊れてもおかしくないような、古びた装置である。私も二〇年ほど前の大学院生時代、この赤外線ビデオカメラで、赤外線観察の手法を勉強した。

いまでもおよそ二カ月に一度くらい、読めない文字を読んでほしいと、調査依頼をいただくことがある。学生時代から赤外線装置を使った文字解読調査を勉強してきたというご縁で、歴博では私がその担当ということになっている。

今回の調査依頼は、私にとって初めての体験であった。

「初めての体験」といったのは、今回の依頼が、近代の、しかも鉛筆で書かれた資料である、という点である。いままで私はもっぱら前近代の、しかも墨書きの文字資料を対象に、赤外線観察による解読作業をおこなってきた。近代の鉛筆書きの資料の調査は、いままでに体験したことがなかった。

以前、あるテレビ番組で、南方戦線にいた兵士が家族に当てた鉛筆書きの手紙を、赤外線観察によって解読した、というエピソードを放送していたことを知ってはいたが、実際のところどれほど効果のあるものなのか、経験がなかった私には実感がわかなかったのである。

しかし、これがもし功を奏すれば、赤外線観察が決して前近代の資料のためだけの手法ではないことを、もっと広く知ってもらう機会になるのではないか。赤外線観察による歴史資料の解読の可能性を広げる機会ととらえて、私はこの依頼を快諾した。

2. 赤外線観察による文字の解読

そもそも、赤外線観察により文字を解読するというのは、どういうことなのか。少しばかり教科書的な説明をしておきたい。

赤外線は可視光よりも波長が長いので、表面の埃や漆膜、顔料などにより波長が散乱することが少なく、資料の表面を透過して、その中にある墨や炭素成分を検出することができる、という性質を持っている（図1）。墨や炭素成分は、赤外線を吸収するため、赤外線観察ではより黒く見えるのである。この性質を利用したものが、赤外線観察による文字の解読である。漆紙文書や木簡や墨書土器といった、地下から出土する文字資料を解読するのに、赤外線観察は有効な方法である。

漆紙文書とは、紙に書かれた公文書が用済みになり廃棄される際に、漆工房に払い下げられ、漆桶の蓋紙として転用された際に、紙の表面に漆が付着したものである。これが地中に廃棄されると、漆が付着している部分だけが腐蝕せずに残るのである。漆桶の蓋紙は、役所でいらなくなった公文書を再利用する場合がほとんどで、すなわち古代の古文書が地中から発見されることになるのである。

出土した漆紙文書は、肉眼では文字が確認できない場合が多いが、墨が和紙に浸透していれば、その墨の情報を拾うことができるのである。

これは木簡や墨書土器の場合も同様で、出土した木簡や墨書土器は、文字が書かれた当時に比べると、表面が劣化して文字が読み取りにくくなっている。だが墨が木の繊維や土器の中に浸透している場合、赤外線がその情報を拾い、文字を黒く映し出すことが可能となるのである。

この理屈から言えば、炭素成分を含んでいる鉛筆書きの資料もまた、赤外線観察による解読が有効であることになるのだ。

赤外線観察による文字の解読という手法は、古代の文字資料だけではなく、当然、他の時代の文字資料についても効果を発揮する。

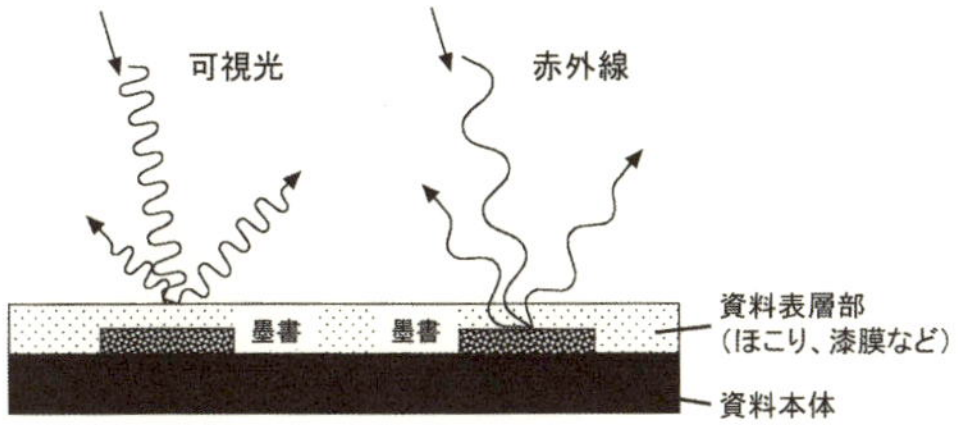

図1　可視光と赤外線の散乱と透過

一六世紀後半から一七世紀前半にかけて、観音巡礼などで各地の仏堂を訪れた巡礼者たちが、さまざまな思いを仏堂の板壁に墨文字で書き付けている。いわば庶民の落書きである。いままでも古い仏堂などを訪ねると、当時の人びとの落書きがそのまま残っていることがある。

ふとしたきっかけで、いまから一〇年ほど前の二〇〇八年、山形県天童市の若松寺観音堂のこうした落書き群を調査することになった。一七世紀初頭に再建され、いまは重要文化財であるこの観音堂内部の板壁には、江戸時代初期の人々による無数の落書きが所狭しと書かれていた。それだけではなく、屋根裏にも、当時再建にかかわった大工さんたちによる落書きが残っていたのである。

お堂が古いため、板壁の風化が激しかったり、長年の汚れが付着していたりして、肉眼で墨文字を読みとることは難しい。それに加え、お堂の中は昼間でも暗いので、文字を解読する環境としては、きわめて条件の悪いところなのである。

そこで威力を発揮したのが、赤外線観察だった。赤外線機能の付いたデジタルカメラで、板壁や屋根裏に残る落書きを全点撮影し、それをもとに解読作業を進めていった。そしてそこから思わぬ事実がわかっていった。私はこの調査がきっかけで、落書きの世界にのめり込むことになり、その成果を『落書きに歴史をよむ』(吉川弘文館、二〇一四年)という本にまとめた。

戯れに書いた庶民の落書きが、数百年経って、赤外線観察により微に入り細を穿ち解読されてしまうとは、当時の人も想像していなかっただろう。しかし赤外線観察を通じて落書きを解読していくうちに、四〇〇年ほど前に生きた人々の心の世界をのぞくことができたような気がした。肉眼では見えないものを映し出す赤外線カメラが、あたかも当時の人々の心の中をのぞくカメラであるかのように、私は錯覚してしまったのかもしれない。

赤外線観察の魅力はそれだけではない。漆紙文書や木簡といった行政文書であろうと、庶民が戯れに書いた落書きであろうと、赤外線カメラは等しく、その文字を映し出す。歴史を探る上で、行政文書が価値が上で、庶民の落書きが下であるなどということはあってはならないのではないか。どんな資料も、同じ価値を持つものなのだということを、赤外線観察という手法を通じて、私はほとんど感覚的に学んだのである。

時代や資料の性格にかかわりなく、赤外線観察による文字解読は有効なのだということを、もっと多くの人に知ってもらいたい、そんなことも考えるようになった。

そんな折、鉛筆書きの戦場日記を赤外線観察してほしいとの依頼が、来たのである。

3. 郷里の友！

二〇一八年一月一九日、大川史織さんと河野保博さんのおふたりが、「佐藤冨五郎日記」を持って歴博にやって来た。

地下の調査室にご案内し、東京大学の大学院生の井上翔さんにも手伝ってもらって、赤外線ビデオカメラで、解読することにした。

「日記というのは……」

「これです」

見て驚いた。

小さくて薄いメモ帳のようなものに、鉛筆でびっしりと文字が書いてある。

「ずいぶんとびっしり書いてますね」

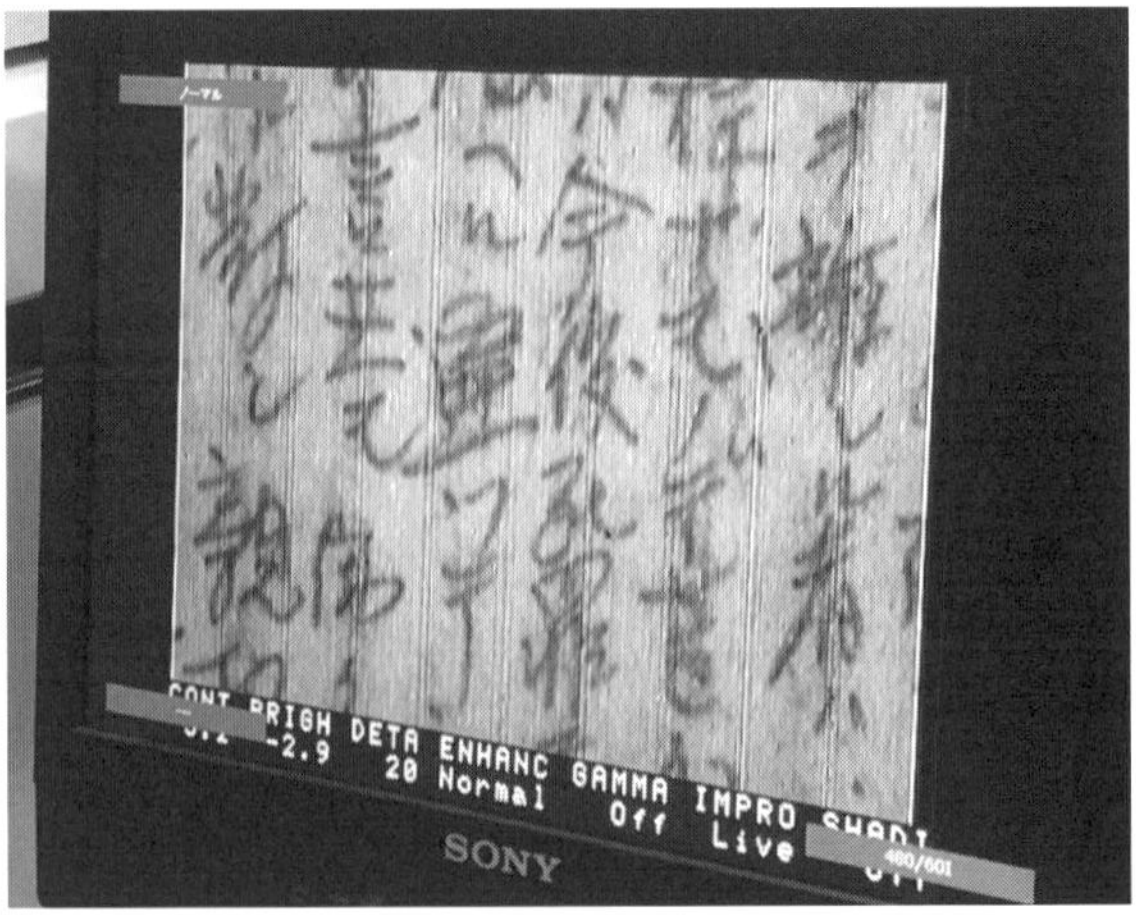

写真１　赤外線ビデオカメラで映し出された「佐藤冨五郎日記」

「ええ。毎日毎日、その日にあったことを克明に書いておられたようです」

「マーシャル諸島で、ですか？」

「ええ。この日記を書いた佐藤冨五郎さんは、敗戦の四カ月ほど前に亡くなるのですが、約二年間、亡くなる数時間前まで、戦場で日記を書き残していました」

「そうですか……」

「鉛筆が擦れてしまって、どうしても肉眼では読めないところがありまして……ご遺族の方のお気持ちを考えると、一文字でも多く解読したいと思いまして……」

「わかりました。お恥ずかしいんですが、うちの赤外線装置はずいぶんと年代物で、お役に立てるかどうかわからないのですが、さっそく観察することにしましょう」

テレビモニターに、日記が映し出される。

肉眼では見えなかった鉛筆の文字が、鮮やかに映し出された（写真1・写真2）。

「こんなにはっきりと見えるんですね！」

感激もそこそこに、解読作業を始める。

鉛筆の文字が映し出されたといっても、独特の書き癖や言い回しがあって、それを読み解くのはなかなか難しい。
一文字読めては喜び、一文字読めなくては悔しがり、の連続である（写真3）。
だが、次第に目が慣れてきて、佐藤冨五郎さんの文字の特徴がつかめてきた。
だんだんと、読める文字が増えてきた。
そこに書かれているのは、飢えに苦しみ、空襲におびえる兵士たちの姿だった。

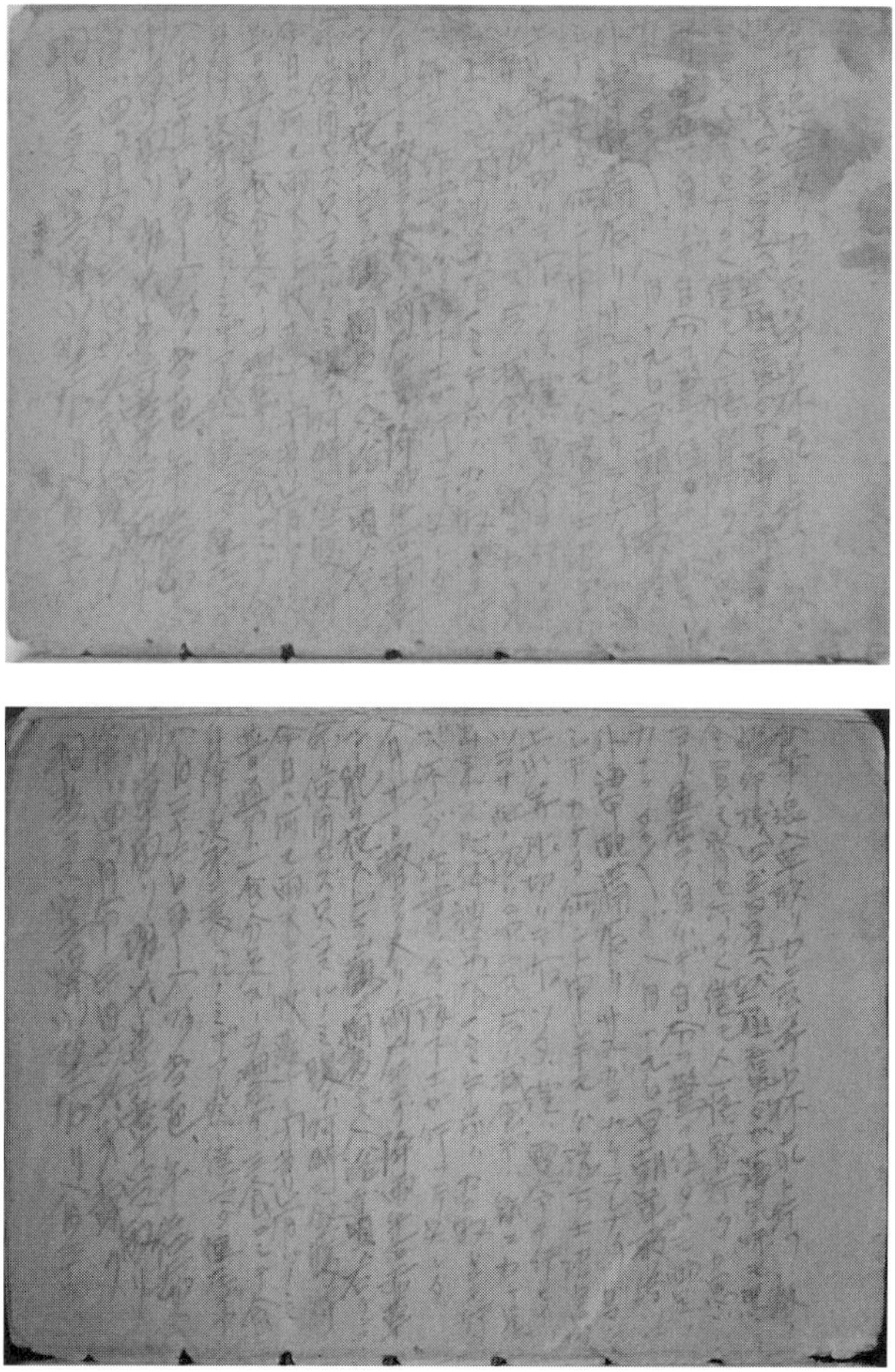

写真2　「佐藤冨五郎日記」を写す
通常の一眼レフで撮影（上）、赤外線機能のついたカメラで撮影

しかし、鉛筆の文字が非常に薄くて、どうしても読めないところが何カ所かある。

とくに問題となったのは、昭和一九年八月三一日の日記である。

翌日から、「離島管理作業」なる重労働に従事しなければならなかった彼は、友人から椰子の実を五個もらい、それを分隊員一同で分けて食べた。おかげで元気になったのだという。その最後の行に、

「□□友人ハ有難い」

と書いている（写真4）。

「……友人ハ有難い、と読めますけれども、その上に二文字ありますね」

「そうですね」

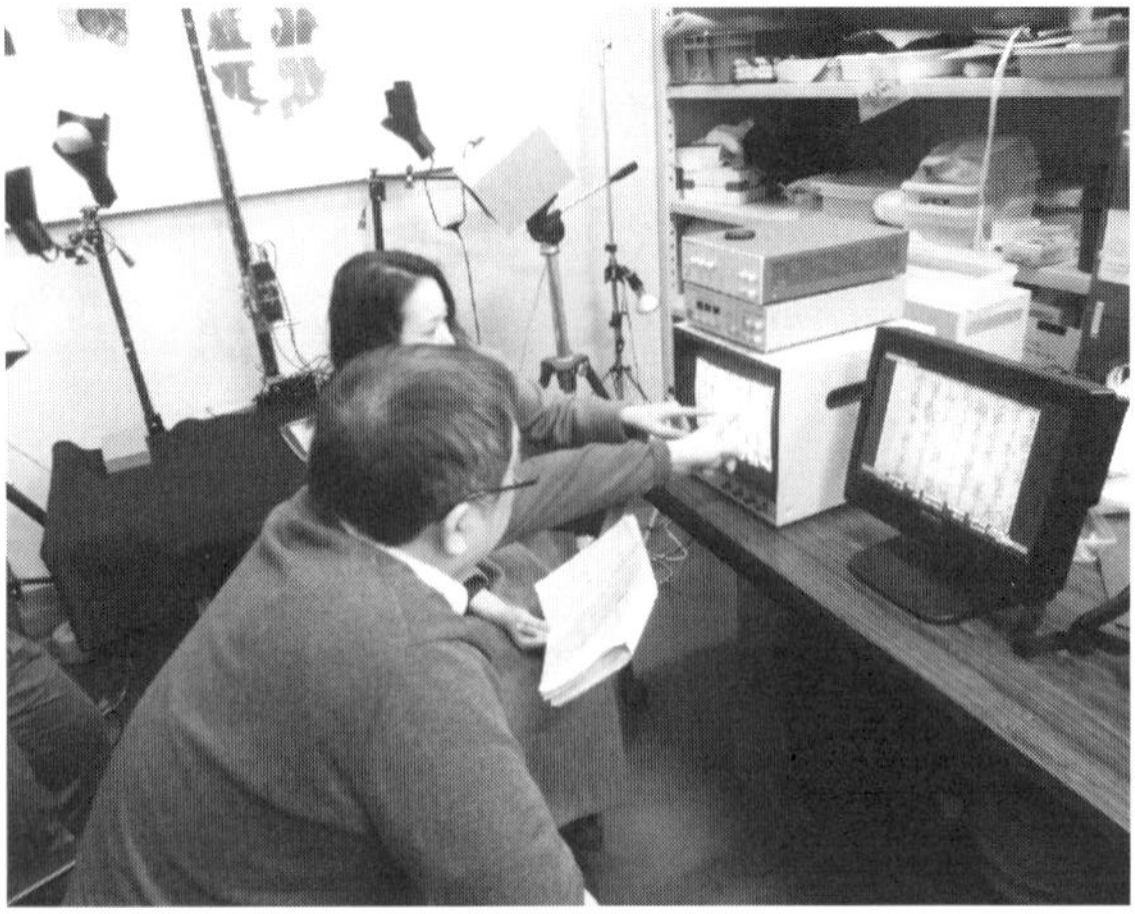
写真3　赤外線観察による調査風景

「文字があることはわかるんだけれど、何と書いてあるのかわからない」

「画数が多そうな文字ですね」

四人はしばらく考え込んだ。

テレビモニターに映し出された文字を、指でなぞりながら、ああでもない、こうでもない、と試行錯誤が続いた。

一瞬の静寂のあと、四人は同時に叫んだ。

「郷里の友！」

四人は顔を見合わせて大笑いした。「友人」の上の二字は「郷里」だったのだ。

不思議である。それまで、どうがんばってもまったく読めなかった字が、ある瞬間、四人が同時に読めたのである。

まるで神が降りてきたようであった。

この感激、どの程度伝わるだろうか。

あのときのしびれるような体験は、あの場にいた四人にしかわかるまい。

調査のあと、大川さんからいただいたメールに、

「「郷里の友！」とみんなで叫んだ瞬間は、映画のワンシーンのようでしたね」

とあった。

そう。映画のワンシーンというのがふさわしい。

日記を書いた佐藤冨五郎さんが解読の後押しをしてくれたのか、あるいは佐藤冨五郎さんの日記をかたみとして持ち帰り、遺族にとどけた戦友の原田豊秋さんが後押しをしてくれたのか。いずれにしても、不思議な力に後押しされながら、解読が進んでいったとしか思えない。

しかし、本当はそんなスピリチュアルな理由ではないだろう。なぜ四人は、ある瞬間、同時に「郷里」と読めたのだろうか。私はそのことを、ずっと考えていた。

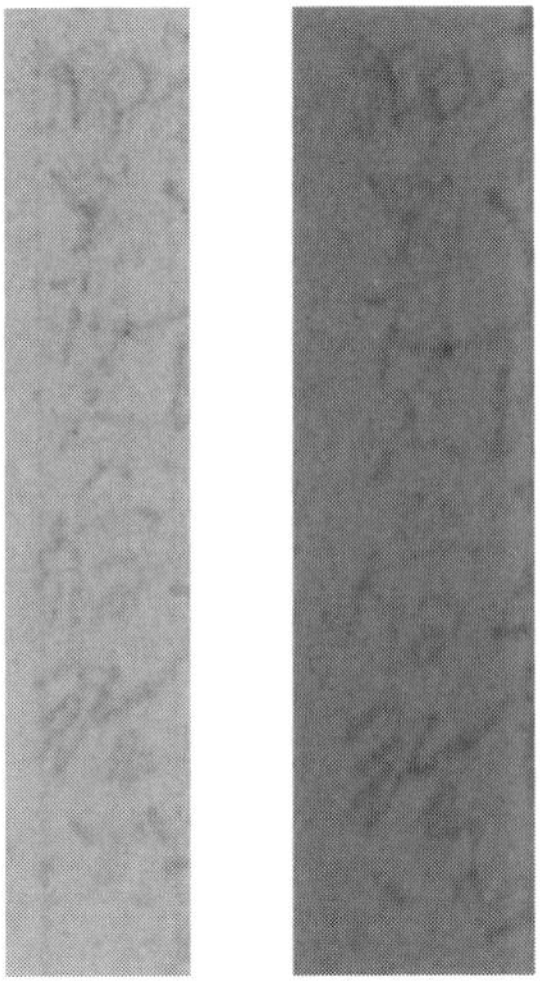

写真４　「郷里友人ハ有難い」の部分
一眼レフ写真（左）、赤外線写真

映画のような体験だった、と書いたが、ここから少し、妄想の幅を広げてみたい。赤外線観察は、映画を観る行為とよく似ている、という仮説を立ててみる。いささか突飛な仮説だ、と思われるかもしれないが、少しおつきあいいただきたい。

映画作家の大林宣彦さんが、映画というメディアについて、次のようなことを語っていたことを思い出す（『4／9の言葉――4／9秒の暗闇＋5／9秒の映像＝映画』創拓社、一九九六年）。

映画の投影装置は、映像を素早く取り替えてスクリーンに映し出すために、フィルムと映写レンズとの間にシャッターがあって、一秒間に二四回、スクリーンを闇にしている。時間にして「4／9秒」。つまり一秒の半分近くが闇なのである。映画とは闇を凝視する装置であり、そこに行間が生まれ、観る側の想像力が喚起されるのだ。

正確な引用ではないが、かいつまんで述べるとおよそこのようなことを述べている。

観る側の想像力に委ねられる装置、という点では、赤外線観察も同様である。赤外線ビデオカメラは、見えない闇を映し出す装置であるといえる。しかし、文字が映し出されたからといって、先ほどの「郷里の友！」のエピソードのごとく、それが読めるとは限らない。テレビモニターを見ながら、自らの知識や感性や経験や想像力を総動員して、文字を読み取り、つじつまが合うように、その意味を考えていかなければならない。つまり赤外線観察もまた、観察者の知識や感性や経験や想像力に委ねられた手法なのである。

もうひとつ、赤外線観察の大きな特徴は、肉眼による実物観察ではなく、テレビモニターを通した観察である、という点である。

私が赤外線観察による文字の解読の勉強を始めた頃、先生や先輩から、

「赤外線観察に頼ってばかりいてはダメだ。ちゃんと実物を肉眼観察することが大前提だ」と教えられた。これはまったくその通りである。

しかし、赤外線観察には、文字が見やすくなるということ以外に、肉眼観察にはない性質がある。それは、テレビモニターを通して映し出すことによって、対象となる資料を、やや「突き放して」観察することが可能となる点である。肉眼による観察と、赤外線観察とでは、対象となる資料と観察者との間の距離が異なってくるのだ。

加えて、テレビモニターに映し出されることによって、複数の観察者が同時に、しかも対象と等距離の立場で観察することが可能になる。ちょうど、スクリーンを前にして、複数の観客が同じ映画を観るように、である。

四人が同時に「郷里」の文字が読めたという不思議な現象が起こったのは、テレビモニターに映し出された文字が鮮明だったからではない。実際のところ、「郷里」の部分は、赤外線観察をもってしても不鮮明で読みにくかったのだ。それよりもむしろ、対象と一定の距離を保ちつつ、誰もが平等に、しかも同時に対象と接することを可能にするという赤外線装置の性質（仕掛け）そのものによるところが大きかったのではないだろうか。

これはまさに、「映画的体験」ではないか。

5. **日記をめぐる共感の連鎖**

いささか強引かつ突飛に、赤外線観察を映画的体験だと比喩してしまったのは、赤外線により映し出されたものの意味を考えていくという調査の手法が、映画を通して想像の幅を広げていくという子どもの頃の私の原体験と、決して無縁ではない、と感じたからである。

そもそも研究者が、どのような研究スタイルで、何を研究対象としていくかという取捨選択には、おそらく、それまでのさまざまな経験が大きく影響しているように思える。

「佐藤冨五郎日記」に惹かれたのは、もちろん、戦場での生々しい様子が書き残された貴重な歴史資料であるということもあるが、それ以上に、その日記をめぐるさまざまな人たちの想いの強さを、そこに感じ取ったからである。

「佐藤冨五郎日記」のことを考えながら、私はまったく別の人の日記のことを思い出した。在野の学者、水谷悌二郎氏（一八九三―一九八四）が書いた日記である。

水谷悌二郎。あまり聞き慣れない人物かもしれない。五世紀初頭に中国東北部に建立された高句麗・広開土王碑の研究に生涯を捧げた人物である。

東京帝国大学法科大学を卒業し、銀行に就職した水谷氏は、一九二四年に退職し、心機一転、一九二七年に東京帝国大学文学部の聴講生となり、東洋史学を専攻する。広開土王碑の研究に没頭し、その執念からついに「原石拓本（碑面の状態をそのまま写し出した拓本）」を入手し、広開土王碑研究の流れを大きく変えていった。

この在野の研究者・水谷悌二郎氏に惹かれたのが、朝鮮史研究の第一人者で、東京大学名誉教授の武田幸男先生である。武田先生は、『広開土王碑との対話』（白帝社、二〇〇七年）の中で、水谷氏について次のように評している。

熱意と執念。といえば、すぐにも思い出すのは水谷悌二郎氏である。王碑の長い研究史のうえで、はじめて史料批判の学術的方法論を適用し、みずから研究水準の飛躍的な発展を実行し、はじめて「原石拓本」を摘出した研究者。それが在野の不屈の研究者、水谷氏の実像である。いま現在において、水谷氏の優れた王碑研究を読み知って、その成果を高く評価する人は少なくない。ところが、かれの実像はいまになっても明らかでない。どれほど実像に迫れるかは別にして、ひとり対話し続けた半世紀と、王碑にかけた人一倍の熱意と執念と、そして時代に屈せず信念を貫き通した人間像。それに惹かれてしまうのは、わたし一人だけとは思われない。

武田先生は、水谷氏の研究に惚れ込み、水谷氏についてもっと知りたいと思い、彼の日記を読み始めることになる。

水谷悌二郎氏は、大正七年（一九一八）から昭和四六年（一九七一）頃まで、日記をつけていた。武田幸男先生は、水谷氏がどのような熱意と執念をもって広開土王碑の研究に取り組んでいったのか、彼の膨大な日記を読むことで、その一端を知ろうと思い立つ。

水谷氏は、たぐいまれなるメモ魔であった。小さな手帳に、それこそ「ミミズがのたくったような文字」で日々の記録を書いていったという。とくに戦時中の日記は、文房具が貴重だったこともあり、わずかなスペースも無駄にせずに、びっしりと書き記していた。

ある時期、武田先生は水谷氏の日記を書き起こし、ワープロに入力するという作業に明け暮れた。「ミミズがのたくったような文字」にずいぶん難儀したと、私は武田先生から直接聞いたことがある。熱意と執念は、水谷氏だけではなかった。彼の研究に惚れ込み、彼を理解しようとした、武田先生の熱意と執念もまた、水谷氏に劣らないものであったと私は想像する。

東京空襲が激しさを増す一九四五年五月一五日、水谷氏は江田文雅堂という古書店で、ついに長年追い求めていた原石拓本を入手する。このときの様子を、水谷氏は日記にこう記している（写真5）。

午前七時半、数ヶ月振リデ東京ヘデル。……真砂町文雅堂病（一月カラ四月マデ病ンダト）後ノ主人ニ請フテ、好太王古拓本ヲ見ル。正ニ最初拓本間違無シ。鬼神呵護ヲ得タルモノダ。……生命ヲ延シテ研究ヲ完成シタイ。一旦帰宅。……一時半又出デテ、三時半文雅堂。四百円ヲ内金トシテ宝物ヲ獲。五時半迄帰宅。

この日記に触れた武田先生は、水谷氏のこのときの心情を、次のように想像する。

「最初拓本間違無シ」、「鬼神呵護ヲ得タルモノダ」、「生命ヲ延シテ研究ヲ完成シタイ」。「宝物ヲ獲」た当夜から翌朝まで、夜どうし駆けめぐり、高揚した心情のうねりが吐露される。推理が論証された安堵の感、おもわぬ邂逅への感謝の念。そして、あらためて、今後の王碑研究にかけた悲壮なまでの決意を確認して、自分みずからに宣言する。

（『広開土王碑と対話』白帝社、二〇〇七年）

「宝物」である原石拓本を入手した水谷氏は、その感激を日記に記し、そしてその日記を読んだ武田先生は、まるで水谷氏と一体化するかのように感激を追体験する。研究を突き動かすのは、こうした「共感の連鎖」なのではないかと、思い知らされるのである。

「佐藤冨五郎日記」もまた、いくつもの「共感の連鎖」により、伝えられ、読み解かれ、歴史の大切な資料として日の目を見るようになる。書き残した者だけではなく、それを読む者が、

『水谷日記』昭和二〇年五月一五日条、「正二最初拓本間違無シ」云々

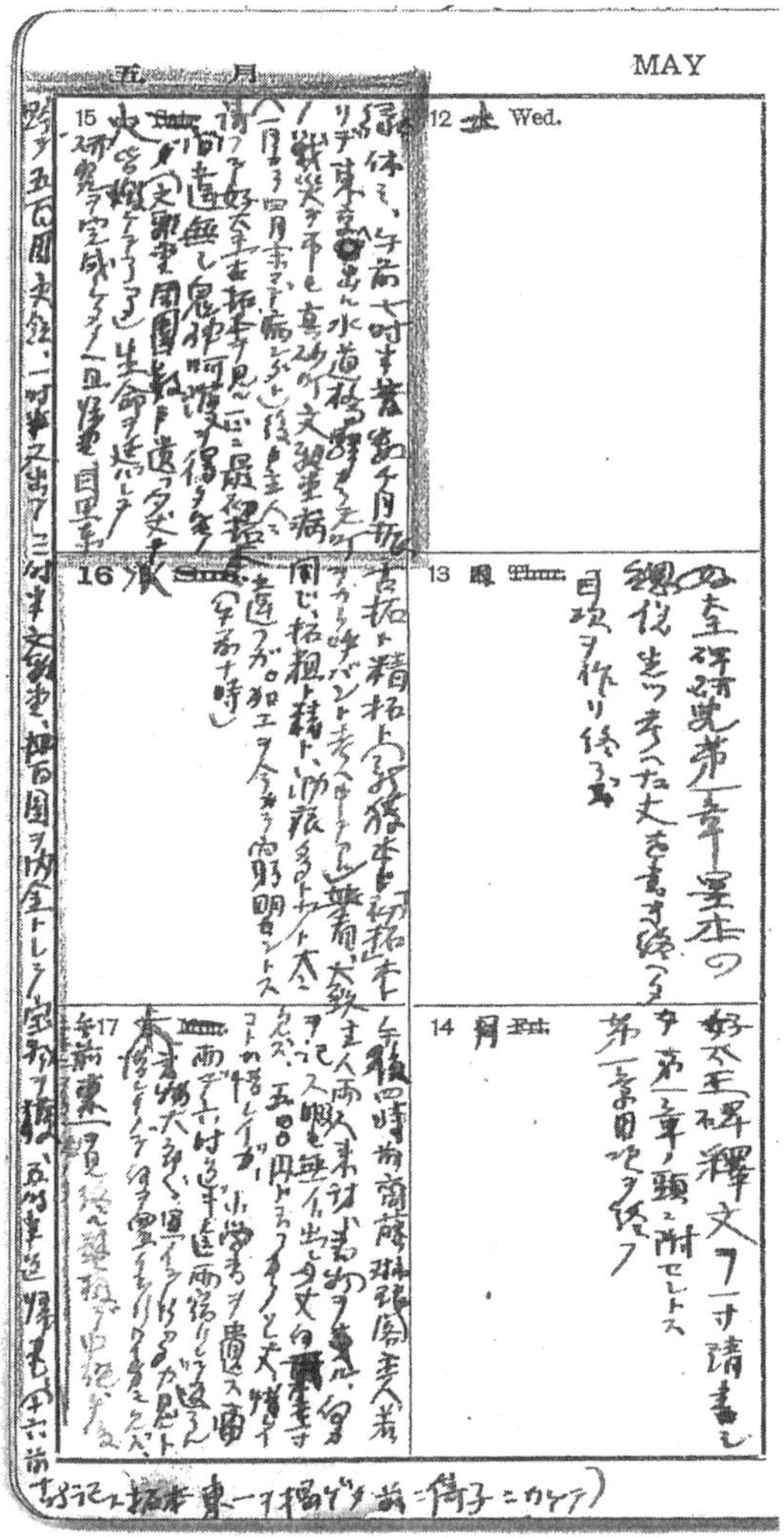

写真5　武田幸男『広開土王碑との対話』(白帝社、2007年)より

使命のように伝えていかなければ、日記は残らなかったのである。それはきわめて個人的な営みかもしれないが、それこそが、歴史を知るための最も力強い衝動であると思わずにいられない。

おわりに――共感する歴史学

「佐藤冨五郎日記」の赤外線観察に端を発して、そこから考えたことを個人的な体験や妄想を交えて書いてきたが、私がこの「佐藤冨五郎日記」に惹かれた最も大きな理由は、実はもっと単純である。それは、この日記が三九歳の時に書かれた、ということである。

自分自身が三九歳だったときのことを思い返してみる。このとき私は、一年三カ月ほど韓国に留学していた。最初は韓国語もわからないまま、ひとりで不安な毎日を過ごした。そして、その不安を払拭するために、毎日日記を書いた。

佐藤冨五郎さんも、三九歳のときに、まったくゆかりのない土地で、生きるために日記を書いていたのである。もちろん、生死の覚悟のレベルは全然異なるが、私は自分の経験と重ね合わせながら、佐藤冨五郎さんが日記を書き残したかった想いに共感したのである。

歴史を知りたいという衝動は、共感から始まるのではないか、と思う。それも、きわめて個人的な想いから出発することが多い。過去に生きた人と、自分自身がシンクロする瞬間がある。そのときに、歴史は自分の問題として受けとめられるようになるのだろう。

赤外線ビデオカメラは、まるでその手助けをしてくれるかのように、闇に埋もれたメッセージを映し出してくれるのだ。

第8章

マーシャルをめぐる世界と私

「マーシャル人の記憶は不可避的に
日本や米国の言説により形づくられている」

マーシャルでは戦後に度重なる核実験が行われ、
第五福竜丸をはじめとする多くの漁船員や島民が被ばくした。
ゴジラも水着のビキニも、この国に由来する。
また、温暖化による海面上昇で国土喪失が危惧されている国でもある。
いまのマーシャルはどういう状況にあるのか。
日本とどのようなかかわりを持っているのか。
マーシャル諸島共和国とそこに暮らす人々は、遠い存在ではない。

誰が海を閉じたのか？

——日米間における記憶喪失（アムネシア）の群島

GREG DVORAK

グレッグ・ドボルザーク
（翻訳：新井隆・西野亮太）

現在の日本の若い世代の間には、戦前期日本が太平洋諸島に関わっていたことについての意識が著しく欠如しており、他の植民地の記憶とともに忘れ去られているが、まず間違いなく、この記憶喪失（アムネシア）は自然発生的な現象ではない。日本人の大衆意識からミクロネシア（旧南洋群島）を消し去り、忘却することは、日米双方の戦後における諸勢力が共謀した企みである。日本の記憶喪失（アムネシア）の物語やマーシャル諸島における選択的記憶に焦点を当てながら、私は「海を閉じること」というマーシャル人の概念を明らかにするとともに、日本人が太平洋の過去を忘却したり、マーシャル諸島の人々がそれを記憶したりするときに、米国の権力がいかに媒介となってきたかを探っていく(1)。

二〇一一年三月一一日の大地震は日本にとって、心に傷を負う悲劇であり、それに続く津波は、マゼランが「太平の海」と呼んだ大海が結局は、さほど「太平」ではなかったという辛辣なメッセージだった。それは土地や水、人々を文字通り劇的に揺り動かした壊滅的な瞬間であった。オセアニアとその海底の複雑な地殻の動きは、ほんのわずかな時間で再構成され、日本の陸の海面下における脆弱性や四方を海に囲まれているという不可避の在り方を白日の下にさらした。それから数週間、世界中から日本に対する支援の申し出が殺到したが、最も興味深かったのはマーシャル諸島共和国からの寄付であろう。たった数日のうちに、あらゆる世代の人々が一万ドルを集めたからである。

この寛大な振る舞いに注目した日本の人々は、大変驚くとともに、奇妙に感じた。なぜ、六万人にも満たない、小さく貧しいミクロネシアの国の一般人が日本のような経済大国にお金を送るのだろうか？　自国の戦前の歴史を知っている年配の日本人は、なぜマーシャルの人々は、それほど熱心にかつての植民者の困難に応えるのかと不思議に思った。同時に、マーシャル人はなぜ、今日の日本人は戦前、かつてミクロネシアのほぼ全域を植民地にしていたことさえ、認識していないのだろうかと訝り出したのである。日本統治の三〇年間、日本と沖縄からの民間移住者が一旦は島の人口を超えるほどの規模で移民してきたが、結局彼らの集団移住は、戦後完全に廃墟となった街と放棄された産業を残した。ほぼ同じ時期に、太平洋をさらに越え、ハワイ諸島に移住した日本人とは異なり、これらミクロネシアへの移住者の多くは、戦時中に本国へ送還され、大勢の日本兵に入れ替わられたが、兵士たちはみな、太平洋戦争の壊滅的な暴力や困難のなか、命を落とすか、降伏するかの選択を迫られた。しかしながら、マーシャル人の寄付者たちは、日本の大衆が二〇世紀前半における自分たちとのつながりを忘れていても、せめて冷戦中に彼らの国で共有された核の遺産については、いくらかでも記憶されているに違いないと思い巡らしていた。戦後間もない一九四六年にはじまり、一九五八年までの間、六七回に及ぶ原水爆実験計画がビキニ・エニウェトク両環礁で実施されるなかで、マーシャル諸島の人々は、広島や長崎の住民に続いて、米国の新たな核兵器のトラウマに耐えることになった。それらはロンゲラップ環礁やミクロネシアにおけるその他多くの諸島や環礁に直接影響を与えるものであった。

確かに日本の大衆にとって、津波に起因する福島の核危機は、過去の原子力の悪夢―戦時中の原爆投下だけでなく、はからずも死の灰を浴びた日本のマグロ漁船「第五福竜丸」の乗組員が被爆したビキニ環礁における一九五四年の水素爆弾「ブラボー」実験の記憶をも呼び覚ますものであった。この実験は「原子マグロ」への不安を掻き立て、同年後半に公開された本田猪四郎の映画『ゴジラ』に着想を与えるものだったが、マーシャル人たちの窮状への関心はたとえあったとしても、微々たるものであった(2)。ビキニ実験は、核兵器に反対する日本の大衆の意見を活気づかせるだけでなく、皮肉にも、同時に資源不足の日本において核エネルギー産業の成長を引き起こすとともに、米国は日本で発電のための核を「平和的」に使うという考えを普及させることにより、反核・反米感情をとにかく食い止めようとした(3)。このように、福島の悲劇は直接的かつ系譜的に、長きにわたる米国の暴力的で破壊的な実験とつながっているが、不運にも今日マーシャル諸島のことを記憶していたり、あるいは聞いたりしたことのある日本人はあまりにも少ない。

そのように一般化した記憶喪失(アムネシア)は何に起因し、何が問題となっているのだろうか? 本稿ではこれら記憶と忘却の問い、日本と太平洋諸島や米国との緊張をはらんだ関係という地域的歴史的な問題・可能性を熟考していく。

1. Bwebwenato ――マーシャルの歴史を編みつぐ

私は単に主要な貿易港と植民地本国の行き来の点からだけでなく、遭遇の場についても述べることで、これらの場所をつなぐ三点観測を通じて、太平洋を越えた統合と衝突を探っていこうと思う。私は、異なる背景を持った人々の生活が交差する「歴史の舞台」が「演じられる」「砂浜」に目を向けようという太平洋史家グレッグ・デニングの考え方に賛同する。(4) 矛盾しながらも、つながっている地域の記憶の物語で私が伝えたいことは、太平洋諸島研究の先駆者であるエペリ・ハオファが論じた通り――海によりわけけられているのではなく――海をわかちあっているからこそ、互いにより深くつながっている地域である「島々の海」として植民地主義によりミクロネシア、メラネシア、ポリネシアに分断された太平洋諸島の主体性を復権させる「オセアニアの」視点を重視する時期ではないのかということである。(5)

現代の議論においては大抵、アジアあるいは米国との関係で「太平洋」を含むことがあるが、大陸の居住者は中心よりもむしろ、「環」に言及する。ここで問題なのは、私たちの現代オセアニア地図により周縁化された「ドーナツの穴」にすぎないと太平洋諸島を特徴づけるということだ。(6) クリス・コネリーが書いたように、「環太平洋」とはアジア諸国、米国、オーストラリア、そしてオセアニア外縁部に連なる国々における密接なつながりや「換喩の等価」を強調する比較的最近の言説だが、本来は元「社会主義ブロック」を遠ざけるための政治経済的なポスト冷戦戦略として、一九七〇年代に現れただけの理念である。(7) しかし、「環」とはそこに住む人々と同じように、空白を埋める海のおかげで存在している。

しかしながら、オセアニアに基づく観点では、「アジア」と北米の歴史的分節化・非分節化は大きな意味を持つことになる。マット・マツダのオセアニアの歴史は実際に太平洋を「直接的な関わりが生まれ、海を拠りどころとする歴史につながる特定の関連した場所である、トランス―ローカリズムの諸地点」として定義づけている。[8]「物語ること」――創生物語から最近の過去まで――という過去に関する多様な視点を共有しようという実践は、常に太平洋諸島の人々の文化的アイデンティティの中心を占めてきた。私が焦点を当てるマーシャル諸島の人々ももちろん、物語を伝え、歴史を作るbwebwenato（ブエブエナード）という彼ら自身の豊かな伝統を持っている。そうした家系図や親族関係に関するやり取りであるjitdam kapeel（ジタムカペール）はマーシャル人の歴史づくりの核心にあり、誰かの系譜やアイデンティティを知ることの中心でもある。[9]

ここで展開する語りにおいて、私自身の立場を説明しておきたい。潜在的にはらんだ問題――白人の米国籍男性がマーシャル人や日本人の物語を扱うこと――が指摘されるだろうが、私はマーシャル諸島、米国、日本で育ち、それぞれに拠点を置いているので、私の人生は太平洋にあるこれら三カ国とそこに住む人々との物語に直接、そして深くつながっている。私はこれらどのグループを代表して話すつもりも毛頭なく、常にこれら競合する文化的歴史的文脈の間で三点観測をなしてきたのである。米国本土における高校・大学時代の後、成人後のほとんどを日本での勉学や仕事で過ごしただけでなく、私は自らの人格形成期を真に太平洋を交差しながら生きてきた。父が米陸軍の大陸間弾道ミサイル実験実施のために民間の防衛土建業で働いていたことから、マーシャル諸島クワジェリン環礁で、私は遊んだり、小学校に行ったりしていた。そこは、米軍が一九四四年に日本帝国海軍から力づくで奪取した土地であり、かつて三〇年近くにわたり、日本の「南洋群島」委任統治領の一部だった。

もちろん、クワジェリン環礁には少なくとも三〇〇〇年も前から人類が移り住み、マーシャル諸島の人々の間で何世代にもわたって移住の歴史が伝えられてきた。子どもの頃、私はマーシャル人の家政婦であるネイタリをマーシャル語で「祖母」を意味する「ブブ」と呼ぶようになっており、「ブブ」がマーシャル語、英語、日本語で私に歌ってくれたり、物語を話してくれたりするのを聞くようになっていた。私のブブとの話は、ブブの家族についてだけでなく、マーシャル諸島における私の存在がいかに彼女の家族史とつながっているかということを学ぶjitdam kapeelだった。ブブは、私に古代の航海者や神による壮大な創生物語を教えてくれる日もあった。また彼女は太平洋戦争中、いかに米国が彼女の小学校の校庭を爆撃したか教えてくれる日もあったが、その時目の当たりにしたとてつもなく大きな人生の損失について振り返る際には、時折自らの話を愛やあわれみというマーシャル語の言葉、iakwe（ヤグエ）で強調した。そして少年の頃、私は戦争により残されたコンクリート製の防御施設に登り、かつてそこに住んでいた日本兵について、あれこれ思いをめぐらせるとともに、その間ずっと、米国の退役軍人や米軍当局者が環礁の「解放」という英雄的な話を繰り返すのを聞いていた(10)。

その後何年も経って、米国本土のニュー・ジャージー州で暮らしていた一〇代の頃、太平洋戦争の歴史を学んだときに、米国の勝利と日本の敗北というナショナルな語りがいかに忠実に守られているかを見出して感じた圧倒的な怒りと戸惑いを思い出した。私の高校の教師は、戦時中の日本人と太平洋諸島の人々を説明するのに、不用意に人種差別的な言葉を使い、広島や長崎の原爆投下について教えるときには、祝うような口調で語り、私の同級生から歓声を生じさせていた。そうした一方的な英雄的レトリックは、一九九四年から一九九五年に論争の的となったスミソニアン協会航空宇宙博物館が企画したエノラ・ゲイ展示にも響き渡っていた。展示の趣旨は、広島に原子爆弾を投下した航空機の任務遂行五〇周年の節目を飾ることだった。

博物館が爆弾の必要性について疑問を投げかけたり、主題に関して日米双方の視点を示すことを提案したりすると、連邦議会は「多くの第二次世界大戦退役軍人に対して修正主義的で攻撃的」になっている展示を非難する決議を可決し、代わりにスミソニアンを、米国のヒロイズムや戦争を終結させるために必要だったという原子爆弾を称賛する内容の展示に導くことになった(11)。

もちろん、日本もまたかつての帝国や戦時暴力の歴史表象に関する論争には事欠かず、アジアや太平洋の隣人との紛争を誘発し続けている。これは私が東京で教えるにあたり、繰り返し取り組んでいることであり、日本人、韓国人、中国人（米国人はもちろんのこと）間の歴史闘争の語りが激しさを増している。しかし、二律背反的な過去の矛盾を修正しようと試みることは重要な過程であり、ナショナリズムの喧騒の中、現地のコミュニティや他の周縁化された主体の声を聞くことは、真の太平洋を越えた対話を試みるに際して、特に不可欠である。

スミソニアン事件について、ジョン・ダワーは「時にはわれわれの真の英雄的行為と、恐ろしい行為とを区別することは、耐え難いほどに困難だ。いつかはわれわれも、こうした恐るべきあいまいさに、正面切って向き合わねばならない。……さもなければ、正直で開かれた社会であるというふりをするのを、やめるべきだろう」と指摘している(12)。確かに、これは全ての近代民主主義国家に当てはまるだけでなく、平和で健全な太平洋を越えたコミュニティを促進するのにも絶対必要であるという緊急の警告である。私たちがハワード・ジンの歩みに続こうと努力してきたことはこうした精神の中にあり、太平洋の「人々の歴史」に寄与するものである。

こうした太平洋を越えた対話への寄与において、私が自らの教室で試みたように *hoeboenato* を物を喚起することは、私にとって最も適切なことであったように思われる。この種の太平洋を物語る行為は、国家の境界線の原理やナショナリストの言説を無理にでも超えさせるものである。それはまた、不可避的に専門的な学問の在り方、特に口述よりも公文書での作業に慣れている歴史家にとって様々な問いを呼び起こしている。太平洋の歴史における核心的な課題は、現地のオーラルな語りと植民地当局の記録資料を結合させるというもので、グレッグ・デニングの一八世紀におけるイギリス人船員とハワイ人のある遭遇の歴史、『ウィリアム・グーチの死』のようなものである。[13] デニングにとって、歴史家の役割とは多様な歴史を有する島々や多数の口述及び文献の間を航行し、物語る行為の過程に加わること――遠く離れた観察者としてではなく、意識的に再演し関与する者として、徹底した調査に基づき、勤勉実直にこれらの物語を一緒に織り込むことである。デニングの歩みに続いて、マツダはトランス・ローカルな物語の集合が実際には太平洋を少しずつ「まとめて」いると仮定することで、さらに一歩踏み込んでいる。[14]

この種のネットワーク化された「まとまり」は、ルーツやアイデンティティに関連した物語をつむぐ作業を通して、根源的には太平洋諸島の人々の歴史の核心にある。私自身の太平洋諸島研究に通じる調査や教育の過程が、物語を聞き、文書と結びつけ、伝えていくことのひとつであるため、後に続く bwebwenato とは、こうして日本の太平洋の過去に関する記憶喪失（アムネシア）に取り組んだり、その始まりについて疑問を投げかけたりするものなのである。うまくいけば、この物語る行為はより長期間にわたって、私たちの太平洋を越えた理解への有効な手段となるだろう。物語る行為は環太平洋がドーナツで中に「穴」（hole）があるという潜在意識を超え、太平洋諸島とその周辺にある地域を一体（whole）に考えられるよう見方を転換できるかもしれない。

日本は、ミクロネシアとして地域化された赤道以北に広がる島々を植民地化した最初の国ではない。[15] 第一次世界大戦の太平洋で日本がドイツ軍を破り、一九二二年に国際連盟からこれら島々の委任統治を任される前、ミクロネシア西部は長年にわたり、スペインに厳しく支配されており、一八〇〇年代後半以降からはドイツ支配の手に落ちていた。[16] しかし、日本はヨーロッパの先達者たちよりも強力にミクロネシアの植民地統治を敷いたのであり、マーシャル諸島は南洋群島の周縁にあったとはいえ、かなりの変容を経験した。ドイツ人はマーシャルや他の島々の集団を「遠方貿易地」として見ていたのに対して、日本人は「太平洋の他に類を見ない」方法で教育、経済その他のインフラ面を発展させようとし、地元民を政治的にも文化的にも日本帝国に同化させることを意図していた。[17] 重要なのは、島の人々の福祉を提供するという日本に対する委任統治本来の目的に反して、日本や沖縄から大勢の移民が殺到し始め、パラオやサイパンのような大きな島の多くで、すぐさま現地住民の数を上回るようになったということだ。[18] 実際、移民数は太平洋を越えてハワイあるいは米国西海岸に渡った人々と比べると少数であったが、数百ないしは数千の人口しかなかったミクロネシアの小さな島々では、比率的に見れば日本からの移民の流れは圧倒的だった。

この最初のミクロネシアの日本化では、日本帝国の東端であったマーシャル諸島にいささか影響を及ぼしただけだったが、ヤルート環礁ヤボール港——マーシャルの日本地区の中心——は経済活動の中心として繁栄し始め、小さな日本人町が次第に発展し、麺屋や呉服店などが揃うとともに、相撲の興行がしばしば行われた。多くの島の人々は、ヤルート環礁の人々向けの学校である日本人運営の「島民学校」に通ったが、そこには日本語の読み書きを学んだ私のブブも含まれていた。また、日本人ないしは沖縄人の男性とマーシャル人女性の間に多くの子どもたちが生まれた[19]。日系人（日本人の先祖を持つ人々）は、パラオ、サイパンあるいはチュークのように、かつて多くの日本人開拓移民がいた島では存在感が大きくなってきた。小林泉はごくわずかな開拓移民しかいなかったマーシャル諸島でさえ、戦前の移民によって現在の人口の三〇％が日本人を先祖に持っているという結果につながっていると推測している[20]。

マーシャル諸島における調査のなかで、私は日本に送還されたり、戦争で死んだりした元日本人ないしは沖縄人移住者の日系人子孫に会えるという幸運にたびたび恵まれた。そのほとんどは自らのルーツを強く確かめ、日本の家族と再びつながることや自らの家系についてさらに学ぶことを強く願っている。多くの者はまた、土地賠償や財産取引に関する情報を見つけたいと思っており、日本人の父親が購入した土地の権利を証明するために、日本語の原本を所持している者さえいる。今日存命しているこうした人々のうち、姓名は別としても、自らの父親について知っている者はほとんどおらず――またタナカやスズキのような日本でも多い姓があるため、誰かしらの親族を見つけ出すのはほぼ不可能に近い。日本の文書館は個人情報の公開を極度に制限しており、元従業員の企業名簿でさえ、実りある調査につながるようなものが明らかにされることはほとんど稀である。さらに、もしミクロネシアの親族の存在に気づいたとしても、そうした親族を探そうという日本の家族はほとんどいないように思われる。時々、日本人男性が日本の家族に――時には彼らの妻にさえも――知らせることなく、地元女性との間に子どもを持つことがあったため、日本の親族との関係性を維持するのはそうした密通で生まれた子どもたちにとっては、一般的なことではなかった。そうした子どもたちは、時として未だに、上流階級男性の非嫡出子をいう性的隠喩の蔑称である「落とし胤」というように日本で言及される。

同時に、ミクロネシアの日本の植民地化について書かれた歴史のほとんどは、これらの男性が家から妻を連れてきて、島々で二世の子どもたちを持ち、日本や沖縄に行ったことがない世代を増やしているということを描いていない。私は調査の過程で「チエ」のような人々と出会うことになったが、彼女は沖縄のカツオ漁船船長の娘で、発展著しい漁業で働くために沖縄慶良間列島から両親が移住した後、いかにして一九三五年にマーシャル諸島で生まれたかということを話してくれた。[21] 彼女はヤルートで地元の子どもたちと遊んだり、その後チュークに移動してからは、地元チュークや朝鮮人移民の子どもたちの友となって力を貸したりしたという親密な物語を話してくれた。彼女は沖縄人がいかにしばしば移民先である地元の島コミュニティに統合されていったかについて話すにつれて、チュークの歌や朝鮮の抒情詩を朗誦した。彼女は開戦時の急な沖縄への帰還を覚えており、彼女たちの船団の一隻が米国の魚雷攻撃で沈んだとき、両親の腕の中で体を丸めていた。

現在横浜に暮らす年配者の「シズコ」もまた、一九三二年にマーシャル諸島ヤルートで生まれた。マーシャル諸島地区の日本人郵便局長の娘で、彼女の父親もまた、日本から妻を連れてきていた。チエと比べて、シズコの子どもの頃の記憶は、もっぱら上流の日本人官吏や企業従業員の家族の間で過ごしたというもので、地元民との接触はほとんどなかった。彼女は海辺で他の日本人の子どもたちと遊び、砂浜で自由に駆け回れるように、どれだけ地元マーシャル人の子どもたちのように靴を脱ぎたいと思っていたかという何の屈託もない幼少期を思い起こしている。彼女は地元男性にどうやって肩車されたか、彼が誤って彼女を落してしまい、日本人コミュニティが彼を叱った際、とても恥じ入って、当惑していたといった、島の人々とのぎこちない交流を記憶している。チエのように、彼女もまた差し迫った戦争の危機のために、ある日彼女の家族が財産を全て集めて、日本に戻らなければならなかったということを覚えている。しかしながら、チエやシズコの子どもの頃の鮮明な記憶は、深いあきらめの感覚とは明らかに対照的だった。「それはみんな過ぎたことだから」とシズコは静かに思いを巡らし、着物を着た六人の日本人女性がヤシの木やタコノキの木立ちに立ち、一歳~四歳までの日本人の子どもたち一〇人とポーズを取り、模様のある綿製の服や麦わら帽をきちんと身に着けているセピア色の写真をなでながら、唇を噛んでいた。私が彼女の言わんとすることをはっきりさせるために尋ねると、彼女は「そう、戦時中、彼らはこれらの島々を破壊しました。私は米国人が島々を粉々にするために爆撃しに来たことを聞きました。私はいつもかつての家に帰りたかったのですが、それらの島々はもう存在していません!」と説明してくれた。

島々が文字通りなくなったという考えは、現代の日本において珍しいものではない。過去一〇年以上にわたり、遺族団体と広く活動してきたため、私は「玉砕の島」——犠牲にされた島ないし「玉砕」という言葉に馴染みがある。玉砕とは兵士の命を天皇に捧げることを説明するのに使われる婉曲語であり、日本が守備する島の陥落を報道する際に、戦時中使われた表現でもあった。複雑な地上の現実——飢餓に苦しむ生存者、戦争捕虜、そして今日でさえ太平洋諸島のあちこちに残されている多くの日本人戦没者が眠る無数の墓標のない共同墓地があるにも関わらず、「玉砕」という言葉は大抵、全滅や名誉ある敗北[1]というイメージを喚起した。

壊滅的な敗北と太平洋戦争のトラウマは、かつての日本の島嶼植民地ひいては日本の最も重要な太平洋とのつながりを断絶させる。この断絶の結果のひとつが、戦争を経験した世代の多くが自らの子や孫に自分の物語を話しさえしないというものである。日本の若い世代は、たまたまよほどの関心を持った者以外は、このような歴史について勉強しておらず、ミクロネシアのリゾートホテルに群がる若い旅行者でさえ、日本人がかつてそれらの島々に移住したり、戦ったりしたという発想を持つことはめったにない。文芸評論家の川村湊は、日本の若者は戦前日本の植民地主義がいかにしてマグロ漁業、開発援助、選挙あるいは戦後の核実験と関連しているか見ていないと、嘆いている。[22] 私は日本のトップ大学のいくつかで教えているなかでさえ、アジアあるいはオセアニアにおける自国の植民地主義の歴史について聞いたことさえないという日本人学生が大勢いることに繰り返し直面することがある。

3. 選択的記憶——誇りと悲しみの巡礼

戦争の記念は近年、太平洋諸島の人々の視点から議論が深められてきた重要な題目である。しかし、戦時中に身内が死んだ場所を訪ねたり、戦死者の犠牲に敬意を表したりするために毎年遠方のオセアニアまで出向く多くの日本人の旅路について、日本語は言うまでもなく、英語で書かれたものもほとんどない。[23] 戦没者の足跡をたどるための慰霊巡拝や遺骨収集のための派遣団は、日本列島とその近隣、とりわけミクロネシアの島との非常に重要な現代の結びつきである。

マーシャル方面遺族会は、日本における最も旧い太平洋戦争遺族団体の一例である。[24] クワジェリン環礁の戦いと周囲の侵攻で死んだ一万名近い兵士の遺族により一九六三年に設立され、戦没者の想起や兵士たちの遺骨をわずかでも日本へ送還することに精力を傾けてきた。クワジェリン環礁は米軍事施設なので、同団体は戦後三〇年にわたり立ち入りを拒否されていたが、クワジェリンの戦没者の中に非常に由緒ある家柄の男性が含まれていたため、戦後軍民の米指導者層は日本政府への友好の証として、ついに遺族たちの訪問を許可した[25]。当初の抵抗にも関わらず、米軍はマーシャル方面遺族会に基地内での記念碑建立も許した。日本から最初の慰霊訪問が一九七五年に組織されるまで、戦死者――大多数が二〇代はじめで死んでいた――の両親のほとんどは、すでにこの世を去っていた。哀悼の意を表したり、追悼式を行ったりするためにマーシャル諸島へ渡った最初の慰霊訪問団は、兵士の兄弟や配偶者、子どもたちだった。

私は博士課程の調査の一部として、二〇〇五年にマーシャル方面遺族会と関わるようになったが、それは彼らが二年に一度続けているクワジェリン環礁への慰霊団をサポートするための通訳として、私を式典などに招待してくれるようになった頃のことだった。このような旅のなかで、身内の墓の場所を訪れた際、慰霊団の人々がそれぞれに非常に強い思いを抱いていたことや参加者の皆からあふれ出た集団的な感情に私は衝撃を受けた。たとえ、こういった団体の指導者が何らかの国家主義的感情を露わにしたとしても、ほとんどの慰霊巡拝者にとって、慰霊団は父親や兄弟あるいは夫の喪失を受け入れていくきっかけになった。彼らはある意味で、あたかも日本ではこうした思いを表現することがとうてい無理であろうということに心を痛めているかのようだった。

私が「ジョージ・タケダ」という愛称で知られている日本兵の物語を知ったのは、このような旅のひとつにおいてであった。彼は米国と日本の両方で育った真に太平洋を越えた男性であり、日本側が守備するクワジェリンの戦いで死んだ。遺族巡拝者のひとりである彼の弟、「タダヒサ」は私をそばに呼んで、「もし彼が今日生きていたら、八二歳になっていた。私は彼が死んだ時、二三歳だった。兄は二九歳だった。兄は子どももなく死んで、私は弟として彼の記憶を鮮やかに保っている。私は兄の魂が生き続けていると信じている」と説明してくれた。彼はまた、ジョージが幼い子どもの頃、彼の両親にはお金を必要とする事情があったが、父親は長男でなかったために、彼らがどのように広島からカリフォルニアまで移住してきたかを話してくれた。彼らの商売が反日的な人種差別のなかで立ち行かなくなると、両親は荷物をまとめて日本に戻り、子どもたちは連れていったが、他の親戚は残していった。カリフォルニアを故郷だと感じていたジョージは彼のおじ・おばと暮らすために戻ることを決め、米国の高校に通った。大学卒業後、彼は米国生まれの二世女性と婚約した。彼はカリフォルニアでずっと暮らすことを望んでいたが、日米間で戦争が起こると、周りの日本人や日系米国人と一緒に強制収容されないように、日本に戻る最後の船に乗ることを選んだ。

彼は日本に戻ると、すぐさま海軍に入れられ、情報部員としてシンガポールに送られたが、そこでは敵の通信を傍受するのに彼の英語能力が望まれていた。一九四三年、彼は通信センターを建てるための出張でクワジェリン環礁に送られ、六カ月近く勤務を続けた。彼は米国のクワジェリン侵攻が起きる前に、シンガポールへ戻される予定だった。「私たちは疑っていたにしても、一九四五年八月まで、彼は死んだのだろうとは思わなかった」とタダヒサは続けた。タケダ家が広島の原爆を経験したのは同じ月のことであり、それは一家の家を破壊し、タダヒサも瀕死の状態になった。

これら複雑で「トランス・ローカル」な文脈の類は日米間の人々をつなぐ、しばしば悲劇的だが個人的な出会いであり、太平洋を跨ぐものである。それにも関わらず時が経つにつれ、これらの記憶は若い世代へ伝えられなかったりするなど、複雑さを弱めていく。遺族の慟哭が過去の痛みを洗い流すのに役立つかもしれない一方で、彼らの涙は戦死した日本人の遺体と並んで埋もれた他の矛盾した歴史に目をつむらせるようにも働きうるのである。多くの遺族団体は地元の島コミュニティと関係を築いたり、伝統的な指導者と話すことが全くなく、それゆえに、多くの島の人々もまた戦争で死んだり、日本兵と並んで（そして、時には翻弄されて）被害を被ったということを知らないでいる。いくつかの団体は現地の人々にとっての神聖な場所に立ち入ったり、遺骨捜索のため発掘する許可すら取ることがない。島の人々や環境は、日本人と米国人の間だけで展開されてきたドラマの背景へと追いやられている。さらに気がかりなことに、戦争を体験した世代の鮮明な体験や記憶、遺族の哀悼は戦前日本の帝国主義を黙認・称賛する傾向があるため、右翼的な国家主義団体にますます取り込まれているのである。

たとえば、マーシャル諸島でのまた別の調査において、私はある富裕な中年の日本人ビジネスマンに招待され、彼が貸切った小型船で六時間もかけてミリ環礁（戦前日本帝国の東の境界）に渡り、全く異なる戦争の記念の様式を目撃することになった。そこで、私は彼の私的な慰霊団を観察し、通訳した[26]。彼はまた、戦時中に特攻隊パイロット（神風）として訓練を受けた年配の男性を招待したが、その男性は任務でグアムやフィリピンに向かって飛ぶことはなかった。しかしながらビジネスマンも彼の仲間も、マーシャル諸島あるいは同地におけるどの戦没者にも家族ぐるみのつながりを持っておらず、単に戦没者の魂に祈りを捧げるため、かつての太平洋戦争の戦場を回るのが一生の仕事になっていた。ミリ環礁にある六つの離れ小島の若者はこれまでほとんど日本人を見たことすらなかった。仲間が戦跡や墓標のない日本兵の共同埋葬地に伊勢神宮の御神水を撒こうと急ぐ間、元パイロットはそこで次々と、地元民に簡単なあいさつをしていた。自分たちの活動には何の説明もしないまま、好奇心旺盛なマーシャル人の子どもたちに囲まれて、彼らはサンゴの砂浜に簡易的な祭壇を広げると、お経や戦時中の国家主義的な散文を唱えながら、焼香をし、平伏するという具合に精力的に儀式を行った。彼らはまた自分たちが帰国した際、仲間に慰霊団が成功した証拠を示すため、各自が祈る様子をビデオに録画した。彼らの意図が真剣なものだとしても、感情に満ちた遺族の慰霊訪問とは異なり、彼らが行う慰霊は熱のこもった礼拝行為とでもいうべきものであった。

またミリ環礁は、一〇〇名近くの朝鮮人強制労働者が戦争末期の一九四五年二月にマーシャル人労働者とともに日本軍に反抗して命を落とした場所であり、ミリ環礁の住民のほぼ全てがこの悲劇的な出来事の詳細な物語を話すことができるにも関わらず、日本人ビジネスマンと元パイロットの両名は、激しくこの事実を否定したことがあった。[27]両名はしばし、この出来事について熟考したり、コーディネーターにマーシャル諸島の人々や他の日本人ではない人々が耐え忍んだかもしれない多大な苦難や人命の損失について尋ねたりすることもしなかった。こうした意図的な無知の例は、米国の退役軍人や慰霊団の同胞の同じような行為を持ち上げる場合があるが、彼らの追悼の実践が戦争の複雑さを単純化し、地元の人々の被害を軽く扱うことを許してはならない。むしろ、私がここで問題にしているのは、日本の大衆により承認されたり、支持されたりしたわけでもないのに日本を代表すると自覚している、自警団的な追悼をする団体の活動である。これらの国家主義的な団体は、戦争の記憶が戦後国家と国民に見放されたと考え、その記憶の引き渡し役を務めるのが自らの使命と自負している。こうした慰霊団の活動目的は温和だったとはいえ、日本の大衆からの承認を得たり、知られたりすることがないまま慰霊が行われている。その反面、明らかに日本の公式施設としてこれらの訪問を受け止めている地元住民に送ったメッセージは、むしろ否定的で混乱したものであった。

4. 海を閉じるということ

ここで取り上げられるべき忘却と想起のドラマには別の演者がいるが、実のところ、日本の大衆の記憶喪失(アムネシア)は全くもって自然現象などではない。ミクロネシアについて忘却したり日本人の大衆意識から消し去ったりすることは、日米両国が共謀した企みであった[2]。両国間の戦後の同盟は、米国が主導した六年の日本占領と三〇年近くに及んだ沖縄の占領により築かれたものだった。当該期間には検閲が拡大し、文書や書籍が破棄または書き換えられ、事実上帝国的と思われるものが特に選び出されて改変された。元帝国である南洋群島の植民地に関する教育も、ミクロネシアが米国の「戦略的信託」統治領に推移するのと同時に、教科書から削除された[28]。

日本における占領時代の検閲は広く議論される題目だが、ミクロネシア中の人々を米国に忠誠を誓うように変えるという、太平洋における大規模な検閲運動についてはほとんど知られていない。太平洋戦争後における米海軍の「掃討」作戦中、兵士たちは文字通り家から家を一軒ずつ訪ね歩き、日本に好意的と見なされるもの、または天皇に対して愛国的であると思われるもの全てを没収していった。パラオ、サイパン、ポンペイ、チューク、マーシャル諸島やその他の場所(特に日本時代の遺産とともにあったところ)の島の人々は、米軍がどのようにして彼らの家から個人的な記憶を没収していったかを説明してくれる。日本人であることを指し示すわずかなもの――日の丸や御真影だけでなく、家族写真や手紙、他のチラシ類のような個人的な品は何でも没収されてしまった[29]。対照的に、戦後における日米の協調関係は、例えばハワイにおける日系人のルーツを称賛することにつながった。しかし、日本時代の遺産に関わるミクロネシア人は事実上、そうした流れから切り離されており、日本の大衆間でミクロネシアが話題に上ることは急になくなった。

植民地時代の只中で、日本のほとんどの人々はマスメディアや学校教育を通して、マーシャル諸島について知っていた。ミクロネシアの架空の島の王となる日本人少年についての物語である、島田啓三の連載漫画『冒険ダン吉』のように、南洋の熱帯地方への帝国的な羨望は一九三〇年代の大衆文化に広く映し出されていた(30)。石田一松の一九三〇年のヒット曲「酋長の娘」は、日本人男性と地元マーシャル人女性の異人種間恋愛に関する曲で、「マーシャル諸島」を世の中に定着させた(31)。しかし第二次世界大戦後、ミクロネシアが死と喪失の場として再び想像され、日本の大衆が太平洋の楽園の夢を全てハワイの砂浜とフラダンスに移し替えると、この手の大衆的な幻想は急速に姿を消した(32)。

マーシャル諸島の人々は、日本から米国の支配への移行期を「海が閉じられた時」、ear(エアル) kiilok(キイロク) lometo(ロメト)として、特に強調して言及する。マーシャル諸島の元外務大臣トニー・デブラムは戦後数年にわたる彼らの侵攻のはじまりを、「米国人は基本的にあらゆる出入りを妨げる海のバリアを島々の周りに張り巡らした。交易通行権は全く許可されず、輸入も許されなかった。(乾燥させたココナツ製品の)コプラ貿易は潰え、島々は史上最長の『制裁措置』の時代に服することになった」と説明する(33)。米国はまた、戦後ミクロネシアを完全に封鎖し、島々に出入りする全ての海と空の経路を閉鎖した。日本人やその他大勢の米国民でない人々が太平洋の米信託統治領への入域を禁止されただけでなく、島の人々も特別許可や大がかりな書類手続きなしで統治領を離れることが禁じられた。

島の人々のほとんどは、何十年にも及ぶ植民地支配や激しい戦争が終わったことに心底ホッとし、米権力の押しつけは単に最終的な主権につながる短期の暫定的な不自由であると期待していた。こうした望みは、米国の孤立主義が一九五〇年代を通じて当該地域で主張されるにしたがって、徐々に消えていった[34]。戦後間もなく、一部のマーシャル人たちはこの全体的な「閉鎖」を逆説的に大いなる幸運の時として受け取っていたが、米軍は彼らの心を掴む方法として、特に、クワジェリンやマジュロのような米軍が基地を建設していた場所で、無償の食糧や補給物資をマーシャル人に「浴び」せた。こうした豊かな時代は一九五一年に終わりを迎えたが、それは信託統治領の統治が米内務省に移管されたからだった[35]。

米国はその隠れた戦略的関心は別として、ミクロネシアにおける権益を有していなかったので、批評家たちはこの時代を「慇懃な無視」と特徴づけて分類してきた。とりわけ、穏健そうに見えたとしても、マーシャル諸島における核実験に照らせば、多くの疑問があるにも関わらず、である[36]。一九六〇年代において、ケネディ政権はミクロネシアに再び資金を注ぎ、平和部隊[3]などのプログラムを導入することで、こうした傾向を反転させた。これらのプログラムは、人々の福祉や教育を強化するという明確な目的を掲げながらも、島々から積極的に自給自足できる力を奪っていった[37]。米国はこうして当該地域に冷戦防衛の戦略区域をつくるにしたがって、マーシャル人や他のミクロネシア人を依存的だが幸福な主体になるよう丸め込もうとした。多くの点で、米国は日本が一九二二年に始めたものと非常によく似た植民地の発展戦略を継続させた。最終的に、米国のマーシャル諸島占領は一九八〇年代まで続き、その時までにマーシャル人は二世代以上にわたり、米国の教科書で教育を受け、米国の大衆文化を享受していた。文芸評論家の須藤直人が戦後ミクロネシアにおける米国の帝国主義について書いているように、「文化という観点から見れば、実際のアメリカの影響は日本の影響力を消し去り……アメリカの価値観で代替することであった[38]」。

ここでの私の論点は、マーシャル諸島の人々が米国の支配よりも日本の支配を好んだということを主張するものではない。あるいは逆もまた然りで、むしろ多くの島の人々の両者に対する感情は、明らかに根深く複雑なものがあり、米国がミクロネシアの英雄的「解放」として自身を描くものとはまるで別物である。日米がマーシャル諸島の人々の土地と海で戦った戦争やその後の米国の核実験は、大いなる尊厳と忍耐とともに生き残ったとはいえ、彼らに多大な恐怖と悲しみをもたらした。しかし、米国の継続的な軍事的関与のために、多くのマーシャル人が日米の太平洋戦争は決して終わってなどいないと認識していることは全く驚くべきことではない。[39] マーシャル語—英語辞典でさえ、Jodik（ジョディク）という言葉（「侵攻すること」を意味する日本語の上陸から）を「アメリカ人が一九四四年にクワジェリンを侵攻し、以来ずっとそこに留まっている」[40] という用例で、定義している。

島の人々にとって、海の「閉鎖」は事実上米国の覇権への移行であり、太平洋における最も新しい帝国主義の権化である。それはエスピリトゥが「相互—帝国的な」権力の移行と呼ぶものだったが、当該地域におけるその他多くの帝国的な支配の遺産の上に打ち立てられたものだった。ミクロネシアで戦後、日本時代の物品が没収され、米国の非編入領土に移ったことは、「日本の帝国主義が米国の帝国主義に結びついていた」という歴史家酒井直樹の大胆な観察の正しさを証明する。また、戦前戦後における日米の帝国主義の間にある「驚くべき相似」を大衆に意識させなかったのが占領期の検閲だった。[41] 今日、日本の大衆は太平洋における日本の戦前の関わりに無自覚な傾向にあるが、ミクロネシアにおける米国の覇権は現在の日本の権益と相まってその傾向に作用している。ほとんどの解説が現代の太平洋における日本の関わりを観光業、漁業または開発援助の観点のみで説明する一方、実際のつながりにはより深い層が存在する。日本における太平洋史についての意識の欠如が、いかに戦時中の暴力を消し去ろうという国家主義的な要請を主張する右翼団体の引き立て役になってしまうか、私は議論してきた。この意識の欠如はまた、当該地域における現在の日米の軍事主義をも是認する。日本の自衛隊はこれら島々のあちこちで米軍と共に軍事演習を行い、多くの島々は米軍基地の移転先のように見られ、過去には日本企業が放射性廃棄物処分の予定地としてミクロネシアの島々を捉えていたことすらあった。

本稿で、私は地図より消された島々から堂々と復権してきた島々を舞台にして、日本の太平洋諸島における帝国主義の過去と現在が二律背反的な関係にあることを証明する忘却と想起の物語を伝えてきた。私はこの種の太平洋を通した大衆の記憶喪失(アムネシア)が、主流の米国史がしばしばアジア系米国人の重要性を見落としてきたのとまさに同じ方法で、太平洋諸島の人々や他の周縁化された主体に対する暴力を持続させていることを論じている。酒井は「日米の植民地主義の継続性をきちんと知らない限り、……私たちは過去の植民地主義の遺産に囚われたままであろう」と警告している[42]。ミクロネシアでの日米権力の継続性は、現代の太平洋上の国際関係における危機的な盲点である。その忘却のなかで、日本の若い世代は太平洋やアジアの隣人と新たなつながりをつくったり、自分たちの過去を批判的・建設的に理解したりする力を奪われている。

5. 抵抗としての想起

日米双方の歴史は、こうした重要かつ問題をはらむ太平洋のつながりを見落としているが、マーシャル人や他の島の人々はそのことをよく記憶している。ジャネット・マジェオは「記憶の場とは文化的諸過程の交差に存在し、……それらの過程は社会と個人の経験、文化的な自己と他者、価値があったり、無価値であるとして放棄されたりする歴史やアイデンティティ、記号論的・政治的な領域、植民地時代前後の過去と現在の間に、また太平洋においては、支配する植民者と権利を奪われた被植民者の間にある」と書いている。[43] 一部の地元民たちは、各国の国家的な語りを満足させるべく、日本人あるいは米国人の調査者に巧みで礼儀正しく応答するだろう。私はミクロネシアの植民地主義や戦争の記憶が「あからさまに二律背反的なもの」であり、この強力な記憶は開発援助と自立のバランスを取るよう、現代ミクロネシアの国内政治に作用していると考えている。[44] マーシャル人の記憶は不可避的に日本や米国の言説により形づくられているが、bwebwenato の記憶は家族の世代を通して共有される。そうした記憶は国家の検閲に抵抗し、今日にも生き残るとともに、より多彩な歴史の展望として立ち現れている。日米両政権の健忘症に対して、マーシャル諸島の人々は想起することで抵抗しているのである。

年配者たちは、幼少期を過ごした日本時代への郷愁や日本支配下における戦争の極度の苦汁、戦後米国との協力関係が肯定的・否定的な諸側面とともにあることを思い起こす。さらに、彼らは米国の語りが認めないようにしている日米両政権間の継続的な関係性を見ている。戦後のマーシャル人は、核実験計画の残虐性を覆い隠そうとする米国の歴史的・法的な語りと積極的に対峙してきた。クワジェリンの人々もまた、自らの土地の軍事利用に抗議するにつれて、マーシャル諸島の伝統だけでなく、日本の社会的価値や米国の市民的不服従にも言及するというように、ヨーロッパ人・日本人との接触以前や植民地時代の記憶を繰り返し役立ててきた。文化的に生存し、回復していくための道具としての家族の記憶は、マーシャル諸島ではじめて作られた歴史教科書でも取り上げられているが、それは自らのアイデンティティのために、現在や過去に関するマーシャル人学生の教育に長きにわたり染み込んでいた米国指向の語りに代わって出版されたものだった(45)。

私が博士課程の研究のため、幼少期を過ごしたクワジェリン環礁の家に戻った時、最初にしたことのひとつは、ブブであるネイタリの家を捜し出すことだった。イバイ島に暮らす軍事基地労働者とその家族でごった返す、マーシャルの都市社会を特徴づける合板家屋が迷路のように入り組んだなかで、彼女の家をすぐさま見つけられて、私は驚いた。ブブはココナツの葉を複雑に編み込んだひもで貝殻をつなげていた。彼女は自宅の床に座っていたが、小さな中庭で米国の音楽に合わせてヒップホップの踊りを練習する孫たちに囲まれていた。彼女はまるで私が来るのを知っていたかのように、平然として大きな笑顔で私を見上げた。私のことをすぐに思い出すと、彼女は私を抱きしめて歓迎し「私の孫よ」と言った。

何日間かにわたり、ブブは自らの家族の長大で魅力的な物語を何ら隠すことなく、詳しく私に話してくれた。私たちは日本語、英語、そして彼女の孫たちの助けを借りて、マーシャル語で話した。彼女の物語は深遠な時間をさかのぼり、いろいろな神々やiroojイロージ（伝統的な首長）から始まった。彼女は部族や島々の戦い、壊滅的な台風や白人の捕鯨船員・宣教師との遭遇のことを話した。またスペイン人、ドイツ人、日本人のことを話し、自分の生まれや夫や教区民とともに赴いた環礁から環礁への多くの旅路のことを話した。彼女は一九七〇年代における私の家族や私との最初の出会いのことさえ話したが、それは彼女の履歴書のような語りのなかで、まるでネックレスに編み込むココナツ繊維の糸のように私たちを結び合わせていくものだった。彼女が全ての話を伝えるのに一週間近くかかった。

私は、ブブに何か日本時代の歌を覚えているか尋ねてみた。彼女はまず笑い、何もかも忘れてしまったと言った。しかし、それから背筋をピンと伸ばすと眉をひそめて、「日本の人たちがここにいた時、いつも歌っていた日本の国歌を歌ってみるわ」と言った。咳払いをして、彼女は始めた。

O' say can you see,
By the dawn's early light
What so proudly we hailed
At the twilight's last gleaming
Whose broad stripes and bright stars……

「おお？」と、彼女は孫たちがクスクス笑うと顔を上げて、途中で歌うのをやめた。「それは米国の歌だよ！」と彼女の一番年長の孫娘が叫んだ。

ブブは大らかに笑い、両手をパチパチと叩くと、続けて日本の国歌である「君が代」やいくつかの日本の民謡をそつなく歌った。しかしながら、この一幕は単なる国家と国歌の混同という出来事ではなかった。それはマーシャル人の感情が、堅く根を張った植民地時代の記憶と相反しながらもその一部をなしていることを示していた。ブブにとって、米国のナショナリズムと日本のナショナリズムは基本的に全く同一のものであった。

ブブは二〇一一年、静かにこの世を去った。彼女の葬儀には、マーシャル諸島の多くの環礁や島々から高位の首長、多数の親族や友人が参加してイバイの通りを埋めたが、いずれも彼女が生前深く関わってきた人々だった。多数の流れやつながりを結んできたブブの記憶は、将来の世代への太平洋を越える贈り物だった。島の大部分を構成するサンゴのように、彼女の物語は四方八方に向かう移動や堆積の軌跡であり、複雑ながらもはっきりとした特徴をもち、海の底に深く埋め込まれている。

そうした記憶は、人々の間にある広大な海を渡り、古代から現在に至るまで太平洋を語る大きな知の体系を形成する他の記憶と結びついており、国家の一方的で壮大な語りとはかけ離れたものである。これらの「サンゴ礁」は、二一世紀にもいまだ持続している軍事主義や植民地主義、グローバリゼーションの緊張を解決できないかもしれない。しかし私は少なくとも、この種の想起が過去や現在における暴力の克服や終結に向けた重要な一歩であることを主張しておきたい。

【訳注】

［1］ 日本における「名誉ある敗北」の系譜については、アイヴァン・モリス著、斉藤和明訳『高貴なる敗北——日本史の悲劇の英雄たち』（中央公論社、一九八一年）を参照のこと。なお、原著は Ivan Morris, *The Nobility of Failure: Tragic Heroes in the History of Japan* (New York, 1975) であるが、二〇一三年に Kurodahan Press から再版されている。

［2］ 敗戦の記憶が戦後日本における大衆意識に与えた影響については、Yoshikuni Igarashi, *Bodies of Memory: Narratives of War in Postwar Japanese Culture, 1945-1970* (Princeton, 2000)（＝五十嵐惠邦『敗戦の記憶——身体・文化・物語 1945〜1970』中央公論新社、二〇〇七年）を参照のこと。

［3］ 一九六一年、ケネディ米大統領の提唱で発足した発展途上国援助組織。派遣される隊員は、米国の大学卒業生で最低二年間、開発援助に協力するとともに、当該期間は現地住民と同水準の生活を送る。「平和部隊」『コトバンク』(online)。https://kotobank.jp/word/%E5%B9%B3%E5%92%8C%E9%83%A8%E9%9A%8A-129117（二〇一八年二月二七日：最終アクセス）を参照。

【注】

(1) この論考を「ブブ」ネイタリ・パウンド(一九三〇—二〇一一)に捧ぐ。本稿に向けた直近の調査は、トヨタ財団からの手厚い助成金「トランスオセアニア—日本とミクロネシアの島々における帝国、戦争、グローバリゼーションへの接近」(Number 2010-322E)を得て行われたものである。〔※原著の初出は、Greg Dvorak, "Who Closed the Sea? Archipelagoes of Amnesia Between the United States and Japan," *Pacific Historical Review*, Vol. 83, No. 2. であるが、*Pacific America: Histories of Transoceanic Crossings* (Honolulu, 2017). に同名タイトルの論考が再録されている。日本語訳にあたっては、初出論文を基にしながら、適宜二〇一七年の再版も参照した〕

(2) Tanaka Yuki, "Godzilla and the Bravo Shot: Who Created and Killed the Monster?" *The Asia-Pacific Journal: Japan Focus*, June 13, 2005, online at www.japanfocus.org/-Yuki-Tanaka/1652; 二〇一一年九月一五日アクセス。

(3) Onitsuka Hiroshi, "Hooked on Nuclear Power: Japanese State-Local Relations and Vicious Cycle of Nuclear Dependence," in *ibid.*, Jan. 16, 2012, online at www.japanfocus.org/-Hiroshi-Onitsuka/3676; 二〇一一年一一月一〇日アクセス。

(4) Greg Dening, *Performances* (Chicago, 1996).

(5) Epeli Hau'ofa, *We are the Ocean: Selected Works* (Honolulu, 2008), 27-59.

(6) *Ibid.*, 37.

(7) Christopher L. Connery, "Pacific Rim Discourse: The U.S. Global Imaginary in the Late Cold War Years," *boundary 2*, 21: 1, special issue titled "Asia/Pacific as Space of Cultural Production" (1994), 31-32.

(8) Matt K. Matsuda, *Pacific World: A History of Seas, People, and Cultures* (New York, 2012), 5.

(9) Julie Walsh and Hilda Heine, *Etto* ñan *Raan Kein: A Marshall Islands History* (Honolulu, 2012), 9.

(10) Greg Dvorak, "'The Martial Islands': Making Marshallese Masculinities Between American and Japanese Militarism," *The Contemporary Pacific*, 20:1 (2008), 55-86.

(11) John W. Dower, *Ways of Forgetting, Ways of Remembering: Japan in the Modern World* (New York, 2012), 177.

(12) *Ibid.*, 184.(=外岡秀俊訳『忘却のしかた、記憶のしかた——日本・アメリカ・戦争』岩波書店、二〇一三年、二〇九頁)〔※引用部分の日本語訳は、邦訳書を参照した〕

(13) この詳細な歴史は、同じ遭遇のイギリス人とハワイ人双方の解釈や経験を同情的に表すために、ハワイ人の宇宙論や口頭伝承への独創的な接近とともに、民族誌と文書調査の両方を組み込むものである。Greg Dening, *The Death of William Gooch: A History's Anthropology* (Honolulu, 1995) を参照のこと。

(14) Matsuda, *Pacific World*, 8.

(15) ポリネシアやメラネシアとあわせてミクロネシアという用語は、一九世紀に考案された問題含みの植民地的な地域構成概念である。その地域としての顕著な特徴や恣意的な境界線の輪郭は、これら島々のあちこちで共有されていた植民地的暴力・支配の遺産を除いては、地元民にしてみれば歴史的にはほとんど重要性がないものだった。David Hanlon, "The Sea of Little Lands': Examining Micronesia's Place in 'Our Sea of Islands,'" *The Contemporary Pacific*, 21: 1 (2009), 93を参照のこと。

(16) 太平洋の文脈における同帝国については、以下を参照のこと。

John E. Willis, Jr., "A Very Long Early Modern? Asia and Its Oceans, 1000–1850," Augusto Espiritu, "Inter-Imperial Relations, the Pacific, and Asian American History," *Pacific America: Histories of Transoceanic Crossings* (Honolulu, 2017).

(17) Mark Peattie, *Nan'yō: The Rise and Fall of the Japanese in Micronesia, 1885-1945* (Honolulu, 1988), 68, 103-104.

(18) *Ibid.*, 117.

(19) 日本人/沖縄人と太平洋諸島の人々の間に生まれた子どもたちのほとんどは、日本人移住者の利益の多くと一致していたが、彼らは日常的に人種差別を被っていた。

(20) 小林泉『ミクロネシアの日系人――日系大酋長アイザワ物語』(太平洋協会、二〇〇七年、八八頁)。
(21) 本稿では、インタビューした人々の多くに仮名を用いるようにし、初出では引用符でこれらの名前を示した。全てのインタビュー資料は、筆者が所持している。
(22) 川村湊『南洋・樺太の日本文学』(筑摩書房、一九九四年、七頁)。
(23) たとえば、Keith Camacho, *Cultures of Commemoration: The Politics of War, Memory, and History in the Mariana Islands* (Honolulu, 2011)(＝西村明・町泰樹訳『戦禍を記念する――グアム・サイパンの歴史と記憶』岩波書店、二〇一六年)を参照のこと。
(24) これは日本遺族会と混同すべきではない。日本遺族会は、日本における最大の公的戦争遺族団体で、今日でさえ重要な政治的圧力団体を構成している。多くの遺族はこの主要な団体ととりわけ家族が戦闘で死んだ戦場の小さな団体の両方に属している。
(25) マーシャル方面遺族会の所蔵資料によると、注目すべきことにクワジェリン環礁で死んだ者の中には皇室との関係もある海軍将校、音羽正彦(三〇歳)がいた。また、米軍の侵攻で死んだ者には、日本の第五五代内閣総理大臣石橋湛山(在任：一九五六―一九五七)の息子、石橋和彦(二六歳)もいた。
(26) 参加の前提条件として、私は正式な慣習がミリ環礁で尊重されるように、マーシャル人の仲間に頼み、私たちが訪問するにあたり、伝統的な指導者に同行するよう手配してもらった。
(27) 二〇〇九年四月二八日、ソウルでの筆者による元労働者イ・インシンへのオーラルヒストリーのインタビュー。同事件の詳細については、Lin Poyer, Suzanne Falgout, and Laurence Marshall Carucci. *The Typhoon of War: Micronesian Experiences of the Pacific War* (Honolulu, 2000), 226を参照のこと。
(28) Kimie Hara, "Micronesia and the Postwar Remaking of the Asia Pacific: 'An American Lake,'" *The Asia-Pacific Journal: Japan Focus*, Aug. 10, 2007, online at www.ja-panfocus.org-kimie-hara/2493; 最終アクセス二〇一一年七月三〇日。
(29) 米国立公文書館で利用可能なマーシャル諸島侵攻の戦闘詳報や諜報写真を調べることで、この没収が機密情報を収集するだけでなく、地元民に米国人への共感を持たせるようにすべく、戦後の「掃討」作戦の一部として定められた実践だったということが、私には明らかだ。マーシャル諸島やチューク、パラオをめぐる今までの調査の中で私が話した日系人年配者のほとんどは、こうした没収に関する個人的経験があった。日本時代の遺産を持っているマーシャル諸島の元大統領夫人エムレイン・カブアは、彼女の家族がいかにこうした押し込みを知り、あらかじめ重要な所持品を隠すようにしたか説明してくれた(二〇一〇年三月一八日、マーシャル諸島マジュロでのインタビュー)。
(30) 島田啓三『冒険ダン吉全集』(講談社、一九七六年)。
(31) 石田一松「酋長の娘」(ポリドール・レコード、一九三〇年)。
(32) 矢口祐人『憧れのハワイ――日本人のハワイ観』(中央公論新社、二〇一一年)を参照のこと。
(33) 二〇一二年七月一六日、マーシャル諸島の元外務大臣トニー・デブラムとの個人的なやり取り。
(34) 戦後の長きにわたる軍事主義や核実験に関するマーシャル人の視点については、Laurence M. Carucci, "The Source of the Force in Marshallese Cosmology," in Geoffrey M. White and Lamont Lindstorm, eds., *The Pacific Theater: Island Representations of World War II* (Honolulu, 1989), 76-77を参照のこと。
(35) Walsh and Heine, *Marshall Islands History*, 333.
(36) Robert C. Kiste and Mac Marshall, *American Anthropology in Micronesia: An Assessment* (Honolulu, 1999), 38.
(37) *Ibid*., 39-40.
(38) Naoto Sudo, *Nanyo-Orientalism* (Amherst, Mass., 2012), 54.
(39) Carucci, "The Source of the Force," 76-77.
(40) Takaji Abo, Byron Bender, Alfred Capelle, and Tony deBrum, *Marshallese-English Dictionary* (Honolulu, 1976), 113.
(41) Naoki Sakai, "On Romantic Love and Military Violence: Transpa-

cific Imperialism and U.S.-Japan Complicity," in Setsu Shigematsu and Keith Camacho, eds., *Militarized Currents: Toward a Decolonized Future in Asia and Pacific* (Minneapolis, 2010), 206-216.

(42) *Ibid.*, 206.

(43) Jeannette M. Mageo, *Cultural Memory: Reconfiguring History and Identity in the Postcolonial Pacific* (Honolulu, 2001), 3.

(44) Poyer, Falgout, Carucci, *Typhoon of War*, 347-348.

(45) Walsh and Heine, *Marshall Islands History*.

マーシャル諸島の民からみつめる戦争・核・環境

——第二次世界大戦と「その後」

TAKEMINE SEIICHIRO

竹峰誠一郎

1.「もうひとつの爆弾の話」巻き込まれた太平洋戦争

「もうひとつの爆弾の話はところでどうなんだ」。米核実験場にされたマーシャル諸島北西端のエネウェタック環礁で、核実験にまつわる話を、ある住民に聞いていた時のことであった。クニオ(1)という名の六〇代後半（二〇〇三年当時）の男性は、筆者にこう詰め寄ってきた。「わたしは足を傷つけられ、大量の出血をした。死にそうになったのだ。誰がこの足を傷つけたのか、誰が治してくれるのか！」。次第に声を高ぶらせ、こちらの目をじっと見つめた。しばらくすると声を和らげ、「日本の人に伝えてくれ」とつぶやいた。一九四四年二月、日米の地上戦がエネウェタック環礁（ブラウン環礁）で展開され、現地の住民が巻き込まれ、クニオはそのとき負傷したのである。

「穴から助けられ私は生き延びることができました」と、一九四四年当時二歳であったナミコ[2]は間一髪のところで住民に助けられた経験を筆者に語る。「でも隣にいた父とふたりの姉は亡くなったの。わたしは幼かったので後で聞かされました。時は戻すことはできない。ただ悲しむだけでした」と、ナミコは続けた。

一九四四年二月、米軍はエネウェタックでの地上戦の末、日本軍を全滅させ、その後、マーシャル諸島各地で掃討作戦を展開した。佐藤冨五郎が兵隊として駐留していたウォッチェ環礁では、地上戦こそ回避されたが、戦争に巻き込まれた住民が同環礁にもいた。

現在、首都マジュロで「アミモノ」（手工芸品）のお店を営むクレードル[3]は、ウォッチェの公学校（小学校）に入学したものの、戦争で一年もたたないうちに学校は閉鎖された。それでも、体操のあと「日本の方向に礼をした」り、「日の丸の歌を歌った」ことを、クレードルは今でも覚えている。

日本兵だけでなく、ウォッチェ環礁にいた住民の食糧も当然不足していた。「両親からたくさん話を聞いた」と語る一九四一年生まれのテンポー[4]は、「日本軍の食糧倉庫を襲い、長い棒のようなもので穴をあけて、そこから食べ物を盗むこともあった」と語る。さらに「『食べ物を持ってこい』と日本軍に言われたときには食料を隠したりもした。『シャコガイを獲ってこい』と言われても、たくさん生息する場所は日本軍には決して教えなかった。『見つけた』と、少しだけ潜って獲って日本軍に渡した。深夜になると、自分たちのために、たくさん獲れる場所で潜って獲ったのだ」と、住民はいかに食糧を確保し、生きのびたのかをテンポーは語る。

ウォッチェ環礁の本島は、日本軍の要塞にされ、最終的に住民は同環礁の端にある小さな島々に追いやられた。大きな穴を掘り、隠れて生活し、空襲におびえる日々であった。

ある晩、戦争が激化するなか、逃れようと住民らはマーシャルカヌーに乗り別の環礁に向かおうとした。そこに日本兵が、逃げようとする住民に銃口を向けた。次の瞬間、米軍機が日本兵の船を爆撃し、住民は間一髪で助かったという。その場にクレードルもいた。「日本軍はわたしたちを撃ち殺そうとしたのよ。なぜそんなことをしたの」と、クレードルはポツリとつぶやいた。

現在の首都マジュロに隣接するアルノ環礁には、マーシャル人の母と日本人の父との間に生まれた、「アイノコ」だと自らを語る、ツトム[5]が暮らしていた。ツトムには兄がいたが、大日本帝国海軍に徴兵され、「トラック諸島で亡くなった」。出征の時、日の丸の旗をふって「万歳」と、島のみんなでお兄さんを送りだしたことを、「寂しかった」とツトムは覚えている。

戦争が終わった後、「アメリカ軍が、お父さんをハワイに連れて行った」とツトムは語る。筆者がインタビューをした時、ツトムは九二歳の高齢であったが、お父さんと別れたその日は「一九四四年二月二〇日だった」と、はっきり覚えていた。「ずっとずっとお父さんのことを思っている、今も」、「死ぬまで忘れない、お父さんと、お兄さん」と、ツトムは日本語で語った。

2. 核時代の最前線へ——第二次世界大戦の「その後」

マーシャル諸島では、太平洋戦争が終わり、日本統治から解放されたことを記念し「解放記念日」(liberation day)が設けられている。その日付はマーシャル諸島の中でも自治体ごとに異なり、例えばエネウェタック環礁では一九四四年二月二三日が「解放記念日」とされる。

地上戦が繰り広げられたエネウェタックでも「隠れていた壕に米兵が入ってきた。笑って食べものをくれた。『生きながらえて、ありがとうございました』と、米兵と一緒に神に祈った」と、エネウェタックのサリナ(6)は語る。

太平洋戦争は終結した。しかし「戦後」と日本で呼ばれる時代は、マーシャル諸島の住民に平和な暮らしを約束するものではなかった。「第二次世界戦争とは異なる戦争が、マーシャル諸島の人びとのもとで続いた。冷たい戦争と呼ばれる戦争である。我らの島々は、冷戦で壊滅的な被害を受けた地(ground zero)である」[Matayoshi 2004]と、ロンゲラップ自治体長のマタヨシは、第二次世界大戦の「その後」を説明する。核実験という「もうひとつの爆弾」の脅威に、住民は晒されることになったのである。

広島・長崎に米国が原子爆弾を投下してわずか半年後の一九四六年二月一〇日、マーシャル諸島の軍政長官を務めていたベン・H・ワイアットがビキニ環礁を訪れた。同軍政長官は、旧約聖書を持ち出し、核実験場建設にともなう移住は「神の導きによる約束の道である」、核実験は「人類に幸福をもたらし、世界の戦争を終らせるためだ」と、敬虔なクリスチャンである住民に説いたことが、米海軍の公式記録に記されている[Richard 1957:10]。

その場にいたジャブコン(7)は次のように証言する。「アメリカ人がビキニにやってきて、『爆弾』をやりたいから、この島を去るようにと言った。『移住した後、誰が面倒を見てくれるのか』と、(住民代表である)ジュダはかれらに尋ねた。『帰島するまで面倒を見る』と、アメリカは言った。だから『すべては神の導きのままに』と、ジュダは返答したのだ」。

一九四六年「三月七日の午後までには、各自の持ち物や、タコノキからできた屋根葺きやカヌーが揚陸艦に積み込まれ」[Kiste 1974:33]、住民はビキニを後にし、移住生活を余儀なくされた。

「なぜ、アメリカ人はここに来て実験をしたのかしら。大きい『島』を持っているのにねえ。なぜ小さな『島』に来てしたの」と、核実験で被曝させられた住民のエマ[8]は素朴な疑問をぶつける。「実験場の場所の選定はかなりの難題であった。（中略）ニューメキシコの経験に基づき、米国内で爆弾投下をこれ以上は行わないという確固たる結論が導かれていた。さらに米国の三〇〇マイルから五〇〇マイル（約四八〇キロから八〇〇キロ）圏内では、核実験は行わないとの条件が、グローブズ将軍から示され、米本土の全域並びにバミューダ及びカリブの全海域が候補から外れた」[NARA RG374]。

「ニューメキシコの経験」とは、広島の原爆投下に先立ち、一九四五年七月一六日にニューメキシコ州で行われた世界初の核実験「トリニティ」のことである。米本土で実施した核実験「トリニティ」の結果を踏まえ、今後の核実験は、米本土の外に持っていくことが、実験場選定の大前提となっていたのである。くわえて、マンハッタン計画の総責任者であったレスリー・グローブスの指示で、米本土と隣接する中米海域では、核実験は行わないことになった。同公文書は、ウィリアム・S・パーソンズが、一九四六年九月二四日に発言した内容を記録したものである。パーソンズは、当時米海軍少将の地位にあり、広島の原爆投下の時は、エノラゲイに搭乗し爆撃の指揮を執った人物である。

一九四五年一二月二〇日、核実験場の選定に向けたある重要な会合が召集され、マンハッタン計画の副責任者であった陸軍のトーマス・ファーレルが議長を務めた［竹峰 2015:168-169］。海軍のフレデリック・アシュワースが提案者となり、核実験の場所をめぐる議論が行われた。アシュワースは、長崎に原爆を投下した爆撃機「ボックスカー」に乗り込み、投下命令を出した人物である。そして一九四五年一二月二〇日、ビキニ環礁が核実験場の場所として勧告され、翌四六年一月一〇日には、トルーマン大統領が実験計画を承認した。ニューメキシコ、広島、長崎に次いで、一九四六年七月、米国はクロスロード作戦と銘打ち、住民を追い出したビキニ環礁で核爆弾を爆発させた。

翌四七年には、ビキニ環礁のさらに西にあるエネウェタック環礁が新たに核実験場に選定された。「エネウェタックは孤島であり、放射性微粒子が風で運ばれる方向は、公海まで数一〇〇マイルの距離がある」［DOE OpenNet: NV0409585］などと、核実験の実施に伴う放射能汚染の発生がここでも考慮された。日米の地上戦が展開されたエネウェタック環礁では、ビキニ環礁で実施された二三回の核実験を上回る、四四回もの核実験が実施された。太平洋の米核実験本部もエネウェタック環礁に置かれた。

一九五二年一〇月三一日、水爆装置を爆発させ、人類初の水爆実験となった「マイク」も、マーシャル諸島エネウェタック環礁で実施された。「威力と放射性降下物が大きく増した兵器は、米本土で実験することは適さないが、太平洋の試験場は辺鄙なところにあり適している」［DOE OpenNet: NV 0044184］と、米国防総省核兵器局のロバート・B・リーチマンは説明する。

核実験を実施すれば放射性降下物が飛散し、被曝問題が生じることを、米政府機関は十分予期していた。実験場周辺に放射能が拡がる問題を考慮したからこそ、米本土から隔絶したマーシャル諸島のビキニとエネウェタックが核実験場に選ばれ、実験が続けられたのである。

マーシャル諸島で実施された米核実験の総数は六七回におよび、同実験の総威力は、広島型原爆の七〇〇〇倍に達した。六七回の中でも一九五四年三月一日にビキニ環礁で実施された核実験、暗号名「ブラボー」は、日本さらには世界に衝撃を与え、「ビキニ事件」や「第五福竜丸事件」などという名で記憶されている。

3. 終わりなき核被害を生きる——核実験の「その後」

マーシャル諸島の現地では、水爆「ブラボー」が爆発した三月一日は、核被害を思い起こし追悼するための国の公休日に指定され、"Nuclear Victims Remembrance Day" あるいは "Nuclear Victims and Survivor's Remembrance Day" と呼ばれている。水爆「ブラボー」実験だけでなく六七回におよんだすべての核実験を思い起こす日となっている。

二〇一七年三月一日、首都マジュロで開催された記念式典でマーシャル諸島共和国大統領ヒルダ・ハイネは、次のように述べた。米核実験によって生じた「慰めることができない深い悲しみ、恐怖、怒り、それらは時が解決し得るものではない。適切な補償がなされず、残留放射能の汚染除去の問題に米国が対応する意思を示さないこと、そして、われわれの生命、海、土地に対する米核実験による終わりなき影響に真摯に向き合わない米国の姿勢は、問題をより深刻化させている」[Heine 2017]。

核実験終了後一〇年を経た一九六八年から、米国はビキニの再居住計画に着手し、除染作業も行われ、時のジョンソン米大統領の名で「安全」宣言が出された [DOE OpenNet: NV0408361, NV0405607]。しかし、ビキニの帰還者を対象にした調査で、複数の人の尿からプルトニウムが検出されたり、セシウム一三七の体内蓄積の増加が確認されたりして、一九七八年八月、ビキニはついに再閉鎖された。

住民の再居住が失敗に終わった後、核廃棄物の受け入れをめぐる話がビキニでは持ち上がった［毎日新聞 一九九五・七・六］。一九九五年ビキニの人びとが集う大規模な住民集会が開かれ、核廃棄物の受け入れに反対することを住民は選択し、翌九六年、ビキニはスキューバダイビングの観光スポットとして開放された［Niedenthal 2001:185］。二〇一〇年、ビキニは世界遺産（文化遺産）に登録されたが、核廃棄物を誘致しようとする考えは、ビキニ自治体の一部から今も聞かれる。

毎年三月には、ビキニの人びとの移住先の島で「ビキニデー」が開催される。二〇一七年三月にキリ島で開催された「ビキニデー」は「七一年」目として開催され、「ビキニの人びと見捨てられて七一年」との立て看板も見られた。七一年とは、ビキニの人びとが核実験により自らの土地から立ち去ることを余儀なくされた一九四六年三月以降の時の経過を示している。

核実験場とされたビキニの人びとの移住先には、マーシャル諸島全体がそうであるが、住民の暮らしを脅かす新たな脅威が重なってきている。「私たちの島は沈むかもしれない」。二〇一七年三月、移住先のキリ島で開催されたビキニデーで、ビキニ選出の国会議員エルドン・ノートが演説で語った言葉である。移住先のエジット島では二〇一四年に高潮と大潮に襲われ、キリ島は二〇一五年には島のほぼ全域が浸水し、住民は高台にある教会に避難をした。これらの出来事は、海面上昇をビキニの人びとに強く実感させた。

ビキニとともに核実験場となったエネウェタック環礁は、核実験のその後も米軍基地が置かれ、大陸間弾道ミサイル開発、さらに生物兵器開発の場ともされた。そうしたなか「これ以上の実験はやめろ」と住民は反対の声をあげ、ハワイの連邦地裁に実験停止を求める仮処分申請を出したりした［竹峰二〇一五：二一六―二一七］。住民側は裁判にも勝訴し、核実験が終了して一八年を経た一九七六年にエネウェタックは住民のもとに返還された。

同年五月から米国防総省原子力局が中心となり「クリーンナップ」という名の除染が着手され、再居住計画が動き出した［豊崎二〇〇五：下一三七―一三九、一九七―一九八］。三年間で四〇〇〇人の作業員が投入され、一億ドルの経費がかけられ、一九八〇年四月、住民はようやく帰還を果たした［日本経済新聞 一九八〇・四・八］。

しかし住民が帰還できたのはエネウェタック環礁の南部に限定された。くわえてエネウェタック環礁中部のルニット島には、直径約一一一メートル、高さ約八メートルの「ルニット・ドーム」と呼ばれる巨大なコンクリート製のドームが、「クリーンナップ」の末に出現した。エネウェタック環礁の除染で集められた汚染土壌が格納されている。「幸運にして戻ることができたが、そこは放射能の島だった」と、クニオは語る。

「ルニット・ドームに汚染物質は流し込まれたが、底に遮蔽する物は何も敷かれなかった。汚染物質は海に漏れ出している」と、エネウェタック環礁選出国会議員のジャック・アーディング(9)は指摘する。さらに気候変動問題が重なり、ルニット・ドームの浸水や破壊が憂慮されている。

マーシャル諸島の核実験の問題は、核実験場とされた地域のみならず、その周辺地域にも広がった。一九五四年三月一日、水爆「ブラボー」実験で、爆心地から東南東約一八〇キロに位置するロンゲラップと、東約五〇〇キロに位置するウトリックの人びとが被曝したことは、米国自身も認めている。だが住民の被曝は、予期せず「偶発的」であったと米側は説明する。他方、マーシャル諸島のとりわけロンゲラップの人びとは、「意図的に被曝させられた」と訴えている。

ロンゲラップの人びとは、水爆「ブラボー」実験で被曝をしたその後、米軍基地があるクワジェリン環礁に搬送された。ウトリックの人びとと共に「プロジェクト4・1」と名付けられた「偶発的に放射性降下物に著しく被曝した人間の作用にかかわる研究」に組み込まれ、データ収集の対象にされたのである［竹峰二〇一五：三〇〇—三〇二］。

ウトリックの人びとは三カ月後、ロンゲラップの人びとは三年後に、「住むには安全になった」と、それぞれ自分たちの島に戻された。しかし、その後も米原子力委員会による追跡調査は続けられた。「文明人ではないが、ネズミよりわれわれに近い」と住民は見下され、原子力の産業利用を含め、核開発を推進していくうえで、「最も価値あるデータを提供する集団」に位置づけられたことが、米公文書からは浮かび上がる［竹峰二〇一五：三一四—三一六］。一九五六年五月に開かれた第五六回原子力委員会生物医学部の諮問委員会で、生物学者のH・ベントレー・グラスは、住民の帰還は「遺伝調査を行ううえで理想的な状況を作りだす。これまで広島・長崎で得てきた知見にも勝る重要なものになる」［DOE OpenNet: NV0411749］と発言している。「わたしたちは人間として扱われたことは一度もありませんでした。ただ爆弾の効果を調べるモルモットとしてわたしたちは扱われてきました」［DOE OpenNet: NV0401976］と、ロンゲラップの住民代表を務めたネルソンは、医学調査の責任者ロバート・コナード医師に宛てた手紙で訴えている。

一九八二年、残留放射能調査の結果が小冊子にまとめられロンゲラップの人びとの手にも渡された。ロンゲラップの残留放射能が、再閉鎖されたビキニと一部同レベルにあることが、地図上に示されていた。ロンゲラップで相次いだ身体や動植物への「異変」、さらに米国側の説明に対する不信感が募っていたこともあり、一九八四年二月、ロンゲラップ自治体は、自らの土地であるロンゲラップ環礁からクワジェリン環礁メジャット島に全員を退去させる重大な決断を下した。

核実験の終了から四〇年を経た一九九八年、ロンゲラップの人びとの訴えが実り、除染を含めた工事がロンゲラップで始まった。それから二〇年を経た現在、米内務省は「ロンゲラップ自治体は、ただちに移住する選択をし、再居住しないと自ら選択した者は、もはや移住者とみなしてはならない」[Letter from Nikolao I. Pula Jr 2010] と帰還を促す。だが再居住計画は「止まっている状態だ」と、ロンゲラップ選出の国会議員ケネス・ケディ(10)は現況を説明する。海の民としての暮らしのありようを踏まえず、かつ過去の謝罪が省かれて語られる「安全」の言説は、いくら数値やリスク評価を持ち出して「科学的」に語られても、住民の多くに説得力を与えるものには全くなっていない。

これまで述べてきた核実験場とされたビキニとエネウェタック、さらにロンゲラップ環礁にウトリック環礁を加えた四つの自治体に対しては、核実験の結果、物的財産および人身に与えた損失・損害があることを米政府は、マーシャル諸島が一九八六年に独立した際に認めた(11)。米政府とマーシャル諸島の間で締結した自由連合協定第一七七項と同実施協定に基づき、米政府はマーシャル諸島に一億五〇〇〇万ドルを支払った。だが同時に、四つの自治体以外の核実験被害の拡がりは否定され、「すべての賠償請求は完全決着」とされた。

しかし補償協定の締結後に新たな公文書が公開され、「ブラボー」実験の爆心地から五四〇キロメートル離れたアイルック環礁をはじめ、四つの自治体に留まらない核被害の拡がりが指摘されている [竹峰二〇一五：一一三―一五四]。「わたしも被曝した」「アイルックを汚染した／アメリカ／ブラボー」「アメリカよ／なぜ無視をする」との主張や補償要求が、核被害の未認定地域から聞かれる。

マーシャル諸島では、一九五八年を最後に核実験は実施されていない。しかし一九五九年以降、マーシャル諸島のクワジェリン環礁は米国のミサイル実験場となり、現在に至る。核弾頭搭載可能な大陸間弾道ミサイル「ミニットマンIII」の実験も行われる。カリファルニアのバンデンバーグ空軍基地から約八〇〇〇キロ離れたクワジェリンのラグーンが、標的になっている。「実験を安全に行うために、人があまりいない広大な空き地が必要でした。クワジェリンは、完璧な場所だったのです」[ABC 2009.4.8]と、同米軍基地の司令官は説明する。だが、マーシャル諸島の人びとの暮らしがそこにはある。

4. 太平洋の島々の民に目を開く

太平洋戦争を日米両軍の軍人同士の戦いの図式でのみとらえたり、日本人の犠牲のみ着目したりすると、先に述べたような、当時「島民」と呼ばれ、そこで暮らしていた現地住民の戦争体験は、視野の外に置かれる。

三〇年に及んだ大日本帝国による統治下の末に太平洋戦争に巻き込まれたマーシャル諸島は、前田哲男の言葉を借りるならば、「『戦後』という休息期すら与えられ」ず、「米国の核開発の母胎」とされたのである[前田一九七九：一六五]。

広島・長崎の原爆投下とマーシャル諸島の核実験は、「被爆」と「被曝」(被ばく)に切り分けられるが、その両者は米核開発史の中で深く結びついている。広島と長崎は「戦時」であり、マーシャル諸島は「平時」であると、単純に区別することはできないのである。

二〇一八年、マーシャル諸島では核実験が終了してから六〇年という時が経過するが、核実験問題に終わりはない。山はなく、海抜わずか二メートルにすぎないマーシャル諸島には、気候変動問題も迫る。「核から気候変動へと、問題は転換されたわけではない」と、マーシャル諸島前外相のトニー・デブルムは語る。マーシャル諸島にとって核と気候変動は、ともに生存を根底から脅かす、地続きの問題なのである。

核被害地の未来をどう拓いていくのか。「復興」という言葉は、マーシャル諸島では聞かれない。代わりに、核被害地で繰り返された不公正を断ち切り、人としての公正な扱いを求める「ニュークリア・ジャスティス」（核の正義）という言葉が聞かれる。

マーシャル諸島は、海に開かれ、小さな島々が弧を描くように連なる環礁からなる。環礁はひとつの島ではない。「唯一の被爆国」というひとつの「島」に閉じこもるのではなく、「グローバルヒバクシャ」という見方を提唱し、日本とマーシャル諸島を結ぶ研究をこれからも地道に続けていきたい。

【参考文献】

〈米公文書〉
DOE OpenNet:Department of Energy, OpenNet documents https://www.osti.gov/opennet/advancedsearch.jsp
NARA: National Archives at College Park, Maryland (National Archives II).
DOE OpenNet: NV 0044184, Suggestions for Inclusion in the Environmental Impact Statement for the Eniwetok Atoll Cleanup, Author: Leachman, R. B., 1973 Apr 30.
DOE OpenNet: NV 0401976, Letter to R Conard, Subject: Treatment of Atomic Bomb Victims and Attempts to End the Nuclear Threat in the Pacific, Author: ANJAIN, N., 1975 Apr 9.

DOE OpenNet: NV0405607, NEWS R ELEASE, S UBJECT: BIKINI R ESETTLEMENT PROGRAM R ELEASED, 1969 Jan 18.

DOE OpenNet: NV0408361, MEMO TO THE PRESIDENT, SUBJECT: RETURN OF THE BIKINI PEOPLE, 1968 Jul 25.

DOE OpenNet:NEV0409585, Information For The Press Prepared in Collaboration with the Department of State and the National Military Establishment to Supplement the Statement of the US AEC on the Establishment of Pacific Experimental Installations, 1947 Dec 01.

DOE OpenNet: NV0411749, MINUTES 56 TH MEETING ADVISORY COMMITTEE FOR BIOLOGY AND MEDICINE, MAY 26–27, 1956, Authors: FAILLA, G. et. Al.

Letter from Nikolao I. Pula Jr. to James Matayoshi, U.S. Department of the Interior, March 29, 2010.

NARA RG374, "Operation Crossroads" address by W. S. Parsons at Fort Belvoir, Virginia, 24 September 1946 in Armed Forced Special Weapons Project Office of the Historian Reports 1943-48, Entry 19, Box 18, RG 374, National Archives at College Park, Maryland.

〈文献・原稿〉

Hine, Hilda C., 2017, "63rd Nuclear Victims Remembrance Day Keynote Remarks." March 1, Majuro.

Kiste, Robert C., 1974, *The Bikinians: A study in forced migration*, Menlo Park. California: Benjamin/Cummings Publishing.

Matayoshi, James, 2004, "Remarks of Rongelap Mayor James Matayoshi Bravo Day." March 1, 2004.

Niedenthal, Jack, 2001, *For the Good of Mankind: A History of the People of Bikini and Their Islands*, 2nd Edition, Majuro, Bravo Publishers.

Richard, Dorothy E., 1957, *United States naval administration of the Trust Territory of the Pacific Islands, Vol. III the trusteeship period, 1947-1951*. U.S. Office of Chief of Naval Operations.

竹峰誠一郎、二〇一五『マーシャル諸島　終わりなき核被害を生きる』新泉社。

――――、二〇一六「マーシャル諸島の米核実験被害に対する補償制度」『環境と公害』Vol.46 No.2, 29-35.

豊﨑博光、二〇〇五『マーシャル諸島　核の世紀　一九一四―二〇〇四』（上・下）日本図書センター。

前田哲男、一九七九『棄民の群島―ミクロネシア被爆民の記録』時事通信社。

〈新聞・映像〉

ABC: Australian Broadcasting Corporation, "Rocket Island" in ABC News, Foreign Correspondent, 2009.4.8.

『日本経済新聞』「水爆にふるさとの島追われ　三三年ぶり　やっと帰島」一九八〇年四月八日。

『毎日新聞』「廃棄物計画も浮上　核のごみ」一九九五年七月六日。

【注】

（1） クニオ：一九三七年エネウェタック環礁生まれ、男性。二〇〇三年九月、エネウェタック環礁で話を伺った。故人。

（2） ナミコ：一九四一年エネウェタック環礁生まれ、女性。二〇一五年一月六日、マジュロ環礁で話を伺った。

（3） クレードル：一九三四年リキエップ環礁生まれ。二〇一四年九月五日、二〇一四年一二月三〇日、二〇一八年三月一三日に、マジュロ環礁で伺った内容を基にまとめた。

（4） テンポー：一九四一年アイルック環礁生まれ、男性。二〇一五年二月二二日、丸木美術館で開催された特別トーク企画「『南洋群島』とその後のマーシャル諸島」で、筆者らが聞き手になりテンポーが語った事である。故人。

（5） ツトム：一九二六年ジャルート（ヤルート）環礁生まれ、男性。二〇一八年三月五日、三月七日、一四日、一五日にマジュロ環礁で伺った内容を基にまとめた。

（6） サリナ：一九三〇年代エネウェタック環礁生まれ、女性。二〇〇三年九月、エネウェタック環礁で話を聞いた。日本統治下で習った日本語を時々口にした。故人。

（7） ジャブコン：一九三二年ビキニ環礁生まれ、女性。二〇〇三年九月二六日にマジュロ環礁で話を伺った。故人。

（8） エマ：一九二九年アイルック環礁生まれ、女性。水爆ブラボー実験の時、アイルック環礁で被曝、当時二四歳。話はアイルックで二〇〇一年二月に伺った。故人。

（9） ジャック：一九四七年、エネウェタックの人びとの移住先であったウジェラン環礁で生まれ、育つ。二〇一八年三月八日にマジュロ環礁で話を伺った。

（10） ケネス：一九七一年生まれ、マーシャル諸島国会議長を務める。二〇一七年二月二八日、マジュロ環礁で筆者らのインタビューに答えたものである。

（11） 核実験の補償制度は、竹峰［二〇一六］を参照されたい。

column

マーシャルへの片思い

SUEMATSU Yosuke

末松洋介

「ヨースケ、カジャロ　チャンポ!!」
「ヨースケ、マガエ　チャーチミ!!」
「ヨースケ、エウィ　ジョーリ!?」

碧い海、青い空、さんさんと照る太陽の下、マーシャルの子どもたちの笑顔もまたキラキラと輝いている。

日本人と同じで少しシャイなマーシャル人。最初は物珍しいものを見るかのように、私との距離をとる。

「誰だあの人？　マーシャル人じゃないぞ！　どこから来たんだ？　何？　新しい先生なの？」

もちろん私は彼らが何を言っているのかこれっぽっちも分からないが、とりあえず子どもたちとの距離を詰める。

「モーニング！（おはよう！）」

流れで彼らとハイタッチ！　身振り手振りしてさらに距離を縮める。だんだん彼らも、得体のしれない私に安全を感じたのか、一気に距離を縮めてくる。

「エタム？　キーギー　ヤ？　エンマン　ケ　マージャル？（名前は？　どこに住んでるの？　マーシャルはどう？）」

一気にダムが決壊したように飛び出してくる質問の嵐。私はマーシャルの子どもに取り囲まれた。子どもたちとの距離を近づけることには無事に成功したようだが、このときの私は彼らが何を言っているのか、当然ながら一％も理解していない外国からのお客さんだった。

そもそも私がマーシャルと出会ったのは青年海外協力隊がきっかけである。世界地図を隅から隅まで見て、マーシャルという国をじっくり探す。日本からの距離も近く、「真珠の首飾り」と言われるように、細長い環礁が碧い海の上に浮かぶ。さらにインターネットでもマーシャルを調べたが、詳しい情報はあまり得られず。海のきれいな島国ということはわかるも、謎も多い太平洋に浮かぶ島国。それが私とマーシャルの最初の出会いであった。

そんなマーシャルに赴任して三カ月程。ローラ小学校の低学年と一緒に算数を学ぶ日々。最初は子どもも先生も、外国からのお客さんである私を気にしているのか、私を気遣う様子がところどころに。

私も身振り手振り、片言のマーシャル語、英語、日本語の三種類ミックス言語で彼らと接することに。時間が経つにつれ、彼らも私に慣れてくるが、それとともに伝えたいことも増えてくる。

「時間、時間！　しっかり守ろう！」

「授業中にものを食べない！　ガムだして！」

「雨なのに学校来たのはえらい！　えらいけど……手ぶらかい！」

伝えたいけど、伝えられない。モヤモヤ。彼らとの距離が近づくのと同時に、言葉の壁が私の前に大きく立ちはだかる。

「マーシャル人になる！」マーシャル生活三カ月で大きな目標を決めた。その目標に向かって、マーシャルへの片思いが始まる。まずは最大の壁である言葉。とにかくマーシャル人を真似た。オンリー真似。老若男女、彼らがよく発する言葉を聴く、メモ、質問、実際に使う、笑われる、また笑うんかい！　の繰り返し。とにかくマーシャル語に慣れ、耳に覚えさせた。

マーシャル語はもちろん、食べ物、服装、生活スタイル、真似をすることによって少しでもマーシャル人になろうとした。真似をし、マーシャルの中に深く足を踏み入れると、そこには日本との繋がり、関係がたくさん転がっており、さらに私はマーシャルに片思いしていく。その繋がりのひとつがマーシャル語だ。

「ヨースケ、カジャロ　チャンポ!!（ヨースケ、ふたりで散歩行こう!!）」

「ヨースケ、マガエ　チャーチミ!!（ヨースケ、刺身食べなよ!!）」

「ヨースケ、エウィ　ジョーリ!?（ヨースケ、草履どこ!?）」

チャンポ、チャーチミ、ジョーリ。これらの言葉は日本語から由来され、今もマーシャル人の誰もが使っている言葉。さらには、

「エタ　イン　トーミコ！（私の名前はトミコです！）」

「エタ　イン　イーショダ！（僕の名字はイソダなんだ！）」

日本の名前や名字を持つマーシャル人がたくさん。これにはおもわずにんやりしてしまう。

異国の言語マーシャル語、しかし日本語との繋がりを発見し、俄然やる気もでる。

そしてマーシャル語そのものが、マーシャルの歴史、伝統、文化をそのまま物語っているということに気づく。

私生活ではマーシャル人の真似を継続して、日本との繋がりを拾い集める一方、算数の先生としても、徐々に子どもたちと共に学ぶ、そして自分の言葉を伝えることができるように。授業もだんだんと私ひとりでも進めることが。その中で、マーシャルの算数教育についても感じることが多々。

当然のことながら、マーシャル人の子どもも日本人の子どもも、初めてのものには興味を持つし、自分が興味をもった物には関心を向ける。そこは変わらない。算数の教材教具についても同じ。新しいものを彼らに与えたとたんに触り始める。そして、まあ遊び始める……。うまく子どもに活動させることができれば、彼らは取り組む。本来の教材教具の使い方と共に。

ただ、マーシャルに暮らしていて日本とは違うと感じたことは、実生活で数字と触れ合う機会が極端に少ないこと。日本では、普段生活していると何かしらの数字と触れ合う。

標識、値札、時刻表、テレビの時間、レシピの分量、などなど。挙げればきりがないのだが、これだけたくさんの数字に無意識のうちに触れ合っている。

数字は日本人にとって身近なものだ、そして大切なものだ。五分前集合。日本の学校では当たり前のことだが、これも大きな日本文化「時間厳守」のひとつ。これも日本人の数字との関わりからきているのではないかと感じる。

その一方、私が片思いするマーシャルであるが、まあ数字と触れ合う機会が少ない。道路は一本道で標識はほとんどない。値札も少ない。特に私がいたローラ村。私がコーヒー一杯いくらと聞くと、「クオーター二枚！（二五セント硬貨二枚！）」と返事が。このクオーターは、子どもたちが宝物のように握りしめている硬貨で、この硬貨でいろいろなものを買う。私も毎日、一杯のインスタントコーヒーを飲むために、クオーター二枚を握りしめて出勤していたが。おっと脱線。

時刻表もない。バスもあるにはあるが、いつ来るかわからない。テレビもない家庭が多い。数字に関わる機会が普段の生活でほとんどないのだ。そのためにマーシャルでは、マーシャル時間と呼ばれるゆるやかな時間が流れ、マーシャル人みんな穏やかでおおらかな性格を持っているのかもしれない。

数字がどのようにマーシャル、日本の両国と関わっているかということが、各言語からもわかる。日本では、一、十、百、千、万、億、兆、京……と続いていく。どれくらい桁があるのだろう。マーシャルはというと、一、十、百。おしまい。なんとマーシャル語では〝九九九〟までしか表すことができない。千を超える数字では「thousand（サウザンド）」、英語を借りてくる。千を超える数がマーシャル語に存在するのかもしれないが（勉強不足ですみません）、私は聞いたことがない。それぐらい今の子ども世代には馴染みがない。みんな「thousand（サウザンド）」を使うのだ。

このような各国の生活、環境の違いが、算数教育の現場にも顕著に表れているのかもしれない。

このようなマーシャルでのたくさんの貴重な経験を得た中での、Wotje（ウォッチェ）環礁への巡礼の旅。

空港ではたくさんの方がお出迎え。私たち四人の日本人を取り囲む。その中には、私がローラで毎日のように尋ねていた家の親戚もたくさん。にやりどころか、驚きと興奮。出会いの連鎖に感謝。新たな人と人の出会い、その出会いもまた、今まで出会った人たちとの出会いの積み重ねだとしみじみ感じる。

　さて、今回の巡礼の旅で私の役割は〝通訳〟。まだまだマーシャル人にはなりきれていない私であったが、私なりの言葉を紡いでいこうと参加。心がけたことは、マーシャル人と日本人が円満な関係で過ごすこと。現地の人の協力なしでは私たちの旅の成功はない。そのために私ができること、それは何か。マーシャル人を真似ることに。それしか私にはできない。散歩したり話したり、道端で涼んだり、現地の人にそろそろと近づく。

　そんなことをしているうちに、ウォッチェ環礁の子どもたちが集まってくる。彼らなしでは今回の旅は成功しなかったといっても過言ではない。道なき道をざくざく進み、小さい穴に丸まりながら侵入。一緒に地図を見ながら探検。疲れた時はウクレレを片手にメロディを奏でて一休み。そして巡礼。なんともタフで強力な助っ人たちだった。

「コミアン　バル　チャンポ　トック　イロウォッチェ！（みんなまたウォッチェ環礁においで！）」

　彼らのこの言葉が、彼らにとって私たちと過ごした時間が円満であったことを信じて、彼らとハイタッチ！

　ウォッチェ環礁での素敵な出会いの数々に思いを馳せ、でこぼこの滑走路を後にする。

　たくさんの出会い、経験の積み重ねによって今に至るが、この一言が心に残る。

「ヨースケ、コエ　リマージャル！（ヨースケ、お前はマーシャル人だ！）」

　私の目標である「マーシャル人になる」、無茶苦茶な目標であり、その目標を達成するのはなかなか先が遠い。しかし、「マーシャル人として認められた」ことに感謝し、外国からのお客さんよりも一歩前進した喜びを噛みしめ、マーシャルへの片思いをさらに強める。

column

マーシャルへの手紙

MORIYAMA Fumiko

森山史子

「日本語の手紙が読めなくて困っているの、何て書いてあるのかしら」。今思えば、同僚のビバリーから、そう言われて渡された手紙が、全てのきっかけを作ってくれたのかもしれない。

　ビバリーは日系マーシャル人の夫をもつアメリカ人で、大変な親日家だった。私は、誰とでも分け隔てなく接する、心あたたかな彼女が大好きだった。その手紙は、水島さんという九〇代の日本人女性から送られてきたもので、手紙の中には「ミレー」（日本統治時代はミレー、現在はミリと呼ばれる）という島の名前が何度も繰り返し書かれていた。ミレー島は、旧日本軍の基地が置かれていた、戦跡が残る島で、以前から行ってみたいと思っていた場所だった。お兄さんの慰霊の地であるミレー島は水島さんにとって、半生を捧げた地であり、また、彼女の心を支え続けた地でもあった。ミレー島へ足繁く通った彼女にとって島の人々は家族のような存在だったのかもしれない。いつも、あたたかく家族のように水島さんを迎えいれてくれたミレーの人々、それがビバリーの家族だった。水島さんがマーシャルを最後に訪れた一五年前、ビバリーはご主人の名前と住所を書いた封筒を別れ際にそっと手渡してくれたそうだ。水島さんは、その封筒をずっと大切に箱の中にしまっておいた。当時、病気を患い、入退院を繰り返していた水島さんはどうしてもその手紙をマーシャルへ届けたかった。彼女の手紙は、遥か海を越えてビバリーの元へと辿り着き、そして私の元へとやってきた。彼女の手紙を目にした私は、水島さんがずっと会いたがっていた大切な人々の住む島、ミレー島へと足を運び、ビバリーの家族と水島さんとの関係を知るようになっていった。そして、その一年後、ビバリーの孫たちと行くことになっていた二度目のミレー島訪問が、彼女たちの意向で急遽ウォッチェ島へと変わった。偶然が偶然を呼び、私はウォッチェという島に出会った。水島さんも、ビバリーも、想像すらしていなかったにちがいない。けれども、一通の手紙は、人を結び、時を結び、そして、それは今も続いている。

　初めてウォッチェへ足を運んだのは五年前の夏休みだった。マーシャルの首都マジュロから小型の飛行機に乗って、私たちはウォッチェへと向かった。椰子の木の茂る、その小さな島の先端に上空から茶色い鉄の塊のようなものが見えた。窓越しにシャッターを何度も切り、夢中になっていると、乗っていた小型飛行機がものすごい音を立てながら一面に草の生えた滑走路に着陸した。飛行機を降りると、島の子どもたちが大勢やって来て、花飾りをちょこんと頭に乗せてくれた。「ヤッコエ！」そう言うと、満面の笑みを浮かべた子どもたちが口々に「ヤッコエ！」と返してくれた。

　島の中を歩くと、どこからともなく子どもたちが集まって来る。そして、自然と人が集まり、おしゃべりが始まる。島の人々は、まるで私が以前からこの島に住んでいるかのように、特別に扱うこともなく、話しかけ、笑いかけてくれる。彼らにとっては、これが、きっと普通のことなのであろう。

　滞在中、子どもたちが島の中を案内してくれた。自分たちのお気に入りの場所へ案内してくれることもあれば、秘密の隠れ家へ連れていってくれることもある。「ここでいつも遊んでいるんだ」。子どもたちがそう言って、古い大きな燃料タンクの中をはしゃぎながら走り回っていた。コンクリートで敷き詰められた地面に小さな家がポツン、ポツンと建っている。ところどころに現れるコンクリート製の巨大な建物は、爆撃でぽっかりと大きな穴が開き、今にも崩れ落ちそうだ。椰子の木には銃痕が今尚残り、鉄錆びた大砲は外敵から島を守るかのように外海へと銃口を向けている。そして、迫力あるその鉄の塊が「私たちはまだここにいる」と語りかけて来るのだ。複雑に絡み合った刺々しい灌木が島を囲み、その切れ間から、時よりトーチカが顔を出す。鬱蒼としたジャングルを奥へ奥へと進むと、戦闘機の残骸や砲弾が転がっている。私たちは「戦争は終わった」とは言えない。美しい海に囲まれた小さな島の中を歩きながら、私はそう思わずにはいられなかった。日本軍の航空基地建設で、住み慣れた島から移動を強いられた島民たちは、命がけで他の島へと渡った。戦争が終わり、自分たちの島へと戻った彼らは、変わり果てた島の姿を見て、いったい何を考えたのだろうか。コンクリートでできた頑丈な建物、砲弾や鉄の塊、それらは決して朽ちて自然に還ることはない。歩き疲れて、島の外れの静かな内海に腰をおろした。穏やかな風がヤシの葉を揺らし、淡い白波がスナガニと遊んでいる。穏やかな透き通った海を眺めていると、胸がぎゅっと締め付けられるような感じがして、涙がこぼれそうになった。

「ウォッチェへ一緒に行ってほしい、案内してほしい」という佐藤さんの言葉に、私はすぐに返事をすることができなかった。佐藤さんから何年も時間をかけて集めた大切な資料が送られて来た。送られてくる資料や手紙には、父、冨五郎さんに対する佐藤さんの気持ちが溢れるほど詰まっていた。ただひたすらに父を思い、追いかける、まっすぐな佐藤さんの姿は私の心を揺り動かした。

　ウォッチェは時間とお金さえあれば簡単に行けるような場所ではない。交通手段はあってないようなもの。言葉とネットワーク、そして土地勘がなければ、足を踏み入れても、自由に歩き回ることは難しい。ウォッチェで慰霊の旅を行うには、島の人々の助けが必要だった。島の人々は、自分たちの島で、いつもと変わらない日々を過ごしている。そしてそれは、今も昔も、きっとこれからも変わらない。時代の流れに翻弄されながらも強く生きてきた彼らのことを考えると、この島と、この島で生きる人々をそっとしてあげたいという気持ちがこみ上げ、慰霊の手伝いでこの島を訪れようとしている自分が、島の人たちの目には、どのように映るのだろうかと、何となく後ろめたい気持ちになった。

　佐藤さんの父親に対する強い思いは、冨五郎さんの家族への思いを映し出している。大切な人を、大切な気持ちを、そして大切な何かを、私たちは失ってはいけない。私はふと、佐藤さんとウォッチェの美しい海を見てみたい、陽気で温かい島の人々に、もう一度会ってみたいと思った。

　ウォッチェにいる間、私たちは太陽が照りつける中、足場の悪い岩場や草むらの中をかき分け、島中を歩き回った。限られた食材しか運べず、大した食事もできなかった。来ると言って来ない小型機を待ち続け、無事に帰国できるのかと心配した。数え上げればきりがないほど、いろいろなことがあったが、いつもそこには、島の人々の助けがあり、笑顔があった。そして、佐藤さんの口からはいつも感謝の言葉しか出てこなかった。冨五郎さんの慰霊を終えた日だっただろうか、私たちは白い砂浜を歩いていた。そこから、エメラルドグリーンの内海をゆっくりと進む小さなカヌーが見えた。その小さなカヌーと、どこまでも広がる美しい海を佐藤さんと島の子どもたちが眺めていた。その後ろ姿を見ながら、私は、それまで張りつめていたものが、すっと消えていくのを感じた。

　それぞれがそれぞれのことだけを考えていた時代があった。そして、その大きな歴史の流れは戦争という形で人々から大切なものを奪い去り、悲しみや苦しみを残した。人々は、半世紀以上もの間、戦争の悲惨さを訴え、二度と同じことを繰り返してはいけないと伝えてきた。そして今、私たちは、時代の転換点に立っている。異なる言葉や文化、習慣を持つ人々が、互いに助け合い、対等に話し合うことができる時代が、今ここにある。戦争を経験していない私たちだからできること、この時代に生まれた私たちだからこそできることがきっとある。これからを生きる子どもたちのために、未来のために、私たちは今、一歩ずつ前へ進んでいるのではないだろうか。

column

マーシャル追想
——米国大使との銀輪談議

ANZAI Kazuhiko
安細和彦

私がマーシャル諸島という地名を知ったのは二〇一二年一二月初め頃、当時勤務していた在フィリピン日本大使館の上司であるU大使からの電話連絡によってであった。

「……東京から君の異動話があってね。『次はマーシャル諸島でどうか?』と言ってきた。向こうはダバオより館員数も多いようだし。いい話だから僕からOKと回答しておいたからね」と、こんな会話、と言うか、なかば一方的な通達で電話は切れた。

U大使は「いい話だからOKと回答しておいた」と、既に私がこの提示を了解したかのような口ぶりであった。言い方を変えれば、〈他に選択肢はないぞ〉ということなのかもしれない。日頃から思慮深く、部下の館員に対し公平である大使の人柄を信じ、私はマーシャル諸島への転勤を受け入れた。

当時、私はフィリピンのミンダナオ地方最大の都市であるダバオ市にある在フィリピン日本大使館・ダバオ出張駐在官事務所に勤務していた。マニラにある日本大使館の〝出張所〟であり、外務省派遣の職員は私と相棒の書記官のみの、いわゆる「ふたり事務所」であった。駐在官事務所での業務の多くは、在留邦人や日本人旅行者からの様々な要請に対応することであったが、わずか二名の事務所では自転車操業の毎日だった。〈次の転勤先には何人の館員がいるのだろう?〉と思うと楽しみであった。

二〇一三年二月末、私は単身にてマーシャル諸島に赴任した。（妻は、マーシャル諸島に獣医が居ないことから、飼っていた老犬を連れてまずは東京の実家に戻ることにした。そして、その年の九月に老犬が旅立つのを看取った妻は、一一月に東京を発って私のもとに合流した）

ダバオ離任当日となり、私は国内便で首都のマニラへ飛び、マニラから国際便で米領のグアムへと向かい、そこでホノルル行きの各駅停車便に乗換え、チューク、ポンペイ、コスラエ（ここまではミクロネシア連邦）、クワジェリン（ここからマーシャル諸島）と飛び（跳び）続け、ダバオを発って三日目の夕にマーシャル諸島の首都のあるマジュロ環礁に到着した。空港には領事担当の書記官が出迎えてくれていた。そこで唐突ながら外務省派遣の職員数を尋ねたところ、「全員で三人だけです」とのことであった。U大使の述べた情報は間違いではなかったと言える。

ここで少々歴史を遡る。第一次世界大戦（一九一四―一九一八年）終了後の一九二二年に、国際連盟は赤道以北に位置するドイツの太平洋植民地の統治を連合国の一員である日本に委任した。もっとも同大戦勃発直後の一九一四年一〇月には、日本海軍の派遣艦隊がドイツ植民地の島々に進出して武装解除作業を行い、同作業完了後も治安維持を目的に暫定駐留を続けていたので、この間の約八年間を加えると四半世紀余りにわたり、日本が旧ドイツ太平洋植民地地域を統治したことになる。日本政府は、委任統治活動を始めるに際し、旧ドイツ太平洋植民地を「南洋群島」と呼称すると共に、その行政執行組織として「南洋庁」を設けた。そして、現地人児童のための小学校（「公学校」と呼ばれた）を設置して日本語教育を実施したことから、戦後七〇年を経た今日でもマーシャル諸島の高齢者の中に日本語を話す者が観られた。

マジュロ環礁の細く繋がる陸地部分の端から端までの距離は約四八キロある。そして、そのほぼ中央部分に「マジュロ平和公園」があり、同公園内の内海（ラグーン）に面した一角には日本政府が一九八四年三月に竣工した「東太平洋戦没者慰霊碑」がある。この碑の台座には「太平洋戦争中にこの地域で亡くなった全ての人々を追悼するものである」旨が日本語、英語及びマーシャル語で記されたプレートがはめ込まれている。この慰霊碑が建立されて以降、日本政府（厚生労働省）や日本遺族会が主催する「マーシャル諸島方面巡拝慰霊団」の一行にとり、旅の締めくくりに同慰霊碑の前で「合同追悼式」を開催することが慣例となっており、その時には大使館としてあらかじめ在留邦人に参加を呼び掛け、共に供花等を行っている。

二〇一四年三月末頃、クワジェリン環礁内のロイ・ナムル島（太平洋戦争当時は「ルオット島」と呼称）から東方向に三つ目の島であるエニンブル島の海岸付近から旧日本軍将兵のものと思われる遺骨が発見された。発見の経緯は、その半月ほど前にクワジェリン環礁一帯を襲った高波により同島の海岸線が浸食され、内海側に面した海岸付近に埋葬されていたと思われる遺骨が七〇年ぶりに露出したのであった。この遺骨情報を外務省経由で厚生労働省に報告したところ、同年九月に厚生労働省の専門家が来訪して現地調査を行い、日本人の遺骨であることを確認した。ついで、同年一一月初めに派遣された遺骨収集団は、合計六柱分の遺骨と遺品（旧日本軍の軍靴の一部、日本製の醤油瓶など）を収集した。そして、この時もマジュロ平和公園にて回収された遺骨の「焼骨」と「追悼式」が行われた。

館員の出張や休暇中に至急処理案件などが発生することでもなければ、マジュロでの勤務はおおむね穏であり、かつ単調なものであった。車を運転して法定速度（時速四〇キロ）で走っても三〇分あれば環礁の端から端まで行き着いてしまうような「小宇宙」での生活である。また、通信事情と言えば、インターネットはＡＤＳＬであり利用できる場所が限られ、日本からの携帯電話は国際ローミングサービスがない同国では使えなかった。地元ＴＶ局は存在せず、個別に衛星用のアンテナを立てれば海外向けの外国ＴＶ放送を何とか受信できたが、しきりに画像が途切れた。そもそも停電が頻繁にあった。また、現地メディアは、毎週水曜に発行されるタブロイド版の週刊英字新聞が一紙あるだけで、他には国営ラジオ局の放送が毎日あったが、全てマーシャル語での放送であった。つまり、マーシャル諸島での勤務

では「急ぐことは許されない」し、「不便さを楽しむ」覚悟と、「病気にならない」ための努力が重要であった。

そこで、私は船荷で届いていた自転車を開梱し、早朝に幹線道路（と言っても、環礁を縦貫する一本の道しかないが）をツーリングしてみることにした。道路は一応舗装されており、交通量も日本と比べたら無いに等しいので不安はないが、放し飼いにされている犬達が道路沿いでまどろんでいることが多く、彼等を刺激しないように走る必要があった。

そんなある日、マジュロにある米国大使館のA大使から「一緒に自転車でツーリングでもしないか？」と誘われた。A大使は大変なスポーツマンで、水泳、スキューバダイビング、テニス（マジュロの米国大使館には国務省派遣の職員は全員で六名程度であったが、塀に囲まれた広い敷地の中には館員及びその家族のための専用テニスコートがあった）を愛好し、マジュロ環礁で行われたミニ・トライアスロン大会（泳ぎ約一キロ、走り五キロ、自転車一〇キロほど）にも参加し、また一二月初旬にはハワイへ行き、「ホノルル・マラソン」に参加していた。どれをとっても当方に勝ち目はなかったが、〈米国大使と tête- à- tête（内緒話）ならぬ〝銀輪談議〟をするのもいいかな……〉と思い、「では、次の土曜の朝、Central Park の角で!」と応じた。因みに、Central Park とは日本大使館の近くにある小さな公園のことを、外交団の中で勝手にそう呼んでいた。

ツーリング当日の朝、いざ公園に集合してみると、A大使は一八段ギア付きのツーリングタイプの自転車で現われた。こちらは悲しいかな内装三段ギアのママチャリで、おまけに一番重たいギアに入った状態で変速機が故障したままであった。

とりあえず、Central Park から西方向七キロ先にあるマジュロ空港の駐車場まで行き、そこからさらに西方向六キロ先にある「マジュロ平和公園」へ行って小休止し、Uターンをして出発点まで戻る往復二六キロのツーリングをすることにした。出発してしばらくは互いに快調であった。交通量が少ないとはいえ、二台で並走するのは危険なため一列縦隊で走ったが、前を走ろうが、後ろを走ろうが、前後の間で会話をするとなると、お互いかなりの大声を出さざるを得ず、とても「内緒話」とはいかなかった。平和公園でひと休みし、水分補給をしてから、今度は Central Park を目指したが、これが意外ときつかった。帰りは〝向かい風〟となり、その分だけ足に負荷がかかることを計算に入れていなかった。加えて、当方は一番重いギアのままなので辛いものがあった。

何とか、出発地点にもどり、〝銀輪談議〟を終えた私は、自転車を牽いて帰宅し、シャワーを浴びて小休止することにしたが、A大使は「この後テニスの約束がある」と言って、颯爽と自転車で走り去った。その後ろ姿を見送りながら、私は〈外交とは体力勝負である〉ことを再認識させられた。

マーシャル諸島での勤務中、A大使との〝銀輪談議〟は三、四回行った。そして、マジュロ平和公園での小休止の間には、お互いの過去の海外勤務地とか、その国での暮し、あるいは親の介護とか、故郷の豊かな自然などについて語り合ったりした。時にはA大使から「クワジェリン環礁内の米軍基地の状況」など外交上興味深い話を聞くこともあったが、これを東京に報告したものかどうか迷った。報告文の冒頭に「〇〇日早朝、自転車でのツーリングを共にしたA米国大使が××問題について述べた内容、要旨以下の通り報告する……」などと書いたら、「もっと真面目にやれ！」とお叱りを受けるのがオチであると思われた。

二〇一四年の一一月もなかばを過ぎ、エニンブル島での遺骨収集作業も終了し、現地の週刊英字新聞が「……収集された遺骨は、遺骨収集団によりマジュロ平和公園にて追悼式が行われた後に日本に帰還することになる」と報じた直後の〝銀輪談議〟では、A大使から「帰還した遺骨はその後どうなるのか？」との質問が出た。私からは「回収した遺骨や遺品はどれも身元判明に繋がる手掛かりに欠けるそうであり、そうなると千鳥が淵戦没者墓苑に安置されることになるだろう」と説明した。するとA大使からは「マジュロ平和公園での追悼式に自分も参列して構わないだろうか？」との照会が出た。少々予想外の照会であったが、私はその場でこれを受け入れる旨述べ、A大使の心遣いに感謝の意を表明した。

後日、マジュロ平和公園内の東太平洋戦没者慰霊碑の前で行われた追悼式では、A大使は夫人と共に参列し、日焼けした遺骨収集団の一行を労った後に慰霊碑前に置かれた桐箱に花を手向け、追悼の意を表した。私は大使の誠意にあらためて感謝を表明した。

第9章

歴史をつないでいく意志

「戦争という無慈悲な出来事がつないだ縁の温かさに、
希望を託したくなる」

冨五郎は「楽シイ時モ　苦シイ時モ　オ前達ハ　互ヒニ　信ジ合」と書き遺した。
巻頭で大林宣彦は、「できるだけ想像力を働かせて」と述べている。
他者の言葉や記憶に耳をすませることで、
私たちは何を学ぶことができるのか。
歴史を、とりわけ戦争の歴史を学ぶことで、
人と人はどのように結びついていけるのか。

日本と南洋

――餓死した兵士の声を伝える

TERAO SAHO

寺尾紗穂

はじめに

かつては日本が統治していた「南洋」を知る人と初めて出会ったのは、二〇〇一年の夏のことだ。長野の麻績という場所で、私は南洋研究とはまったく違う目的で、あるおばあさんに話を聞かせてもらっていたのだが、その人の昔語りを聴くうちに、南洋で暮らした思い出が飛び出してきたのだ。おばあさんはマーシャル群島のヤルート支庁長をした養父について、少女時代を南洋群島のあちこちの島で過ごした人だった。この麻績行きの一カ月前に私は、中島敦の小説を読んでいて、「南洋群島」というかつて日本に統治されていた、若い世代にはあまりに知られていない南の島々のことを知ったばかりだったので、心がざわついた。南洋の話を、まさか長野の山地に暮らすおばあさんから聞くことになるとは予想もしていなかった。

死ぬ前日の一九四五年四月二五日まで日記を書き続けた佐藤冨五郎は、最期の飢えの日々をウォッチェで送った。マーシャル諸島に浮かぶ環礁だ。日本が南洋を統治した時代、群島各地に南洋庁の支庁がおかれた。南洋庁がおかれたのはパラオのコロール島だったが、マーシャル群島の場合はウォッチェの南西に位置するヤルートに支庁が置かれたのだ。その麻績で出会ったおばあさんはサイパンの高等女学校に通ったあと、一九三九年（昭和一四）くらいから一年ほどヤルートにいて、その後内地へ戻ったので、おばあさんが去った三年後くらいのマーシャル群島で冨五郎の日記が始まったことになる。

宮城の冨五郎も、長野のおばあさんも、あの時代を生きた人々にとって、南洋は外国よりは身近な日本領「外地」だった。数年前に戦前のパラオで暮らした人々の本を書き、いまだにパラオからの引揚者の話を聴きにいくことも多いが、彼らの中には北海道や東北から移民としてわたった人も少なくない。種子島でインタビューさせてもらったおじいさんは樺太生まれでそこからパラオに移住したという人だった。遠く離れた南の島が日本人にとって身近な場所になっていった経緯や、その南島イメージにふれながら、あらためて冨五郎の日記の意味、人々にとっての南洋経験の意味を考えてみたい。

1. 南洋と日本

「南洋」はずいぶん大雑把な言葉でもある。それが指す中身はなんとなく決まっているが、それも時代と共に移り変わっている。南洋群島がベルサイユ条約によって正式に日本の手中に入ったのは一九二〇年（大正九）のことで、そこから南洋と日本の関係が始まったかにも思えるが、実は日本人はもっと早くから南洋に渡っている。トラック諸島のコスラエ（クサイ）は「キュウシュウ」のなまりで、九州人が渡っていたとか、仙台藩士支倉常長が訪欧の途上でこの地で子孫を残したとか、どこまで本当かわからない話もたくさんあり、それこそ日本と南洋の関係史が、個人によって切り開かれており、意外と昔にさかのぼれることを意味しているのかもしれない。沖縄や九州の人々が歴史的に、故郷を離れ海を渡って生きていく傾向があることは、戦前からの南米移民やハワイ移民のほか、南洋群島へも積極的にわたっていることをみても明らかだが、東北もまた、困窮の中で南洋群島に渡ったり、東南アジアに嫁いでいった例もあり（福島からフィリピン。宮崎県環野在住久保さんの母の事例、拙著『あのころのパラオをさがして』（集英社、二〇一七年）参照、以下『あのころのパラオ』）、戦前の日本では今の人間が考える以上に、国境を越えて生きていくケースが多かった。

そうした初期の移民の中でとりわけ知られているのは、一八九二年（明治二五）に高知からトラック諸島にわたった森小弁だろう。森は一九三〇年に発表された流行歌「酋長の娘」や、少年少女の南洋イメージの形成に大きな影響を与えた漫画「冒険ダン吉」のモデルとも言われる（実際はどうも違うようだが）伝説的な人物だ。現地女性と結婚してコプラ輸出などで成功し、最後はトラック諸島水曜島の大酋長となった。

小弁を南洋に向かわせたのは、明治におこった南進論だった。南進論の中でも幅があり、冒険心を煽り進出を唱えるものから、商業利益を目的とし、さらには植民地化を目指すところまで、論者によってそのニュアンスは異なっていた。

やがて、実際に南洋が委任統治領とされると、そこを足場に「南洋」の領域は東南アジア方面へ広がっていった。そのうち、「南洋」は主に東南アジアを指すものとなり、日本がもともと関わってきたミクロネシアを中心とする日本の南方の諸島は「南洋群島」として自然と区別されていった感がある。南進論の主張を大別すれば、台湾を足がかりとして目指された「南洋」が東南アジアであり、「南洋群島」を足がかりにして目指されたのは、ニューギニア方面への進出だった。

2. 西欧の「高貴な野蛮人」と日本の「三等国民」

では日本人の南洋イメージはどのようなものだったのだろうか。その表層のイメージとしては、美しい海、色とりどりの魚、食べ物にあふれ、寒さとは無縁の楽園といった人を魅了するものがあり、こうしたイメージは未だに大きく変わっていないだろう。そのほか、戦前の人々の間で浸透していたものとしては、「土人」「首狩り」といった未開のイメージがある。これはすでにあげた漫画「冒険ダン吉」にも描かれている。流行歌「酋長の娘」でも、「明日は嬉しい　首の祭り」という歌詞が入っているが、荒々しい現地の「土人」を教化して従順な家来にし、その大将となって島をよくしていくという植民地主義的なロマンが描かれている作品が「冒険ダン吉」だ。

やがて、戦時色が濃くなると、南洋は絵本の題材としても積極的に取り上げられていく。一九三九年にパラオにわたった画家の赤松俊子（後の丸木俊）は、その後確認できるだけでも『みなみの海』『ミナミノシマ』『ヤシノ木ノ下』『ヤシノミノタビ』など四冊の絵本の絵を担当している。南洋風物を紹介するようなおだやかな内容で、南洋をこどもたちが身近に感じられるようなものが多いが、『ヤシノ木ノ下』の中では、主人公の少年がコップの砂糖をなめていたトカゲを棒でたたき殺している。ここでは、こそ泥はたたき殺してもいい、という単純な「正義」が描かれており、命が軽く扱われた戦時の意識をそのまま反映しているようにも感じる。

西欧は古くから、探検家が島々を発見し、支配してきた歴史があるが、その南洋イメージには「高貴な野蛮人」として、ある種の優越性を認めるものもあった。そうしたイメージはゴーギャンの絵において最もわかりやすく表現されているだろう。熱、光、エロチシズムを含んだ生命力。中国古典をモチーフにした作品群に象徴されるような、端整できまじめなイメージの作品が多い中島敦でさえ、南洋ものについては、魅惑的でエロスの漂う短編をいくつか残していることは印象的だ。文明側が失った生命のかがやきを、南洋はそのまま保持している。そうした美化を含んだ南洋理解は、西欧の小説などを通じて、日本の知識人にも一定程度浸透していた。自らの喘息を南洋で治そうと考え（実際はパラオの気候はなんら彼の病気を良くしなかった）、南洋庁の国語教科書編纂のパラオでの仕事を引き受けた中島も、そうした美化された南洋観の影響をいくらかは受けていたといえるだろう。

「土人」を低く見る風潮の中で、土方久功が民俗学者として島民と心の通った交流をもっていたことや、中島が短編「鶏」で表現したように、彼らの不思議な気高さを描こうとしているのは特筆すべきことだ。これは彼が育った京城での植民地経験について違和感を感じるような鋭敏な感性の持ち主であったことによると思うが、西洋が南へ抱いた「高貴な野蛮人」への憧憬を、書物を通して吸収していたことも無関係ではないだろう。中島は「ある時はゴーガンの如逞しき野生のいのちに触ればやと思ふ」「ある時はスティーブンソンが美しき夢に分け入り酔ひしれしこと」といった和歌を残してもいる。

西欧の表現者たちは、北の西欧文明に幻滅し、南を目指した。その野生を賛美し、島民に「高貴」を見出した。

しかし、そうした島民に「高貴」をみるイメージが一般の日本人に浸透することはほとんどなかった。農業移民として現地に渡った人々の中には、島民と垣根なく接した人々もいたが、当時の人々、とりわけサイパンやパラオなど町に暮らした役人や商人の多くは、日本人の優位性を信じていた。賃金体系にも明らかな差別構造があった。当時の南洋のはやり歌に「一等国民日本人、二等国民沖縄人、三等国民豚・カナカ・チャモロ、四等国民朝鮮人」というものがあったという。朝鮮人は主に燐鉱山やボーキサイト鉱山での島民の働き手不足を補填するための労働力として渡ってきていた。子どもが歌ったにせよ、そこには大人社会の価値観が反映されていると考えてよい。島民は豚と同列に揶揄される存在であり、朝鮮人はそれ以下の眼差しを向けられていた。そうした日本人による朝鮮人差別に心を痛める島民少女もいた（二〇一六年一月パラオでニーナ・アントニオさんより直話、『あのころのパラオ』参照）。

南洋統治が始まると同時に国内の教科書には「トラック島便り」が掲載され、日本人の南洋イメージにも大きく影響したと思われる。そこにはヤシノ木、パンの実、スコールと緑、美しい海と魚の群れなど南洋の風物が描写され、最後のほうに「土人はまだよく開けてゐませんが、性質はおとなしく、我々にもよくなつき、殊に近年我が國で学校をそこここに立てたので、子供等はなかなか上手に日本語を話します。此の間も十ぐらゐの少女が「君が代」をうたつてゐました」と書かれている。作家の石川達三もサイパンの島民の学校で聴かされた、「盲人のごと」もののわからない自分たちを導いてくれる日本に感謝するという内容の校歌に憤慨しながらも、自らの中の島民への「軽蔑」の感情を認めている（石川達三「赤虫島日記」）。

日本統治下のサイパンで日本人向けの実業学校に島民の特別枠で入学したチャモロ人ブランコさんは、成績優秀のため卒業時に表彰される優秀者の候補に選ばれたが、授与を取り消された経験を持つ（二〇〇五年一月直話、『南洋と私』（リトル・モア、二〇一五年）参照）。クリスチャンの教師は、「「島民が優等生になって卒業するということに対してとても反感を持つ」と説明して謝ったという。ブランコさんは「もの静かなほう」だったが、何度か日本人教師に殴られたことを思い出しながら「仕方ないな、三等国民だからな」と語ったが、当時の日本人の南洋イメージを考えると、「土人」はあくまで日本人に導かれる目下の存在であり、それを逸脱する者に対しては、危機感や嫌悪を抱く日本人が多かったことが伺えるだろう。

3. 戦争がつないだ縁

今回佐藤冨五郎ご子息である勉さんのインタビューを読んで感銘を受けたのは、マーシャルについて「父の故郷」「第二の故郷」「父の島」という言葉を並べておられたところだった。勉さんはあわただしい慰霊ツアーに飽き足らず、亡き父との対話をするために、単独で二週間現地に滞在し、島の人々とも交流が生まれている。下の世代の身内がマーシャルに行ったとき「佐藤さんの子どもだ」とわかるように、コミュニケーションをとっておきたい、という勉さんは歴史の中に父や自分の足跡を刻みつけようとしているが、それは一方的なものでなく、時間をかけてその土地の人々とのコミュニケーションを生んでいる。遺骨収集も進まぬまま、遺族の高齢化が進むが、勉さんは、遺骨を手にできない無念さを、マーシャルという父が眠る土地への愛着に昇華させている。父が苦しみながらも日々日記をつづり、命果てた土地。そうして生まれた土地と自分との縁を、勉さんが、地道に次の世代につなごうとされている姿に心うたれる。戦争という無慈悲な出来事がつないだ縁の温かさに、希望を託したくなる。

4. 美しい島で餓死した人々

日本が繰り広げた大東亜戦争における南方戦線は、特に餓死が多かったことが知られている。パラオでも、飢えの末に毒カタツムリの毒を抜かずに食べた日本兵が多数死亡したり、軍が現地民や日本人移民から奪って管理した芋畑にこっそり芋を盗みに入る日本兵が続出し、見張りの少年兵に撃たれた例もある（二〇一六年宮城県環野の久保さん直話、『あのころのパラオ』参照）。

美しい島、食べ物にあふれ、のんびりした島民たち。戦後の南洋の島々は観光立国として、よりそうした美しいイメージを打ち出すことを求められている側面もある。実際に、南洋を訪れる日本人観光客の多くは、その美しい海でこそ楽しめるアクティビティに惹かれてやってくる。よって、島の過去と対峙することなく帰国することもできてしまう。けれど、日本と旧南洋群島との間には、自然も食べ物も人の命も損われた戦争の時代があり、島によっては現地民も飢え、あるいは戦禍で命を落とした。激戦地となった島は一部で、その他日本軍が駐留した多くの島で壊滅的な餓死の実態があった。満洲で大量の棄民が生まれ、終戦後の悲劇が生まれたとすれば、南洋では終戦を目前に、大量の兵が飢えて無念の死を迎えていた。南洋移民の数は満洲のそれと比べるとはるかに少なかったゆえに、戦後の証言としてはほとんど注目されてこなかった。飢え死にした兵士たちに関していえば、本来は死人に口無しである。その中で見つかった冨五郎の日記の貴重さはいうまでもない。

日記からは、食料の乏しい中、一部の兵による横領や、床についた人間には栄養のある食料はもはや与えられないなど、非情な仕打ちが重ねられていたことがわかる。極限の状況の中で人間性が損なわれていくことは、現在の立場から責められることではないが、そのような状況に人間が強いられる軍隊というもののリアルと戦争の空しさは、今一度考え、記憶されるべきものだと思う。

おわりに——餓死の実態をみつめ、伝える

戦争体験者がもはや絶えようとしている今、戦争の悲劇は画一的に語られがちである。特攻隊の死が「美しく尊い死」として美化して伝えられやすいのはその典型だが、特攻隊以上に多くの兵士が死んでいった餓死の実態は、そうした物語の持つ一面性や欺瞞性をあぶりだす。華々しくお国のために死んだ人々を賞賛しようとする人々に対して、あるいはそこにとりこまれてしまう若い世代に対してこそ、佐藤冨五郎がぎりぎりの中で書き、奇跡的に残された声は届けられてほしい。

今回本書だけでなく、ドキュメンタリー映画として冨五郎さんや勉さんの思いが記録されたということを伺い、ぜひ若い世代にもおふたりの声が広く共有され、戦争の実態を知る契機となることを願っている。

映画的歴史実践

MIKAMI YOSHITAKA

三上喜孝

二〇一八年三月八日@吉祥寺

聞き手◎大川史織

1. 一か八かの赤外線観察

三上　二カ月に一度くらいの割合で、「こんな資料があるのだが文字が読みにくいので読んでほしい」と、赤外線観察の依頼を受けることがあります。

大川　二カ月に一度という頻度は、多い方なのでしょうか。

三上　どうでしょう。僕がまだ大学院生だった二〇年ほど前はもっと多かった気がしますが、いまは発掘調査自体が減っているので、それにともなって文字資料の出土も減っているようです。

大川　どのようなルートで問い合わせが来ますか？

三上　僕のところに個人的に依頼をいただく場合がほとんどです。以前に依頼してきた方が繰り返し来られたり、あるいは赤外線観察の装置があることを人づてに聞いたという方から依頼が来たり。でも、毎回お話いただいた時点では、正直読めるかどうか不安なんです。今回も、実際に撮影してみるまでは、文字を読めるかわからないので、引き受けてしまったけれど大丈夫かなと心配でした。

大川　私たちも、もしかしたら赤外線観察によって読めない箇所が読めるようになるかもしれないと最初聞いた時は、正直なところ半信半疑でした。なんとか一文字でも読めないかと試行錯誤を繰り返してはいましたが、肉眼ではどうしても判読することが難しい箇所がありました。赤外線観察によって、一文字でも読めない文字を読むことができるのであればと、祈るような気持ちで先生のもとを訪ねました。

三上　赤外線観察の資料調査は、僕の専門である古代史研究だと、主に漆紙文書や木簡に書かれた墨の文字を読み解く際に用いることがあります。今回は太平洋戦争中の日記ということで、これまで僕が赤外線観察をした資料の中では一番新しい時代のものでした。

大川　時代が新しければ、読みやすいということではないのですね。

三上　はい。日記の状態がどんなものであるかもわからなかったので、読めるかどうかは、実際に見てみるまでは未知数でした。

大川　古代史研究では一般的な赤外線観察が、なぜ近現代史の研究ではあまり用いられることがないのでしょうか。

三上　それはおそらく限られた予算の中で、労力を費やして読み解く価値のある資料であるかなど、さまざまな条件を天秤にかけた時、赤外線観察をしてまで解読するということのハードルが高いのかもしれません。あとは単純に、異なる時代を専門とする研究者が、時代を越境してひとつの資料を囲むということがあまりないため、古代史研究では当たり前の手法でも、近現代史の研究では珍しい。というより、そもそも赤外線観察をするという発想自体がないかもしれません。

大川　今回、日記の翻刻メンバーに古代史研究者の河野さんがいらっしゃらなかったら、私たちも思いも浮かばない解読方法でした。

三上　実際に撮影してみたら、これは「探偵！　ナイトスクープ」のようだと思いましたね（笑）。

大川　まさに、「レイテ島からのハガキ」(1)ならぬ「マーシャルからの日記」でしたね（笑）。

2. 原田さんの気持ち

三上　原田さんの手紙(2)を読んだ時に、以前読んだ本で、形見として亡くなった戦友の名刺を持ち帰る話を思い出しました。その兵士は、名刺一枚が次第に戦場では重く感じてしまい、少しでも軽くしようと名刺を少しずつちぎるのです。そうして余白部分を破った結果、日本に着いた時には戦友の名前部分だけかろうじて読めるほどに小さな紙片になっていたという話です。

大川　亡くなった戦友の想いを託されるということは、託された人にとってみると、名刺一枚の重さも耐えられないものに感じる……。

三上　心身ともに健康な状態であれば、この手帳二冊を重いと感じることはないでしょうが、責任感というものだけでない、計り知れない想いが原田さんにはあったのではないかと思います。

『遺書配達人』（光人社、一九六〇年）という映画化もされた有馬頼義の本がありますが、その本の中でも、亡き戦友の想いを託された遺書を遺族に届ける主人公の複雑な心境が描かれています。

大川　原田さん自身も栄養失調で、敗戦後一番最初に病院船氷川丸で日本へ帰ってこられています。ウオッチェを後にするとき、あるいは船上で、日本に戻ってからも……。いつ、どこでも手放そうと思えば手放せた手帳が、今、ここにある。

三上　日記を書き残そうとする人がいて、それを伝えようとする人がいて、またそれを読み解こうとする人がいる。いくつもの重層的な想いによって、この日記が書かれてから七三年が経った今、日の目を見ることになったのだと思います。

大川　原田さんが冨五郎さんの命と引き換えになった日記を届けてくれたことで、勉さんは日記を通して冨五郎さんに出会うことができた。そして、日記を通してお父さんを知りたいと、解読してくれる人を探していた勉さんに出会った仁平先生が、勉さんと日記に託されたいろんな人の想いを汲み取られて、五年の歳月をかけて解読された。

冨五郎さんから原田さん、原田さんから勉さん、勉さんから仁平先生へと日記が届くまで、仁平先生が数え上げたら一五もの奇跡といえる偶然の連なりがあったそうです。

三上　そうですか……。

大川　三上先生のもとに届くまでも、数え上げてみたら、その想いや奇跡は倍近くなるかもしれません。

三上　そうかもしれません。今回のような調査の時は、過去の人と対話をしているような気持ちになり、この仕事も捨てたもんじゃない、と思ったりします。

3. 大林宣彦監督がつなぐ縁

三上　実は、僕は昔から大林宣彦監督のファンで、語り部としての大林監督を尊敬しています。二〇代の頃まで大林映画をすべて見て、ロケ地をめぐったり、監督の書かれた本を読んだりして、映画のすばらしさを学びました。

大川　先生のお話を伺っていると、生きている人の世界に死者が区別されることなく描かれる大林監督の作品と、過去の人と文字を通して日々対話をされている三上先生と、重なるものが多いと感じます。

三上　特に、大林監督の『4／9秒の言葉――4／9秒の暗闇＋5／9秒の映像＝映画』（創拓社、一九九六年）という本が大好きなんです。この本の中で、映画というのは、スクリーンに映像が投影されている時間が1秒のうちの5／9秒にしかすぎず、残りの4／9秒は暗闇なのだ。だから映画は映像装置としてはきわめて不完全なものだけれども、その暗闇こそが「行間」であり、そこに想像力が生まれる余地があるのだ、と監督はおっしゃっています。見えない部分、語られない部分にこそ、真実があるのではないだろうかと。その言葉に接して以来、僕もそう思うようになりました。それが、いまの僕の仕事にも大きな影響を与えていると思います。

大川　赤外線観察でも映らなかった文字、あるいはそもそも書かれることがなかった文字を想像する、という三上先生のフィロソフィーに通じますね。

三上　はい。まったく違う世界に生きていても、大林監督と接点を持てる可能性があるというのはうれしいですね。人間の想いとか縁というのは、本当に不思議なものです。

大川　赤外線調査の依頼を受けたら、日本全国どこでもその土地へと向かわれる三上先生は、大林監督が「古里映画」をその土地の人びとと一緒に作られる点でも似ていますね。

三上　そうなんです。赤外線観察という手法で資料に光をあてることで、昔の人が紡いだ物語を蘇らせる。そして、今その土地で暮らしている人とつながっていく。そういう意味で、この仕事というのは、大林監督の「古里映画」作りと同じような感覚なんです。

昨年（二〇一七年）、秋田県大仙市にある、秋田県埋蔵文化財センターというところで、漆紙文書(3)の調査をしました。払田柵という古代の城柵遺跡から発掘調査で漆紙文書が一点発見されたのです。

漆紙文書は、折りたたまれた状態で出土したので、そのまま赤外線をあてても文字があるかどうかはわからない。そこでまず、折りたたまれている状態のものを注意深く展開して、それを埋蔵文化財センターの赤外線ビデオカメラで観察したのです。

大川　展開しても、文字がなかったりする可能性もあるのですか。

三上　そうですね。こればかりは、やってみないとわからない。そうしたところ、鮮やかに文字が浮かび上がり、しかもその内容はとても興味深いものであることがわかりました。

「これは報道発表するに値する資料ですね」となり、その漆紙文書がどういう意味を持つ資料なのかを、急いでまとめたんです。埋蔵文化財センターの方々がそれをもとに、この資料の意義をなんとか多くの人に知ってもらおうと、周到な準備をして報道発表をしたところ、なんと翌日の地元紙の一面に大きく報道されたんです。

さらに、新聞で報道された後の週末の二日間だけ、埋蔵文化財センターで漆紙文書の特別展示をしたところ、交通の便がよくなかったにもかかわらず、多くの方が漆紙文書を見にいらしたそうです。「先生、ふだんの遺跡現地説明会よりも多くの方が来られましたよ」と。

べつに報道発表をめざして調査をしているわけではないのですが、幸運にもそういう形で、出土した文字資料が赤外線観察によって日の目を見て、しかもそれが地元の多くの人に関心を持ってもらえて、地域の歴史に思いを馳せてくれる。「古里」の歴史に誇りを持ってくれるという点では、大林監督のお作りになる「古里映画」とちょっと似ていると思いませんか（笑）。

大川　そうですね。古里の歴史を再発見できる点だけでなく、古代史研究という枠にとらわれず、赤外線調査の依頼があれば、どんな時代のどんな資料でも読み解きに駆けつける。その三上先生の研究スタイルは、常に新たな映画表現を貪欲に追求される監督のお姿とも共通しますね。

三上　映画『理由』のメイキング映像で、大林監督が「映画を創ることは約束を果たすこと」と言っていたことも、今思い出しました。監督は、映画を創ることで、いろいろな人との約束を果たしている。いまの僕の仕事も、全然レベルは異なりますが、そうした考えの影響を受けているかもしれません。

いろいろなところに調査に行き、文字を読むことで過去に生きた人びとや今に生きる人びととつながり、約束を果たす。もちろん、果たせない約束も多いのですが、ひとつひとつ仕事をしていくことで、約束を果たしていく、といった感覚は、大林監督の影響を受けたのかなと思います。

大川　大林監督の影響を受け、実践した結果、調査を通じてつながっていくお話、とてもすてきです。

人とつながり、約束を果たす。この日記がここにあり、こうして本という形で一冊編み、世に問うことができることも、他者と、あるいは自分とのたくさんの約束が、実を結んだからかもしれないですね。

4. 映画と研究がシンクロする瞬間
——ゆらぐ歴史観

三上　マーシャル諸島でも上映された大林監督の映画『この空の花——長岡花火物語』[4]、僕も鑑賞しました。歴史を研究している者からすると、時代を縦横に飛び越えて歴史を語る手法に衝撃を受けました。過去から現在に向けて折り目正しく歴史を語っていくという今までの手法は、もしかしたら間違っているかも知れない、と思わせるほどの、説得力ある語りでした。

大川　私も初めて鑑賞した時の衝撃は、忘れられません。

三上　あの衝撃を言語化するのはなかなか難しいのですが、なんというか、歴史のとらえ方の本質って、あんな感じだよな、ということをあらためて考えさせられました。

教科書でも、歴史の概説書でも、ふつうは古い時代から新しい時代へと、単線的に歴史を叙述することがほとんどですよね。学校でもそんなふうに歴史を学んだりします。でもそれは、私たちの歴史に対する「実感」とはかけ離れているのではないだろうか。だから私たちは歴史を、どことなく「よそ事」のように感じてしまうのではないだろうか、と。

一〇年ほど前から、各地の観音堂に残る、中近世の庶民の落書きというものに興味を持ち、調査を始めたんです。

大川　それもやはり、赤外線観察による調査ですね。

三上　そうです。各地に残る落書きには、共通した歌が書かれていることがわかりました。

「書きおくも　かたみとなれや　筆のあと　我はいづくの　土となるらん」

自分の書いた文字が、形見となって残ってほしい、自分はどこで最期を迎えようとも、といった意味の歌だと思います。
この歌、実は、落書きにしか出てこない歌なんです。

大川　有名な歌ではないんですか。

三上　ええ。どの歌集にも出てきません。いつのまにか、誰かが作った歌が、全国各地の観音堂の落書きに書かれるようになったのです。しかも、同時多発的に、です。

大川　いまならSNSのような情報伝達手段がありますけれど、そんなものがなかった時代に、歌が瞬時に広まるというのは、不思議な現象ですね。

三上　ええ。歌がどうやって広まっていったのか。そのメカニズムはよくわからないんですけれど、僕が専門にしている古代史の分野でも、似たような現象があることを思い出したんです。『古今和歌集』仮名序で紀貫之が紹介している「難波津の歌」です。

大川　どんな歌でしょうか。

三上　「難波津に　咲くやこの花　冬ごもり　いまは春べと　咲くやこの花」。この歌は、八世紀初頭に再建された法隆寺の五重塔に落書きされていたり、各地から出土する木簡に書き付けられていたりと、七世紀末から八世紀にかけて、瞬く間に各地に広まっていった歌だったことが最近わかってきました。

大川　たしかに、先ほどの落書きに書かれた歌と広まり方が似ていますね。

三上　ええ。ですからこうした歌が各地に瞬時に広まる現象というのは、時代に関係なく起こっていたのではないかと、そう思ったんですが、でもなかなか歴史研究者には理解されない（笑）。各時代について折り目正しく研究されている人から見れば、時代の異なる歌を同列に論じるべきではない、と思われるかもしれない。でも僕からしたら、それが落書きの歌を見たときの実感だったんです。

大川　時代を飛び越えて歴史を想起する思考は、たしかに『この空の花』の語りとも通じますね。

三上　そうですね。『この空の花』を観たとき、ひょっとしたらこれからは、こんなふうに歴史を語ることが、僕自身の課題になるかもしれない、と思ったりしました。
ところで、この落書きの歌にはもうひとつ、因縁めいた話があります。

大川　どんな因縁ですか。

三上　この歌の中に「かたみ」という言葉が出てくるでしょう。僕がこの歌を見つけたとき、不思議な因縁を感じたんです。学生時代、福永武彦の『風のかたみ』という小説を耽読しました。平安時代の『今昔物語集』をモチーフにした小説です。

大川　大林監督も、福永武彦の小説を愛読していましたね。

三上　ええ。その小説のいちばん最後の場面で歌われる歌に、「跡もなき波行くふねにあらねども風ぞむかしのかたみなりける」という歌があって、僕が落書きの歌に「かたみ」の文字を見いだしたとき、真っ先に浮かんだのが福永武彦のこの歌だったんですね。「かたみ」という言葉を通じて、学生時代の読書体験と、いまの研究が結びついたんです。

大川　大林監督の最新作も『花筺／HANAGATAMI』。「かたみ」という言葉が入っていますね。

三上　こんな話を語り出すときりがありませんね（笑）。

5. 想いの強さが偶然を引き寄せる

大川　この日記を全文翻刻するという目標を果たす上で、最後の扉を開けてくださった方が三上先生であったという幸運も、単なる偶然にしては出来すぎた話だと思ってしまいます。

三上　いや、僕のことはどうでもいいんですが（笑）、ただ、僕はこれが最後の扉とは思っていないんですよ。

大川　どういうことでしょうか。

三上　先ほどの落書きの調査の話に戻りますけれど、落書きの研究の結果を本にまとめたあと、その本を読んだ方から、「うちの近くのお寺にも同じような古い落書きがある」とか、「自分が手がけているお寺の改修工事で、同じような落書きが見つかった」とか、いろいろな方から情報をいただいたのです。「自分はいままでたいしたことない落書きだと思っていたけれど、歴史を知るうえで重要な資料なのですね」と言ってくれた方もいました。

大川　資料の持つ力がそうした縁を広げていったんですね。

三上　そうですね。「資料が資料をつなげる」というのか、「資料が人をつなげる」というのか。佐藤冨五郎日記も、そうした力を持つ資料だと思っています。これを読んでくれた人が、「そういえばうちにもこんな資料がある」と思ってくれて、それが新しい資料の発見につながったり、同じような手法で資料が読み解かれていけば、さらにいろいろなことが明らかになる。そんなふうに広がっていけばいいなと思っています。

6. 大林監督からのバトンを承けて

（この節のみ、五月八日の大林監督へのインタビューの直後に行われた）

大川　ところで、先生にお目にかかってからの三カ月。日記の話から派生して、三〇年以上大林監督のファンでいらっしゃる先生と、監督の映画と本についてお話する長文メールが今日まで続きましたね（笑）。そしてついに、そんな私たちの想いと願いが監督に届き、監督事務所でのインタビューが叶いました。まだ夢のようです。

三上　四時間にわたって、戦争や映画、さらには監督のお父様やお祖父様のお話しなど、実に多岐にわたるお話をうかがいました。もちろん三〇年来のファンとしては夢のような時間だったのですけれど、とくに僕が印象深かったのは、お父様やお祖父様のお話をされていたときでしたね。大林監督は勉さんと同じ世代ですから、お話をうかがっていて、父・冨五郎さんに対する勉さんの想いと重なってくるような気がしました。冨五郎さんの日記を、「読む」のではなく「追体験」したいという想いは「敗戦少年」として戦争を体験した世代だからこそだなあと思いました。

大川　「日記の最後の四行（絶筆）を読んでしまうと、あと三〇年は平和をたぐり寄せるために生きなきゃ、と思うね」という監督のお言葉。日記を前に震え、ページをめくることに怯え、二冊目の手帳「新年謹賀」と書かれた文字をご覧になった時には「嗚呼………」と、とてつもなく長く感じられる沈黙のあと「いったい、何を想ってこの言葉を書いたのだろうね……」と、想像を巡らされているお姿はとりわけ印象的でした。

三上　もうひとつ印象深かったのは、監督が実際に日記を手にとられたときに、「この日記に真剣に向き合い、伝えることは、本来ならば僕のやるべき仕事だろうけれど、僕には時間がない。あなたたちに託したい。黒澤明さんが僕たちに『続きを頼む』と言われたように、今度はあなたたちに続きをしてほしい」と言われたことでした。その意味で、大川さんの監督された映画『タリナイ』も、大林監督からのバトンを受けとる第一歩になったのではありませんか。

大川　「いい仕事をしましたね」と、監督が握手と同時に言葉をかけてくださった時、今日まで生きてきた時間は、すべて今日のためにあった、と思うほど贅沢な時間でした。

三上　映画『この空の花――長岡花火物語』は「エンドマークをつけぬまま、二〇一二年から未来に繋がる」というメッセージで終わります。この本と映画『タリナイ』も、未来に繋げるために作ったのだと、あらためて感じました。

三上喜孝と大川史織。
マーシャルの手工芸品アミモノの首飾りをかけた大林宣彦さんとともに。

【注】

（1）朝日放送の番組。レイテ島で亡くなったお父さんのハガキに、当時お母さんのお腹の中にいた自分のことを、お父さんが知っていたかどうか知りたいと、息子が依頼人としてハガキの赤外線撮影をする回について話をしている。

（2）原田さんからの手紙については、口絵と「はじめに」参照

（3）漆紙文書については、本書所収の三上喜孝「「佐藤冨五郎日記」を映し出す」参照。

（4）二〇一三年、二〇一四年三月一日ビキニ・デー（核犠牲者追悼記念日）にマーシャル諸島の首都マジュロで『この空の花――長岡花火物語』自主上映会が編者と在マーシャル日本国大使館主催で開催された。

おわりに

宮城の湘南と呼ばれる海沿いの自然ゆたかな亘理町で暮らす勉さんのご自宅には、仏壇の隣にマーシャル・コーナーがある（口絵の床の間）。手工芸品アミモノ、子どもたちが拾い集めてくれた貝殻を島に見立て勉さんが作ったウォッチェ環礁、マーシャル時間で時を刻むデジタル時計――。コーナーの前に立つと、凪いだ内海が広がるマーシャルへと続く扉の前に立っているような気持ちになる。

二〇一一年三月一一日の東日本大震災で、亘理では三〇〇名以上の方が命を落とした。「震災で床の間が壊れたから」と、巨大地震を物語る家の歪みを指差しながら、勉さんはコーナー誕生のきっかけを教えてくれた。もしも押し寄せた津波が、あと少しでも高かったら……。本書が誕生するまでの奇跡と軌跡を振り返ると、いくつもの「もしも」がある。

三〇年という歳月についても、本書を編みながら考えていた。

日本が第一次世界大戦中に南洋群島を委任統治してから、敗戦までの約三〇年。その時間は、奇しくも私という存在がこの世に生を受けてからいままで生きてきた歳月と重なった。マーシャル群島と呼んでいた三〇年について、手軽に知り得る情報で満足して生きる人生もありえた。しかし、本や映画やインターネットの検索ではつながることができない三〇年間に出会い、別れた人たちの歌に心奪われてしまった私は、歌をひもとくことで歌詞に込められた愛しさ、哀しみ、断念に触れることになった。私たちは、昨日や今日の傷みを忘れることで、明日を生きることができる。でも、ほんとうにすっかりと忘れてしまったら、私が出会ったあなたという存在も等しく失うということにもなる。

何かの拍子に、忘れ去った傷みを伴う記憶とつながる瞬間が訪れた時、そこから私たちは「久しぶり」と声をかける、あるいはかけられることに耐えられるだろうか。再び傷つけあうことを恐れて、つながったことをなかったことに、再会を気づかなかったふりをしてしまうだろうか。

三〇年という歳月は、そう簡単には手放せない、生涯大切にしたい出逢いに恵まれるのに十分な年月であるはずだ。そしてその後に続く七三年という時間は、あと少し早かったらと悔やまれる出逢いがある一方で、近づくには遠すぎると諦めるにはまだ早く、まっすぐに向き合う時間としては、もしかしたらちょうどいいときであるのかもしれない。

一九〇六年（明治三九）生まれの佐藤冨五郎さんは、一〇〇歳を超えても生涯現役を貫き、世界的舞踏家として活躍した大野一雄と同年である。大野はニューギニアからの復員船で仲間を水葬で見送った体験から「くらげのダンスを踊りたい」と、命の大切さを踊りで表現し続けた。

もし、冨五郎さんが生きて日本へ帰ることができていたら、どんな人生を歩んだだろう。日記公開を望んだろうか。勉さんは常々、日記をめぐるあらゆる出来事を「父に報告しました」と伝えてくださった。そのおかげで、終始つきまとっていたうしろめたさを慰めながら、一歩ずつ前に進むことができた。身内でもない私を信じてくださった勉さんはじめ、温かく迎え入れてくださったご家族の皆様には、感謝の言葉をいくら重ねても御礼を伝えきれない。「モーニン・モーニン!!」ではじまる勉さんのメールと温かいメッセージによって、どれだけ一日のはじまりをやさしい気持ちで迎えることができただろう。この二年で亘理の特産品もすっかり味わいつくした。

本書は第一に、日記全文をできるかぎり正確に翻刻することに力を注いだ。古代史から近現代史まで、異なる時代、地域の歴史学を専門とする職場の同僚、先輩方に、はじめての翻刻で戸惑うことの多かった私はどこまでも支えられた。コラム、資料と翻刻以外の部分でも、表現したい想いを形にするアイデアと技術とユーモアを持った仲間に、これほど恵まれた編者はいないだろう。最初で最後の本作りと思い編集作業に臨んだが、紙幅の関係や時間の都合上、本書では充分な分析や展開ができなかった課題もある。それらは次回掘り下げ、形にしたい（本書完成を待たずして次の企画構想に引っ張られるほど、やりたい企画が声を上げている）。

ちょうど一年前、佐藤冨五郎日記全文を『戦争社会学研究』へ寄稿できないかと考え、編集委員石原俊先生にご相談した。石原先生は、すぐに出版を第一に検討してみたらどうかと、本書の編集者岡田林太郎さんをつないでくださった。石原俊先生のご提案とお力添えなしに、本書の誕生はない。

石原俊先生を学部時代にご紹介してくださった慶應義塾大学法学部政治学科の塩原良和先生は、卒業後も不安定な道を歩む編者をいつも温かく見守り、その時々に必要な言葉をかけてくださった。研究会の輪読最終回に、保苅実著『ラディカル・オーラル・ヒストリー――オーストラリア先住民アボリジニの歴史実践』と出会ってしまったことで、目前に控えていた就職活動でエントリー・シートを一枚も書くことができなくなってしまった。その本を、塩原先生もまた三〇歳の時に編集していた偶然を、こっそりうれしく思っている。

同じく法学部の佐藤元状先生は、社会人生活を送る中でも、マーシャルと向き合い続ける覚悟を教えてくださり、いつどこで何をしていても惜しみないエールを送り続けてくださった。

三度の食事と寝床まで提供し、約一年に及んだ編集作業につきあってくれたプロデューサー藤岡みなみと映画『タリナイ』を完成させることが、結果的に出版の道を切り拓くことにもつながった。本書はそういう意味で、映画のパンフレットとしても楽しめる一冊に仕上げたつもりだ。

第一章をご寄稿いただいた国立公文書館アジア歴史資料センター波多野澄雄センター長をはじめ職員の皆さま方には、日頃大変お世話になっている。この場を借りて厚くお礼申し上げたい。特に大野太幹研究員には、出版が決まる前から企画の行く末をお気にかけていただいた。

日記の赤外線撮影を依頼するにあたり、三上喜孝先生をつなげてくださった国立歴史民俗博物館の仁藤敦史先生、撮影と解読を手伝ってくださった東京大学大学院の井上翔さんにも心より感謝申し上げたい。

TMエンタテインメント役員の山﨑奈緒美さんには、大林宣彦監督の映画『この空の花――長岡花火物語』マーシャル上映会でお世話になって以来、我が娘のようにお気にかけてくださり、多方面でご支援いただいている。「おおいた町づくり映画祭」では大林宣彦監督、水本博之監督とは新たなご縁をつないでいただいた。PSCの小中明子さんには、大林宣彦監督巻頭特別インタビューにあたり、お力添えをいただいた。

日記を届けた戦友原田豊秋さんのご家族を探すため、本籍地の住所だけをたよりに山梨へ赴いた際には、春日井郷土館・小川正子記念館の方々、萩原袈裟則さん、北原義章さんに大変お世話になった。未だ有力な情報は得られていないが、この本が原田さんのご家族、原田さんを知る方の近くへ届くことを心から願っている。

第六章のコラム「満洲からの高粱」執筆中、今年四月のマーシャル方面遺族会で北原百次郎さんとひで子さんのご息娘雛形明美さんにお目にかかることができ、後日大切に保管されているお父様のお手紙やお母様のご著書をお見せいただくことが叶った。明美さんとお義母様の自伝執筆をサポートされた雛形要松さんから、読者としてしか知らなかった百次郎さんとひで子さんのお話をどこか懐かしいような気持ちで伺った時間は、夢のようなひとときであった。

冨五郎さんが出征前まで暮らした豊島区椎名町の住所跡を探索した際には、豊島区トキワ荘通りお休み処スタッフの方々に、スエヒロ堂小出幹雄さんをご紹介いただいた。古地図収集家の小出さんに椎名町の古地図コレクションをお見せいただくことができなかったら、冨五郎さんが暮らしていた時の住所から現在の場所を特定することはできなかった。

靖國偕行文庫の葛原和三さんには、史料の読み方など貴重なアドバイスをいただいた。

防衛省防衛研究所戦史研究センター史料室の山田清史さんには、ウォッチェ防備要図の掲載にお力添えをいただいた。

志岐デザイン事務所の黒田陽子さんには、試行錯誤した地図二点と「日記に見る交友関係」を美しくデザインいただいた。英語版タイトルは岡田紗更さんにご教示いただいた。

複雑な組版を迅速かつ正確に届けてくださった江尻智行さん。本書のあらゆる弱さを武器に変えてしまう装釘、デザインで彩ってくださった宗利淳一さんと、はじめての本作りをご一緒させていただく幸運にも恵まれた。

最後に「今回の裏テーマは、必要な人やモノに出会い繋がっていく冨五郎さんと勉さん、そして大川さん自身の「引きの強さ」である」と、みずき書林社長兼編集者岡田林太郎さんにはよく笑われた。何よりも引きが強かったことは、この本を岡田さんと作ることができたことだ。日記全文掲載のお願いにはじまり、次第にエスカレートする数々のお願いにも「あらゆる弱さと無名性を手に〈へんな本〉を作りましょう」と周囲も驚くほど汗をかき、当初の企画以上の本を作り上げてくださった。出版不況が叫ばれている昨今、無名の編者による、分隊の名もなき一兵士の歴史に耳を傾ける本が、売れる保証などどこにもない。むしろ、売れないからやめましょうというのがまともな判断だと思うのだが、それでも自他共に認めるまともさと、狂気と侠気をあわせもつ岡田さんとであったから、最後までこんなに愉しくて良いのだろうかと心配になるほど、ただただ愉しい一年だった。

ウォッチェの空港で飛んできた紙飛行機を勉さんが拾いあげ、ヒョイっと飛ばしたように——南の風にのって、この本も遠い遠いかなたまで、ふわりと届くことを願っている。

大川史織

二〇一八年六月二一日
昨年ノ今日、出版企画書、岡田林太郎さんに〝入港〟
思い出多き芽出度イ日

執筆者プロフィール（50音順）

★――**新井 隆**（あらい・りゅう）
1988年生まれ。工学院大学非常勤講師。一橋大学大学院社会学研究科博士後期課程。専門は太平洋諸島研究、アメリカ史、日本近現代史。主な論文に「グアムにおける追悼・慰霊の空間――「想起の場」としての戦跡を考える」（渡辺尚志編『アーカイブズの現在・未来・可能性を考える――歴史研究と歴史教育の現場から』法政大学出版局、2016年）など。

★――**安細和彦**（あんざい・かずひこ）
1951年長野県旧上諏訪町生まれ。その後は親の転職で東京、福島、東京に居住。1981年4月、外務省入省。外務本省及び在外公館（8カ国、10公館）に勤務。2015年3月、マーシャル諸島共和国での勤務を終えて帰国、同月末に退官。現在、アジア諸国への福祉関連事業を行う公益財団に所属。主な著書に『1万9千キロを旅した犬』（プレスプラン、2002年）、『バルとサーシャと妻とぼく』（リーダースノート、2010年）、『私のラバさん 酋長の娘』（駱駝舎、2017年）など。

★――**一ノ瀬俊也**（いちのせ・としや）
1971年生まれ。埼玉大学教養学部教授。国立歴史民俗博物館助手、埼玉大学准教授などを経て現職。専門は日本近現代史。主な著書に『近代日本の徴兵制と社会』（吉川弘文館、2004年）、『皇軍兵士の日常生活』（講談社現代新書、2009年）、論文に「餓死の島をなぜ語るか　メレヨン島生還者たちの回想記」（『国立歴史民俗博物館研究報告』126、2006年）など。

★――**今井 勇**（いまい・たけし）
1976年香川県生まれ。筑波大学・東京外国語大学などで非常勤講師、アジア歴史資料センター調査員（非常勤職員）。博士（文学）。専門は日本近現代史。主な著書に『戦後日本の反戦・平和と「戦没者」』（御茶の水書房、2017年）、論文に「砂川基地闘争における反原水爆の意味」（『歴史評論』778、2015年）など。

★――**大川史織**（おおかわ・しおり）
奥付参照。

★――**大林宣彦**（おおばやし・のぶひこ）
1938年広島県尾道市生まれ。映画作家。3歳の時に自宅の納戸で出合った活動写真機で、個人映画の製作を始める。16㎜フィルムによる自主製作映画『EMOTION＝伝説の午後・いつか見たドラキュラ』が、画廊・ホール・大学を中心に上映され、高い評価を得る。『喰べた人』（1963年）はベルギー国際実験映画祭で審査員特別賞を受賞。1977年『HOUSE／ハウス』で商業映画に進出。同年、ブルーリボン新人賞を受賞。故郷で撮影された『転校生』（1982年）、『時をかける少女』（1983年）、『さびしんぼう』（1985年）は〝尾道三部作〟と称され親しまれている。『異人たちとの夏』（1988年）で毎日映画コンクール監督賞、『北京的西瓜』（1989年）で山路ふみ子映画賞、『青春デンデケデケデケ』（1992年）で平成4年度文化庁優秀映画作品賞、『SADA』（1998年）でベルリン国際映画祭国際批評家連盟賞、『理由』（2004年）で日本映画批評家大賞・監督賞、藤本賞奨励賞を受賞。『この空の花――長岡花火物語』（2011年）、『野のなななのか』（2014年）は、TAMA映画祭にて最優秀作品賞等受賞。最新作『花筐／HANAGATAMI』は2017年12月16日公開。キネマ旬報監督賞、毎日映画コンクール日本映画大賞、日本映画ペンクラブ賞、シネマ夢倶楽部ベストシネマ賞、日本映画復興賞「日本映画平和賞」、日本映画プロフェッショナル大賞特別功労賞を受賞。2004年春の紫綬褒章受章、2009年秋の旭日小綬章受章。主な著書に『文藝別冊　大林宣彦』（河出書房新社、２０１７年）、『大林宣彦の映画は歴史、映画はジャーナリズム。』（七つ森書館、２０１７年）など多数。

★――**帯谷俊輔**（おびや・しゅんすけ）
１９８６年生まれ。東京大学大学院総合文化研究科学術研究員、国立公文書館アジア歴史資料センター調査員（非常勤職員）。東京大学大学院総合文化研究科博士課程修了。博士（学術）。専門は国際関係史、日本外交史。主な論文に「中国の対外紛争の国際連盟提起をめぐる国際関係、１９２０―１９３１」（『国際政治』１８０、２０１５年）、「杉村陽太郎と日本の国際連盟外交」（『渋沢研究』30、２０１８年）、「国際連盟とアジア太平洋の多国間条約」（『アメリカ太平洋研究』18、２０１８年）など。

★――**柏原洋太**（かしわばら・ひろたか）
１９８６年生まれ。千葉県文書館主事。国立公文書館アジア歴史資料センター調査員（非常勤職員）、日本銀行金融研究所アーカイブアーキビストを経て現職。専門は日本近代行政史、記録管理史。主な論文に「明治初期の地方官の権限と地方税」（『日本歴史』７９３、２０１４年）、「太政官・内閣の記録管理部局作成文書について」（『中央史学』41、２０１８年）、「太政官・内閣の記録管理部局による文書管理業務」（松尾正人編『近代日本成立期の研究――政治・外交編』岩田書院、２０１８年）など。

★――**河野保博**（かわの・やすひろ）
１９８１年福島県会津若松市生まれ。京都造形芸術大学非常勤講師、産業能率大学兼任講師、国立公文書館アジア歴史資料センター調査員（非常勤職員）。國學院大學大学院文学研究科博士課程後期単位修得満期退学、洛陽外国語学院外籍教師を経て現職。専門は日本古代史。主な著書に『訳註　日本古代の外交文書』（共著、八木書店、２０１４年）、論文に「唐代厩牧令の復原からみる唐代の交通体系」（『東洋文化研究』19、２０１７年）、「唐代・日本古代の馬と交通制度――日唐厩牧令の比較から」（鶴間和幸・村松弘一編『馬が語る古代東アジア世界史』汲古書院、２０１８年）など。

★――**斉藤涼子**（さいとう・りょうこ）
国立公文書館アジア歴史資料センター調査員（非常勤職員）、大阪経済法科大学アジア太平洋研究センター客員研究員。学習院大学東洋文化研究所ＰＤ共同研究員を経て現職。専門は朝鮮近現代史。論文に「総動員体制のなかの上野動物園」（『アジア太平洋研究センター年報』14、２０１７年）、「上野動物園における『猛獣処分』とその慰霊」（同15、２０１８年）、「統監府・朝鮮総督府の組織変遷について」（大野太幹・柏原洋太共同執筆『北の丸』50、２０１８年）など。それはさておき、最近では斉藤ガブリエル涼子として、毎日をポップに彩る新デザイン集団Saitoh Worksを主宰、あれこれ彩っては周囲を楽しませ、困惑させている。代表作に「官制／官報オリジナルトートバッグ」、「森がきこえるホワイトノイズの白楽天シャツ」、「Sweet Life 甘々10周年シュガー」など。

★――**佐藤勉**（さとう・つとむ）
１９４１年東京生まれ。宮城県に育ち、１９６２年（株）雪印物産仙台支社に入社。１９９５年よりタクシー会社に勤務しながらボランティア活動を行い、主に知的・精神・身体・視覚・聴覚障碍者、独居高齢者、日本に嫁いだ外国人の送迎に従事する。２００５年には宮城県社会福祉協議会会長より、２０１０年には宮城県知事よりボランティア褒状を授与される。現在、稲荷タクシー（有）岩沼営業所に勤務。

★――**末松洋介**（すえまつ・ようすけ）
１９８５年愛知県生まれ。岩手大学教育学部卒。愛知県で常勤講師として小学校で勤務した後、２０１１年から２０１３年に青年海外協力隊（小学校隊員）としてマーシャル諸島共和国マジュロで活動。２０１４年から２０１７年にＭＪＣＣ（Marshall Japan Construction Company）で働く。在マーシャル日本人の橋本岳、佐藤美香と共同で、『ヤッコエ！　マーシャル諸島　Iakwe! Marshall Islands　話してみようマーシャル語』を２０１８年中に刊行予定。

★——**竹峰誠一郎**（たけみね・せいいちろう）

1977年生まれ。明星大学准教授、第五福竜丸平和協会専門委員、丸木美術館評議員、日本平和学会理事。博士（学術、早稲田大学）。和光大学4年生の時からマーシャル諸島に魅せられて現地に通い、2018年で20年を迎える。「グローバルヒバクシャ」の概念を提唱し、マーシャル諸島の米核実験被害調査に人文社会科学の観点から従事。主な著書に『マーシャル諸島　終わりなき核被害を生きる』（新泉社、2015年）、『マーシャル諸島ハンドブック　小さな島国の文化・歴史・政治』（共著、凱風社、2007年）、新聞連載に「マーシャル諸島に学ぶ①〜⑧」（『中国新聞』文化面「緑地帯」、2017年11月）など。

★——**寺尾紗穂**（てらお・さほ）

1981年生まれ。音楽活動と並行し聞き書きによるノンフィクション・エッセイの執筆に取り組む。日本統治下の記憶をもつ、サイパン・パラオの現地の証言者へのインタビューや南洋からの日本人引揚者への取材を行い、主な著書に『南洋と私』（リトル・モア、2015年）、『あのころのパラオをさがして——日本統治下の南洋を生きた人々』（集英社、2017年）など。

★——**Greg Dvorak**（グレッグ・ドボルザーク）

1973年生まれ。早稲田大学国際学術院（国際教養学部・大学院国際コミュニケーション研究科）准教授。専門は太平洋諸島研究、ジェンダースタディーズ、カルチュラルスタディーズ、メディア論。特に、太平洋島嶼地域における戦争の記憶、メディア、アート、ジェンダーや環境問題などに関心を持ちつつ、現地の人々（先住民）によるレジスタンスについて研究している。主な著書に *Coral and Concrete: Remembering Kwajalein Atoll Between Japan, America, and the Marshall Islands*, Honolulu, 2018 など。

★——**中野良**（なかの・りょう）

1978年生まれ。国立公文書館アジア歴史資料センター研究員（非常勤職員）。東北大学大学院文学研究科後期課程単位取得退学。博士（文学）。日本学術振興会特別研究員（PD）、国立歴史民俗博物館機関研究員などを経て現職。専門は日本近代史。主な論文に「軍隊を『歓迎』するということ——近代日本の軍・地域関係をめぐって」（『史潮』77、2015年）、「秋季演習・大演習・特種演習」（荒川章二・河西英通・坂根嘉弘・坂本悠一・原田敬一編『地域のなかの軍隊8　日本の軍隊を知る　基礎知識編』吉川弘文館、2015年）、「日本陸軍の典範令に見る秋季演習——軍事演習の制度と運用についての試論」（『年報日本現代史』17、2012年）など。

★——**西野亮太**（にしの・りょうた）

1976年生まれ。南太平洋大学（The University of the South Pacific）（フィジー）歴史学科上級講師。専門は歴史教科書、紀行文、戦争記憶などを通じて歴史の循環・消費・再創造。主な著書に *Changing Histories: Japanese and South African Textbooks in Comparison, 1945–1995*, 2011, Göttingen: Vandenhoeck & Ruprecht Unipress. 論文に "From Memory Making to Money Making? Japanese Travel Writers' Impressions of Cross-Cultural Interactions in the Southwestern Pacific Islands Battlesites, 1961-2007," *Pacific Historical Review*, 86: 3 (2017), 443-71, "Tales of Two Fijis: Early 1960s' Japanese Travel-Writing by Kanetaka Kaoru and Kita Morio," *Journal of Pacific History*, 49: 4 (2014), 440-56など。

★——**仁平義明**（にへい・よしあき）

1946年生まれ。星槎大学大学院教育学研究科教授、白鷗大学名誉教授・東北大学名誉教授。専門は心理学。ハシボソガラスが自動車にクルミを轢かせて割り中身を食べる「自動車利用行動」の世界最初の論文報告者。エッセイに「自動車学校で学習したカラス」（日本エッセイスト・クラブ編『父と母の昔話——96年版ベスト・エッセイ集』文藝春秋）、共編著書に『東日本大震災の被災・避難の生活記録』（六花出版、2015年）など。

★——**波多野澄雄**（はたの・すみお）

国立公文書館アジア歴史資料センター長、外務省「日本外交文書」編纂委員長、筑波大学名誉教授。慶応義塾大学大学院法学研究科博士課程修了。博士（法

学）。防衛省防衛研究所所員、筑波大学教授、同副学長、ハーバード大学客員研究員などを歴任。専門は日本外交史。主な著書に『国家と歴史』（中央公論新社、２０１１年）、『歴史としての日米安保条約』（岩波書店、２０１０年）、『宰相鈴木貫太郎の決断』（岩波書店、２０１５年）など。

★――**番定賢治**（ばんじょう・けんじ）
１９８６年生まれ。国立公文書館アジア歴史資料センター調査員（非常勤職員）。東京大学大学院総合文化研究科国際社会科学専攻博士課程。主な論文に「戦間期における国際司法制度の形成と日本外交――常設国際司法裁判所の応訴義務と仲裁裁判条約を巡って」（『国際関係論研究』31、２０１５年）、「多国間関係のなかの移民問題と日本外交――外国人労働者待遇問題への関与と「安達修正」」（『アメリカ太平洋研究』17、２０１７年）など。

★――**福江菜緒子**（ふくえ・なおこ）
１９９１年生まれ。国立公文書館アジア歴史資料センター調査員（非常勤職員）、国際基督教大学博物館湯浅八郎記念館職員（非常勤）。お茶の水女子大学大学院人間文化創成科学研究科博士前期課程修了。専門は日本近代史（明治大正期外客誘致活動史）。Saitoh Worksクラフトメイカーとして、ブレインストーミング時イイネｂｏｔ、アートワークのカットアウトを担う。

★――**藤岡みなみ**（ふじおか・みなみ）
１９８８年生まれ。上智大学総合人間科学部社会学科在学中からタレント、エッセイストなどとして活動。主な著書に『藤岡みなみの穴場ハンターが行く！ｉｎ北海道』（北海道新聞社、２０１４年）、『シャプラニール流　人生を変える働き方』（エスプレ、２０１３年）など。

★――**三上喜孝**（みかみ・よしたか）
１９６９年東京都生まれ。国立歴史民俗博物館教授。東京大学大学院人文社会系研究科博士課程満期退学。山形県立米沢女子短期大学講師、山形大学人文学部准教授を経て現職。主な著書に『日本古代の貨幣と社会』（吉川弘文館、２００５年）、『Ｊｒ．日本の歴史２　都と地方のくらし　奈良時代から平安時代』（共著、小学館、２０１０年）、『日本古代の文字と地方社会』（吉川弘文館、２０１３年）、『落書きに歴史をよむ』（吉川弘文館、２０１４年）など。

★――**水本博之**（みずもと・ひろゆき）
映像作家、監督。ドキュメンタリーとアニメーションを横断しながら活動する。ドキュメンタリーではグレートジャーニーで知られる探検家・関野吉晴の手づくりカヌーの旅に同行した『縄文号とパクール号の航海』（２０１５年）を監督・撮影・編集など。一方アニメーションでは『いぬごやのぼうけん』（２０１７年）、『きおくきろくいま』（２０１８年）なども国内外で発表している。

★――**森巧**（もり・たくみ）
１９８９年群馬県太田市生まれ。日本学術振興会特別研究員（ＤＣ２）。一橋大学大学院社会学研究科総合社会科学専攻博士課程。２０１６から２０１８年まで国立公文書館アジア歴史資料センター調査員（非常勤職員）。専門は戦後日華・日台外交史、東アジア国際関係史。主な論文に「１９５０年前期中華民國對日外交之研究――以遣送旅日華僑的華日交涉為例」（『跨域青年學者台灣與東亞近代史研究論集』３、台北、２０１８年）、「日華断交以前の戦後日華外交史研究――日本の研究動向（２０００―２０１４）」（『近代中国研究彙報』37、２０１５年）など。

★――**森山史子**（もりやま・ふみこ）
１９７７年長崎県生まれ。関心のある分野は平和教育、国際理解教育、現代社会学。東南アジアを中心に日本語教師として活動、２０１１から２０１３年まで青年海外協力隊の日本語教師隊員として、マーシャル諸島短期大学にて同国の日本語教育に従事。現在は国際交流事業に携わっている。

【編者】

★――― 大川史織（おおかわ・しおり）
1988年神奈川県生まれ。
2006年第9代高校生平和大使の旅で、
アウシュヴィッツ博物館公式ガイド中谷剛さんのツアーに感銘を受ける。
2007年日本統治や被ばくの歴史のあるマーシャル諸島で聴いた日本語の歌に心奪われ、
2011年慶應義塾大学法学部政治学科卒業後マーシャル諸島に移住。
日系企業で働きながら、マーシャルで暮らす人びとのオーラル・ヒストリーを映像で記録。
マーシャル諸島で戦死（餓死）した父を持つ息子の慰霊の旅に同行した
ドキュメンタリー映画『タリナイ』（2018年）で初監督。
現在は国立公文書館アジア歴史資料センター調査員（非常勤職員）。

マーシャル、父の戦場――ある日本兵の日記をめぐる歴史実践

2018年7月3日　初版発行

編者　**大川史織**

発行者　**岡田林太郎**

発行所　**株式会社 みずき書林**

〒150-0012　東京都渋谷区広尾1-7-3-303
TEL：090-5317-9209　FAX：03-4586-7141
E-mail：rintarookada0313@gmail.com　https://www.mizukishorin.com/

印刷・製本　**シナノ・パブリッシングプレス**

組版　**江尻智行**

装釘　**宗利淳一**

ISBN 978-4-909710-04-8 C0020
乱丁・落丁本はお取り替えいたします。定価はカバーに表示してあります。